사용스쿨 TOPIK평가연구소 저

완전달라진토픽 3회

한국어능력시험

TOPIK II

BEST KOREAN

TOPIK Ⅱ
한국어능력시험
실전모의고사 3회

초판 1쇄 발행 2023년 5월 31일
초판 3쇄 발행 2023년 10월 31일

지은이 시원스쿨 TOPIK평가연구소
펴낸곳 (주)에스제이더블유인터내셔널
펴낸이 양홍걸 이시원

홈페이지 www.siwonschool.com
주소 서울시 영등포구 국회대로74길 12 시원스쿨
교재 구입 문의 02)2014-8151
고객센터 02)6409-0878

ISBN 979-11-6150-713-2 13710
Number 1-580101-18181820-06

머리말

한국어능력시험(Test of Proficiency in Korean)은 외국인을 비롯한 한국어를 모국어로 하지 않는 외국인과 재외 동포를 대상으로 한국어의 학습 방향을 제시하고 한국어의 보급과 확대를 목적으로 하는 시험 제도입니다. 해마다 응시자의 수가 증가하고 있는 TOPIK 시험은 한국어의 사용 능력을 측정하고 평가하는 대표적인 시험 제도로서 유학과 취업 현장에서 외국인들의 한국어 능력을 평가할 때 주로 TOPIK 점수를 기준으로 삼고 있습니다. 하지만 요구되는 TOPIK 점수를 받는 일이 그렇게 쉽지만은 않습니다.

TOPIK에서 원하는 점수를 받기 위해서는 먼저 기본적인 한국어 실력이 뒷받침되어야 합니다. 특히 TOPIK은 2014년 35회 시험부터 새로운 체제로 개편이 되어 현재까지 시험이 실시되고 있습니다. 그렇기에 기본 실력이 갖추어져 있다고 하더라도 시험의 특성을 이해하지 못하거나 그에 대한 대비가 충분히 되어 있지 않으면 시험장에서 자신의 실력을 발휘할 수 없을 것입니다.

이에 시원스쿨에서는 TOPIK 평가연구원들을 주축으로 하여 기출문제 분석과 최신 시험 경향을 파악하여 수험자들이 한국어능력시험에 완벽히 준비할 수 있도록 TOPIK Ⅱ 실전모의고사 3회를 출간하게 되었습니다.

TOPIK Ⅱ 실전모의고사 3회는 영역별 3회분의 실전 모의고사를 통해 수험생들이 실제 시험에서 본인의 실력을 충분히 발휘할 수 있도록 돕기 위해 만들어졌습니다. 여기에 수록된 모든 지문은 새로운 시험 체제와 최근 기출문제를 완벽히 분석하여 반영하고 있으며, 문제의 난이도 또한 실전과 동일하게 책정되어 있습니다. 따라서 본 시리즈로 학습하는 수험생들은 비교적 짧은 기간 내에 실전에 대한 적응력을 기를 수 있을 것입니다.

이 책이 한국어능력시험(TOPIK)을 준비하는 수험자와 한국어능력시험 강의를 담당하시는 현장의 선생님들께 조금이나마 도움이 되기를 바라며, 모든 수험생들이 원하는 TOPIK 점수를 받고 또한, 한국어 능력이 조금이나마 향상되었으면 합니다. 끝으로 이 책이 나오기까지 집필에 힘써주신 연구진들에게 심심한 감사의 뜻을 전합니다. 또한 이 책의 출간을 흔쾌히 허락해 주신 '시원스쿨'의 양홍걸 대표님과 이하 '시원스쿨닷컴'의 편집진 여러분께도 감사드립니다.

시원스쿨 TOPIK평가연구소

목차

해설집

부록

TOPIK 안내 www.topik.go.kr

시험 수준 및 등급

구분	토픽I		토픽II			
	1급	2급	3급	4급	5급	6급
등급 결정	80~139	140~200	120~149	150~189	190~229	230~300

시험 시간표

시험수준	교시	영역	한국			시험시간(분)
			입실 완료 시간	시작	종료	
토픽I	1교시	듣기, 읽기	09:20 까지	10:00	11:40	100
토픽II	1교시	듣기, 쓰기	12:20 까지	13:00	14:50	110
	2교시	읽기	15:10 까지	15:20	16:30	70

시험 수준별 구성

시험 수준	교시	영역	문제유형	문항수	배점	총점
토픽I	1교시	듣기	선택형	30	100	200
		읽기	선택형	40	100	
토픽II	1교시	듣기	선택형	50	100	300
		쓰기	서답형	4	100	
	2교시	읽기	선택형	50	100	

응시자 유의사항

시험당일 준비물	수험표, 신분증(여권, 외국인등록증 등) * 학생증, 자격증은 신분증으로 인정하지 않으며 신분증의 사본 또한 신분증으로 인정하지 않는다.
입실 시간 및 고사실 확인	토픽I 오전 09:20, 토픽II 오후 12:20까지 시험실 입실 완료 * 토픽I 오전 09:20, 토픽II 오후 12:20 이후 시험실 입실 절대 불가
반입 금지 물품 관련	반입 금지 물품을 시험실에 가지고 들어온 경우, 1교시 시작 전 감독관 지시에 따라 제출한다. * 1교시 시작 전 제출하지 않은 경우, 부정행위로 간주함 * 휴대전화, 이어폰, 디지털카메라, MP3, 전자사전, 카메라 펜, 전자계산기, 라디오, 휴대용 미디어 플레이어, 스마트 워치, 웨어러블 장비, 시각 표시와 교시별 잔여 시간 표시 이외의 기능이 부착된 시계 등 모든 전자기기

등급 평가 기준

시험수준	등급	평가기준
토픽 I	1급	- 자기 소개하기, 물건 사기, 음식 주문하기 등 생존에 필요한 기초적인 언어 기능을 수행할 수 있으며 자기 자신, 가족, 취미, 날씨 등 매우 사적이고 친숙한 화제에 관련된 내용을 이해하고 표현할 수 있다. - 약 800개의 기초 어휘와 기본 문법에 대한 이해를 바탕으로 간단한 문장을 생성할 수 있다. 또한 간단한 생활문과 실용문을 이해하고 구성할 수 있다.
	2급	- 전화하기, 부탁하기 등의 일상생활에 필요한 기능과 우체국, 은행 등의 공공시설 이용에 필요한 기능을 수행할 수 있다. 약 1,500~2,000개의 어휘를 이용하여 사적이고 친숙한 화제에 관해 문단 단위로 이해하고 사용할 수 있다. - 공식적 상황과 비공식적 상황에서의 언어를 구분해 사용할 수 있다.
토픽 II	3급	- 일상생활을 영위하는 데 별 어려움을 느끼지 않으며 다양한 공공시설의 이용과 사회적 관계 유지에 필요한 기초적 언어 기능을 수행할 수 있다. - 친숙하고 구체적인 소재는 물론, 자신에게 친숙한 사회적 소재를 문단 단위로 표현하거나 이해할 수 있다. - 문어와 구어의 기본적인 특성을 구분해서 이해하고 사용할 수 있다.
	4급	- 공공시설 이용과 사회적 관계 유지에 필요한 언어 기능을 수행할 수 있으며, 일반적인 업무 수행에 필요한 기능을 어느 정도 수행할 수 있다. 또한 뉴스, 신문 기사 중 비교적 평이한 내용을 이해할 수 있다. - 일반적인 사회적, 추상적 소재를 비교적 정확하고 유창하게 이해하고 사용할 수 있다. - 자주 사용되는 관용적 표현과 대표적인 한국 문화에 대한 이해를 바탕으로 사회, 문화적인 내용을 이해하고 사용할 수 있다.
	5급	- 전문 분야에서의 연구나 업무 수행에 필요한 언어 기능을 어느 정도 수행할 수 있으며 정치, 경제, 사회, 문화 전반에 걸쳐 친숙하지 않은 소재에 관해서도 이해하고 사용할 수 있다. - 공식적, 비공식적 맥락과 구어적, 문어적 맥락에 따라 언어를 적절히 구분해 사용할 수 있다.
	6급	- 전문 분야에서의 연구나 업무 수행에 필요한 언어 기능을 비교적 정확하고 유창하게 수행할 수 있으며 정치, 경제, 사회, 문화 전반에 걸쳐 친숙하지 않은 주제에 관해서도 이해하고 사용할 수 있다. - 원어민 화자의 수준에는 이르지 못하나 기능 수행이나 의미 표현에는 어려움을 겪지 않는다.

쓰기 영역 작문 문항 평가 범주

문항 번호	평가 범주	평가내용
51-52	내용 및 과제 수행	- 제시된 과제에 맞게 적절한 내용으로 썼는가?
	언어사용	- 어휘와 문법 등의 사용이 정확한가?
53-54	내용 및 과제 수행	- 주어진 과제를 충실히 수행하였는가? - 주제에 관련된 내용으로 구성하였는가? - 주어진 내용을 풍부하고 다양하게 표현하였는가?
	글의 전개 구조	- 글의 구성이 명확하고 논리적인가? - 글의 내용에 따라 단락 구성이 잘 이루어졌는가? - 논리 전개에 도움이 되는 담화 표지를 적절하게 사용하여 조직적으로 연결하였는가?
	언어사용	- 문법과 어휘를 다양하고 풍부하게 사용하며 적절한 문법과 어휘를 선택하여 사용하였는가? - 문법, 어휘, 맞춤법 등의 사용이 정확한가? - 글의 목적과 기능에 따라 격식에 맞게 글을 썼는가?

시험 소개와 접수 방법은 토픽 홈페이지(www.topik.go.kr)를 참고하여 작성하였습니다.

TOPIK 시험 접수 방법 www.topik.go.kr

시험 접수 절차 안내(개인)

STEP 01 로그인

1 TOPIK 홈페이지에서 회원 가입 후
2 로그인 화면에서 회원 가입한 아이디/비밀번호 입력 후
  로그인 클릭

1. After registering as a member on the TOPIK website.
2. On the login screen, enter the ID/password you
   registered as a member and click Login.

STEP 02 접수

1 시험접수메뉴를 클릭합니다.
2 접수 회차 일정 확인, 접수기간이 아닌 경우 접수하실 수
  없습니다.

1. Click the test registration menu.
2. Check the reception schedule, if it is not during the
   reception period cannot be accepted.

STEP 03 시험장 선택

1 원하는 시험장을 검색, 또는 아래 시험장 목록 확인
2 시험장 별 접수인원/정원 표시, 정원이 모두 신청된 경우
  더 이상 접수 불가
3 원하는 시험장의 시험수준을 클릭합니다.

1. Search for the test center you want, or check the test
   center list below.
2. Check the Indication the number of applicants/quota
   for each test site. If all applicants have applied for the
   test, no more applications will be accepted.
3. Click the test level of the test center you want.

STEP 04 정보입력

1 시험 수준, 시험장 등 시험접수정보 확인
2 개인정보를 입력한 후 다음단계 버튼을 클릭합니다.

1. Check test registration information such as test level
   and test site.
2. After entering personal information, click the Next Step
   button.

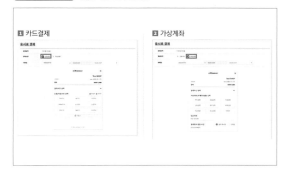

시험 소개와 접수 방법은 토픽 홈페이지(www.topik.go.kr)를
참고하여 작성하였습니다.

이 책의 활용법

1. 연습도 실전처럼 준비하기!

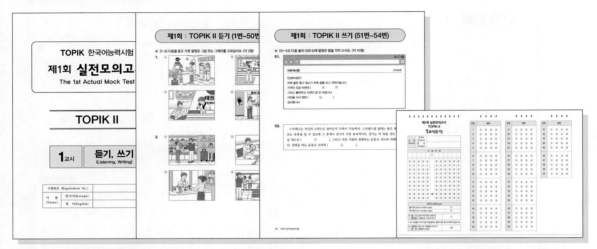

시험장에서 받아 보는 실제 시험지와 동일하게 구성하여 학습자로 하여금 실전처럼 연습하여 시험장에서 익숙하게 시험을 볼 수 있도록 구성하였다. 뿐만 아니라 최신 경향을 완전 반영한 3회 모의고사로 빠르고 정확하게 TOPIK Ⅱ를 준비할 수 있다.

2. 어려운 원고지 쓰기도 문제없이!

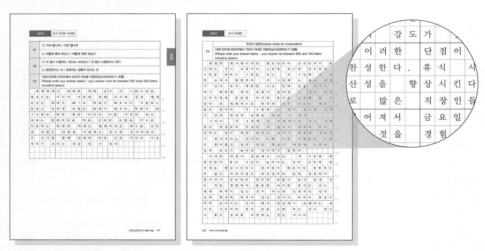

쓰기 51번부터 54번까지 답안지에 어떻게 써야 하는지 자세히 제시하였다.
51번과 52번은 스스로 쓴 답안의 길이가 적당한지 확인할 수 있고 53번과 54번에서는 띄어쓰기뿐만 아니라 원고지 작성 방법과 각각의 답안 작성 요령을 확인하여 쓰기 점수를 높이는 데 도움이 되게 하였다.

3. 핵심 전략을 한 눈에!

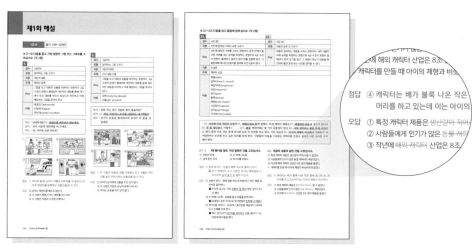

실전모의고사 1회부터 3회까지 전 문항에 대한 급수, 유형, 지문, 주제, Key, 어휘를 도표로 정리하여 문항마다 중요한 정보를 한눈에 정리하였다. 그리고 듣기, 쓰기, 읽기의 정답에 대한 설명과 오답에 대한 설명을 제시하여 각 문항을 분석하는 데 도움이 되게 하였다.

4. 시험 직전까지 든든하게!

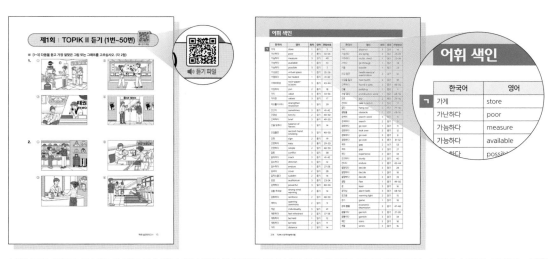

실제 듣기 시험과 유사한 성우의 목소리로 최신 경향을 반영한 듣기 내용을 녹음하여 QR로 쉽게 들을 수 있게 하였다. 그리고 ㄱ부터 ㅎ까지의 어휘를 정리하여 모르는 어휘를 쉽게 찾아 익힐 수 있게 하였다.

TOPIK 한국어능력시험

제1회 실전모의고사

The 1st Actual Mock Test

TOPIK II

1교시	듣기, 쓰기 (Listening, Writing)

수험번호 (Registration No.)		
이 름 (Name)	한국어(Korean)	
	영 어(English)	

유의사항
Information

1. 시험 시작 지시가 있을 때까지 문제를 풀지 마십시오.
   Do not open the booklet until you are allowed to start.

2. 수험번호와 이름을 정확하게 적어 주십시오.
   Write your name and registration number on the answer sheet.

3. 답안지를 구기거나 훼손하지 마십시오.
   Do not fold the answer sheet; keep it clean.

4. 답안지의 이름, 수험번호 및 정답의 기입은 배부된 펜을 사용하여 주십시오.
   Use the given pen only.

5. 정답은 답안지에 정확하게 표시하여 주십시오.
   Mark your answer accurately and clearly on the answer sheet.

   marking example   

6. 문제를 읽을 때에는 소리가 나지 않도록 하십시오.
   Keep quiet while answering the questions.

7. 질문이 있을 때에는 손을 들고 감독관이 올 때까지 기다려 주십시오.
   When you have any questions, please raise your hand.

※ [1~3] 다음을 듣고 가장 알맞은 그림 또는 그래프를 고르십시오. (각 2점)

1.

①

②

③

④

2.

①

②

③

④

3.

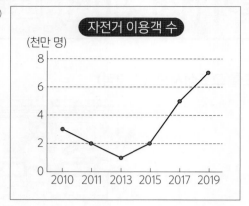

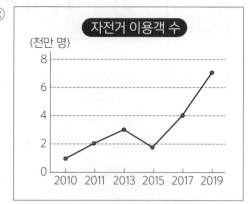

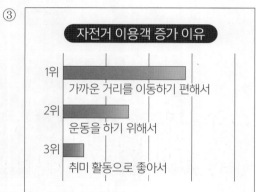

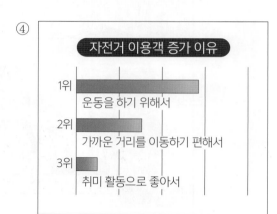

※ [4~8] 다음을 듣고 이어질 수 있는 말로 가장 알맞은 것을 고르십시오. (각 2점)

4. ① 다음에 꼭 가 보세요.

② 머리가 너무 아파서요.

③ 지금 학교에 갈 거예요.

④ 못 만날까 봐 걱정했어요.

5. ① 그럼 내가 사다 줄게.

② 우유를 마시고 싶거든.

③ 다음에 같이 가려고 해.

④ 가게가 문을 닫았더라고.

6. ① 자연스럽게 잘하시던데요.

② 열심히 노력하면 될 거예요.

③ 뉴스에 나오는 줄 알았어요.

④ 다음부터는 준비해서 할까 해요.

7. ① 내일부터 출근해 주시면 좋겠어요.

② 일이 익숙하지 않아서 힘든 것 같아요.

③ 힘든 일이 있으면 저한테 이야기하세요.

④ 회사에 다닌 지 벌써 일주일이 되었어요.

8. ① 생각보다 준비할 게 많던데요.

② 야외에서 하니까 정말 좋지요?

③ 날짜가 정해지면 알려 주시겠어요?

④ 괜찮을 테니까 너무 걱정하지 마세요.

※ [9~12] 다음을 듣고 여자가 이어서 할 행동으로 가장 알맞은 것을 고르십시오. (각 2점)

9. ① 책을 산다.   ② 식당으로 간다.

③ 수미에게 전화한다.   ④ 다음 역에서 내린다.

10. ① 선풍기를 점검한다.   ② 저녁 약속을 정한다.

③ 종이에 주소를 적는다.   ④ 집으로 선풍기를 보낸다.

11. ① 세제를 사러 간다.   ② 다시 세탁을 한다.

③ 수리 센터에 전화한다.   ④ 세탁물 상태를 확인한다.

12. ① 직접 이메일을 보낸다.   ② 발표회 일정을 준비한다.

③ 사장님께 연락을 드린다. ④ 신상품 발표회에 참석한다.

※ **[13~16] 다음을 듣고 들은 내용과 같은 것을 고르십시오. (각 2점)**

13. ① 여자는 직업 체험에 대해 관심이 있다.

② 남자는 직업 체험을 해 보고 만족했다.

③ 여자는 직업 체험 검색 사이트를 이용해 봤다.

④ 남자는 여자와 함께 직업 체험을 해 본 적이 있다.

14. ① 점검은 오후 6시에 끝날 예정이다.

② 아파트 전체가 같은 시간에 점검한다.

③ 내일 오전부터 점검을 시작할 예정이다.

④ 점검 시간에는 엘리베이터를 이용할 수 없다.

15. ① 이 서비스는 유료로 이용 가능하다.

② 이 서비스는 작년부터 실시되고 있다.

③ 다음 달까지 서비스를 신청할 수 있다.

④ 서비스를 설치하려면 스마트폰이 필요하다.

16. ① 계속 내리는 비로 행사는 취소되었다.

② 많은 외국 사람들이 행사에 참여하였다.

③ 이번 행사는 국내 아이들을 위한 행사였다.

④ 남자는 이 행사를 진행한 지 10년이 되었다.

※ [17~20] 다음을 듣고 <u>남자</u>의 중심 생각으로 가장 알맞은 것을 고르십시오. (각 2점)

17. ① 의자는 편안한 느낌을 줘야 한다.

② 의자는 자주 바꿔 주는 것이 좋다.

③ 가격이 저렴하면서 좋은 의자도 많다.

④ 오래 사용할 수 있는 의자를 사는 게 좋다.

18. ① 가수라면 노래를 잘 불러야 한다.

② 가수마다 잘하는 것이 다를 수 있다.

③ 춤을 잘 추려면 연습을 많이 해야 한다.

④ 다양한 음악을 만들려는 노력이 필요하다.

19. ① 도서관에서 공부해야 집중이 잘 된다.

② 시험 전에 미리 공부를 해 둬야 한다.

③ 카페를 선택할 때 분위기가 중요하다.

④ 장소에 따라 어울리는 행동을 해야 한다.

20. ① 스트레스를 풀기 위해 매일 운동을 해야 한다.

② 웃음이 우리의 몸과 마음에 긍정적인 영향을 준다.

③ 병에 걸렸을 때 많이 웃는 것이 치료에 효과적이다.

④ 책의 내용을 잘 이해하려면 여러 번 읽는 것이 좋다.

21. 남자의 중심 생각으로 가장 알맞은 것을 고르십시오.

　① 제품을 살 때에는 직접 보고 사는 게 좋다.

　② 제품의 이용 후기를 지우는 사람들이 많다.

　③ 제품의 이용 후기만 믿고 물건을 사면 안 된다.

　④ 제품을 살 때에는 이용 후기를 보고 사야 한다.

22. 들은 내용과 같은 것을 고르십시오.

　① 여자는 새로 산 제품의 이용 후기를 쓰려고 한다.

　② 제품의 이용 후기로 인한 문제점들이 해결되었다.

　③ 남자는 온라인으로 물건을 샀다가 후회한 적이 있다.

　④ 최근에 온라인으로 제품을 사는 사람들이 증가하고 있다.

23. 남자가 무엇을 하고 있는지 고르십시오.

　① 어학 시험을 신청하고 있다.

　② 센터의 위치를 문의하고 있다.

　③ 무료 어학 시험을 알아보고 있다.

　④ 신청에 필요한 서류를 요청하고 있다.

24. 들은 내용과 같은 것을 고르십시오.

　① 시험은 인주시 거주자 누구나 볼 수 있다.

　② 남자는 센터에 가서 어학 시험을 볼 예정이다.

　③ 시험 신청은 센터에 직접 방문해서 해야 한다.

　④ 무료 어학 시험은 1년에 3번까지 신청 가능하다.

※ [25~26] 다음을 듣고 물음에 답하십시오. (각 2점)

25. 남자의 중심 생각으로 가장 알맞은 것을 고르십시오.
① 자연 재료를 활용한 제품들을 기획해야 한다.
② 일회용품 사용을 줄이기 위한 대책이 필요하다.
③ 멸종위기 동물을 보호하는 것은 불가능한 일이다.
④ 사람들이 멸종위기 동물에 관심을 갖기를 바란다.

26. 들은 내용과 같은 것을 고르십시오.
① 남자는 오랫동안 이 축제를 준비해 왔다
② 이 축제에서는 동물에게 먹이를 줄 수 있다.
③ 이 축제는 일회용품 사용이 가능한 행사이다.
④ 사람들이 축제에 참석하지 못해 안타까워했다.

※ [27~28] 다음을 듣고 물음에 답하십시오. (각 2점)

27. 남자가 말하는 의도로 알맞은 것을 고르십시오.
① 보완 강화의 방식을 바꾸려고
② 보완 강화의 의미를 알려 주려고
③ 비밀번호의 필요성을 일깨워 주려고
④ 복잡해진 비밀번호 문제를 지적하려고

28. 들은 내용과 같은 것을 고르십시오.
① 남자는 비밀번호 변경으로 스트레스를 받는다.
② 인터넷으로 회원 가입하는 것은 간단한 일이다.
③ 과거의 비밀번호는 숫자 네 개로 만들기 어려웠다.
④ 여자는 보안 강화 정책에 대해 부정적인 입장이다.

※ **[29~30] 다음을 듣고 물음에 답하십시오. (각 2점)**

29. 남자가 누구인지 고르십시오.

① 드라마를 홍보하는 사람

② 드라마의 대본을 쓰는 사람

③ 드라마 출연자를 결정하는 사람

④ 드라마 촬영 장소를 섭외하는 사람

30. 들은 내용과 같은 것을 고르십시오.

① 남자는 드라마에 출연하여 유명해졌다.

② 드라마 홍보를 위해 계약서를 써야 한다.

③ 드라마 촬영지는 직접 방문하여 선정한다.

④ 남자는 촬영을 할 때 부모님과 같이 간다.

※ **[31~32] 다음을 듣고 물음에 답하십시오. (각 2점)**

31. 남자의 중심 생각으로 가장 알맞은 것을 고르십시오.

① 다양한 방식으로 문자 교육을 해야 한다.

② 글 읽기 교육보다 글쓰기 교육이 중요하다.

③ 글을 빨리 이해할수록 다른 감각들도 발달한다.

④ 이른 문자 교육은 아이의 발달을 방해할 수 있다.

32. 남자의 태도로 가장 알맞은 것을 고르십시오.

① 근거를 들어 주장을 뒷받침하고 있다.

② 문제 해결 방안에 대해 공감하고 있다.

③ 상황을 분석하며 대책을 촉구하고 있다.

④ 상대방의 의견에 대해 부분적으로 동의하고 있다.

※ [33~34] 다음을 듣고 물음에 답하십시오. (각 2점)

33. 무엇에 대한 내용인지 알맞은 것을 고르십시오.

① 한국 영화의 성공 원인

② 한국 영화의 제작 배경

③ 한국 영화의 시대별 변천

④ 한국 영화의 장르별 특징

34. 들은 내용과 같은 것을 고르십시오.

① 국제 영화제에서 상을 받기 위해 노력해야 한다.

② 한국 영화는 영화의 완성도를 더 높일 필요가 있다.

③ 1990년대 중반 이후 유능한 감독들이 다수 등장하였다.

④ 해외에서 영화를 제작할 때에는 예상치 못한 일이 발생한다.

※ [35~36] 다음을 듣고 물음에 답하십시오. (각 2점)

35. 남자가 무엇을 하고 있는지 고르십시오.

① 가상공간 전시회를 소개하고 있다.

② 작품에 대한 설문조사를 진행하고 있다.

③ 전시회에 접속하는 방법을 설명하고 있다.

④ 가상 캐릭터 설정의 문제점을 강조하고 있다.

36. 들은 내용과 같은 것을 고르십시오.

① 가상공간에 전시된 작품들을 촬영하면 안 된다.

② 접속할 때마다 가상 캐릭터를 다르게 설정할 수 있다.

③ 이 전시회는 온라인과 오프라인에서 모두 관람 가능하다.

④ 작품을 자세히 보고 싶으면 전시회에 직접 방문해야 한다.

37. 여자의 중심 생각으로 가장 알맞은 것을 고르십시오.

① 인류 모두가 누릴 수 있는 과학 기술이 필요하다.

② 과학 기술 발전의 문제점을 파악하는 것이 중요하다.

③ 기술 발전을 위해 경제적 지원을 아끼지 말아야 한다.

④ 첨단 기술의 발전으로 사회가 급속도로 발전하고 있다.

38. 들은 내용과 같은 것을 고르십시오.

① 착한 과학은 오랜 기간 사람들의 관심을 받아왔다.

② 장애인을 위한 제품을 만들려면 비용이 많이 든다.

③ 과학 기술 발전으로 인한 부작용이 더 심각해졌다.

④ 소외된 사람들은 과학 기술의 혜택을 받기 어려웠다.

※ **[39~40] 다음을 듣고 물음에 답하십시오. (각 2점)**

39. 이 대화 전의 내용으로 가장 알맞은 것을 고르십시오.

① 국민들이 긍정적인 자세로 일하는 모습을 보여 주고 있다.

② 생계 부담을 줄이기 위해 정부가 두 가지 대책을 마련했다.

③ 정부가 국민 모두에게 매달 일정한 생활비를 지급하기로 했다.

④ 노동 의욕이 크게 감소될 거라는 우려의 목소리가 나오고 있다.

40. 들은 내용과 같은 것을 고르십시오.

① 경제 활성화를 위해 모든 국민이 노력하고 있다.

② 최소한의 소득이 보장되면 생계 부담이 줄어든다.

③ 국민들의 지나친 소비는 국가 경제를 어렵게 한다.

④ 노동 기회 확대로 양극화 문제를 해결하고자 한다.

※ **[41~42] 다음을 듣고 물음에 답하십시오. (각 2점)**

41. 이 강연의 중심 내용으로 가장 알맞은 것을 고르십시오.

① 온돌은 전통 문화를 이해하는 데 도움이 된다.

② 온돌은 경제적이고 과학적인 방법으로 설계되었다.

③ 온돌의 우수성을 세계에 알리려는 노력이 필요하다.

④ 온돌에 대한 연구가 새로운 방식으로 이루어져야 한다.

42. 들은 내용과 같은 것을 고르십시오.

① 온돌은 에너지 효율이 낮은 특징이 있다.

② 아궁이에서 피운 불로 취사와 난방이 가능하다.

③ 과거에는 사계절 내내 가족들이 아랫목에 앉곤 했다.

④ 온돌은 고장이 잘 나는 편이라서 자주 손질해야 한다.

※ **[43~44] 다음을 듣고 물음에 답하십시오. (각 2점)**

43. 무엇에 대한 내용인지 알맞은 것을 고르십시오.

① 암컷 문어는 모성애가 강한 동물이다.

② 암컷 문어의 산란기가 변화하고 있다.

③ 암컷 문어가 서식 공간을 옮기기 시작했다.

④ 암컷 문어는 생태계에서 중요한 역할을 한다.

44. 암컷 문어가 수관을 통해 물 순환을 시키는 이유로 맞는 것을 고르십시오.

① 알을 부화하기 위해서

② 알이 썩는 것을 막기 위해서

③ 새끼들에게 먹이를 주기 위해서

④ 포식자로부터 새끼들을 지키기 위해서

※ [45~46] 다음을 듣고 물음에 답하십시오. (각 2점)

45. 들은 내용과 같은 것을 고르십시오.

① 현재 이산화탄소의 실질적인 배출량은 '0'이다.

② 습지와 숲을 복원하면 탄소 흡수율이 낮아진다.

③ 태양광으로 화석연료의 사용량을 줄일 수 있다

④ 국내의 탄소중립 문제를 해결하는 데 성공했다.

46. 여자가 말하는 방식으로 알맞은 것을 고르십시오.

① 이산화탄소 발생 과정에 대해 연구하고 있다.

② 기후 변화의 여러 가지 유형을 비교하고 있다.

③ 지구 환경의 미래에 대해 회의적으로 진단하고 있다.

④ 탄소중립 실천을 위한 구체적인 방법을 제시하고 있다.

※ [47~48] 다음을 듣고 물음에 답하십시오. (각 2점)

47. 들은 내용과 같은 것을 고르십시오.

① 역사는 미래를 설계하는 데 도움이 된다.

② 대학교 입학을 위해 역사 교육은 중요하다.

③ 교과 공부가 역사 공부보다 더 필요할 것이다.

④ 새로운 역사 교육의 방식이 곧 적용될 예정이다.

48. 남자의 태도로 알맞은 것을 고르십시오.

① 역사 교육 현장의 어려움에 대해 토로하고 있다.

② 역사 교육을 간과하는 의견에 강하게 비판하고 있다.

③ 역사 교육의 필요성에 대해 근거를 들어 설명하고 있다.

④ 역사 교육 경험을 통해 자신의 의견을 뒷받침하고 있다.

※ [49~50] 다음을 듣고 물음에 답하십시오. (각 2점)

49. 들은 내용과 같은 것을 고르십시오.

① 긍정 심리학은 전통적인 이론 중 하나이다.

② 인간의 삶을 풍요롭게 만든 것은 자기 반성이다.

③ 과거의 심리학은 인간의 부정적인 측면에 집중했다.

④ 계획적으로 일을 하면 모든 일이 순조롭게 해결된다.

50. 남자의 태도로 알맞은 것을 고르십시오.

① 긍정 심리학을 논리적으로 비판하고 있다.

② 긍정 심리학의 변화에 대해 인정하고 있다.

③ 긍정 심리학의 가치를 높이 평가하고 있다.

④ 긍정 심리학에 대한 맹신을 경계하고 있다.

※ [51~52] 다음 글의 ㈀과 ㈁에 알맞은 말을 각각 쓰시오. (각 10점)

51.

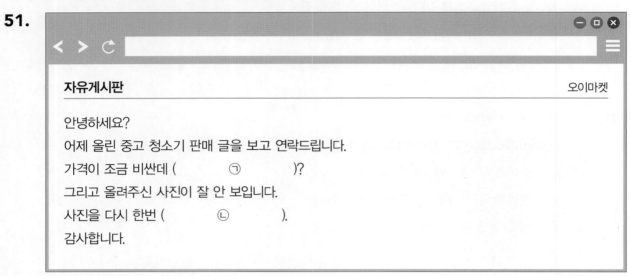

자유게시판   오이마켓

안녕하세요?

어제 올린 중고 청소기 판매 글을 보고 연락드립니다.

가격이 조금 비싼데 (㈀   )?

그리고 올려주신 사진이 잘 안 보입니다.

사진을 다시 한번 (㈁   ).

감사합니다.

52.

　　스트레스는 자신의 노력으로 얼마든지 극복이 가능하다. 스트레스를 없애는 좋은 방법으로는 운동을 들 수 있는데 그 중에서 걷기가 가장 효과적이다. 걷기는 약 30분 정도 땀이 날 정도로 (㈀   ). 그리고 다른 사람과 경쟁하는 운동은 되도록 피해야 한다. 경쟁을 하는 운동은 오히려 (㈁   ).

53. 다음은 '한국 편의점 도시락 시장의 특징'에 대한 자료이다. 이 내용을 200~300자의 글로 쓰시오. 단, 글의 제목은 쓰지 마시오. (30점)

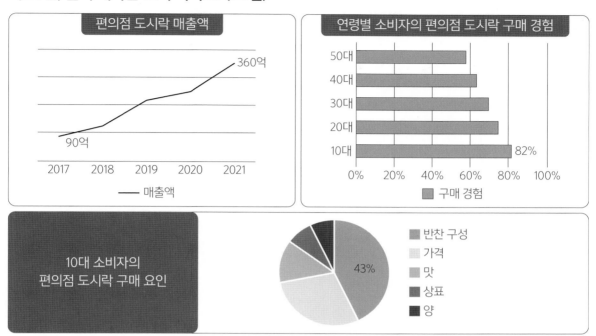

54. 다음을 참고하여 600~700자로 글을 쓰시오. 단, 문제를 그대로 옮겨 쓰지 마시오. (50점)

> 동물 실험은 교육이나 연구를 위해 동물을 활용한 실험을 하는 것을 말한다. 이러한 동물 실험은 좋은 점도 있지만 문제점도 있다. 아래의 내용을 중심으로 '동물 실험의 필요성과 문제점'에 대해 자신의 의견을 쓰라.
>
> ----
>
> • 동물 실험의 필요성은 무엇인가?
> • 동물 실험의 문제점은 무엇인가?
> • 동물 실험에 찬성하는가, 반대하는가? 근거를 들어 자신의 의견을 쓰라.

＊ 원고지 쓰기의 예

	스	트	레	스	는		자	신	의		노	력	으	로		얼	마	든	지
극	복	이		가	능	하	다	.		스	트	레	스	를		없	애	는		좋

제1교시 듣기, 쓰기 시험이 끝났습니다. 제2교시는 읽기 시험입니다.

TOPIK 한국어능력시험

제1회 실전모의고사

The 1st Actual Mock Test

TOPIK II

2교시 | **읽기 (Reading)**

수험번호 (Registration No.)		
이 름 (Name)	한국어(Korean)	
	영 어(English)	

유 의 사 항
Information

1. 시험 시작 지시가 있을 때까지 문제를 풀지 마십시오.
   Do not open the booklet until you are allowed to start.

2. 수험번호와 이름을 정확하게 적어 주십시오.
   Write your name and registration number on the answer sheet.

3. 답안지를 구기거나 훼손하지 마십시오.
   Do not fold the answer sheet; keep it clean.

4. 답안지의 이름, 수험번호 및 정답의 기입은 배부된 펜을 사용하여 주십시오.
   Use the given pen only.

5. 정답은 답안지에 정확하게 표시하여 주십시오.
   Mark your answer accurately and clearly on the answer sheet.

   marking example

6. 문제를 읽을 때에는 소리가 나지 않도록 하십시오.
   Keep quiet while answering the questions.

7. 질문이 있을 때에는 손을 들고 감독관이 올 때까지 기다려 주십시오.
   When you have any questions, please raise your hand.

※ **[1~2]** (   )에 들어갈 말로 가장 알맞은 것을 고르십시오. (각 2점)

1. 아침에 빵이 (   ) 다 팔렸다.

① 나오든지   ② 나오거나

③ 나오자마자   ④ 나오다 보면

2. 내일 친구가 집에 (   ).

① 오는 편이다   ② 오는 중이다

③ 오기로 했다   ④ 온 적이 있다

※ **[3~4]** 다음 밑줄 친 부분과 의미가 가장 비슷한 것을 고르십시오. (각 2점)

3. 어머니께서는 버스를 <u>타기만 하면</u> 속이 안 좋으셔서 약을 항상 준비해야 한다.

① 타는 동안   ② 탈 때마다

③ 타는 탓에   ④ 타는 대로

4. 음식을 많이 주문한 걸 보니 배가 많이 <u>고픈 모양이다.</u>

① 고픈 것 같다   ② 고프기도 하다

③ 고픈 적이 없다   ④ 고플 리가 없다

※ [5~8] 다음은 무엇에 대한 글인지 고르십시오. (각 2점)

5.

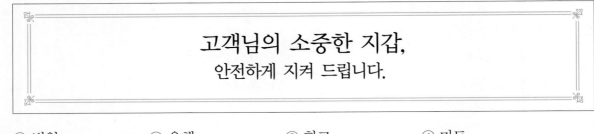

더 깨끗하게 싹싹!
부드럽게 잘 닦입니다.

① 연필　　　　② 책상　　　　③ 휴지　　　　④ 거울

6.

고객님의 소중한 지갑,
안전하게 지켜 드립니다.

① 병원　　　　② 은행　　　　③ 학교　　　　④ 마트

7.

횡단보도 앞, 일단 멈춤!!
속도를 줄이면 사람이 보입니다.

① 환경 보호　　　② 안전 운전　　　③ 예절 교육　　　④ 전기 절약

8.

무료 음료권

- 모든 음료 중 1잔을 무료로 드실 수 있습니다.
- 이 음료권은 환불되지 않습니다.
- 다른 쿠폰과 함께 사용할 수 없습니다.

① 교환 안내　　　② 판매 장소　　　③ 제품 설명　　　④ 이용 방법

※ [9~12] 다음 글 또는 그래프의 내용과 같은 것을 고르십시오. (각 2점)

9.

제12회 국제 가구 박람회

구분	입장료
일반	10,000원
단체(10인 이상)	8,000원
특별권	15,000원

※ 단체 요금은 평일에만 가능합니다.
※ 특별권 구입 시 행사장 내 놀이 시설을 무료로 이용하실 수 있습니다.
※ 대중교통을 이용하신 분은 입장료를 2,000원 할인해 드립니다.

① 주말에는 단체 할인을 받을 수 있다.
② 이 행사는 이번에 처음 열리는 행사이다.
③ 특별권을 사면 놀이 시설 이용료가 할인된다.
④ 지하철을 타고 가면 입장권을 싸게 살 수 있다.

10.

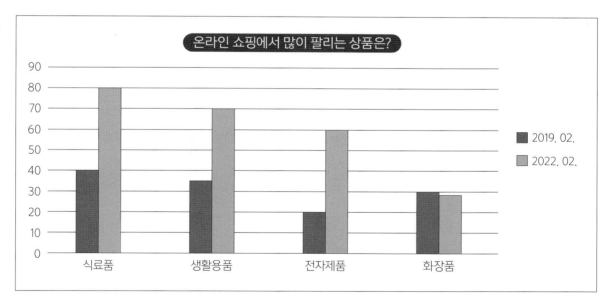

① 생활용품 구입이 2019년보다 줄었다.
② 화장품 판매가 2019년에 비해 크게 늘었다.
③ 두 해 모두 식료품이 가장 많이 판매되었다.
④ 2022년에는 전자제품이 생활용품보다 많이 팔렸다.

11.

> 인주시에서는 지난 4월부터 '맞춤형 순찰제'를 도입했다. 이것은 각 구역마다 담당 경찰관을 지정하는 제도이다. 구역 게시판에 담당 경찰관의 사진과 연락처를 붙여 두고 주민들이 24시간 연락할 수 있도록 한 것이다. 이 제도를 도입한 지 6개월 만에 범죄 발생률이 절반 가까이 줄어들어 다른 지역으로 확대하는 방안이 검토되고 있다.

① 맞춤형 순찰제도는 다음 달부터 실시된다.
② 이 제도를 도입한 후 범죄율이 감소하였다.
③ 맞춤형 순찰제도는 전국에서 시행되고 있다.
④ 주민들이 경찰관과 함께 담당 구역을 순찰한다.

12.

> 인주군은 오는 15일 작년에 이어 세 번째로 '인주 배스 낚시 대회'를 개최한다. 이 대회는 낚시에 관심이 있는 성인이라면 누구나 참가할 수 있다. 대회에서 배스를 가장 많이 잡은 사람에게는 상금 100만 원이 주어진다. 대회에서 잡은 배스로 만든 요리의 무료 시식회를 열 예정이다. 대회 참가를 원하는 사람은 10일까지 인주군 홈페이지로 신청하면 된다.

① 초등학생도 낚시 대회에 참가할 수 있다.
② 이 대회는 올해 처음 열리는 낚시 대회이다.
③ 배스를 제일 많이 잡은 사람이 상금을 받는다.
④ 참가자는 낚시 대회에서 잡은 배스를 요리해야 한다.

13.

(가) 생활비를 벌기 위해 아르바이트를 하는 학생이 가장 많았다.

(나) 학생 100명에게 아르바이트를 하는 이유에 대해 설문조사를 실시했다.

(다) 학비 때문에 아르바이트를 한다는 대답이 그다음으로 2위를 차지했다.

(라) 그밖에 '사회경험 쌓기, 여행 경비 마련하기' 등과 같은 다양한 목적도 있었다.

① (가)-(다)-(나)-(라)　　　② (가)-(나)-(라)-(다)

③ (나)-(가)-(다)-(라)　　　④ (나)-(가)-(라)-(다)

14.

(가) 게다가 생선 즙이 그대로 유지되어 맛도 더욱 좋아진다.

(나) 생선에 소금을 뿌리면 살이 단단해져서 모양이 흐트러지지 않는다.

(다) 생선은 살이 연하기 때문에 그냥 익히면 생선 살이 부서지기 쉽다.

(라) 생선을 굽기 전에 소금을 뿌리는 것은 생선의 간을 맞추기 위해서만은 아니다.

① (다)-(가)-(나)-(라)　　　② (다)-(라)-(가)-(나)

③ (라)-(다)-(나)-(가)　　　④ (라)-(가)-(나)-(다)

15.

(가) 하지만 손에 침이 묻을 때마다 손을 씻기도 어렵다.

(나) 사람들은 보통 기침이 나오면 손으로 입을 막는다.

(다) 따라서 기침이 나오면 손보다는 팔로 입을 막는 것이 더 낫다.

(라) 손에 묻은 침을 통해 감기가 다른 사람에게 전해질 수 있다.

① (나)-(가)-(다)-(라)　　　② (나)-(라)-(가)-(다)

③ (라)-(나)-(다)-(가)　　　④ (라)-(가)-(나)-(다)

※ [16~18] (   )에 들어갈 말로 가장 알맞은 것을 고르십시오.(각 2점)

16.

> 다양한 분야에서 활동 중인 디자이너들이 사회를 위해 노력하고 있다. 자신의 재능과 시간을 (   ) 쓰기 시작한 것이다. 그들은 무료로 공공장소를 꾸미거나 주거나 바자회에서 판매할 티셔츠를 디자인해 주는 등 사회사업에 활발히 참여하고 있다.

① 자신의 경력을 쌓기 위해　　　　② 도움이 필요한 곳을 위해

③ 다른 사람을 가르치기 위해　　　④ 자기가 하는 일을 즐기기 위해

17.

> 밤하늘을 일반 카메라로 찍으면 빛이 너무 약해서 사진이 흐릿하게 보인다. 빛이 렌즈에 들어오는 시간이 길수록 사진의 색은 밝고 진해진다. 그래서 카메라에 빛을 충분히 모으면 더 선명한 사진을 찍을 수 있다. 밤하늘을 찍을 때도 (   ) 흐린 사진을 진하게 할 수 있다.

① 렌즈에 빛을 차단하면　　　　　② 일반 카메라로 촬영하면

③ 별빛을 렌즈에 오래 비추면　　　④ 여러 장을 이어서 촬영하면

18.

> 야구 경기에서는 선수의 (   ) 매우 중요하다. 투수는 짧은 시간에 공을 어떻게 던질지 결정해서 타자가 치기 힘든 공을 던져야 한다. 반대로 타자는 빠른 속도로 날아오는 공을 보고 단시간에 칠지 말지를 결정해야 한다.

① 타고난 능력이　　　　　　　　② 강한 정신력이

③ 순간적 판단이　　　　　　　　④ 충분한 연습이

사람들은 흔히 버스나 기차의 창문이 사각형이라고 생각한다. 그러나 자세히 보면 버스나 기차의 창문은 끝이 약간 둥글게 되어 있는 것을 알 수 있다. 창문의 모양을 이렇게 만든 이유는 사고 시 창문이 받게 되는 외부 충격을 덜 받게 하기 위해서이다. 창문에 뾰족한 각이 있으면 그쪽으로 충격이 집중되어 창문이 쉽게 깨질 수 있다. (   ) 외부 충격을 받을 수 있는 곳은 창문을 각이 없이 둥글게 만드는 것이 좋다.

19. (   )에 들어갈 말로 가장 알맞은 것을 고르십시오.

① 게다가   ② 오히려   ③ 따라서   ④ 그러나

20. 윗글의 주제로 가장 알맞은 것을 고르십시오.

① 버스나 기차 등 대중교통의 창문은 모양이 모두 다르다.

② 창문의 끝을 둥글게 해 외부의 충격을 덜 받게 만들어야 한다.

③ 교통사고에 대비하여 창문의 모양을 사각형으로 만들어야 한다.

④ 버스나 기차의 창문 끝에 뾰족한 각이 있어서 운전할 때 위험하다.

> 지난해 국내 캐릭터 산업의 매출이 8조 원에 달했다. 특정 캐릭터 제품은 폭발적인 반응을 얻으며 없어서 못 팔 정도였다. 이렇게 (   ) 팔린 캐릭터에는 몇 가지 공통점이 있다. 사람 캐릭터는 물론 동물 캐릭터도 배가 볼록 나온 작은 몸에 동그란 눈과 큰 머리를 하고 있다. 이런 모습은 아이의 체형과 비슷해서 사람들이 귀여워하거나 보호해 주고 싶은 심리를 갖게 한다. 사람들의 마음을 사로잡는 캐릭터를 만들고 싶다면 이런 심리를 자극해야 한다.

21. (   )에 들어갈 말로 가장 알맞은 것을 고르십시오.

① 손발이 맞게

② 눈 밖에 나도록

③ 날개 돋친 듯이

④ 바가지를 씌워서

22. 윗글의 내용과 같은 것을 고르십시오.

① 특정 캐릭터 제품은 생산량이 적어서 팔 수 없었다.

② 사람들에게 인기가 많은 동물 캐릭터만 개발되었다.

③ 작년에 해외 캐릭터 산업은 8조 원의 매출을 올렸다.

④ 캐릭터를 만들 때 아이의 체형과 비슷하게 만들었다.

> 30년이 넘게 새를 연구하고 있는 나는 새를 만나기 위해서라면 세계 어디든지 직접 찾아다닌다. 한번은 특별한 새가 살고 있다는 외국의 어느 숲에 갔었다. 안내 표지판을 따라 조심스럽게 새가 있을 만한 곳을 찾아 한참을 걸었지만 그 어디에도 새가 보이지 않았다. 나는 위험을 무릅쓰고 길이 아닌 곳으로 걸어 들어갔다. 숲을 네 시간 이상 헤맸지만 아무런 소득이 없었다. 허탈한 마음에 더 이상 걸을 힘도 없었다. 그때 호수 건너편에서 무엇인가 움직이는 것들이 보였다. <u>나도 모르게 눈이 커졌다</u>. 수십 마리의 파란 새들이 거기에 있었다.

23. 밑줄 친 부분에 나타난 '나'의 심정으로 가장 알맞은 것을 고르십시오.

① 반갑고 감격스럽다

② 아쉽고 걱정스럽다

③ 편하고 만족스럽다

④ 기쁘고 자랑스럽다

24. 윗글의 내용과 같은 것을 고르십시오.

① 나는 호수 근처에서 새들을 만났다.

② 나는 직접 새를 찾으러 다니지 않는다.

③ 나는 세계 곳곳의 숲을 연구하는 사람이다.

④ 나는 숲에서 안내 표시가 있는 곳으로만 다녔다.

25.

> 고삐 풀린 생활 물가, 대책 마련 목소리 높아

① 정부는 생활 물가 상승에 대한 대책을 마련하였다.

② 정부는 생활 물가를 잡기 위한 대책을 발표할 것이다.

③ 시민들은 생활 물가 상승에 대한 대책을 정부에 요구하고 있다.

④ 시민들은 정부가 마련한 생활 물가 대책이 소용없다고 주장한다.

26.

> 느낀 만큼 낸다, 후불제 연극 연일 화제

① 연극을 본 후 관람료를 내는 연극이 점차 증가하고 있다.

② 후불제 관람료에 대해 우려를 표하는 사람들이 점점 많아졌다.

③ 관람료를 후불제로 바꾼 후 연극을 보는 관객수가 계속 늘었다.

④ 연극을 본 후 감동을 받은 만큼 관람료를 내는 연극이 계속 화제이다.

27.

> 비인기 종목 여성 축구, 역대 최다 관중

① 인기가 없는 여성 축구를 알리기 위해 관중들을 모으고 있다.

② 인기가 없었던 여자 축구 경기에 역사상 가장 많은 관중이 몰렸다.

③ 인기가 없었던 여성 축구가 올해 처음으로 관중들에게 외면을 당했다.

④ 인기가 없는 여성 축구를 살리기 위해 관중들에게 많은 표를 제공했다.

28.

반려동물을 키우는 사람들은 동물과 함께 있으면 (   ). 정말 그럴까? 자신이 키우고 있는 반려동물과 눈을 마주치는 실험을 했더니 행복을 느끼게 해주는 옥시토신 분비는 증가하고 스트레스 호르몬인 코르티솔은 감소했다고 한다. 또한 반려동물을 기르는 노인은 그렇지 않은 노인보다 우울감을 덜 느낀다고도 한다.

① 행복하다고 말한다.

② 오래 살 수 있다고 말한다.

③ 건강이 좋아진다고 말한다.

④ 감정이 풍부해진다고 말한다.

29.

사람들은 태도나 사고방식이 자신과 유사한 사람을 선호하는 경향이 있다. 나와 생각이 다르지 않은 사람들과 함께 있으면 자신의 믿음이나 신념이 잘못되지 않았다는 확신을 갖게 된다. 그뿐만 아니라 자신의 판단에 대한 타당성을 인정받았다는 안도감도 느끼게 된다. 즉 (   ) 보일 때 자신의 생각이 정당하다는 것을 확인하게 되어 마음이 편안해진다.

① 많은 사람들이 자신과 일치된 의견을

② 많은 사람들이 서로에게 의지하는 모습을

③ 사람들이 자신의 의견에 적극적인 태도를

④ 사람들이 새로운 신념에 대한 강한 자신감을

30.

> 우리가 사용하는 비누 색은 매우 다양하다. 하지만 비누 거품은 항상 하얀색이다. 이는 색을 내기 위해 비누에 넣는 (   ) 사실과 관련이 있다. 비누 색깔이 진하든지 연하든지 들어가는 색소는 비누를 만드는 재료의 0.01% 정도이다. 또한 이 색소는 물을 만나면 완전히 녹아 버린다. 그래서 비누 거품은 비누의 색깔과 관계없이 언제나 하얀색인 것이다.

① 거품의 색이 진하다는

② 색소의 양이 매우 적다는

③ 색소의 종류가 다양하다는

④ 거품의 크기가 아주 크다는

31.

> 한 백화점에서 100% 폐지로 만든 친환경 쇼핑백을 도입해 화제이다. 쇼핑백에는 '지구를 지켜요!'라는 문구가 새겨져 있어 환경을 생각하는 소비자들의 마음을 사로잡았다. 소비자들은 (   ) 때문에 구매를 한다. 상품의 질을 따질 뿐만 아니라 자신의 구매가 사회에 긍정적인 영향을 미칠 수 있는가를 고민하고 표현하는 것이다. 주변 사람들이 자신이 구매한 상품을 보고 거기에 담긴 메시지에 관심을 갖도록 한다.

① 상품을 직접 만들 수 있기

② 천연 소재로 만들어진 것이기

③ 세련된 디자인을 처음 도입했기

④ 자신의 가치관을 드러낼 수 있기

32.

> 연중 할인이 없는 제값 받기 마케팅으로 승부를 거는 회사들이 있다. 이 회사들은 광고를 줄이고 제품의 질과 기술력을 높여 합리적인 가격으로 소비자를 만난다. 제품이 싸면 단기적으로는 소비자들에게 좋은 반응을 이끌어낼 수 있지만 멀리 내다보면 싼 제품이라는 인식이 확산되어 품질마저 저평가되기 쉽다. 이 때문에 회사는 소비자들의 신뢰를 얻고 제품의 인지도를 높이기 위해서 할인 행사를 하지 않는다.

① 인지도가 높은 제품에 이 마케팅이 적용된다.

② 제품이 저렴하면 품질이 좋지 않다는 인식이 있다.

③ 이 마케팅은 가격을 할인해 주는 방식으로 진행됐다.

④ 이 회사들은 주로 광고를 통해 제품의 질과 기술력을 알린다.

33.

> 현대인들은 보통 고단한 업무와 일상에서 벗어나고자 자연으로 떠난다. 그러나 자연 속에서 자유를 즐기다 보면 현지의 자연을 해치는 경우가 많다. 이 때문에 윤리적 관광의 필요성이 대두되었다. 가령 멸종 위기의 동식물로 만든 기념품을 구입하지 않거나 여행 경비의 1%를 현지의 자연 환경을 보호하기 위해 기부하는 것 등이다. 이러한 윤리적 관광은 현지의 자연 환경을 훼손하지 않으려는 의식이 반영된 새로운 형태의 여행이다.

① 현대인들은 여행지에서도 고단한 업무에 시달린다.

② 환경 훼손을 우려해 자연으로 떠나는 사람들이 줄었다.

③ 이 여행은 멸종 위기의 동식물을 관광 상품화한 것이다.

④ 현지의 자연을 위해 기부하는 것은 윤리적 관광의 예이다.

34.

> 한 실험에서 피험자들에게 성격 검사를 실시한 후 말년에 홀로 외로이 지내게 될 것이라는 거짓 결과를 말해 주었다. 이후의 행동을 관찰했더니 피험자들은 건강에 신경을 쓰지 않았고, 기부와 자원봉사를 줄였을 뿐만 아니라 타인과의 공동 작업에서도 비협조적인 모습을 보였다. 사회에서 소외될 것이라는 예측만으로도 존재감이 사라지고 타인에 대한 배려심이 줄어들 수 있다는 것을 입증한 실험이었다.

① 피험자들은 사회생활에 소극적으로 변했다.

② 피험자들에게 실험의 실제 목적을 알려 주었다.

③ 이 실험은 사회에서 소외된 사람들을 대상으로 하였다.

④ 피험자들이 노년에 외롭게 지낼 것이라는 결과가 나왔다.

※ [35~38] 다음을 읽고 글의 주제로 가장 알맞은 것을 고르십시오. (각 2점)

35.

> 인터넷으로 물건을 사면 가끔 후회하게 될 때가 있다. 인터넷 쇼핑 사이트에서는 상품을 직접 확인해 볼 수 없어 제품의 장단점을 파악하기가 힘들기 때문이다. 그런데 이런 문제는 제품을 구입하기 전 상품평을 확인하면 어느 정도 해결할 수 있다. 상품평은 소비자들이 물건을 직접 사용한 후에 쓴 글이므로 제품의 장단점을 아는 데 유용하다.

① 상품평은 물건의 장단점을 잘 드러내고 있어야 한다.

② 상품평을 보면 사려는 물건에 대한 정보를 얻을 수 있다.

③ 인터넷 쇼핑 사이트의 상품평을 무조건 믿어서는 안 된다.

④ 인터넷으로 물건을 산 후에는 꼭 상품평을 올려 줘야 한다.

36.

 스포츠를 좋아하는 사람들은 스포츠를 관람하는 동안 다른 사람들과 쉽게 유대감을 형성한다. 같은 팀이나 선수를 좋아하는 사람들이 모여 함께 응원하다 보면 경기 내용에 따라 느끼는 감정도 동일하므로 '우리'라는 동질감이 만들어진다. 이런 동질감은 경기 내내 함께 울고 웃게 해 사람들을 스포츠에 더욱 열광하게 한다.

① 올바른 스포츠 관람 태도를 가질 필요가 있다.

② 스포츠는 사람들을 강하게 이어 주는 힘이 있다.

③ 스포츠에 대한 지나친 관심은 경쟁심으로 이어지기 쉽다.

④ 경기 결과를 깨끗하게 인정하는 스포츠 정신이 필요하다.

37.

 관련성 없이 제시된 정보는 가짓수가 늘어나면 쉽게 잊어버린다. 하지만 옛날이야기처럼 내용이 잘 연결된 이야기는 듣는 사람의 집중력을 높여 긴 내용이라도 쉽게 기억하게 하는 힘이 있다. 따라서 오랫동안 기억해야 하는 정보가 있을 때 이 정보들을 관련성 있게 연결하면 잘 잊어버리지 않게 된다.

① 정보의 가짓수가 너무 많으면 줄거리를 활용하기 어렵다.

② 줄거리를 잘 만들려고 하다 보면 이야기하려는 것을 놓치게 된다.

③ 정보가 많을 때에는 줄거리가 있는 이야기로 만들면 기억하기 쉽다.

④ 줄거리가 긴 이야기는 기억하기 어려우므로 간결하게 만들어야 한다.

38.

> 사람들은 보통 비타민은 무조건 건강에 도움이 된다고 생각한다. 그러나 성별과 나이에 따라 필요한 비타민의 종류는 다르다. 중년 여성은 비타민 E를, 청소년은 비타민 A와 D를 복용하는 것이 좋다. 또 몸이 아플 때 비타민을 먹으면 오히려 병이 회복되는 데 방해가 되기도 한다. 비타민을 복용하기 전에는 나에게 적당한 비타민이 무엇인지를 알아보고 먹어야 한다.

① 몸이 아프면 비타민 복용을 피해야 한다.
② 자신에게 맞는 비타민을 골라 먹어야 한다.
③ 건강을 위해서는 비타민을 꼭 복용해야 한다.
④ 비타민 복용 전에는 비타민 종류를 잘 알아야 한다.

※ [39~41] 주어진 문장이 들어갈 곳으로 가장 알맞은 것을 고르십시오. (각 2점)

39.

> 이와 같이 금천교는 실용성보다는 상징적인 의미가 강했다.

> 조선 시대 궁궐 입구에는 창덕궁 금천교라는 돌다리가 놓여 있었다. (㉠) 정문을 지나 궁궐 안으로 들어가기 위해서는 반드시 이 금천교를 거쳐야 했다. (㉡) 다리의 아래로는 인공으로 끌어들인 개울물이 흘렀다. (㉢) 왕과 신하들은 다리를 건너면서 개울물에 욕심을 흘려보내고 깨끗한 마음으로 정치를 하겠다는 각오를 다졌다. (㉣)

① ㉠   ② ㉡   ③ ㉢   ④ ㉣

40.

> 24시간 전국의 도로를 운행하는 택시를 적극 활용해 보자는 생각이었다.

차량의 무게나 비 피해 등으로 도로에 구멍이 생기면 차량이 파손되고 교통사고도 많이 발생한다. (㉠) 신속한 복구가 중요하지만 사방으로 뻗어 있는 도로에서 이를 찾아내기란 쉽지 않다. (㉡) 그래서 정부가 해결 대책으로 택시 운전기사들에게 도로 파손 신고를 받는 방안을 마련했다. (㉢) 택시에 장착된 기기의 버튼을 누르면 관련 기관에 실시간으로 신고 접수되고 이에 따라 빠른 복구가 가능해졌다. (㉣)

① ㉠   ② ㉡   ③ ㉢   ④ ㉣

41.

> 작가가 발품을 팔아 가며 수집한 김영희에 대한 방대한 자료가 수록된 덕분이다.

배우 김영희의 열렬한 팬임을 자청하던 박지민 작가가 『연기 60년, 김영희』라는 책을 내놓았다. (㉠) 김영희에 관한 모든 것을 담은 '김영희 백과사전'이라 할 만하다. (㉡) 작가는 이 책을 통해 화려한 영화배우로서의 삶은 물론 누구보다도 마음 따뜻했던 인간 김영희의 평소 모습도 담고 싶었다고 한다. (㉢) 그를 잊지 못해 그리워했던 팬이라면 올겨울, 이 책을 통해 다시 만나 보는 것은 어떨까? (㉣)

① ㉠   ② ㉡   ③ ㉢   ④ ㉣

> 　한 시간 넘게 서서 뜨거운 커피를 두 잔이나 마셨다. '정국 씨, 설마 어울리지 않게 야근이라도 하는 건 아니겠지.' 그만 돌아갈까 싶다가도 길 끝에서 나타날 그의 모습이 기다려져 좀처럼 발을 뗄 수가 없었다. 얼마쯤 더 지났을까, 누군가와 이야기를 하며 걸어오는 그를 발견했다. 나는 빈 컵을 내려놓았다. 몇 번이고 연습을 했으니 자연스럽게만 하면 된다. 어쩌다 우연히 마주친 척. (중략) "윤아 씨!" 그때 뒤에서 서둘러 달려오는 발소리가 들렸다. 뒤따라온 정국이 가쁜 숨을 몰아쉬며 가슴을 두드렸다. "아 나, 숨차. 잠깐만요." 잠시 허리를 숙이고 있던 그가 고개를 들었다. 손에는 휴대 전화를 쥐고 있었다. "윤아 씨 혹시 저 만나러 여기 온 거예요?" 아니라고 말할 생각이었다. 그러나 쉽사리 입이 떨어지지 않았다. 퉁명스럽게 튀어나오려는 말들을 누르고 있는 것은 나의 마지막 용기였다. "맞죠? 윤아 씨 나 보러 온 거죠?" 아하하하, 그가 소리 내어 웃었다. 나는 얼굴이 달아오르는 것을 느꼈다. "이번엔 헛다리 안 짚었다. 진짜 보러 온 거 맞네!" 그의 웃음소리에 지나가던 사람이 우리를 흘끗거렸다.

42. 밑줄 친 부분에 나타난 '윤아'의 심정으로 가장 알맞은 것을 고르십시오.

① 샘나다

② 언짢다

③ 무안하다

④ 격분하다

43. 윗글의 내용으로 알 수 있는 것을 고르십시오.

① 정국은 나에게 뛰어와서 말을 걸었다.

② 나는 거리에서 우연히 정국과 마주쳤다.

③ 나는 정국과 함께 마시려고 커피를 샀다.

④ 정국은 떨어진 내 휴대 전화를 주워 주었다.

사람들은 보통 잡초를 쓸모없는 풀이라고 생각한다. 시골 밭에서 흔히 볼 수 있는 돼지풀은 밭에서는 쓸모없는 잡초에 지나지 않는다. 그러나 골프장에서는 산성화된 흙을 중화시켜 주는 역할을 하는 꼭 필요한 존재이다. 풀은 어디에서 자라느냐에 따라 이로운 풀이 되기도 하고 쓸모없는 풀이 되기도 한다. 이와 마찬가지로 사람도 자신의 능력을 보여 줄 수 있는 자리가 따로 있다. 제 능력을 제대로 발휘하지 못하고 있다면 그 사람은 아직 자신에게 맞는 자리를 찾지 못한 것일 수 있다. 돼지풀이 골프장에서 (   ) 사람도 저마다 자신에게 맞는 '제자리'가 있는 것이다.

44. (   )에 들어갈 말로 가장 알맞은 것을 고르십시오.
① 없어서는 안 되는 풀인 탓에
② 자라지 못하는 잡초인 것처럼
③ 찾아보기 힘든 풀이기 때문에
④ 쓸모가 있을 수 있는 잡초이듯이

45. 윗글의 주제로 가장 알맞은 것을 고르십시오.
① 잡초가 자라는 장소는 정해져 있다.
② 사람들은 자신의 능력을 개발해야 한다.
③ 잡초는 이로운 것과 해로운 것으로 나뉜다.
④ 사람마다 능력을 펼칠 수 있는 곳이 다르다.

※ **[46~47] 다음을 읽고 물음에 답하십시오. (각 2점)**

> 손발을 자유롭게 사용하지 못하는 근육위축증 환자와 같은 이들도 이제 자유자재로 컴퓨터를 조작할 수 있게 되었다. 눈동자의 깜빡임만으로 컴퓨터를 사용할 수 있는 안구 마우스가 개발된 것이다. 기존의 전용 안경을 착용하는 방식의 안구 마우스는 중량 때문에 피로감을 주고 조작도 매우 어려웠다. 그런데 이제는 사용자의 눈동자 정보를 미리 기계에 입력한 후 눈동자의 빛 반사를 통해 화면 커서가 이동하는 방식으로 만들어져 조작이 훨씬 수월해진 것이다. 이 기술은 신체가 불편한 환자와 장애인에게 실질적인 도움을 줄 것으로 전망된다. 나아가 일반인에게는 생활 방식의 변화를 불러와 삶의 질을 한층 향상시킬 것으로 보인다. 또 이 기술은 다른 기업들에 공개될 예정이어서 관련 기술 개발에도 크게 기여할 전망이다.

46. 윗글에 나타난 필자의 태도로 가장 알맞은 것을 고르십시오.

① 피로감이 줄어든 새로운 안구 마우스 개발에 감탄하고 있다.

② 안구 마우스 기술이 다양한 분야에서 활용되기를 기대하고 있다.

③ 환자와 장애인에게 실질적인 도움을 주지 못할 것을 우려하고 있다.

④ 근육위축증 환자들이 손발을 자유롭게 사용하는 것을 경계하고 있다.

47. 윗글의 내용과 같은 것을 고르십시오.

① 새로운 안구 마우스는 이전 제품보다 더 무겁다.

② 새로운 안구 마우스는 전용 안경을 착용해야 사용할 수 있다.

③ 새로운 안구 마우스는 눈동자의 움직임에 따라 커서가 따라간다.

④ 새로운 안구 마우스는 여러 기업들이 기술을 공유한 결과물이다.

건설 공사에 걸림돌이 되고 있는 '문화재 보호 규제'에 대해 말이 많다. 언제 만들어졌는지, 어떤 내용인지 알 수도 없는 규제 때문에 피해를 입는 사례가 많다. 그런데 최근 (   ) 문화재청이 규제를 완화해 준 곳이 생겼다. 인주군의 문화재 보호법 규제를 풀어 준 것이다. 현재 문화재 보호법에 따르면 문화재에서 일정한 거리 이내에 있는 건축물들은 높이의 제한을 받는다. 그런데 문화재 주변이 산으로 둘러싸여 보호가 필요 없는 경우에도 단순히 직선거리로만 건축물의 높이를 규제한다. 그래서 과도한 규제라는 비판을 면치 못했던 것이다. 인주군의 경우는 500m로 제한되었던 규제 범위를 200m로 완화함으로써 그동안 밀려 있던 건설 공사에 숨통을 터 주었다. 물론 문화재는 소중하게 지켜야 할 문화유산이다. 하지만 이를 보존하는 데 필요한 규제에는 문화재의 위치, 여건, 지역 특성에 대한 고려가 더 필요한 것이다. 서랍 속에서 잠만 자고 있는 규제를 깨우지 않는다면 문화재 보호와 지역 발전이라는 두 마리 토끼를 잡을 수 없을 것이다.

48. 윗글을 쓴 목적으로 가장 알맞은 것을 고르십시오.
① 문화재 보호 범위의 축소를 비판하기 위하여
② 지역 문화재 관련 법안 마련을 제안하기 위하여
③ 문화재 관련 세부 규정의 통합을 요구하기 위하여
④ 문화재 관련 규제 완화의 필요성을 주장하기 위하여

49. (   )에 들어갈 말로 가장 알맞은 것을 고르십시오.
① 문화재 관리에 문제가 된다며   ② 문화재의 특성과 관련이 없다며
③ 지역적 특성이 고려되지 않았다며   ④ 주민들의 의견이 반영되지 않았다며

50. 윗글의 내용과 같은 것을 고르십시오.
① 최근 문화제 보호 규제가 더 강화되고 있다.
② 문화재 보호법으로 건설 공사의 피해가 줄었다.
③ 인주군은 한시적으로 문화재 보호 규제를 풀었다.
④ 문화유산 근처의 건축물은 높이를 제한하고 있다.

TOPIK 한국어능력시험

제2회 실전모의고사
The 2nd Actual Mock Test

TOPIK II

1교시	듣기, 쓰기 (Listening, Writing)

수험번호 (Registration No.)		
이 름 (Name)	한국어(Korean)	
	영 어(English)	

유 의 사 항
Information

1. 시험 시작 지시가 있을 때까지 문제를 풀지 마십시오.
   Do not open the booklet until you are allowed to start.

2. 수험번호와 이름을 정확하게 적어 주십시오.
   Write your name and registration number on the answer sheet.

3. 답안지를 구기거나 훼손하지 마십시오.
   Do not fold the answer sheet; keep it clean.

4. 답안지의 이름, 수험번호 및 정답의 기입은 배부된 펜을 사용하여 주십시오.
   Use the given pen only.

5. 정답은 답안지에 정확하게 표시하여 주십시오.
   Mark your answer accurately and clearly on the answer sheet.

   marking example   

6. 문제를 읽을 때에는 소리가 나지 않도록 하십시오.
   Keep quiet while answering the questions.

7. 질문이 있을 때에는 손을 들고 감독관이 올 때까지 기다려 주십시오.
   When you have any questions, please raise your hand.

※ [1~3] 다음을 듣고 가장 알맞은 그림 또는 그래프를 고르십시오. (각 2점)

1.

①

②

③

④

2.

①

②

③

④

※ [1~3] 다음을 듣고 가장 알맞은 그림 또는 그래프를 고르십시오. (각 2점)

3.

①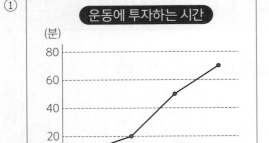

②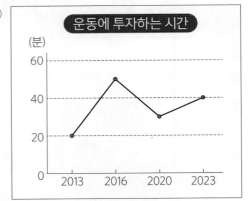

③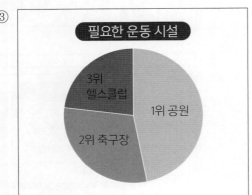

④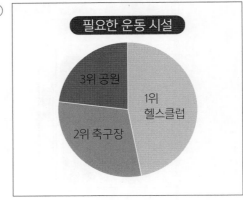

※ [4~8] 다음을 듣고 이어질 수 있는 말로 가장 알맞은 것을 고르십시오. (각 2점)

4. ① 천천히 잘 찾아보세요.

② 내일 찾을 수 있겠어요.

③ 찾았다니 정말 다행이네요.

④ 잃어버린 물건을 찾아서요.

5. ① 아니, 예약을 취소해야지.

② 아니, 여름에 예약하면 돼.

③ 응, 겨울에 가야 할 것 같아.

④ 응, 나도 이번에 여행 가려고.

6. ① 창문을 닫는 게 좋겠네요.

② 공사를 하는 줄 알았어요.

③ 그대로 두면 안 되거든요.

④ 시끄러울까 봐 걱정이에요.

7. ① 다음 주부터 가게를 연대요.

② 먹어보고 싶었는데 아쉽네요.

③ 케이크를 먹어본 적이 있어요.

④ 벌써 케이크가 다 팔렸나 봐요.

8. ① 그건 제가 주문한 대로 왔어요.

② 치수를 정하신 후에 알려 주세요.

③ 옷을 입어 보니까 정말 좋던데요.

④ 새로운 제품을 주문하려고 하는데요.

※ [9~12] 다음을 듣고 여자가 이어서 할 행동으로 가장 알맞은 것을 고르십시오. (각 2점)

9. ① 보고서를 쓴다.　　　　② 도서관에 간다.

③ 책을 검색한다.　　　　④ 숙제를 끝낸다.

10. ① 약을 먹는다.　　　　② 잠을 푹 잔다.

③ 진료 서류를 받는다.　　　　④ 가벼운 운동을 한다.

11. ① 외투를 입는다.　　　　② 칫솔을 찾는다.

③ 여행 가방을 챙긴다.　　　　④ 비상약을 사러 간다.

12. ① 교육 일정을 조정한다.　　　　② 온라인 강의를 검토한다.

③ 교육 프로그램을 확인한다.　　　　④ 신입사원 교육을 요청한다.

※ [13~16] 다음을 듣고 들은 내용과 같은 것을 고르십시오. (각 2점)

13. ① 여자는 미용실에서 할인을 받지 못했다.

② 여자는 미용실의 서비스가 만족스러웠다.

③ 남자는 새로 생긴 미용실에 간 적이 있다.

④ 남자는 미용실 이용료가 저렴하다고 생각한다.

14. ① 내일 오후에 케이블카 운행 여부가 결정된다.

② 홈페이지를 통해 티켓 예약을 확인할 수 있다.

③ 강풍으로 인해 오늘 케이블카 운행이 중단되었다.

④ 강풍 때문에 사용하지 못한 티켓은 환불이 어렵다.

15. ① 최근 들어 감기 환자가 줄어들고 있다.

② 운동은 한 시간 이상 해야 효과적이다.

③ 겨울에는 실내에서 운동하는 게 더 좋다.

④ 적당한 운동으로 감기를 예방할 수 있다.

16. ① 남자는 이번 대회가 마지막이었다.

② 남자는 감독을 한 지 1년이 되었다.

③ 남자는 선수들과 사이가 좋지 않았다.

④ 남자는 해외에서 감독으로 활동하고 있다.

17. ① 어렸을 때에는 많이 먹는 것이 중요하다.

② 정해진 시간에 맞춰 식사를 하는 게 좋다.

③ 아이가 스스로 밥을 먹도록 기다려야 한다.

④ 아이의 기분을 먼저 생각하는 태도가 필요하다.

18. ① 동호회 가입 방법을 정확하게 안내해야 한다.

② 동호회 가입에 쓸 내용을 간단히 하는 게 좋다.

③ 동호회에 가입하면 적극적으로 활동하는 게 좋다.

④ 동호회를 통해 필요한 정보를 얻을 수 있어야 한다.

19. ① 가게의 간판은 가게에 대한 정보를 줘야 한다.

② 가게의 간판을 신기하게 만들어야 인기가 있다.

③ 가게의 간판을 그림으로 가득 채우는 것이 좋다.

④ 가게의 간판은 사람들의 관심을 끌 수 있어야 한다.

20. ① 전공에 맞는 행사를 기획하는 것이 중요하다.

② 미술 작품은 전시회에 직접 가서 볼수록 좋다.

③ 많은 사람들이 행사에 참여하려는 노력이 필요하다.

④ 미술은 모두가 함께 즐길 수 있는 예술이어야 한다.

21. 남자의 중심 생각으로 가장 알맞은 것을 고르십시오.

    ① 부작용이 생기는 약들이 점점 많아지고 있다.

    ② 좋은 제품을 만들려면 객관적으로 연구해야 한다.

    ③ 회사는 정확한 정보를 바탕으로 광고를 만들어야 한다.

    ④ 과장광고 문제를 해결하기 위해 법적인 제도가 필요하다.

22. 들은 내용과 같은 것을 고르십시오.

    ① 건강 관련 제품은 과장광고가 적은 편이다.

    ② 키가 커지는 약이 개발되어 화제가 되고 있다.

    ③ 최근에 양심적으로 광고하는 회사들이 늘어났다.

    ④ 광고에 대해 법적으로 단속하는 것은 쉽지 않다.

※ [23~24] 다음을 듣고 물음에 답하십시오. (각 2점)

23. 남자가 무엇을 하고 있는지 고르십시오.

    ① 뮤지컬 공연을 취재하고 있다.

    ② 공연장의 위치를 안내하고 있다.

    ③ 공연장 이용에 대해 문의하고 있다.

    ④ 뮤지컬 공연 티켓을 예매하고 있다.

24. 들은 내용과 같은 것을 고르십시오.

    ① 남자는 오늘 공연장에 방문할 예정이다.

    ② 공연 티켓이 있으면 무료로 주차할 수 있다.

    ③ 사진을 찍으려면 공연장 밖으로 나가야 한다.

    ④ 공연 후에 배우와 함께 사진 촬영이 가능하다.

25. 남자의 중심 생각으로 가장 알맞은 것을 고르십시오.

① 회사의 정년퇴직 나이를 연장할 필요가 있다.

② 다른 사람들의 조언에 항상 귀를 기울여야 한다.

③ 열심히 사는 것보다 즐기면서 사는 것이 중요하다.

④ 퇴직 후 행복하게 살려면 적극적으로 대비해야 한다.

26. 들은 내용과 같은 것을 고르십시오.

① 이 책이 나온 지 30년이 되었다.

② 남자는 오랫동안 작가 생활을 했다.

③ 정년퇴직을 하는 사람들이 줄어들었다.

④ 남자는 회사를 퇴직한 후 많이 힘들었다.

※ [27~28] 다음을 듣고 물음에 답하십시오. (각 2점)

27. 남자가 말하는 의도로 알맞은 것을 고르십시오.

① 협업의 중요성에 대해 일깨워 주려고

② 재택근무의 장점에 대해 알려 주려고

③ 근무 방식의 다양성에 대해 설명하려고

④ 재택근무 신청 방법에 대해 조언하려고

28. 들은 내용과 같은 것을 고르십시오.

① 재택 근무를 하면 업무 효율이 높아진다.

② 여자는 남자와 같이 재택근무를 신청했다.

③ 이 회사에는 재택근무를 신청한 사람이 많다.

④ 재택근무로 인해 동료들 간의 협업이 어려워졌다.

※ [29~30] 다음을 듣고 물음에 답하십시오. (각 2점)

29. 남자가 누구인지 고르십시오.

    ① 세탁 배달 서비스를 개발한 사람

    ② 세탁 배달 서비스에 가입한 사람

    ③ 서비스의 만족도를 조사하는 사람

    ④ 서비스의 문제점을 분석하는 사람

30. 들은 내용과 같은 것을 고르십시오.

    ① 이 세탁 배달 서비스는 오래전부터 있었다.

    ② 남자는 요즘 작은 원룸에서 혼자 살고 있다.

    ③ 서비스에 대한 불만 사항이 점점 늘어나고 있다.

    ④ 이 서비스를 이용하려면 빨래를 문밖에 둬야 한다.

※ [31~32] 다음을 듣고 물음에 답하십시오. (각 2점)

31. 남자의 중심 생각으로 가장 알맞은 것을 고르십시오.

    ① 영화는 오락성보다 예술성을 더 중시해야 한다.

    ② 오락성이 있어야 진정한 대중문화라고 할 수 있다.

    ③ 대중들에게 외면받지 않는 좋은 영화를 만들어야 한다.

    ④ 감독은 영화 흥행을 위해 상업성에 초점을 맞춰야 한다.

32. 남자의 태도로 가장 알맞은 것을 고르십시오.

    ① 문제 해결 방안에 대해 공감하고 있다.

    ② 근거를 들어 자신의 주장을 뒷받침하고 있다.

    ③ 상대방의 주장을 적극적으로 받아들이고 있다.

    ④ 구체적인 사례를 통해 문제점을 비판하고 있다.

※ **[33~34] 다음을 듣고 물음에 답하십시오. (각 2점)**

33. 무엇에 대한 내용인지 알맞은 것을 고르십시오.

① 조선 시대의 주요 행사

② 조선 시대 잔치의 절차

③ 조선 시대의 경제적 문제점

④ 조선 시대 궁중 잔치의 의의

34. 들은 내용과 같은 것을 고르십시오.

① 모든 백성이 나라를 위해 음식을 준비했다.

② 궁중 잔치에 차려진 음식은 양반들이 누렸다.

③ 나라에 좋은 일이 있을 때 궁중 잔치를 열었다.

④ 지금은 궁중 잔치에 대한 기록이 남아있지 않다.

※ **[35~36] 다음을 듣고 물음에 답하십시오. (각 2점)**

35. 남자가 무엇을 하고 있는지 고르십시오.

① 장학생 선발 기준을 설명하고 있다.

② 장학생에 대한 자료를 분석하고 있다.

③ 장학금 지급 방법에 대해 안내하고 있다.

④ 장학금 지급에 대한 의견을 조사하고 있다.

36. 들은 내용과 같은 것을 고르십시오.

① 장학금을 받으려면 가족의 추천을 받아야 한다.

② 대회에서 성적이 좋아야 장학금을 받을 수 있다.

③ 지역, 성별, 종목 등을 고려하여 장학생을 선정했다.

④ 이 장학금은 인주시에 사는 대학생을 대상으로 한다.

※ [37~38] 다음을 듣고 물음에 답하십시오. (각 2점)

37. 여자의 중심 생각으로 가장 알맞은 것을 고르십시오.

① 치약은 적당량을 사용해야 효과적이다.

② 치아 건강을 위해 치약을 아끼면 안 된다.

③ 양치질에 대한 잘못된 연구를 바로잡아야 한다.

④ 치아 세균 번식의 원인을 명확하게 밝혀야 한다.

38. 들은 내용과 같은 것을 고르십시오.

① 양치질할 때 치아 깊숙한 곳까지 하는 것은 위험하다.

② 치약은 칫솔 위에 두툼하게 짜서 사용하는 것이 좋다.

③ 치약의 일부 성분이 남아있으면 입 안을 건조하게 한다.

④ 상쾌한 느낌을 위해 칫솔을 자주 바꾸는 것이 중요하다.

※ [39~40] 다음을 듣고 물음에 답하십시오. (각 2점)

39. 이 대화 전의 내용으로 가장 알맞은 것을 고르십시오.

① 앞으로 다양한 방식의 방송 시대가 열려야 한다.

② 개인 방송이 사회에 미치는 부정적인 영향이 크다.

③ 새로운 방송의 형태가 등장해서 관심을 끌고 있다.

④ 기존 방송 매체를 보완하려는 지원이 확대되고 있다.

40. 들은 내용과 같은 것을 고르십시오.

① 개인 방송을 만들려면 장비가 많이 필요하다.

② 개인 방송을 하려는 사람들이 줄어들고 있다.

③ 개인 방송은 시청자들에게 유용한 정보를 제공한다.

④ 개인 방송은 시청자와 제작자 사이의 소통이 어렵다.

※ [41~42] 다음을 듣고 물음에 답하십시오. (각 2점)

41. 이 강연의 중심 내용으로 가장 알맞은 것을 고르십시오.

① 로봇 기술의 발전으로 인해 인간의 삶이 달라졌다.

② 로봇에 대한 새로운 방식의 연구가 이루어져야 한다.

③ 미래 사회 로봇을 바라보는 양면적인 시각이 필요하다.

④ 인간은 로봇과 공존하기 위해 긍정적으로 대응해야 한다.

42. 들은 내용과 같은 것을 고르십시오.

① 로봇을 과감하게 활용하는 것은 위험하다.

② 로봇에 대한 기대감이 점점 줄어들고 있다.

③ 로봇은 인간에 비해 일 처리 능력이 떨어진다.

④ 로봇의 등장으로 일의 효율성이 높아질 것이다.

※ [43~44] 다음을 듣고 물음에 답하십시오. (각 2점)

43. 무엇에 대한 내용인지 알맞은 것을 고르십시오.

① 황제 펭귄의 생활 방식이 주목 받고 있다.

② 황제 펭귄을 보호하기 위해 노력해야 한다.

③ 황제 펭귄은 무리 지어 함께 추위를 견딘다.

④ 황제 펭귄은 남극에 사는 대표적인 동물이다.

44. 황제 펭귄이 서로의 위치를 바꾸는 이유로 맞는 것을 고르십시오.

① 서로 싸우지 않으려고

② 빠른 속도로 움직이려고

③ 무리를 지어 먹이를 구하려고

④ 체온이 떨어지는 것을 막으려고

45. 들은 내용과 같은 것을 고르십시오.

① 우주 환경에서는 미생물의 세균 번식이 일어나지 않는다.

② 우주에서 오래 생활하려면 영양이 높은 음식이 필요하다.

③ 우주 비행사들은 우주에서 액체 형태의 음식을 섭취한다.

④ 우주 식량은 전투 식량과 달리 보존성과 휴대성을 요구한다.

46. 여자가 말하는 방식으로 알맞은 것을 고르십시오.

① 우주 환경의 세부 상황을 묘사하고 있다.

② 우주 식량의 가공 과정을 요약하고 있다.

③ 우주 식량의 개념과 특징을 설명하고 있다.

④ 우주 환경 변화의 필요성을 주장하고 있다.

※ [47~48] 다음을 듣고 물음에 답하십시오. (각 2점)

47. 들은 내용과 같은 것을 고르십시오.

① 제한 속도를 준수하려는 사람들이 많아졌다.

② 내년부터 단속 카메라 설치 장소가 확대된다.

③ 현재 과속 운전을 단속하기 위한 규제가 없다.

④ 과속 단속 카메라에 걸리면 벌금을 내야 한다.

48. 남자의 태도로 알맞은 것을 고르십시오.

① 과속 단속 카메라의 문제점을 지적하고 있다.

② 과속 단속 카메라 강화에 대해 동의하고 있다.

③ 과속 단속 카메라에 대한 평가를 유보하고 있다.

④ 과속 단속 카메라 설치의 어려움을 토로하고 있다.

※ [49~50] 다음을 듣고 물음에 답하십시오. (각 2점)

49. 들은 내용과 같은 것을 고르십시오.

① 민주주의를 반대하는 사람들이 많이 있다.

② 다수의 선택보다 소수의 선택이 중요하다.

③ 사회의 문제를 쉽고 빠르게 해결해야 한다.

④ 소수의 의견을 존중하기 위한 노력이 필요하다.

50. 남자의 태도로 알맞은 것을 고르십시오.

① 민주주의의 이상적 세계관을 지지하고 있다.

② 다수결의 원칙에 필요한 보완점을 강조하고 있다.

③ 민주주의의 기본 정신을 예를 통해 설명하고 있다.

④ 다수결의 원칙에 대한 심각한 우려를 표하고 있다.

※ [51~52] 다음 글의 ㉠과 ㉡에 알맞은 말을 각각 쓰시오. (각 10점)

51.

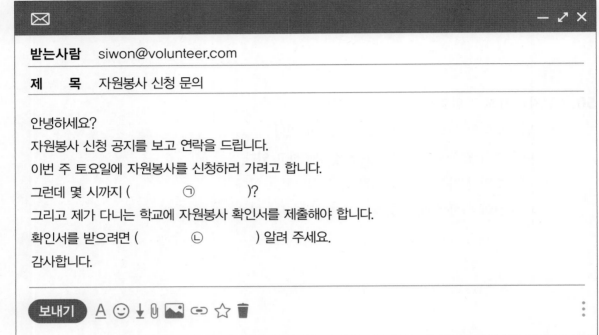

✉ ─ ↗ ✕

받는사람	siwon@volunteer.com
제 목	자원봉사 신청 문의

안녕하세요?

자원봉사 신청 공지를 보고 연락을 드립니다.

이번 주 토요일에 자원봉사를 신청하러 가려고 합니다.

그런데 몇 시까지 (㉠   )?

그리고 제가 다니는 학교에 자원봉사 확인서를 제출해야 합니다.

확인서를 받으려면 (㉡   ) 알려 주세요.

감사합니다.

보내기 A ☺ ↓ ⫿ 🖼 🔗 ☆ 🗑   ⋮

52.

　　문자 메시지를 보낼 때 남성과 여성 간에 차이가 있다는 연구 결과가 나왔다. 먼저 여성이 남성보다 이모티콘을 2.5배나 (㉠   ). 그리고 느낌표나 물음표 등의 문장 부호 사용량 역시 여성이 남성보다 1.6배가 많았다. 이것은 여성이 남성보다 감정과 느낌을 시각적으로 (㉡   )을 말해 준다.

53. 다음은 '20대와 70대 인구의 미디어 이용'에 대한 자료이다. 이 내용을 200~300자의 글로 쓰시오. 단, 글의 제목은 쓰지 마시오. (30점)

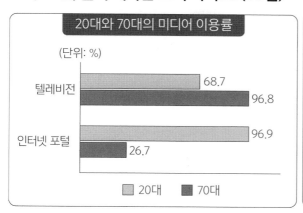

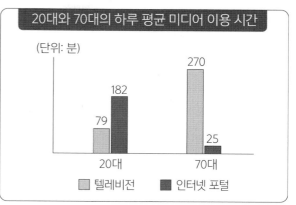

54. 다음을 참고하여 600~700자로 글을 쓰시오. 단, 문제를 그대로 옮겨 쓰지 마시오.(50점)

> '주 4일제'는 일주일에 4일만 일하는 형태의 근무 제도를 말한다. 월요일부터 금요일까지 5일을 일하는 지금보다 하루를 더 쉴 수 있는 것이다. '주 4일제'는 좋은 점도 있지만 문제점도 있다. 아래의 내용을 중심으로 '주 4일제'의 장점과 단점에 대해 자신의 의견을 쓰라.
>
> - '주 4일제'의 장점은 무엇인가?
> - '주 4일제'의 단점은 무엇인가?
> - '주 4일제'에 찬성하는가, 반대하는가? 근거를 들어 자신의 의견을 쓰라.

* 원고지 쓰기의 예

	문	자		메	시	지	를		보	낼		때		남	성	과		여	성
간	에		차	이	가		있	다	는		연	구		결	과	가		나	왔

제1교시 듣기, 쓰기 시험이 끝났습니다. 제2교시는 읽기 시험입니다.

TOPIK 한국어능력시험

제2회 실전모의고사

The 2nd Actual Mock Test

TOPIK II

2교시	읽기 (Reading)

수험번호 (Registration No.)	
이 름 (Name) 한국어(Korean)	
영 어(English)	

유 의 사 항
Information

1. 시험 시작 지시가 있을 때까지 문제를 풀지 마십시오.
   Do not open the booklet until you are allowed to start.

2. 수험번호와 이름을 정확하게 적어 주십시오.
   Write your name and registration number on the answer sheet.

3. 답안지를 구기거나 훼손하지 마십시오.
   Do not fold the answer sheet; keep it clean.

4. 답안지의 이름, 수험번호 및 정답의 기입은 배부된 펜을 사용하여 주십시오.
   Use the given pen only.

5. 정답은 답안지에 정확하게 표시하여 주십시오.
   Mark your answer accurately and clearly on the answer sheet.

   marking example   

6. 문제를 읽을 때에는 소리가 나지 않도록 하십시오.
   Keep quiet while answering the questions.

7. 질문이 있을 때에는 손을 들고 감독관이 올 때까지 기다려 주십시오.
   When you have any questions, please raise your hand.

※ [1~2] (   )에 들어갈 말로 가장 알맞은 것을 고르십시오. (각 2점)

1. 숙제를 (   ) 전화를 못 받았다.

① 하더니　　　　　　　　　　② 하려면

③ 하도록　　　　　　　　　　④ 하느라고

2. 한국어를 잘 못하는데 (   ).

① 잘하는 척했다　　　　　　　② 잘하는 듯했다

③ 잘하는 법이다　　　　　　　④ 잘하기 마련이다

※ [3~4] 다음 밑줄 친 부분과 의미가 가장 비슷한 것을 고르십시오. (각 2점)

3. 집에 <u>오다가</u> 소화제를 샀다.

① 오면서　　　　　　　　　　② 오니까

③ 올수록　　　　　　　　　　④ 왔는데

4. 아이가 조용한 걸 보니까 방에서 <u>자나 보다</u>.

① 잘까 싶다　　　　　　　　　② 잘 만하다

③ 자는 편이다　　　　　　　　④ 자는 모양이다

※ [5~8] 다음은 무엇에 대한 글인지 고르십시오. (각 2점)

5.

눈에 보이지 않는 먼지도 척척!
집안 구석구석 빠르고 깨끗하게

① 에어컨　　② 청소기　　③ 냉장고　　④ 세탁기

6.

품질도 가격도 최고!
무거운 장바구니도 바로 집으로!

① 안과　　② 식당　　③ 꽃집　　④ 마트

7.

쓰면 쓸수록 숲이 지워집니다.
일주일에 한 번, 승용차 대신 대중교통을 이용해 보세요.

① 환경 보호　　② 생활 예절　　③ 화재 예방　　④ 봉사 활동

8.

궁금한 점이 있으시면 고객센터로 전화해 주세요.
고객센터는 080-987-1234로 24시간 운영합니다.

① 교환 안내　　② 문의 방법　　③ 사용 방법　　④ 모집 안내

※ [9~12] 다음 글 또는 그래프의 내용과 같은 것을 고르십시오. (각 2점)

9.

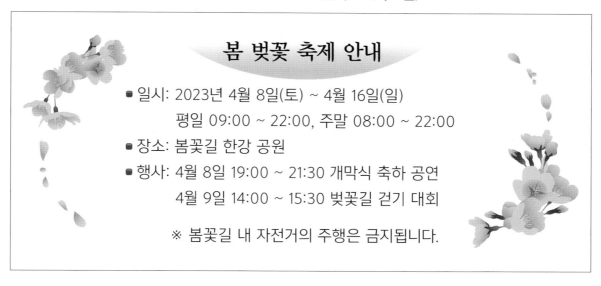

봄 벚꽃 축제 안내

■ 일시: 2023년 4월 8일(토) ~ 4월 16일(일)
　　평일 09:00 ~ 22:00, 주말 08:00 ~ 22:00
■ 장소: 봄꽃길 한강 공원
■ 행사: 4월 8일 19:00 ~ 21:30 개막식 축하 공연
　　4월 9일 14:00 ~ 15:30 벚꽃길 걷기 대회

※ 봄꽃길 내 자전거의 주행은 금지됩니다.

① 봄 벚꽃 축제에서 걷기 대회도 열린다.
② 봄 벚꽃 축제는 주말에만 즐길 수 있다.
③ 축제 전날 개막식 축하 공연이 마련되어 있다.
④ 행사 기간에 봄꽃길에서 자전거를 탈 수 있다.

10.

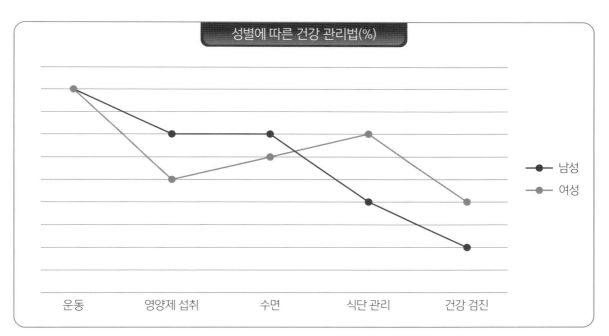

성별에 따른 건강 관리법(%)

운동　영양제 섭취　수면　식단 관리　건강 검진

—●— 남성
—●— 여성

① 남녀 모두 운동하는 것을 가장 중요하게 생각한다.
② 건강 검진을 선택한 사람은 여성보다 남성이 더 많다.
③ 여성은 잠을 자는 것보다 영양제 섭취를 중요하게 여긴다.
④ 여성보다 남성이 먹는 것에 신경을 더 쓰는 것으로 나타났다.

※ **[9~12] 다음 글 또는 그래프의 내용과 같은 것을 고르십시오. (각 2점)**

11.

> 한국대학교에서는 오는 10월 9일에 세계 외국인 한국어 말하기 대회를 개최한다. 이 대회는 한국어를 배우는 외국인을 대상으로 하며 발표 주제는 '비슷한 듯, 다른 듯 한국어·한국문화'이다. 참가를 원하는 사람은 5분 정도의 내용을 글로 써서 9월 25일까지 이메일로 보내면 된다. 본선 발표자 선정은 원고 심사로 대신하며 그 결과는 홈페이지에서 공지할 예정이다.

① 대회에서 발표할 내용의 양은 제한이 없다.

② 한국에 살고 있는 외국인만 참가할 수 있다.

③ 본선 참가자는 홈페이지에서 확인할 수 있다.

④ 신청자는 대학교에 가서 원고를 제출하면 된다.

12.

> 미국의 한 연구소에서 세계 169개국을 대상으로 조사한 '살기 좋은 나라' 순위를 발표하였다. 올해 한국은 17위로 3년째 같은 순위를 기록했다. 한국은 주거환경, 개인 안전, 교육 부문에서 항상 높은 순위를 차지해 왔는데 올해는 작년에 비해 건강, 복지, 환경과 같은 생활 만족도 순위가 크게 올랐다. 이는 여가 생활을 즐기는 사람이 늘면서 생활에 대한 만족감이 커졌기 때문인 것으로 보인다.

① 한국인의 생활 만족도는 작년과 같다.

② 한국의 전체 순위는 지난해보다 올랐다.

③ 한국에서 여가 생활을 하는 사람이 많아졌다.

④ 한국어 주거환경과 교육 부문 순위는 낮아졌다.

※ [13~15] 다음을 순서에 맞게 배열한 것을 고르십시오. (각 2점)

13.

> (가) 그 소식을 들은 부부는 그 아이의 입양을 고집하였다.
> (나) 한쪽 팔이 없어서 수차례 입양이 거부된 아이가 있었다.
> (다) 부부의 아버지도 그 아이와 똑같이 한쪽 팔이 없었기 때문이다.
> (라) 아이는 드디어 삶의 본보기가 될 할아버지와 부모를 갖게 되었다.

① (나)-(가)-(다)-(라)　　② (나)-(라)-(다)-(가)
③ (다)-(가)-(나)-(라)　　④ (다)-(나)-(라)-(가)

14.

> (가) 꿀벌의 춤은 먹이가 위치한 거리와 방향에 따라 달라진다.
> (나) 몸을 반복적으로 움직이는 모습이 춤을 추는 것과 같아 보인다.
> (다) 꿀벌은 기본적으로 반복적인 움직임을 통해 먹이 정보를 전달한다.
> (라) 꿀벌이 춤을 출 때 다른 벌들은 몸을 가까이해 춤을 따라 하면서 먹이의 종류와 거리를 파악한다.

① (다)-(나)-(가)-(라)　　② (다)-(가)-(나)-(라)
③ (라)-(나)-(다)-(가)　　④ (라)-(다)-(나)-(가)

15.

> (가) 이에 교통 당국은 경고등이 깜빡거리는 안전띠를 도입하기로 했다.
> (나) 승객이 좌석에 앉아 안전띠를 맬 때까지 경고등이 깜빡이는 것이다.
> (다) 버스를 탈 때 대부분의 승객이 좌석 안전띠 착용을 지키지 않고 있다.
> (라) 또한 운전자는 모니터로 안전띠 미착용 좌석을 확인할 수 있어 안전띠 착용을 안내할 수 있다.

① (나)-(가)-(라)-(다)　　② (나)-(라)-(가)-(다)
③ (다)-(가)-(나)-(라)　　④ (다)-(나)-(가)-(라)

16.

> 　사람들은 색을 통해 다양한 느낌을 드러낸다. 집의 분위기를 바꾸는 데에도 색을 활용할 수 있다. 마음을 편안하게 해 주고 싶을 때에는 녹색 계열을 사용하고, 활발한 느낌을 살리고 싶을 때는 오렌지색으로 꾸미면 좋다. 피로를 덜어 주고 싶은 방이라면 푸른색이 좋다. 따라서 집안의 분위기를 바꾸고 싶을 때는 먼저 (　　　　　) 것이 좋다.

① 공간의 크기를 재는　　　　　② 공간의 상태를 바꾸는
③ 공간의 위치를 물어보는　　　④ 공간의 목적을 고려하는

17.

> 　마트에서 채소를 사오면 양이 많아서 다 먹기도 전에 시들어 버리는 경우가 많다. (　　　　　) 때문에 시간이 갈수록 채소가 시들해지는 것이다. 이런 시든 채소를 살리려면 50도의 온도로 맞춘 물을 준비해 시들해진 채소를 1분간 담가 두면 된다. 그리고 따뜻한 물에서 채소를 건져 물기를 제거하면 순간적으로 충분한 물이 흡수되면서 채소가 다시 싱싱해진다.

① 물에 오래 담그기　　　　　② 따뜻한 곳에 보관하기
③ 수분이 점점 빠져나가기　　④ 씻을 때 뜨거운 물로 씻기

18.

> 　사람들이 (　　　　　) 계단을 오르거나 날아오는 공을 잡기가 어려워진다. 왼쪽 눈과 오른쪽 눈에 보이는 사물의 모습이 완전히 똑같은 것이 아니기 때문이다. 두 눈에 비쳐진 사물의 모습에는 차이가 있다. 우리의 뇌는 이 차이를 바탕으로 두 개의 모습을 합쳐 사물을 입체적으로 느끼게 한다.

① 한쪽 눈을 가리면　　　　　② 눈을 감았다가 뜨면
③ 두 사물을 함께 보지 않으면　④ 사물의 양쪽 면을 보지 않으면

> 자신도 모르게 하고 있던 습관 때문에 머리카락이 빠질 때가 있다. 서구화된 식습관과 스트
> 레스가 영향을 미쳐 탈모로 이어지는 것이다. 특히 탈모 환자들은 아침 기상 직후에 머리를 감
> 는 경우가 많은데 (   ) 이런 습관은 탈모를 키우게 된다. 저녁에 머리를 감으면 낮 동
> 안 두피에 쌓인 노폐물을 깨끗이 씻어낼 수 있어 두피 건강과 모발 성장에 도움이 된다.

19. (   )에 들어갈 말로 가장 알맞은 것을 고르십시오.

① 드디어   ② 어쩌면   ③ 반드시   ④ 오히려

20. 윗글의 주제로 가장 알맞은 것을 고르십시오.

① 스트레스는 탈모에 영향을 주지 않는다.

② 서구화된 식습관은 탈모를 예방할 수 있다.

③ 탈모를 늦추려면 저녁에 머리를 감아야 한다.

④ 아침에 일어나자마자 머리를 감는 것이 좋다.

한 심리학자가 듣는 사람의 태도가 얼마나 중요한지 보여 주는 실험을 진행했다. 그 심리학자는 수업이 재미없기로 유명한 교사의 수업을 듣는 학생들에게 몇 가지 행동을 하도록 지시하였다. 첫 번째는 교사가 말을 할 때 (   ) 해 수업에 집중하고 있음을 보이는 것이다. 두 번째는 얼굴에 미소를 띠면서 고개를 끄덕여 주고 가끔 수업 내용과 관련이 있는 질문을 하게 했다. 한 학기 후에 교사의 수업 태도는 아주 달라졌는데 다양한 교수 방법을 활용하여 재미있는 수업을 만들기 시작한 것이다.

21. (   )에 들어갈 말로 가장 알맞은 것을 고르십시오.

① 입을 다물게

② 귀를 기울이게

③ 귀에 거슬리게

④ 입에 오르내리게

22. 윗글의 내용과 같은 것을 고르십시오.

① 교사의 수업 방식에 대해 실험을 하였다.

② 재미없는 교사의 수업을 통해 실험을 하였다.

③ 교사와 학생의 대화 방식에 변화를 준 실험이다.

④ 이 실험에서 좋은 수업을 위한 교수법을 개발하였다.

"바보같이 별것도 아닌 걸 가지고 싸우고 다니고 그래. 엄마가 한쪽 눈을 못 쓴다고 해서 엄마 노릇을 못 해준 일이 있니? 그저 당장 귀에 들어오는 소리가 거슬린다고 싸우는 것은 바보들이나 하는 짓이야." "하지만 녀석은 엄마를 병신 취급했단 말이야." 어머니의 명예를 지키겠다고 한바탕 전투까지 치르고 돌아온 아들을 나무라는 어머니가 몹시 야속했다. 그러나 어머니의 다음 말은 내게 큰 충격을 안겨 주었다. "넌 비록 애꾸라지만 엄마가 있잖니? 그 애는 부모님이 다 돌아가셔서 누나랑 둘이 살고 있는 불쌍한 애야. 누나는 공장에 다니느라고 제대로 집에 들어오지도 못하고……." 나는 가슴이 뜨끔했다. "그런 애들 두들겨 패줘야 속이 시원하겠니? 아무리 철이 없는 애들이라지만……." 하지만 녀석은 마치 자기 아버지가 있는 듯이 말했단 말이야, 이런 항변 따위 내게 아무 짝에도 쓸모 없는 것이었다. 부모 없는 아이를 때렸다는 사실, 내겐 오직 이것만이 중요했다.

23. 밑줄 친 부분에 나타난 '나'의 심정으로 가장 알맞은 것을 고르십시오.

① 미안쩍다

② 안쓰럽다

③ 섭섭하다

④ 아찔하다

24. 윗글의 내용과 같은 것을 고르십시오.

① 어머니는 늦게까지 공장에서 일하고 있다.

② 친구 누나는 전쟁 때문에 집에 못 들어온다.

③ 이 사람의 친구는 부모님과 같이 살고 있다.

④ 이 사람은 친구와 싸워서 어머니한테 혼났다.

※ [25~27] 다음 신문 기사의 제목을 가장 잘 설명한 것을 고르십시오. (각 2점)

25.

> 세대 간 '밥그릇 싸움', 전 세계서 몸살

① 노년 세대들이 청년층의 일자리를 빼앗고 있다.

② 젊은 세대뿐만 아니라 노년층도 일자리가 없다.

③ 청년과 중장년의 일자리 경쟁으로 갈등이 발생하였다.

④ 고령화로 청년층부터 장년층까지 일자리가 감소하고 있다.

26.

> 도서정가제 실시 10여일… 서점은 여전히 '한파'

① 책값의 균일화로 겨울철 책 판매량이 줄었다.

② 도서정가제 시행 후 책을 읽는 사람들이 감소하였다.

③ 도서정가제 시행 후 며칠이 지났지만 책의 판매가 부진하다.

④ 계속되는 추위로 인하여 제도에 대한 실효성 논란이 일고 있다.

27.

> 기대수명 남성 78.5년, 여성 85.1년, 격차 6.5년 역대 최저

① 고령화에 따라 기대 수명이 예년보다 늘어났다.

② 남성과 여성 간 기대수명 차이가 예전보다 줄었다.

③ 건강관리에 신경을 쓰는 사람들로 인해 기대수명이 높아졌다.

④ 앞으로 남은 수명에 대한 남성과 여성의 격차가 매우 줄었다.

28.

> 산소 분자는 자외선을 흡수하여 2개의 산소 원자가 되고 이 산소 원자는 다시 산소 분자와 반응하여 오존이 된다. 오존은 일정하게 지구 둘레를 덮어 태양으로부터 오는 (   ) 역할을 한다. 그러므로 자외선의 세기가 강한 적도 부근의 하늘은 오존이 매우 활발히 생성된다. 그런데 지구를 감싸고 있는 이 오존층이 프레온 가스에 의해 분해되어 구멍이 생기는 것을 '오존홀'이라고 하여 세계의 환경문제가 되고 있다.

① 오존홀을 만드는

② 자외선을 차단하는

③ 프레온 가스를 막는

④ 산소 분자를 만드는

29.

> 취미 생활은 경제적인 문제다. 시간과 돈, 에너지를 투자해야 한다. 평균적인 직장인이라면 취미 생활에 정성을 쏟으면서 본업도 잘하기는 어렵다. 그러므로 (   ) 취미 생활을 선택해야 한다. 주말마다 전시회 하나를 보는 것이 취미라면 업무적인 아이디어에 영감을 얻으려고 노력하면 된다. 운동이 취미라면 사람들과 친목을 쌓는 것만으로도 직업적인 성취에 도움이 된다.

① 경제력을 키우는

② 시간을 줄일 수 있는

③ 본업과 연계할 수 있는

④ 새로운 기술을 익힐 수 있는

30.

봄에는 알레르기 환자가 크게 늘어난다. 특히 감기에 걸리면 몸의 면역력이 떨어지고 동시에 코점막이 예민해져 미세한 물질에 반응하기 쉬운 신체가 된다. 외출이 잦아지는 것도 원인 중 하나이다. 하지만 근본적인 원인은 불균형한 영양 섭취와 불규칙한 생활로 (   )에서 찾을 수 있다. 규칙적인 생활 습관과 균형 잡힌 식단으로 면역 체계를 건강하게 유지하는 것이 알레르기를 피하는 가장 좋은 방법이다.

① 비염 환자가 증가한 것
② 면역 체계가 무너진 것
③ 알레르기 질환을 앓는 것
④ 알레르기 증상을 완화하는 것

31.

아늑한 분위기를 연출하기에 패브릭은 효과 만점의 아이템이다. 어떤 아이템을 선택할까 고민된다면 바닥에 러그를 까는 것만으로도 충분하다. 다만 청소가 어렵고 진드기가 서식할 수 있으므로 얇은 천으로 된 제품을 추천한다. 최근에는 면 등 소재 선택의 폭이 넓으므로 (   ) 고르면 된다. 암막 커튼 역시 빛과 소음, 외풍을 막아 주는 기능적인 아이템으로, 무거운 소재인 만큼 색상은 밝은색을 선택하는 것이 좋다.

① 해충이 없는 것으로
② 유지 관리가 쉬운 것으로
③ 다양한 색상을 띠는 것으로
④ 소음공해를 차단해 주는 것으로

32.

> 사춘기 자녀는 부모에게서 벗어나 학교 친구 등 다른 사람과의 관계에서 만족감을 얻으려는 성향이 생긴다. 그런데 부모는 이런 상황에 적절하게 대처하지 못하는 경우가 많다. 이런 시기에는 자식의 독립성과 자율성을 존중해 주는 것이 중요하다. 자녀가 외모나 아이돌 이야기를 꺼낼 때 윽박지르거나 무관심으로 일관하지 않았는지 되돌아봐야 한다. 자녀에게 믿음과 안정감을 줄 수 있는 언어를 선택한다면 소통이 훨씬 수월할 것이다.

① 사춘기에는 부모에게 의존적인 태도를 보인다.
② 아이들에게 감정을 솔직하게 드러내는 것이 좋다.
③ 일관성 있는 부모의 태도는 자녀에게 믿음을 준다.
④ 힘이 되는 언어의 사용은 자녀와의 소통에 도움이 된다.

33.

> 요즘 친환경 먹거리에 대한 관심이 많다. 친환경 먹거리란 친환경 농산물을 말하는 것으로 환경을 보전하고 소비자에게 더욱 안전한 농산물을 공급하기 위해 농약과 화학비료 및 사료첨가제 등 화학 자재를 전혀 사용하지 않거나, 최소량만을 사용하여 생산한 농산물을 말한다. 한마디로 자연과 인간 모두에게 안전한 방법으로 생산한 농산물과 축산물인데 친환경 마크만 보고 물건을 구매하기 전에 그 내용을 좀 더 깊게 알아보고 구매하는 게 좋다.

① 친환경 먹거리를 구매하기 점점 어려워지고 있다.
② 친환경 먹거리에 소량의 화학비료가 사용되기도 한다.
③ 친환경 먹거리는 자연 생태환경 보전을 위해 시작되었다.
④ 친환경 먹거리는 안전하게 먹을 수 있는 농산물을 의미한다.

34.

> 우리는 잘 느끼지 못하지만 지진은 한 해 동안 지구 상에 50만 번 정도 일어난다. 인간은 계속 지진을 겪어 왔고 몇몇 큰 지진들은 인류 역사를 바꿔 놓기도 했다. 그 중에서 1755년 리스본 대지진은 과학적 연구가 이루어진 최초의 지진으로 그때 처음으로 과학적인 해석을 시도하였다. 대지진 이후 인간은 지진 상황을 파악하기 위해 조사를 실시해 지진의 원인을 찾으려고 노력하였다. 그런 노력이 지진학의 탄생을 가져왔고 현재 우리는 지진을 적극적으로 대비할 수 있게 된 것이다.

① 지진은 자연재해로 드물게 발생한다.
② 지금까지 대지진의 원인을 파악하지 못했다.
③ 지진에 대한 사람들의 인식은 바뀌지 않았다.
④ 대지진 이전에는 과학적인 조사를 하지 않았다.

※ [35~38] 다음을 읽고 글의 주제로 가장 알맞은 것을 고르십시오. (각 2점)

35.

> '만일 과거의 너를 알고 싶으면 현재의 너를 보라'는 말이 있다. 이것은 현재의 내 모습을 보면 과거에 내가 어떻게 살았는지 알 수 있다는 말이다. 그렇다면 미래에 내가 어떻게 살게 될지 궁금한 경우에는 어떻게 해야 할까? 위의 말대로 지금 내가 살고 있는 모습을 보면 될 것이다. 그러므로 우리는 항상 최선을 다해 살아야 한다. 현재의 내가 미래의 나를 결정할 것이기 때문이다.

① 지금 이 순간 최선을 다해야 한다.
② 미래의 일은 미리 걱정할 필요는 없다.
③ 과거가 궁금할 때는 현재 모습을 봐야 한다.
④ 과거가 없는 사람에게는 미래도 없을 것이다.

36.

> 30대가 되면 쉽게 피로를 느끼는 사람들이 많아진다. 바쁘다는 이유로 건강을 돌보지 않고 계속 일만 하기 때문이다. 건강을 잃으면 어떤 일도 하지 못하게 된다. 일을 계속 하려면 건강해야 하고, 그러려면 최소한 아침마다 동네 한 바퀴라도 뛰어야 한다. 이런 노력도 하지 않고 건강을 지킬 수는 없다.

① 30대에는 일을 줄여야 한다.

② 피로가 쌓일 때 한꺼번에 쉬면 된다.

③ 아침에 운동을 하면 오후 내내 피곤하다.

④ 건강을 지켜야 하고 싶은 일을 계속 할 수 있다.

37.

> 최근 겨울의 기온이 점점 떨어지면서 발열 내의가 인기를 끌고 있다. 그런데 과대광고로 인해 어떤 사람들은 발열 내의를 입기만 해도 몸이 따뜻해지는 것으로 알고 있다. 그러나 발열 내의의 소재는 피부와 마찰을 일으켜야 열이 난다. 발열 내의를 단지 착용한 상태만으로는 피부와 마찰이 일어나지 않는다. 따라서 내의가 열이 나기 위해서는 활발히 몸을 움직이는 것이 필수적이다.

① 마찰의 원리를 이용하여 발열 내의를 개발하였다.

② 추위를 극복하기 위해서는 발열 내의를 입어야 한다.

③ 발열 내의는 신체 활동이 수반되어야 효과가 나타난다.

④ 과대광고로 발열 내의에 대해 잘못 알고 있는 사람들이 있다.

※ [35~38] 다음을 읽고 글의 주제로 가장 알맞은 것을 고르십시오. (각 2점)

38.

> 사람들과 좋은 관계를 맺고 타인과 긍정적인 관계를 유지하는 것은 그리 어렵지 않다. 사람들을 마주치면 먼저 반갑게 인사를 건네고, 시간을 내서 가까운 사람들에게 안부를 묻는 것부터 시작하면 된다. 또 사소한 것이라도 상대방의 친절에 고마운 마음을 표현하는 등 실생활에서 쉽게 할 수 있는 것부터 실천에 옮기는 게 좋다. 이런 행동으로 우리는 주위 사람들과 더 나은 관계를 유지할 수 있다.

① 친절은 먼 사람보다 가까운 사람에게 베풀어야 한다.
② 친밀한 인간관계를 만들기 위해 방법을 찾아야 한다.
③ 작은 행동의 실천으로 인간관계를 좋게 만들 수 있다.
④ 사람들과 잘 지내려면 자신의 감정을 바로 표현해야 한다.

※ [39~41] 주어진 문장이 들어갈 곳으로 가장 알맞은 것을 고르십시오. (각 2점)

39.

> 패러디와 표절에 대한 구분이 다소 모호하기 때문에 그 논란이 빈번했다.

> (㉠) 어느 영화학자는 이에 대해 "드러내 놓고 하는 도둑질은 패러디고, 몰래 하는 도둑질은 표절"이라고 구분한 바 있다. (㉡) 엄밀히 말하면, 표절은 다른 사람의 작품을 허락 없이 자신의 작품에 사용하며 의도를 표시하지 않음으로써 경제적인 효과를 얻으려는 목적이 있다. (㉢) 반면 패러디는 다른 사람의 작품을 모방하되 경제적인 효과보다는 웃음이나 풍자를 유발하고자 하는 목적으로 패러디 작품을 보았을 때 원작이 떠올라야 하는 것이다. (㉣)

① ㉠   ② ㉡   ③ ㉢   ④ ㉣

40.

> 이처럼 다양한 출신의 인재들로 구성된 신라방의 정보력과 기술력은 장보고가 동북아 해상 교역로를 단시간에 장악할 수 있는 발판이 되었다.

> 9세기 초반 장보고는 중국 산둥성에 정착한 신라인들을 중심으로 '신라방'이라는 네트워크를 만들고 이를 적극적으로 활용하여 해상 무역권을 확보하였다. (㉠) 당시 신라방은 신라 사람들이 중심이 되어 만든 조직이었지만 다른 민족들까지 포함한 집단이었다고 한다. (㉡) 그들은 빠르고 견고한 함선을 제작하였고, 하늘의 바람과 물길을 정확하게 예측할 수 있었다. (㉢) 이러한 정보력과 기술력을 바탕으로 장보고는 '해신'으로까지 불리게 되었으며 장보고의 활동 영역은 동아시아를 넘어 아라비아까지 확장되었다. (㉣)

① ㉠　　　　② ㉡　　　　③ ㉢　　　　④ ㉣

41.

> 이러한 분위기와 더불어 NGO 단체들에 대한 관심도 급격히 고조되고 있다.

> 최근 한국에서는 국제기구에 대한 관심이 높아지면서 그 활동에 참여하고자 하거나 취업을 생각하는 젊은이들이 증가하는 추세이다. (㉠) 이에 따라 국제기구를 알리는 다양한 자료들이 소개되고 국제기구 취업을 안내하는 책들도 출간되고 있다. (㉡) NGO에 대한 관심이 높아졌다고는 하지만 NGO를 단순히 자원봉사 단체 정도로 인식하는 사람들도 여전히 많다고 한다. (㉢) 그러나 자원봉사는 NGO가 하는 여러 활동 중 한 분야일 뿐이며, 일반 기업과 마찬가지로 조직을 구성하고 뛰어난 전문성을 토대로 체계적인 활동을 하고 있다. (㉣)

① ㉠　　　　② ㉡　　　　③ ㉢　　　　④ ㉣

현관문 열리는 소리가 나고 엄마가 들어왔다. 당직이라 늦게 퇴근했나 보다. 엄마는 고사리를 다듬고 있는 할머니를 보더니 기가 막히다는 표정을 지었다. 할머니는 모르는 체하고 계속 고사리를 다듬었다. 엄마는 얼굴을 찌푸리며 안방으로 들어갔다. 나도 엄마를 따라 방으로 들어갔는데 엄마는 옷을 갈아입으며 조그맣게 중얼거렸다.

"먹을 사람도 없는데 정말 왜 저러신다니, 그렇게 하지 마시라고 누누이 말했는데."

엄마는 옷을 탁 팽개쳤다.

"하여간 꼭 자기주장대로만 하시려고 한단 말이야. 해야 되겠다고 한 건 기어코 하시니…. 주변 사람들 말을 아예 듣지도 않고 말이야."

그러고 보니까 얼마 전에 할머니가 된장을 만들겠다고 하는 걸 엄마가 말렸던 기억이 났다. 아파트니까 항아리 둘 데도 없고 냄새도 나니까 하지 말라고 했던 것이다. 나는 마음이 불편해져 조용히 내 방으로 건너왔다.

42. 밑줄 친 부분에 나타난 '엄마'의 심정으로 가장 알맞은 것을 고르십시오.

① 서먹하다

② 처량하다

③ 원망스럽다

④ 못마땅하다

43. 윗글의 내용으로 알 수 있는 것을 고르십시오.

① 할머니는 다른 사람의 말을 못 듣는다.

② 할머니는 아파트에 사는 것이 불편하다.

③ 엄마는 한 번 결심한 일은 꼭 해내는 사람이다.

④ 엄마는 된장 냄새 때문에 된장을 못 만들게 했다.

> 유명인이 자살을 하면 대중매체들은 그의 생전의 삶뿐 아니라 죽음과 관계된 세세한 부분까지 여과 없이 언론에 노출을 시켜 왔다. 대중 매체는 유명인의 사생활을 전혀 보장하지 않으며 이로 인해 사실 자체에 대한 보도보다는 온갖 추측성 기사가 난무하고 있다. 설령 (   ) 뒤늦게 정정 기사로 수습하려는 시늉만 낼 뿐 일단 어떻게든 세간의 관심을 끌려고 소위 낚시성 기사부터 앞다퉈 쓰고 보자는 식이라서 사생활 침해뿐 아니라 한 개인이 정신적으로 입게 되는 상처 역시 매우 심각한 현실이다.

44. (   )에 들어갈 말로 가장 알맞은 것을 고르십시오.

① 잘못된 보도를 하더라도

② 기사가 사실이라고 한들

③ 관심을 못 받는 기사였어도

④ 언론 노출이 쓸모가 없다고 해도

45. 윗글의 주제로 가장 알맞은 것을 고르십시오.

① 뉴스 보도의 개선 방향에 대해 설명한다.

② 뉴스 보도의 잘못된 관행을 지적하고 있다.

③ 뉴스 보도가 사생활 침해보다 우선함을 주장한다.

④ 뉴스 보도가 사회에 끼치는 영향에 대해 비판한다.

※ **[46~47] 다음을 읽고 물음에 답하십시오. (각 2점)**

> 2023년 소비자를 대표하는 키워드로 '일상충동(日常衝動)'이 꼽혀 화제다. 대한기획의 발표에 의하면 최근 3년 동안 매년 국내 6개 대도시의 만 13~59세 남녀 3,800명을 대상으로 설문조사를 실시한 결과 소비자들의 2023년 소비 행태는 '일상충동'의 성향을 띠게 될 가능성이 매우 높은 것으로 예측되었다. 대한기획이 이 설문 결과를 토대로 발표한 '소비자 라이프 스타일 보고서'에 의하면 해마다 소비자의 충동 구매 성향이 높아지고 있다고 한다. 대한기획의 한 관계자는 애초에 살 생각이 없었더라도 눈에 띄는 제품이 생기거나 광고 또는 주변인들의 영향에 좌우되어 충동적으로 제품을 구매하는 등의 소비성향을 갖게 된다고 한다. 주요 원인으로는 미래에 대해 그 어떤 것도 예측하기 힘든 일상의 불확실성으로 인한 긴장감을 꼽았다.

46. 윗글에 나타난 필자의 태도로 가장 알맞은 것을 고르십시오.

① 소비자들의 다양한 제품 구매를 기대하고 있다.

② 소비자들의 라이프 스타일 변화를 경계하고 있다.

③ 소비자들이 충동 구매 성향이 높아지고 있음을 우려하고 있다.

④ 소비자들이 광고의 영향으로 제품을 구매한다고 주장하고 있다.

47. 윗글의 내용과 같은 것을 고르십시오.

① 사람들은 대부분 사전에 미리 계획한 제품을 산다.

② 사람들은 미래에 사용 가능성이 높은 제품을 구매한다.

③ 사람들은 일상생활에서 오는 긴장감을 쇼핑으로 해소한다.

④ 주변 사람들의 권유보다는 본인의 의사에 따른 소비가 많다.

시간이나 공간의 제약 없이 인터넷을 할 수 있는 시대가 되면서 의사소통 방식에도 큰 변화가 생겼다. 인터넷 언어라고 불리는 이 의사소통 방식이 일상 언어와 가장 명확하게 구별되는 점은 바로 '간결성'이다. 온라인 채팅과 문자 메시지 같은 실시간 대화를 할 때 더 빨리, 더 많은 말을 하기 위해서 간편하게 언어를 바꾸는 것이다. 인터넷 언어 사용은 일반 언어생활에도 혼란을 야기할 정도가 되었다는 점에서 그 심각성이 있다. 인터넷 언어를 사용하면 일상 언어를 그대로 사용하는 것에 비해 훨씬 편하고 빠르게 타자를 칠 수 있고, 그 언어를 사용하는 사람들 사이의 유대감도 더욱 강해질 수 있다. 그러나 인터넷 언어를 오프라인에서까지 사용하게 된 지금, 신구세대 간의 의사소통을 단절시킬 정도의 차이를 보인다는 것이 가장 큰 문제이다. 언어는 살아 있는 생명체로서, 끊임없이 변화하기 마련이기에 시대에 따른 언어의 변화는 자연스러운 현상이다. 또한 문어체가 있고, 구어체가 있는 것과 마찬가지로 인터넷 사용 환경에 맞는 인터넷 언어가 있는 것도 당연한 일이다. 그렇지만 인터넷 언어를 무분별하게 사용하게 되면 언어예절에 어긋나게 되며, 언어 발달에도 도움이 되지 않는다. 인터넷 언어 사용의 (   ) 사이버 공간에서 자기가 사용하는 언어에 대한 책임감을 인식시키고, 무절제한 인터넷 언어 사용을 자제하도록 학교 어문교육을 강화해야 할 것이다.

48. 윗글을 쓴 목적으로 가장 알맞은 것을 고르십시오.

① 세대 간 갈등을 해소하기 위해

② 바른 언어 사용을 권장하기 위해

③ 의사소통 방식의 변화를 설명하기 위해

④ 사람들 사이의 유대감을 형성하기 위해

49. (   )에 들어갈 말로 가장 알맞은 것을 고르십시오.

① 양상을 분석하기 위해서는　　　　② 구세대에게 교육하기 위해서는

③ 허용 여부를 결정하기 위해서는　　④ 부정적 측면을 줄이기 위해서는

50. 윗글의 내용과 같은 것을 고르십시오.

① 인터넷 언어의 사용으로 신구세대 간 유대감이 강해졌다.

② 인터넷 언어의 사용은 언어예절에 영향을 주지 않는다.

③ 어문교육은 빠르고 간결한 언어 변화에 큰 역할을 했다.

④ 시간과 공간의 제약이 없이 실시간 의사소통이 가능해졌다.

TOPIK 한국어능력시험

제3회 실전모의고사
The 3rd Actual Mock Test

TOPIK II

1교시	듣기, 쓰기 (Listening, Writing)

유 의 사 항
Information

1. 시험 시작 지시가 있을 때까지 문제를 풀지 마십시오.
   Do not open the booklet until you are allowed to start.

2. 수험번호와 이름을 정확하게 적어 주십시오.
   Write your name and registration number on the answer sheet.

3. 답안지를 구기거나 훼손하지 마십시오.
   Do not fold the answer sheet; keep it clean.

4. 답안지의 이름, 수험번호 및 정답의 기입은 배부된 펜을 사용하여 주십시오.
   Use the given pen only.

5. 정답은 답안지에 정확하게 표시하여 주십시오.
   Mark your answer accurately and clearly on the answer sheet.

   marking example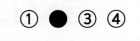

6. 문제를 읽을 때에는 소리가 나지 않도록 하십시오.
   Keep quiet while answering the questions.

7. 질문이 있을 때에는 손을 들고 감독관이 올 때까지 기다려 주십시오.
   When you have any questions, please raise your hand.

※ [1~3] 다음을 듣고 가장 알맞은 그림 또는 그래프를 고르십시오. (각 2점)

1.

①  ②

③  ④

2.

①  ②

③  ④

3.

※ [4~8] 다음을 듣고 이어질 수 있는 말로 가장 알맞은 것을 고르십시오. (각 2점)

4. ① 길이 막힐 것 같은데요.

② 제시간에 잘 도착했네요.

③ 빨리 나가지 않아도 돼요.

④ 출발할 때 연락해 주세요.

5. ① 응, 기숙사에서 살면 좋겠어.

② 아니, 친구가 좀 알아봐 달래서.

③ 응, 가까운 집을 구해서 다행이야.

④ 아니, 바빠서 이사를 못 갈 뻔했어.

6. ① 생각보다 음식이 맛있더라고요.

② 고향은 언제 가도 좋은 곳이니까요.

③ 이번에 고향에 안 가는 줄 알았어요.

④ 그래도 가기로 한 것이니까 꼭 가 보세요.

7. ① 공부를 다 해 놔서 이제 좀 쉬려고.

② 그럼 나도 한번 그렇게 해 봐야겠다.

③ 그래도 같이 공부할 수 있으니까 좋네.

④ 열심히 음악을 배우다 보면 잘하게 될 거야.

8. ① 물론 확인하고 기획한 것입니다.

② 일정이 정해지면 연락 바랍니다.

③ 이번 연주회 정말 기대가 됩니다.

④ 연주회에 참석해 주셔서 감사합니다.

※ [9~12] 다음을 듣고 **여자**가 이어서 할 행동으로 가장 알맞은 것을 고르십시오. (각 2점)

9. ① 우산을 준비한다.　　　　　② 소풍을 취소한다.

③ 친구들에게 전화한다.　　　④ 일기예보를 찾아본다.

10. ① 옆 사무실로 간다.　　　　② 우편물을 전달한다.

③ 직원의 전화를 받는다.　　④ 서류에 이름을 적는다.

11. ① 못을 가져온다.　　　　　② 못을 사러 간다.

③ 식탁 의자를 고친다.　　　④ 창고에서 망치를 찾는다.

12. ① 진행 상황을 보고한다.　　② 홍보 자료를 확인한다.

③ 김 선생님에게 전화한다.　④ 번역할 사람을 알아본다.

13. ① 여자는 이 프로그램에 대해 처음 들었다.

② 이 프로그램은 다음 학기부터 운영될 것이다.

③ 남자는 이 프로그램에 대해 문의한 적이 있다.

④ 두 사람은 이 프로그램을 신청할 생각이 있다.

14. ① 사은품을 받으려면 일찍 가야 한다.

② 이 행사는 오늘 하루 종일 진행된다.

③ 이 백화점은 생긴 지 10년이 되었다.

④ 물건을 사면 이벤트에 참여할 수 있다.

15. ① 화재로 인해 많은 사람들이 다쳤다.

② 이 사고는 휴일 저녁에 발생하였다.

③ 경찰은 사고의 원인을 정확히 밝혔다.

④ 불이 난 지 30분 만에 불길이 잡혔다.

16. ① 남자는 오랫동안 음악을 만들어 왔다.

② 이곳은 소리와 영상을 감상하는 곳이다.

③ 이곳은 전시를 시작한 지 얼마 안 됐다.

④ 남자는 세계 곳곳을 다니며 이곳을 홍보했다.

※ [17~20] 다음을 듣고 남자의 중심 생각으로 가장 알맞은 것을 고르십시오. (각 2점)

17. ① 발표를 잘하기 위해 미리 준비해야 한다.

② 인생에서 아르바이트는 중요한 경험이 된다.

③ 대학 생활을 즐길 수 있는 시간이 필요하다.

④ 대학교에서 열심히 공부하는 것이 중요하다.

18. ① 영화관에 들어갈 때에는 차례를 지켜야 한다.

② 영화를 제대로 보려면 극장에서 보는 게 좋다.

③ 영화관의 불이 켜지면 시끄럽게 해서는 안 된다.

④ 영화가 완전히 끝날 때까지 이동하지 않으면 좋겠다.

19. ① 여행을 하면 항상 기분이 좋아지기 마련이다.

② 여행을 떠나기 전에 준비를 미리 해 둬야 한다.

③ 계획 없이 움직이는 게 여행의 진정한 매력이다.

④ 다른 나라에 여행을 갈 때에는 숙소가 중요하다.

20. ① 발명품을 많이 만들려면 정리를 잘하는 게 중요하다.

② 우수 발명상을 받기 위해서는 끊임없이 노력해야 한다.

③ 발명의 중요성을 일깨우기 위해 발명의 날이 필요하다.

④ 생활 속 불편함을 발견할 줄 알아야 좋은 발명품이 나온다.

※ **[21~22] 다음을 듣고 물음에 답하십시오. (각 2점)**

21. 남자의 중심 생각으로 가장 알맞은 것을 고르십시오.

① 교수님을 직접 만나서 과제를 전달하는 것이 좋다.

② 학생들은 정해진 날짜에 맞춰 과제를 제출해야 한다.

③ 과제를 이메일로 제출하는 방식에는 여러 장점이 있다.

④ 이메일을 보내기 전에 이메일 주소를 잘 확인해야 한다.

22. 들은 내용과 같은 것을 고르십시오.

① 과제를 이메일로 보내면 종이를 절약할 수 있다.

② 남자는 요즘 과제를 쓰는 것이 힘들다고 생각한다.

③ 여자는 이메일 주소를 잘못 써서 실수한 적이 있다.

④ 최근에 이메일로 과제를 보내는 경우가 줄어들었다.

※ **[23~24] 다음을 듣고 물음에 답하십시오. (각 2점)**

23. 남자가 무엇을 하고 있는지 고르십시오.

① 강당을 빌리려고 문의하고 있다.

② 음악회의 내용을 소개하고 있다.

③ 공연을 위한 홍보를 요청하고 있다.

④ 문화센터 이용 방법을 알아보고 있다.

24. 들은 내용과 같은 것을 고르십시오.

① 문화센터에서 공연 무대를 설치해 준다.

② 남자는 문화센터를 처음 이용하려고 한다.

③ 하루 동안 강당을 무료로 사용할 수 있다.

④ 강당 사용을 신청하려면 직접 방문해야 한다.

※ [25~26] 다음을 듣고 물음에 답하십시오. (각 2점)

25. 남자의 중심 생각으로 가장 알맞은 것을 고르십시오.
① 학생들을 위한 진정한 의미의 졸업식을 해야 한다.
② 선배들은 재학생 후배들을 위한 일에 앞장서야 한다.
③ 학교가 졸업생들의 미래에 대해 관심을 가지면 좋겠다.
④ 졸업식에서 생기는 문제점들을 해결할 대책이 필요하다.

26. 들은 내용과 같은 것을 고르십시오.
① 졸업식은 한 시간 동안 진행되었다.
② 후배들은 선배들에게 선물을 주었다.
③ 남자는 이번에 고등학교를 졸업했다.
④ 졸업생과 재학생 대표가 연설을 했다.

※ [27~28] 다음을 듣고 물음에 답하십시오. (각 2점)

27. 남자가 말하는 의도로 알맞은 것을 고르십시오.
① 건강의 소중함을 일깨워 주려고
② 인기 있는 음식에 대해 소개하려고
③ 규칙적인 식사의 필요성을 말하려고
④ 균형적인 식습관에 대해 알려 주려고

28. 들은 내용과 같은 것을 고르십시오.
① 여자는 아침 식사로 고기를 먹었다.
② 건강을 위해 과도한 육식은 좋지 않다.
③ 남자는 채식에 대해 부정적인 입장이다.
④ 최근 다이어트에 대한 뉴스가 많이 나왔다.

※ **[29~30] 다음을 듣고 물음에 답하십시오. (각 2점)**

29. 남자가 누구인지 고르십시오.

① 영화 속 효과음을 창조해 내는 사람

② 영화의 전체적인 내용을 기획하는 사람

③ 영화 속 주인공의 감정을 분석하는 사람

④ 영화배우의 목소리 연기를 지도하는 사람

30. 들은 내용과 같은 것을 고르십시오.

① 남자는 영화 음악을 들으면서 작업을 한다.

② 남자는 요즘 슬픈 내용의 영화를 제작하고 있다.

③ 관객들은 소리를 통해 영화에 더 몰입할 수 있다.

④ 구체적인 소리를 추상적인 소리로 바꾸기 어렵다.

※ **[31~32] 다음을 듣고 물음에 답하십시오. (각 2점)**

31. 남자의 중심 생각으로 가장 알맞은 것을 고르십시오.

① 지하철 무료 탑승 제도는 국민 모두에게 부담을 준다.

② 고령화 현상으로 인해 노인들의 경제적 문제가 심각하다.

③ 노인을 위한 사회 복지 제도를 점차적으로 확대해야 한다.

④ 노인의 소득 유무에 따라 지하철 요금을 받을 필요가 있다.

32. 남자의 태도로 가장 알맞은 것을 고르십시오.

① 근거를 들어 자신의 주장을 뒷받침하고 있다.

② 상대방이 제기한 의견을 강하게 지지하고 있다.

③ 현행 문제점에 대해 상대방의 책임을 묻고 있다.

④ 비교를 통해 차이점을 구체적으로 설명하고 있다.

※ [33~34] 다음을 듣고 물음에 답하십시오. (각 2점)

33. 무엇에 대한 내용인지 알맞은 것을 고르십시오.
 ① 좋은 브랜드의 가치
 ② 품질과 디자인의 관계
 ③ 브랜드 제품의 문제점
 ④ 선호하는 브랜드의 종류

34. 들은 내용과 같은 것을 고르십시오.
 ① 제품의 성공은 훌륭한 디자인에 달려 있다.
 ② 소비자들은 브랜드 자체보다 품질을 중시한다.
 ③ 사람들이 무의식적으로 선호하는 브랜드는 없다.
 ④ 브랜드 자체로 막대한 가치를 창출해 낼 수 있다.

※ [35~36] 다음을 듣고 물음에 답하십시오. (각 2점)

35. 남자가 무엇을 하고 있는지 고르십시오.
 ① 도서관의 개관 목적을 설명하고 있다.
 ② 도서관의 성과에 대해 보고하고 있다.
 ③ 도서관에 대한 의견을 조사하고 있다.
 ④ 도서관에 관련된 자료를 분석하고 있다.

36. 들은 내용과 같은 것을 고르십시오.
 ① 이 도서관은 도시의 한 가운데에 위치해 있다.
 ② 한 달에 한 권 이상의 책을 읽는 사람들이 많다.
 ③ 책을 통해 시간과 공간을 초월한 경험을 할 수 있다.
 ④ 도서관은 여러 사람들과 함께 하는 활동을 제공한다.

※ [37~38] 다음을 듣고 물음에 답하십시오. (각 2점)

37. 여자의 중심 생각으로 가장 알맞은 것을 고르십시오.

① 기호의 의미를 이해하려면 사회를 이해해야 한다.

② 기호는 생활 속 의사소통에서 중요한 역할을 한다.

③ 현대 사회에서는 기호학을 어렵게 생각하면 안 된다.

④ 대중문화에 등장하는 기호는 일상생활에 영향을 미친다.

38. 들은 내용과 같은 것을 고르십시오.

① 이 책은 이해를 돕기 위해 만화로 만들어졌다.

② 이 여자는 기호학을 비판적인 시각으로 보고 있다.

③ 대중문화에 대한 사람들의 관심이 점점 줄어들고 있다.

④ 신호등과 화장실의 표시에는 기호학이 적용되지 않는다.

※ [39~40] 다음을 듣고 물음에 답하십시오. (각 2점)

39. 이 대화 전의 내용으로 가장 알맞은 것을 고르십시오.

① 심리적인 문제를 치유하는 것은 쉬운 일이 아니다.

② 예술 치료의 효과에 대해 부정적인 견해가 존재한다.

③ 의학적으로 새로운 심리치료 방법들이 개발되어야 한다.

④ 다양한 분야에서 예술 치료를 위한 지원이 확대되고 있다.

40. 들은 내용과 같은 것을 고르십시오.

① 예술 치료는 전문성 부족이라는 문제점을 남겼다.

② 예술 치료는 어린이들을 대상으로 해야 효과가 있다.

③ 예술 치료는 예술적인 재능을 키워 주는 역할을 한다.

④ 예술 치료는 억압된 감정을 분출하는 데에 도움이 된다.

※ [41~42] 다음을 듣고 물음에 답하십시오. (각 2점)

41. 이 강연의 중심 내용으로 가장 알맞은 것을 고르십시오.

① 쉽게 허물어지지 않는 삶을 살아야 한다.

② 계획적인 생활보다 여유로운 생활이 좋다.

③ 행복감을 느끼며 사는 것이 가장 중요하다.

④ 안전한 미래를 위해 힘든 일을 극복해야 한다.

42. 들은 내용과 같은 것을 고르십시오.

① 진흙 사이에 지푸라기를 넣으면 빈틈이 생긴다.

② 제비는 진흙 쌓는 속도를 조절하며 집을 짓는다.

③ 처마 밑에 집을 짓고 사는 제비가 줄어들고 있다.

④ 안전한 집을 짓기 위해 제비는 진흙을 계속 붙인다.

※ [43~44] 다음을 듣고 물음에 답하십시오. (각 2점)

43. 무엇에 대한 내용인지 알맞은 것을 고르십시오.

① 달팽이놀이의 규칙을 알면 더 재미있다.

② 달팽이놀이는 장점이 많은 단체놀이이다.

③ 아이들은 밖에서 많이 뛰어 놀아야 한다.

④ 아이들이 즐길 수 있는 놀이가 늘고 있다.

44. 아이들이 놀이를 할 때 어지럼증을 느끼는 이유로 맞는 것을 고르십시오.

① 오랫동안 빠른 속도로 뛰어서

② 바닥에 막대기로 그림을 그려서

③ 나선형의 달팽이집을 따라 달려서

④ 체력을 단련하기 위해 많이 움직여서

※ [45~46] 다음을 듣고 물음에 답하십시오. (각 2점)

45. 들은 내용과 같은 것을 고르십시오.

① 된장의 구멍을 막으면 발효제가 된다.

② 최근 숯의 상품 가치가 떨어지고 있다.

③ 공기를 정화시키기 위해 숯을 사용한다.

④ 미생물이 번식하면 된장의 맛이 없어진다.

46. 여자가 말하는 방식으로 알맞은 것을 고르십시오.

① 된장의 유래에 대해 설명하고 있다.

② 된장의 우수성에 대해 주장하고 있다.

③ 숯의 상품화 방식에 대해 제안하고 있다.

④ 숯의 다양한 쓰임새에 대해 소개하고 있다.

※ [47~48] 다음을 듣고 물음에 답하십시오. (각 2점)

47. 들은 내용과 같은 것을 고르십시오.

① 중고 거래 시장의 규모가 축소되고 있다.

② 젊은층은 새 상품을 선호하는 경향이 있다.

③ 중고 거래를 통해 자원 재활용이 가능하다.

④ 경제 성장이 지속될 때 중고 물품을 선호한다.

48. 남자의 태도로 알맞은 것을 고르십시오.

① 미래의 중고 거래 시장의 방향을 제시하고 있다.

② 기존의 중고 거래 시장의 문제점을 진단하고 있다.

③ 안전한 중고 거래를 위한 법 제정을 촉구하고 있다.

④ 중고 거래 시장의 새로운 경향에 대해 낙관하고 있다.

※ [49~50] 다음을 듣고 물음에 답하십시오. (각 2점)

49. 들은 내용과 같은 것을 고르십시오.

① 이 지도에 담긴 정보는 정확하지 않은 것이 많다.

② 이 지도는 조선 시대의 전국 지리를 기록한 지도이다.

③ 이 지도는 당시의 지도 제작 방식인 종이로 제작되었다.

④ 이 지도에는 제작에 참여한 관리들의 명단이 새겨져 있다.

50. 남자의 태도로 알맞은 것을 고르십시오.

① 천문도의 활용 방안을 강구하고 있다.

② 천문도의 우수성을 높이 평가하고 있다.

③ 천문도 보존의 중요성을 강조하고 있다.

④ 천문도 제작의 정통성을 역설하고 있다.

제3회 | TOPIK II 쓰기 (51번~54번)

※ [51~52] 다음 글의 ㉠과 ㉡에 알맞은 말을 각각 쓰시오. (각 10점)

51.

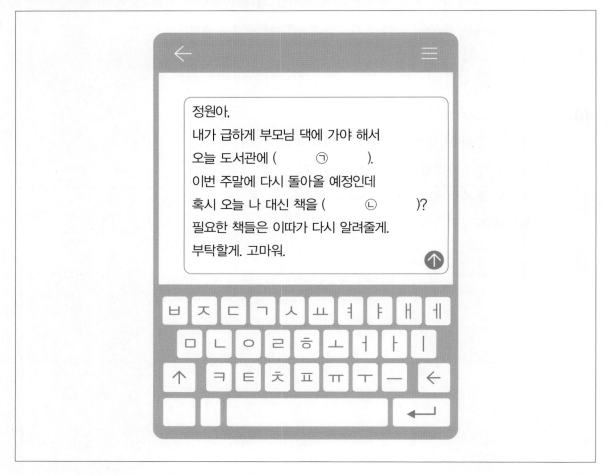

정원아,
내가 급하게 부모님 댁에 가야 해서
오늘 도서관에 (㉠   ).
이번 주말에 다시 돌아올 예정인데
혹시 오늘 나 대신 책을 (㉡   )?
필요한 책들은 이따가 다시 알려줄게.
부탁할게. 고마워.

52.

　동물은 행동과 신체의 움직임으로 (㉠   ). 예를 들어 개가 꼬리를 힘차게 흔드는 것은 기쁜 감정을 보여주는 행동의 한 예이다. 그리고 몸을 낮추고 이빨을 보이는 움직임은 화가 나거나 상대에 대한 주의의 표현이라고 할 수 있다. 이러한 행동을 알고 있다면 동물을 (㉡   ).

53. 다음은 '육아 휴직'에 대한 자료이다. 이 내용을 200~300자의 글로 쓰시오. 단, 글의 제목은 쓰지 마시오. (30점)

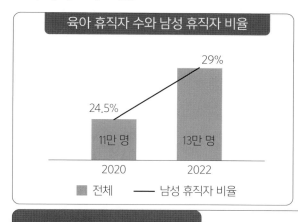

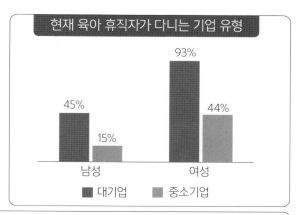

남성 육아 휴직 신청이 적은 이유
- 대체 인력 채용이 어려움 → 동료 근로자의 업무 가중
- 육아 휴직 기간 중 소득 감소 → 경제적 부담감

54. 다음을 참고하여 600~700자로 글을 쓰시오. 단, 문제를 그대로 옮겨 쓰지 마시오. (50점)

일반적으로 노후 대비는 자녀가 독립한 이후부터 준비하는 경우가 많다. 그러나 요즘은 자녀들의 독립이 늦어지고 있어서 좀 더 일찍부터 계획을 세우는 것이 바람직하다. 그러나 노후 대비는 생각보다 준비가 쉽지 않다.

아래의 내용을 중심으로 '노후 대비의 필요성과 방법'에 대해 자신의 의견을 쓰라.

- 노후 대비가 왜 필요한가?
- 노후 대비가 잘 이루어지지 않는 이유는 무엇인가?
- 효과적인 노후 대비의 방법으로 어떤 것들이 있는가?

* 원고지 쓰기의 예

	예	를		들	어		개	가		꼬	리	를		힘	차	게		흔	드
는		것	은		기	쁜		감	정	을		보	여	주	는		행	동	의

제1교시 듣기, 쓰기 시험이 끝났습니다. 제2교시는 읽기 시험입니다.

TOPIK 한국어능력시험

제3회 실전모의고사
The 3rd Actual Mock Test

TOPIK II

2교시	읽기 (Reading)

수험번호 (Registration No.)		
이 름 (Name)	한국어(Korean)	
	영 어(English)	

유 의 사 항
Information

1. 시험 시작 지시가 있을 때까지 문제를 풀지 마십시오.
   Do not open the booklet until you are allowed to start.

2. 수험번호와 이름을 정확하게 적어 주십시오.
   Write your name and registration number on the answer sheet.

3. 답안지를 구기거나 훼손하지 마십시오.
   Do not fold the answer sheet; keep it clean.

4. 답안지의 이름, 수험번호 및 정답의 기입은 배부된 펜을 사용하여 주십시오.
   Use the given pen only.

5. 정답은 답안지에 정확하게 표시하여 주십시오.
   Mark your answer accurately and clearly on the answer sheet.

   marking example

6. 문제를 읽을 때에는 소리가 나지 않도록 하십시오.
   Keep quiet while answering the questions.

7. 질문이 있을 때에는 손을 들고 감독관이 올 때까지 기다려 주십시오.
   When you have any questions, please raise your hand.

※ [1~2] (   )에 들어갈 말로 가장 알맞은 것을 고르십시오. (각 2점)

1. 나는 주말에 보통 친구를 (   ) 집에서 쉰다.

① 만나지만   ② 만나거나

③ 만나려고   ④ 만나더니

2. 꽃에 물을 주지 않으니까 꽃이 점점 (   ).

① 시들어 간다   ② 시들기도 한다

③ 시들었나 보다   ④ 시든 적이 없다

※ [3~4] 다음 밑줄 친 부분과 의미가 가장 비슷한 것을 고르십시오. (각 2점)

3. 한국어를 <u>공부하고자</u> 한국에 유학을 왔다.

① 공부하자마자   ② 공부하더라도

③ 공부하는 대신   ④ 공부하기 위해

4. 서울에서 20년 이상 살았으니까 <u>서울 사람인 셈이다.</u>

① 서울 사람일 뿐이다   ② 서울 사람이면 좋겠다

③ 서울 사람일 리가 없다   ④ 서울 사람이나 마찬가지이다

※ [5~8] 다음은 무엇에 대한 글인지 고르십시오. (각 2점)

5.

'사각사각' 마음이 편해집니다.
쉽게 쓰고 지워 보세요!

① 연필　　　　② 주스　　　　③ 침대　　　　④ 치약

6.

환자와 가족에게 믿음을 주는 서비스
여러분의 건강은 우리가 책임집니다.

① 병원　　　　② 시장　　　　③ 세탁소　　　　④ 영화관

7.

에너지도 과식하셨나요?
사용하지 않을 때는 꼭 꺼 두세요.

① 체육 활동　　　　② 교통 안전　　　　③ 자리 양보　　　　④ 전기 절약

8.

대한전자와 함께 더 큰 무대로!
세계 최고에 도전할 인재를 기다립니다.

① 판매 안내　　　　② 사원 모집　　　　③ 제품 설명　　　　④ 여행 소개

※ **[9~12] 다음 글 또는 그래프의 내용과 같은 것을 고르십시오. (각 2점)**

9.

2023 동아리 지원금 신청 안내

◇ 신청 대상 : 재학생 5명 이상의 동아리
◇ 지원 금액 : 최대 150만 원
◇ 신청 기간 : 2023년 9월 4일(월) ~ 9월 8일(금) (5일간), 18시까지
◇ 신청 방법 : 신청서를 작성해 이메일로 제출하세요.

※ 문의 : 02) 3012-6780

① 전화로 지원금을 신청할 수 있다.
② 지원금 신청은 9월 한 달 동안 받는다.
③ 동아리 지원금은 백오십만 원까지 받을 수 있다.
④ 동아리 인원이 서너 명인 경우에도 신청할 수 있다.

10.

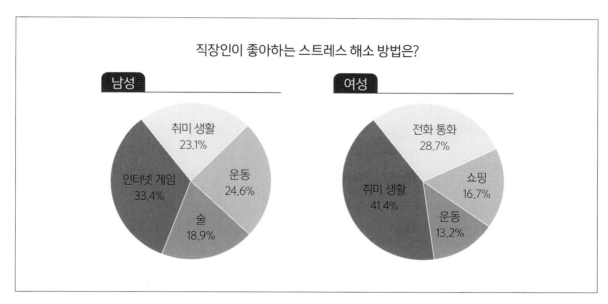

직장인이 좋아하는 스트레스 해소 방법은?

남성
취미 생활 23.1%
운동 24.6%
인터넷 게임 33.4%
술 18.9%

여성
전화 통화 28.7%
쇼핑 16.7%
취미 생활 41.4%
운동 13.2%

① 여성은 남성보다 운동으로 스트레스를 더 많이 푼다.
② 남성은 스트레스를 받았을 때 인터넷 게임을 가장 많이 한다.
③ 취미 생활로 스트레스를 푸는 사람은 여성보다 남성이 더 많다.
④ 여성은 스트레스를 받았을 때 전화 통화보다 쇼핑을 더 많이 한다.

※ [9~12] 다음 글 또는 그래프의 내용과 같은 것을 고르십시오. (각 2점)

11.

> 서울식물원이 실시간 검색어에 오르며 화제가 되고 있다. 녹지체계를 구축해 시민들이 자연을 가깝게 느낄 수 있도록 만들어 놓았기 때문이다. 이곳은 휴식의 공간이면서 교육, 문화행사 등 시민들의 폭넓은 참여 기회를 제공한다. 서울식물원의 동절기 온실과 정원 관람 시간은 오전 9시부터 오후 5시까지이며 입장 마감은 오후 4시까지다.

① 서울식물원은 겨울에 관람을 할 수 없다.
② 서울식물원은 오후 내내 관람이 가능하다.
③ 서울식물원은 시민들의 휴식 공간으로 조성되었다.
④ 서울식물원은 문화행사 때문에 사람들에게 알려졌다.

12.

> 최근 종이 신문을 읽는 가구는 감소하고 인터넷뉴스 구독자는 늘면서 신문산업에서 인터넷신문의 비중이 75.7%를 차지하고 있는 것으로 나타났다. 인터넷으로 언제든지 뉴스를 볼 수 있게 되면서 종이 신문을 보는 사람이 감소한 것이다. 종이 신문은 지난해보다 5% 정도 감소하였으며 배달도 다섯 집 중 한 집으로 준 것으로 나타났다. 이번 조사는 지난해에 조사에 참여한 신문 구독자에게 전화를 거는 방식으로 진행되었다.

① 이번 해와 지난해에 참여한 조사 대상은 동일하다.
② 이번 조사는 신문 구독자를 직접 만나서 조사하였다.
③ 조사된 가구의 50%는 집으로 신문을 배달해 읽고 있다.
④ 인터넷의 사용이 늘면서 종이 신문을 읽는 사람이 늘었다.

13.

(가) 그렇지만 요즘은 그 기준이 조금 바뀌었다.

(나) 성우가 되려면 무엇보다 목소리가 좋아야 한다.

(다) 목소리도 좋아야 하지만 연기도 잘해야 멋진 성우가 될 수 있다.

(라) 성우는 라디오 드라마나 만화 영화 등에서 목소리로 연기하는 배우를 말한다.

① (나)-(가)-(라)-(다)　　　　② (나)-(다)-(라)-(가)

③ (라)-(나)-(가)-(다)　　　　④ (라)-(다)-(나)-(가)

14.

(가) 화가는 그림의 깊이와 거리를 표현할 때 원근법을 이용한다.

(나) 비록 평면에 그려졌어도 우리 눈에는 입체적으로 보이는 것이다.

(다) 원근법은 대상이 멀리 있으면 더 작게 보인다는 사실에 기초한다.

(라) 종이 위에 하나는 크게, 하나는 작게 그린다면 후자가 전자보다 더 먼 곳에 있는 것처럼 보인다.

① (가)-(다)-(라)-(나)　　　　② (가)-(라)-(다)-(나)

③ (라)-(나)-(다)-(가)　　　　④ (라)-(다)-(나)-(가)

15.

(가) 유아는 두 살이 되기까지 비언어적인 방식으로 세상과 소통한다.

(나) 옷을 잡아당겨 원하는 물건을 가리키고, 손을 흔들어 인사를 한다.

(다) 자신의 목적을 이루기 위해 동작을 사용하는 방법을 이해하고 있는 것이다.

(라) 이러한 동작은 의사전달의 방식을 유아가 어떻게 이해하는지 정보를 제공한다.

① (가)-(나)-(다)-(라)　　　　② (가)-(나)-(라)-(다)

③ (나)-(가)-(다)-(라)　　　　④ (나)-(다)-(가)-(라)

※ [16~18] (   )에 들어갈 말로 가장 알맞은 것을 고르십시오.(각 2점)

16.

사람들은 날씨가 추워지면 얇은 옷을 여러 겹 입거나 양말을 여러 개 신을 때가 많다. 찬 공기와 직접 맞닿는 피부 면적을 최소화하면 체감 온도가 올라가기 때문이다. 그런데 이때 빼놓아서는 안 되는 것 중의 하나가 바로 모자다. 몸의 열은 주로 옷 밖으로 노출된 목 위 쪽으로 빠져나간다. 따라서 몸의 열이 쉽게 빠져나가지 않게 하려면 (   ) 한다.

① 땀을 제대로 흘려야
② 몸속에서 열이 나야
③ 머리를 따뜻하게 해야
④ 두꺼운 양말을 신어야

17.

최근 MZ세대를 중심으로 직업에 대한 가치관이 달라지고 있다. 평생 한 직장에 다녀야 한다든지 개인 생활보다 직장 생활에 더 비중을 둔다든지 하는 이전 세대의 전통적 사고가 약화되고 있다. 직업 선택에 있어서도 몸과 마음의 여유에 가치를 두고 있다. 그 직업에 대한 사회적 평가보다는 (   ) 우선순위에 두는 경우가 많다. 공동체에 대한 기여 및 인정보다는 개인의 만족과 지향에 부합하는 직업을 더 선호하는 방향으로 인식이 변화하고 있는 것이다.

① 평생 근무할 직장인지를
② 자신의 적성에 맞는지를
③ 사회적 위치가 어떤지를
④ 타인의 평가가 어떤지를

18.

손을 쓰는 행위는 언어를 사용하는 능력과 밀접한 관련성이 있다. 특히 손가락을 움직이는 동작은 단순한 행동에 불과한 것이 아닌 어휘를 기억하게 하는 자극을 주는 장치로 문을 열 수 있는 열쇠와 같은 역할을 한다. 그러한 이유로 손가락이 불편한 사람들은 평소보다 필요한 단어를 떠올리는 시간이 길어진다. 말을 잘하기 위해서 (   ) 조언하는 것도 이런 이유 때문이다.

① 손동작을 많이 사용하라고
② 손가락을 먼저 떠올리라고
③ 적절한 단어를 잘 선택하라고
④ 어휘의 의미를 잘 연결하라고

거실 중심이었던 가족의 생활 방식이 부엌 중심으로 변화하고 있다. 모두가 바쁘게 살다 보니 가족들이 집에서 서로 얼굴을 보며 대화를 나눌 기회가 많지 않다. (   ) 다 같이 한자리에 모여 앉아 식사를 하는 부엌에서 가족의 대화가 이루어진다. 부엌은 이전에 거실이 맡고 있었던 기능까지 더하게 되었다. 요즘에는 이러한 변화에 맞춰 부엌을 열린 공간으로 만든 아파트들이 인기를 끌고 있다. 부엌은 식사를 위한 공간에서 대화를 위한 공간으로 점차 바뀌어 가고 있다.

19. (   )에 들어갈 말로 가장 알맞은 것을 고르십시오.

① 그래서   ② 그러나   ③ 그리고   ④ 그러면

20. 윗글의 주제로 가장 알맞은 것을 고르십시오.

① 요즘 아파트는 부엌을 가장 크게 만든다.

② 과거 거실 중심의 생활 방식을 유지해야 한다.

③ 부엌이 가족 간에 대화를 나누는 장소로 바뀌고 있다.

④ 가족이 모두 한자리에 모일 수 있는 공간이 부족하다.

> 환경오염으로 인해 2019년에만 전 세계 900만 명이 조기 사망했다는 연구 결과가 나왔다. 환경오염이 인간과 지구의 건강뿐만 아니라 현대 사회의 지속 가능성을 위협하고 있다는 것이다. 그중에서도 수질 오염은 우리의 생존과 직결된 중요한 문제로 많은 사람들이 이에 대해 우려를 표하고 있다. 그러나 오염을 막기 위한 구체적인 노력은 미비해 보인다. 수질 오염을 방지하기 위해서는 (   ) 라는 말처럼 우리가 생활 속에서 할 수 있는 작은 것부터 하는 것이 중요하다. 이러한 실천이 하나씩 쌓일 때 깨끗한 물을 안심하고 마실 수 있는 사회가 될 것이다.

21. (   )에 들어갈 말로 가장 알맞은 것을 고르십시오.

① 하나를 보면 열을 안다

② 소 잃고 외양간 고친다

③ 한 길 사람 속은 모른다

④ 천 리 길도 한 걸음부터

22. 윗글의 내용과 같은 것을 고르십시오.

① 환경오염 때문에 많은 사람들이 죽었다.

② 사람들의 노력으로 깨끗한 물을 마시고 있다.

③ 수질 오염은 사람의 생존에 영향을 주지 않는다.

④ 2019년부터 수질 오염을 막기 위한 노력을 했다.

며칠 전 퇴근해 집에 들어왔는데 어머니가 집에 있는 화초들을 나눔하고 싶다며 사과 마켓에 글을 올려달라고 부탁하셨다. 정성 들여 키우던 화초들이라서 좀 아까웠지만 예쁘게 키우실 분 가져가라고 글을 남기고 대문 앞에 화분을 놓아두었다. 며칠 되지 않아 어머니의 화초들은 하나둘씩 사라졌는데 어머니는 자기 화초에 관심이 있다는 생각에 기뻐하셨다. 하지만 나는 고맙다는 말 한마디 없는 사람들 때문에 좀 속상했다. 얼마 후 내 생각이 얼마나 편협했는지 알게 되었다. 화분을 가져간 어떤 아주머니는 자신이 키운 채소를 봉지 하나 가득 담아 대문 앞에 걸어 두셨고 초등학생은 꽃이 피었다며 사진을 찍어 보내 주었다. 어머니 덕분에 행복하다는 동네 사람들의 이야기를 들으니 어머니를 보고 있는 <u>나도 빙그레 미소가 지어졌다.</u>

23. 밑줄 친 부분에 나타난 '나'의 심정으로 가장 알맞은 것을 고르십시오.

① 그립다

② 부럽다

③ 부담스럽다

④ 자랑스럽다

24. 윗글의 내용과 같은 것을 고르십시오.

① 어머니는 채소를 동네 사람들에게 나눠 주었다.

② 어머니는 화초를 이웃에게 주게 되어 속상했다.

③ 화초를 가져간 사람들은 고마운 마음을 표시했다.

④ 동네 사람들과 내가 키우던 화초를 나누기로 했다.

※ [25~27] 다음 신문 기사의 제목을 가장 잘 설명한 것을 고르십시오. (각 2점)

25.

점심값 고공 행진, 편의점 도시락 '불티'

① 점심값 상승으로 편의점 도시락이 많이 팔렸다.
② 점심값 상승으로 편의점 도시락 매출이 떨어졌다.
③ 점심값 부담에 편의점 도시락을 판매하게 되었다.
④ 점심값 부담에 편의점 도시락 개발에 힘쓰고 있다.

26.

인터넷 품질 꼼수, 이용자들 뿔났다

① 인터넷 품질 문제로 이용자들의 불만이 커졌다.
② 인터넷 품질을 속여 이용자들의 혜택을 늘렸다.
③ 인터넷 품질 개선으로 이용자들이 크게 늘어났다.
④ 인터넷 품질 저하로 이용자들이 서비스를 요구했다.

27.

늦더위에 단풍 특수 지연… 여행업계 '발동동'

① 늦더위로 단풍철의 시기가 늦어졌다.
② 여행사는 날씨 변화에 따라 수익이 달라진다.
③ 계속되는 더위로 단풍 여행 상품이 안 팔린다.
④ 단풍철 여행에 여행사들이 수익을 기대하고 있다.

28.

아이스크림을 만들 때 부드러움을 결정짓는 것은 바로 공기이다. 우유나 향료가 균질하게 섞여 숙성된 아이스크림 원료에 공기를 주입하면 부피가 점점 늘어나면서 조직이 부드러워지는 것이다. 즉, 공기 주입 비율을 높일수록 입에 닿자마자 녹아내리는 부드러운 아이스크림을 만들 수 있고 아이스크림을 동그랗게 뜰 수도 있다. 그런데 한번 녹은 아이스크림은 다시 얼리더라도 이전처럼 부드러워지지는 않는다. 원료에 숨어 있던 (   ) 딱딱한 얼음 결정이 생기게 되어 부드러운 맛이 사라지는 것이다.

① 공기가 빠져나가면서

② 공기의 부피가 커져서

③ 공기의 비율을 낮춰서

④ 공기가 원료를 섞어서

29.

흔히 동양화를 두고, 보는 이와 함께 교감하고 대화하는 그림이라고 말한다. 이러한 동양화의 성격은 화폭에 그려진 소나무 한 그루에 여러 이야기가 녹아 있다. 산수화에 그려진 소나무 한 그루는 사실 단순한 한 그루가 아니라 무수한 나무의 상징이다. 이는 그림으로 모든 것을 다 보여 줄 수 없다는 그 시대 화가들의 생각과 철학이 담겨 있는 동시에, 감상자에게 소나무 양옆에 있는 여백을 (   )의미가 담겨 있다.

① 수많은 소나무들로 채워 보라는

② 직접 화폭에 그림을 그려 보라는

③ 화가가 살았던 시대를 경험해 보라는

④ 자신의 선과 색으로 채워 상상해 보라는

※ [28~31] (   )에 들어갈 말로 가장 알맞은 것을 고르십시오. (각 2점)

30.

> 사람들은 흔히 '가위바위보'로 어떤 일의 순서를 정한다. 그런데 자세히 관찰해 보면 사람들이 아무 생각 없이 '가위바위보'를 하는 것 같지만 (   ) 발견할 수 있다. 즉, 이기고 있을 경우에는 손을 바꾸지 않으며 지고 있는 경우에는 손을 바꾸는 경향을 보였다. 사람들은 순간적인 행동을 할 때도 이기려는 본능으로 자신에게 유리하게 반응한다는 것이다.

① 다양한 방법을 보임을
② 일정한 경향이 있음을
③ 동일한 빈도를 보임을
④ 필요한 조건이 있음을

31.

> 우열의 법칙에 대한 오해 중 하나는 '우성이 열성보다 더 많이 나타날 것'이라는 생각이다. 그러나 그 반대인 경우도 있다. 모든 유전적 형질은 (   ) 결과이기 때문이다. 아프리카에서는 정상 모양의 적혈구에 비해 열성인 '낫 모양 적혈구'를 가진 사람이 많다. 이는 '낫 모양 적혈구'를 가진 사람이 아프리카의 치명적인 질병인 말라리아에 강하기 때문이다. 이처럼 인간의 유전 법칙을 설명하는 일은 전혀 단순하지 않다.

① 우열의 법칙에 따른
② 인간이 환경에 적응한
③ 우성 유전자를 나타내는
④ 정상적인 모양을 보여 주는

32.

'온돌'은 한국 고유의 난방 방법으로 아궁이에 불을 때면 따뜻한 공기가 방 아래를 지나면서 방바닥의 온도를 높여주고 마지막에는 굴뚝으로 연기가 나가게 만든 난방 장치이다. 온돌은 구들이라고도 부르는데, 따뜻한 공기는 위로, 차가운 공기는 아래로 간다는 원리와 따뜻한 공기가 좁은 곳을 지날 때 속력이 빨라지고 넓은 곳을 지날 때 속력이 느려진다는 과학적인 원리를 이용한 한국의 전통적인 주거양식이다.

① 온돌은 열원을 직접 이용하는 방식의 난방 장치이다.
② 온돌은 온도 차이를 활용한 과학적인 난방 방법이다.
③ 온돌은 잔류하는 온기로 방을 따뜻하게 데우는 방식이다.
④ 온돌은 따뜻한 난방을 위해 방 아래에 직접 불을 피운다.

33.

화가를 놀리거나 낮춰 부를 때 환쟁이라고 하고, 글 쓰는 직업을 가진 사람은 글쟁이라 한다. '쟁이'가 낮추는 구실을 하기 때문이다. 당연히 월급쟁이 역시 낮춤말인데도 '월급쟁이'는 때와 장소를 가리지 않고 많이 쓰인다. 마치 월급 받는 사람을 가리키는 일상어가 된 듯하다. 자신을 가리켜 월급쟁이라고 낮추는 것이야 그렇다 치더라도, 상대에게까지 '쟁이'라고 하는 건 기분 상할 일이다.

① 월급쟁이는 월급을 받는 사람이라는 뜻의 일상어이다.
② 놀리거나 낮추어 말하는 표현들이 어디에서나 쓰이고 있다.
③ 환쟁이는 그림을 잘 그리는 사람을 높여 부를 때 사용한다.
④ 자신뿐만 아니라 남에게도 '쟁이'라는 표현을 삼가는 것이 좋다.

※ [32~34] 다음을 읽고 글의 내용과 같은 것을 고르십시오. (각 2점)

34.

> 한국의 전통 과자는 기름에 튀겨서 만든 것이 많아 유과라는 이름으로 불린다. 불교의 풍습이 유행하여 곡류를 재료로 만든 한과류를 차에 곁들여 먹었고 제례, 혼례 등에 필수적으로 오르는 음식이 되었다. 유과는 크기와 모양에 따라 이름이 다른데 네모나고 편평한 것은 산자, 팥알 크기 정도로 썰어 말려 튀긴 후 엿으로 뭉쳐서 모나게 썬 것은 빙사과라고 부른다. 유과는 여름철에는 덥고 습기가 많아서 엿이 늘어나 설을 앞두고 많이 만들었다.

① 유과는 모양이나 크기와 상관없이 부르는 이름이 같다.
② 유과는 곡류를 재료로 기름에 튀겨 만든 한국 전통 과자이다.
③ 유과는 차와 함께 결혼식에 꼭 올라오는 음식 중에 하나이다.
④ 유과는 엿을 사용하기 때문에 겨울철보다는 여름철에 만들기 쉽다.

※ [35~38] 다음을 읽고 글의 주제로 가장 알맞은 것을 고르십시오. (각 2점)

35.

> 식초는 전 세계적으로 술과 함께 인간이 만든 오래된 발효식품 중의 하나로 과거에는 단순히 신맛을 내는 조미료 정도로 여겨졌다. 그러나 식초가 피로 회복이나 피부 미용 등에 효능이 있다는 것이 입증되면서 식초를 찾는 사람이 늘었다. 이 외에도 손에 밴 마늘 냄새, 생선 비린내 냄새 제거 등 일상생활에서의 활용도도 높아져 판매량이 증가해 식초업계 성장에 일조했다. 식초업계에서는 맛과 향을 다양화하고 선택의 폭을 넓혀 식초의 대중화에 박차를 가하고 있다.

① 식초는 가장 오래된 발효 식품이다.
② 식초 시장의 규모가 성장하고 있다.
③ 식초의 맛과 향이 다양해지고 있다.
④ 식초의 다양한 효능이 주목을 받았다.

36.

　　큰 인기를 끄는 프로그램인데도 예상보다 시청률이 낮게 나오는 경우가 있다. 프로그램을 접하는 방식이 다양해졌는데도 불구하고 여전히 TV만을 대상으로 하는 전통적인 시청률 조사 방법이 고수되고 있기 때문이다. 통신과 기기의 발달로 방송 시청 매체는 휴대 전화, 컴퓨터 등으로 다양화되고 있다. 이처럼 시대는 발 빠르게 변화하고 있는데 시청률 집계 방식만 그대로인 셈이다. 조사의 신뢰도를 높이기 위해서는 다양한 매체를 통한 시청률 집계가 이루어져야 한다.

① 시청률 조사 방식의 변화가 시급하다.

② 다양한 방송 시청 매체 개발에 힘써야 한다.

③ 시청자의 의견을 반영한 방송 제작이 절실하다.

④ 시청률 집계 결과는 매체를 통해 공개해야 한다.

37.

　　신라 시대의 지배층이 사용한 목걸이에는 유리구슬이 달려 있다. 자세히 살펴 보면 지름 1.8센티미터의 작은 유리구슬 안에는 신라인의 얼굴이 아닌 이국적인 얼굴이 새겨져 있다. 그 당시 신라에는 유리 제작 기술이 발달하지 않았다. 동남아시아의 한 섬에서 찾을 수 있었던 이 구슬은 모두 신라에서 발견된 유리구슬과 같았다. 구슬 안의 얼굴과 제작 기법이 동일한 이 구슬은 1500년 전 이곳 신라에 전해졌던 것이다. 우리는 이 작은 유리구슬에서 그 옛날 신라가 5300km나 떨어진 나라와 교역을 했다는 증거를 발견할 수 있었다.

① 신라 시대에는 다양한 계급이 존재했다.

② 신라 시대에는 다른 문화권 교류가 있었다.

③ 신라 시대에는 문화를 중시하는 사상이 있었다.

④ 신라 시대에는 유리 제작 기술이 크게 발달하였다.

38.

> 기업 내에서 직원에 의해 획기적인 제품이 개발되었을 때 이것의 소유권은 누구에게 있는 것일까? 직원은 자신에게 소유 권리가 있다고 생각하지만 기업에서는 업무의 결과물이므로 회사 측에 소유권이 있다고 주장한다. 그러나 갈등 해결을 위해서는 기업과 직원 모두의 소유물로 보는 자세가 필요하다. 기업이 제품에 대한 사용권을 가지되, 개발자인 직원에게는 수익의 일부를 제공하는 방법으로 서로의 이익을 보장해야 하는 것이다.

① 제품 소유권에 대한 서로의 권리를 인정하자.
② 수익성에 대한 분석 후 제품 소유권을 결정하자.
③ 업무 분야와의 관련성에 따라 소유권을 부여하자.
④ 전문가의 도움으로 제품 소유권 갈등을 해결하자.

※ [39~41] 주어진 문장이 들어갈 곳으로 가장 알맞은 것을 고르십시오. (각 2점)

39.

> 얼핏 들으면 귀가 솔깃해지지 않을 수 없다.

> 인간의 신체는 지구에서 살기에 가장 적합하도록 이루어져 있기 때문에 지구를 벗어나게 되면 우리 몸에는 다양한 변화가 나타난다. (㉠) 뼈와 뼈 사이에 있는 공간이 벌어져 키가 5~8cm 정도 더 커지게 된다.(㉡) 하지만 무중력 상태에서는 뼈를 튼튼하게 하는 칼슘이 빠져 나온다. (㉢) 그뿐만 아니라 중력을 이겨야 할 필요가 없어지기 때문에 근육도 약해져서 근육의 힘이 떨어진다. (㉣) 그래서 우주인들은 좁은 우주선 안에서라도 규칙적인 운동을 하고 칼슘이 포함되어 있는 식품을 섭취한다.

① ㉠   ② ㉡   ③ ㉢   ④ ㉣

40.

그런데 특이한 점은 한국의 경우 소득 수준의 격차에 비해 엔젤지수의 격차는 상대적으로 크지 않은 것으로 나타났다.

세계적인 불경기 속에 서민들의 팍팍해지는 생활을 가늠하는 척도로 엥겔지수와 함께 거론되고 있는 것이 또 하나 있는데 바로 엔젤지수이다. (㉠) 엔젤지수는 소득 대비 교육비 지출이 차지하는 비중을 분석한 것이다. (㉡)본래 가계 소득이 적으면 엔젤지수가 높지 않고, 가계 소득이 증가할수록 엔젤지수도 함께 증가하는 것이 일반적이다. (㉢) 이는 교육열이 높은 한국의 부모들이 경제적 어려움으로 인해 불투명한 미래에 대한 불안감이 커질수록 오히려 자녀에게 더 많은 교육비를 투자하려는 경향을 보인다는 것을 의미한다. (㉣)

① ㉠   ② ㉡   ③ ㉢   ④ ㉣

41.

사람에게 이름이 있다는 것은 말 그대로 살아 있음을, 자신의 이름을 걸고 세상을 살아간다는 것을 의미한다.

삭막한 미래가 배경인 영화나 소설을 보면 등장인물의 이름이 없는 경우가 많다. (㉠) 이름 대신 기호나 숫자 같은 것으로 불리면서 개성이 없이 집단화된 모습을 보여 준다. (㉡) 사람이 이름이 아니라 번호로 불릴 때 얼마나 쓸쓸하고 암울한지를 그러한 모습을 보면서 알게 된다. (㉢) 그래서 우리가 기억하는 역사 속 인물들도 이름을 명예롭게 지키고자 때로는 목숨까지 던지지 않았을까? (㉣)

① ㉠   ② ㉡   ③ ㉢   ④ ㉣

> 할머니를 두고 서울로 올라온 지 반년이 되었다. 할머니는 거의 날마다 밥은 먹었느냐며 전화를 걸어오더니 급기야 어느 날 서울의 구석으로 손자의 건강 및 위생 상태를 점검하러 올라오고야 말았다. 할머니는 켜켜이 쌓인 고집을 앞세우고서 집 안 청소며 반찬 정리를 시작했다. 말려도 말려지지 않는 일이었다.
>
> 나는 무능력한 남자가 되어 잠시 멍해졌다. 멍한 남자의 둘레에 바지런한 노인의 몸이 이리저리 움직인다. 몇 주 동안 낯선 동네에 친구까지 만들어 버린 할머니는 친구를 따라서 지하철역 근처까지 갔다가 에스컬레이터에서 넘어지고 말았다. 연락받고 급하게 달려간 동네 병원에서 할머니는 다리에 깁스를 하고 있었다.
>
> 할머니는 나를 안심시키려 별로 아프지 않다는 말을 건네며 희미하게 웃으신다. 의사 선생님과 이야기하는 중에도 별로 아프지 않다며 퇴원하겠다고 말씀하신다. 내 주머니 사정을 알고 부담을 주고 싶어 하지 않는 할머니의 마음이 고스란히 느껴진다. 나는 작아진 할머니를 업고 6인실의 병실로 올라갔다. 그리고는 할머니에게 필요한 물건을 가지러 집에 다녀오겠다고 말을 하고 나왔다.
>
> 홀로 계실 할머니가 걱정되어 서둘러 병원에 왔다. 할머니는 처음 보는 6인실 사람들과 이야기를 나누고 있었다. 이유는 알 수 없지만 모두 할머니를 좋아했다. 나는 잠시 문 뒤에서 할머니의 모습을 지켜보았다. 과하지 않은 친절을 담백하게 주고받는 할머니의 모습을 보면서 <u>할머니의 말은 특별한 힘이 있다는 생각이 들었다.</u>

42. 밑줄 친 부분에 나타난 '나'의 심정으로 가장 알맞은 것을 고르십시오.

① 질투하고 있다

② 의심하고 있다

③ 감탄하고 있다

④ 당황하고 있다

43. 윗글의 내용으로 알 수 있는 것을 고르십시오.

① 할머니는 나를 두고 서울에 올라갔다.

② 나는 할머니를 업어 집에 모셔다 드렸다.

③ 나는 할머니께 자주 안부 전화를 드렸다.

④ 할머니는 지하철역 근처에서 다리를 다쳤다.

과거에는 같은 지역에 살면 정치적 성향이 유사할 거라고 생각해 지역 중심의 선거 운동이 주류를 이루었다. 그러나 한 지역에 살더라도 개인의 정치적 성향이 다를 수 있다는 것이 밝혀진 최근에는 개인별 특성을 반영하는 방향으로 선거 운동이 변화하고 있다. 그래서 요즘은 후보자 진영에서 선거 운동용 이메일을 작성할 때도 다른 내용으로 여러 개를 만든다. 그리고 유권자의 성별이나 직업, 관심사 등을 고려하여 그에 맞는 이메일을 보낸다. 이렇게 되면 유권자는 구미에 맞는 공약만을 전달받게 되어 (   ) 가능성이 커진다. 이로 인해 유권자는 후보자를 객관적으로 평가할 수 있는 기회 자체를 박탈당할 수밖에 없다. 이런 상황에서 과연 유권자는 올바른 선택을 할 수 있을까?

44. (   )에 들어갈 말로 가장 알맞은 것을 고르십시오.

① 다양한 정보를 접할

② 선거의 결과를 알 수 있는

③ 한쪽으로 치우친 정보에 노출될

④ 최근에 제공된 정보를 볼 수 있는

45. 윗글의 주제로 가장 알맞은 것을 고르십시오.

① 후보자를 평가할 수 있는 기회를 다방면으로 늘려야 한다.

② 선거 운동은 개인의 성향을 반영하는 방향으로 변해야 한다.

③ 유권자는 후보자의 정보를 다각적으로 받아 볼 수 있어야 한다.

④ 같은 지역 사람들에게 정치 성향을 반영한 자료를 제공해야 한다.

> 화재 시 대피 공간으로 건물 내 화장실을 활용하기 위한 여러 가지 기술이 개발되었다. 화장실은 출입문을 제외하고는 모두 불에 타지 않는 재료로 되어 있다. 무엇보다 쉽게 물을 공급받을 수 있고 환기 시설도 구비되어 있다. 연구진은 문에 불이 붙지 않게 화장실 문과 문틈에 물을 뿌리면 냉각되는 설비를 마련하였다. 또한 환기 시설도 화재 시에는 공기 공급을 제어할 수 있도록 하여 연기가 화장실로 들어오는 것을 방지하였다. 이렇게 보완한 화장실은 화재가 난다고 해도 30분에서 최대 3시간까지 안전하게 대피할 수 있는 공간으로 활용된다. 이 기술은 초고층 건물에 적용한다면 경제적 효과도 기대할 만하다. 현재 초고층 건물은 30층마다 한 개 층을 피난 구역으로 확보하고 있는데 이를 화장실로 대체할 수 있기 때문이다.

46. 윗글에 나타난 필자의 태도로 가장 알맞은 것을 고르십시오.
  ① 화재 방지 기술이 중요함을 강조하고 있다.
  ② 초고층 건물 화재 발생에 대해 우려하고 있다.
  ③ 건물 안 화장실의 환기 시설에 감탄하고 있다.
  ④ 화재 시 공기 공급을 제어하는 방법을 찾고 있다.

47. 윗글의 내용과 같은 것을 고르십시오.
  ① 초고층 건물의 30층에 화장실 대피 공간을 마련했다.
  ② 화재가 발생하는 경우 화장실 문을 통해 공기를 공급받는다.
  ③ 화장실을 이용한 대피 공간 개발은 경제적으로 큰 도움이 된다.
  ④ 초고층 건물의 화장실은 모두 불에 타지 않는 재료로 되어 있다.

'소리 없는 파괴자'인 담배에는 무려 30여 가지의 발암물질이 있어 다양한 암을 발생시키는 원인이 된다. 또한 간접흡연의 위험성도 간과할 수 없다. 특히 담배가 타면서 비흡연자가 마시게 되는 연기에 독성 성분이 2배에서 최고 70배 이상에 이르기 때문이다. 보건복지부 조사에 따르면 우리나라 직장인 중 49.2%는 직장에서, 청소년 중 39.6%는 가정에서 (   ). 이 뿐만 아니라 최근에는 3차 간접흡연을 우려하는 목소리도 높다. 즉, 흡연자의 옷이나 주변 환경에 함유된 독성 물질이 신체 접촉을 통해 다른 사람에게 전달된다. 흡연자 부모를 둔 영유아의 모발에는 축적된 니코틴 수치가 영유아 평균치의 2배 이상이었다.

현재는 면적 150m² 이상의 식당, 커피점, 음식점 등에서 실내 흡연이 금지되었다. 시행 초기에는 흡연자들의 반발도 있었으나 많은 이들이 금연법에 대해 대체로 환영한다는 입장이다. 그러나 한편으로는 더욱 강력한 제재가 필요하다는 의견도 적지 않다. 노르웨이, 영국 등의 담배 가격은 원화로 환산했을 때 1만 원 이상인 반면, 한국의 담배 가격은 턱없이 쌀 뿐만 아니라 미국, 호주, 캐나다 등에서는 담뱃갑에 폐암 환자의 사진과 눈에 띄는 경고 문구로 경각심을 불러 일으킨다. 이에 반해 한국 담배는 감각적이고 세련된 디자인으로 오히려 젊은층의 관심을 끈다. 외국에 비해 관대한 우리 정부의 금연 정책, 다시 한번 생각해 봐야 할 것이다.

48. 윗글을 쓴 목적으로 가장 알맞은 것을 고르십시오.
① 흡연의 심각성을 알리기 위해
② 간접흡연의 피해를 조사하기 위해
③ 비흡연자들의 불편을 줄이기 위해
④ 흡연자들의 흡연 욕구를 감소시키기 위해

49. (   )에 들어갈 말로 가장 알맞은 것을 고르십시오.
① 담배를 처음 경험한다   ② 흡연을 제지하고 있다
③ 흡연율이 증가하고 있다   ④ 간접흡연에 노출되어 있다

50. 윗글의 내용과 같은 것을 고르십시오.
① 한국 담배가 해외 담배보다 훨씬 저렴하다.
② 아주 작은 식당에서도 실내 흡연을 금지하였다.
③ 담배 연기에 함유된 물질은 질병의 원인이 아니다.
④ 해외의 담배는 세련된 디자인으로 인기를 끌고 있다.

TOPIK II
한국어능력시험
실전모의고사 3회

정답과 해설

제1회 정답

문항번호	정답	배점	문항번호	정답	배점
1	①	2	26	②	2
2	①	2	27	④	2
3	③	2	28	①	2
4	②	2	29	④	2
5	②	2	30	③	2
6	①	2	31	④	2
7	②	2	32	①	2
8	④	2	33	①	2
9	②	2	34	③	2
10	③	2	35	①	2
11	④	2	36	②	2
12	③	2	37	①	2
13	①	2	38	④	2
14	④	2	39	③	2
15	④	2	40	②	2
16	④	2	41	②	2
17	③	2	42	②	2
18	②	2	43	①	2
19	①	2	44	②	2
20	②	2	45	③	2
21	③	2	46	④	2
22	④	2	47	①	2
23	③	2	48	③	2
24	④	2	49	③	2
25	④	2	50	③	2

1교시	쓰기 (51번~53번)

51	㉠ 깎아 주시겠습니까 / 깎아 줄 수 있으십니까
	㉡ 올려 주시면 좋겠습니다 / 올려 주시기 바랍니다

52	㉠ 하는 것이 좋다 / 해야 한다
	㉡ 스트레스를 높이기 때문이다 / 스트레스를 높일 수 있다

53	아래 빈칸에 200자에서 300자 이내로 작문하십시오(띄어쓰기 포함). (Please write your answer below ; your answer must be between 200 ansd 300 letters includind space.)

	한	국	의		편	의	점		도	시	락		시	장	의		특	징	을		살	펴	보	면
먼	저	에		매	출	액	이		20	17	년	에		90	억		원	인		것	이		20	21	년
에	는		36	0	억		원	으	로		네	배	가		늘	어	난		것	을		알	
수		있	다	.	다	음	으	로		도	시	락	을		구	매	한		연	령	대	를		보
면	,	전	체		10	대	의		82	%	가		도	시	락	을		구	매	한		경	험	이
있	는		것	으	로		응	답	하	여		편	의	점		도	시	락	을		가	장		많
이		이	용	하	는		연	령	대	로		나	타	났	다	.	한	편		10	대	들	이	
편	의	점		도	시	락	을		구	입	할		때		중	요	하	게		생	각	하	는	
기	준	은		반	찬		구	성	과		가	격	인		것	으	로		나	타	났	다	.	

54	주관식 답란(Answer sheet for composition)
	아래 빈칸에 600자에서 700자 이내로 작문하십시오(띄어쓰기 포함). (Please write your answer below ; your answer be between 600 and 700 letters including space.)

　　동물　실험은　교육이나　연구를　위해　동물을　활
용한　실험을　하는　것을　말한다.　인간이　사용해야
하는　새로운　제품이나　약,　치료법　등의　효과를
알아보기　위해　시행되는데　인간의　신체　내에서
나타나는　여러　변화를　확인하고　예측하기　위해서
는　동물　실험이　필요하다.　또한　백신,　화장품　등
일부　산업에서는　동물　실험을　법으로　의무화하여
필수적으로　시행하고　있다.

　　그러나　동물　실험은　몇　가지　문제점을　안고
있다.　먼저　실험들이　대체적으로　비윤리적이고　잔
인하다는　점이다.　유해한　물질을　반복적으로　주입
하여　반응을　살피거나　동물　신체　일부를　훼손하
여　고통과　스트레스를　주는　실험이　대부분이다.
또한　동물　실험은　전적으로　신뢰를　주지　못한다.
동물과　인간의　신체　구조와　기능,　역할이　똑같지
않기　때문이다.

　　따라서　나는　동물　실험에　반대한다.　동물　실험
을　통해　의학이　발전하고　인간의　생활이　편리해
진　것은　사실이다.　그러나　동물도　인간과　마찬가
지로　외부　자극과　고통에　반응하는　존재이며　지
능도　있다.　지능이　높은　동물들은　인간이　느낄
수　있는　불안,　고통,　우울　등을　느낀다고　한다.
또한　과학기술의　발전을　통해　동물　실험을　대체
할　수　있는　다양한　방법들이　나오고　있기　때문
에　반드시　필요한　것은　아니다.　지금까지　동물
실험의　역할을　과대평가해　오던　습관을　멈추고
더욱　실효성　있고　윤리적으로　정당한　방안을　찾
아야　할　것이다.

2교시	읽기 (1번~50번)

문항번호	정답	배점	문항번호	정답	배점
1	③	2	26	④	2
2	③	2	27	②	2
3	②	2	28	①	2
4	①	2	29	①	2
5	③	2	30	②	2
6	②	2	31	④	2
7	②	2	32	②	2
8	④	2	33	④	2
9	④	2	34	①	2
10	③	2	35	②	2
11	②	2	36	②	2
12	③	2	37	③	2
13	③	2	38	②	2
14	③	2	39	④	2
15	②	2	40	③	2
16	②	2	41	②	2
17	③	2	42	③	2
18	③	2	43	①	2
19	③	2	44	④	2
20	②	2	45	④	2
21	③	2	46	②	2
22	④	2	47	③	2
23	①	2	48	④	2
24	①	2	49	③	2
25	③	2	50	④	2

제1회 해설

※ [1~3] 다음을 듣고 가장 알맞은 그림 또는 그래프를 고르십시오. (각 2점)

1.

급수	3급(하)
유형	일치하는 그림 고르기
지문	개인적 대화
주제	태권도 등록
Key	그림을 보고 대화의 상황을 추론하는 문항이다. 3급 수준의 문제가 출제되며 개인적인 대화를 통해 어디에서 무슨 대화를 하는지 중심으로 파악하고 이에 해당하는 그림을 찾아야 한다.
어휘	태권도(Taekwondo) 신청하다(apply) 연락처(contact number)

여자 : 안녕하세요? **1.** 태권도를 배우려고 왔는데요.
남자 : 먼저 이름과 연락처를 써 주세요.
여자 : 네, 여기에 쓰면 되나요?

정답 ① 여자의 말에 남자가 이름과 연락처를 써 달라고 하므로 태권도를 등록하는 상황임을 알 수 있다.

오답 ② 남자는 태권도를 배우지 않는다.
③ 두 사람이 통화가 아닌 대화를 하고 있다.
④ 두 사람은 직원과 수강생 관계이다.

2.

급수	3급(하)
유형	일치하는 그림 고르기
지문	개인적 대화
주제	친구 생일 선물
Key	그림을 보고 대화의 상황을 파악하는 문항이다. 3급 수준의 문제가 출제되며 개인적인 대화를 통해 세부적인 내용을 파악하고 이에 해당하는 그림을 찾아야 한다.
어휘	유학(studying abroad) 선물(gift, present)

여자 : 유학 가는 친구 선물로 뭐가 좋을까요?
남자 : **2.** 작은 가방이나 모자를 선물하는 게 어때요?
여자 : 친구가 운동을 좋아하니까 모자가 더 좋을 것 같네요.

정답 ① 두 사람의 대화로 선물 가게에서 친구 선물로 어떤 것을 살지 이야기하는 상황임을 알 수 있다.

오답 ② 여자가 남자에게 선물을 주고 있지 않다.
③ 두 사람은 직원과 손님의 관계가 아니다.
④ 여자는 운동을 하고 있지 않다.

※ [1~3] 다음을 듣고 가장 알맞은 그림 또는 그래프를 고르십시오. (각 2점)

3.

급수	4급(하)
유형	일치하는 도표 고르기
지문	보도(뉴스)
주제	자전거 이용
Key	그래프를 보고 뉴스를 추론하는 문항이다. 4급 수준의 문제가 출제되며 뉴스(보도) 내용을 통해 통계 결과를 잘 이해하고 이에 일치하는 그래프를 찾아야 한다.
어휘	자전거(bicycle) 이용(use) 이용객(user, visitor) 이동하다(move)

남자 : 2010년 이후 자전거를 이용하는 사람들이 **3. 점점 늘어나고 있습니다.** 자전거를 이용하는 이유로는 **3. '가까운 거리를 이동하기 편해서'**가 가장 많았고, '운동을 하기 위해서', '취미 활동으로 좋아서'가 그 뒤를 이었다.

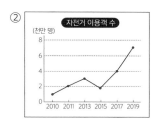
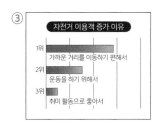
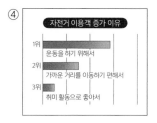

정답 ③ 자전거 이용객 증가 이유는 '가까운 거리를 이동하기 편해서', '운동을 하기 위해서', '취미 활동으로 좋아서' 순이다.

오답 ① 자전거 이용객 수는 점점 증가하고 있다.
② 자전거 이용객 수는 계속 증가 추세이다.
④ 1위는 '가까운 거리를 이동하기 편해서'이다.

※ [4~8] 다음을 듣고 이어질 수 있는 말로 가장 알맞은 것을 고르십시오. (각 2점)

4.

급수	3급(하)
유형	듣고 이어지는 말 고르기
지문	개인적 대화
주제	학교 결석
Key	대화를 듣고 대화 다음에 이어질 말을 추론하는 문항이다. 3급 수준의 문제가 출제되며 개인적 대화를 통해 앞뒤 상황을 이해하여 답을 찾아야 한다.
어휘	죄송하다(feel sorry)

여자 : 죄송합니다. **4. 오늘 학교에 못 갈 것 같아요.**
남자 : **4. 왜요?** 무슨 일이 있어요?
여자 : _____.

① 다음에 꼭 가 보세요.
② 머리가 너무 아파서요.
③ 지금 학교에 갈 거예요.
④ 못 만날까 봐 걱정했어요.

정답 ② 남자가 여자에게 학교에 가지 못하는 이유를 질문했기 때문에 그 이유(머리가 너무 아파서)를 답해야 한다.

오답 ① 학교에 꼭 가 보라는 말이 적절하지 않다.
③ 오늘 학교에 갈 수 없는 상황이라고 밝혔다.
④ 두 사람은 오늘 만날 수 없다.

5.

급수	3급(중)
유형	듣고 이어지는 말 고르기
지문	개인적 대화
주제	우유/가게
Key	대화를 듣고 대화 다음에 이어질 말을 추론하는 문항이다. 3급 수준의 문제가 출제되며 개인적 대화를 통해 앞뒤 상황을 이해하여 답을 찾아야 한다.
어휘	가게(store) 신청하다(apply) 연락처(contact number)

> 남자 : **5. 우유를 마시고 싶은데 없네. 가게에 갔다 올게.**
> 여자 : 집에 커피 있는데, 커피를 마시지 그래?
> 남자 : _____.

① 그럼 내가 사다 줄게.
② 우유를 마시고 싶거든.
③ 다음에 같이 가려고 해.
④ 가게가 문을 닫았더라고.

정답 ② 남자는 커피보다 우유를 더 마시고 싶어하므로 가게에 갔다 오려고 한다.

오답 ① 남자는 남자가 원하는 우유를 사러 간다.
③ 두 사람이 같이 가는 것이 아니라 남자만 가게에 가려고 한다.
④ 가게가 문을 닫았는지 내용은 대화에서 찾아내기 어렵다.

6.

급수	3급(중)
유형	듣고 이어지는 말 고르기
지문	개인적 대화
주제	뉴스 인터뷰
Key	대화를 듣고 대화 다음에 이어질 말을 추론하는 문항이다. 3급 수준의 문제가 출제되며 개인적 대화를 통해 앞뒤 상황을 이해하여 답을 찾아야 한다.
어휘	깜짝 놀라다(be surprised) 인터뷰(interview) 어색하다(awkward)

> 여자 : 어제 뉴스를 보는데 민수 씨가 나와서 깜짝 놀랐어요.
> 남자 : 네, **6. 갑자기 인터뷰를 하게 돼서요. 좀 어색하지 않았어요?**
> 여자 : _____.

① 자연스럽게 잘하시던데요.
② 열심히 노력하면 될 거예요.
③ 뉴스에 나오는 줄 알았어요.
④ 다음부터는 준비해서 할까 해요.

정답 ① 갑자기 뉴스 인터뷰를 하게 돼서 어색했다는 남자의 말에 여자는 자연스럽게 잘 했다고 답할 수 있다.

오답 ② 이미 끝난 인터뷰에 대한 내용이므로 미래형을 쓸 수 없다.
③ 뉴스에 갑자기 나와서 깜짝 놀랐다고 했으므로 뉴스에 나오는 줄 알았다고 답하기 어렵다.
④ 갑작스러운 뉴스 인터뷰는 준비할 수 있는 것이 아니다.

7.

급수	4급(하)
유형	듣고 이어지는 말 고르기
지문	개인적 대화
주제	회사 생활
Key	대화를 듣고 대화 다음에 이어질 말을 추론하는 문항이다. 4급 수준의 문제가 출제되며 개인적 대화를 통해 앞뒤 상황을 이해하여 답을 찾아야 한다.
어휘	직장 생활(life at work) 입사하다(join the company) 연락처(contact number)

> 남자 : 직장 생활이 쉽지 않네요.
> 여자 : 입사한 지 얼마 안 돼서 그럴 거예요. **7. 뭐가 제일 힘들어요?**
> 남자 : _____.

① 내일부터 출근해 주시면 좋겠어요.
② 일이 익숙하지 않아서 힘든 것 같아요.
③ 힘든 일이 있으면 저한테 이야기하세요.
④ 회사에 다닌 지 벌써 일주일이 되었어요.

정답 ② 여자는 남자의 힘든 직장 생활 중 무엇이 가장 힘든지 물어봤으므로 남자는 힘든 일 중 하나를 답해야 한다.

오답 ① 입사 면접 시험을 보는 상황이 아니다.
③ 뭐가 힘든지 물어봤으므로 힘든 일에 대해 말해야 한다.
④ 회사에 다닌 기간을 물어본 것이 아니다.

8.

급수	4급(하)
유형	듣고 이어지는 말 고르기
지문	사회적 대화
주제	행사 준비
Key	대화를 듣고 대화 다음에 이어질 말을 추론하는 문항이다. 4급 수준의 문제가 출제되며 사회적 대화를 통해 앞뒤 상황을 이해하여 답을 찾아야 한다.
어휘	행사 준비(preparing for the event) 야외(outdoor) 연락처(contact number)

> 여자 : 이번 문화 행사 준비는 잘 되고 있어요?
> 남자 : 네, 그런데 야외에서 하는데 **8. 날씨가 어떨지 걱정입니다.**
> 여자 : _____.

① 생각보다 준비할 게 많던데요.
② 야외에서 하니까 정말 좋지요?
③ 날짜가 정해지면 알려 주시겠어요?
④ 괜찮을 테니까 너무 걱정하지 마세요.

정답 ④ 남자가 행사 당일의 날씨에 대해서 걱정하므로 너무 걱정하지 말라고 답해야 한다.

오답 ① 남자가 날씨에 대해 이야기했으므로 여자도 날씨에 대한 답변을 해야 한다.
② 야외에서 하니까 좋은 것보다 날씨에 대한 걱정이 대화의 흐름이다.
③ 행사 날짜가 아닌 날씨에 대해 이야기하고 있다.

9.

급수	3급(중)
유형	알맞은 행동 고르기
지문	개인적 대화
주제	길찾기
Key	대화를 듣고 참여자의 다음에 이어질 행동을 추론하는 문항이다. 3급 수준의 문제가 출제되며 개인적 대화를 통해 앞뒤 상황과 순서를 고려하여 답을 찾아야 한다.
어휘	지하철역(subway station) 내리다(get off) 건물(building)

여자 : 민수 씨, 지금 지하철역에 내렸어요. 어디로 가면 돼요?
남자 : 역 앞에 있는 서점 건물 2층 9. 식당으로 오세요.
여자 : 알겠어요. 그런데 다른 친구들도 다 왔어요?
남자 : 아니요. 수미 씨가 아직 안 와서 전화해 보려고요.

① 책을 산다.
② 식당으로 간다.
③ 수미에게 전화한다.
④ 다음 역에서 내린다.

정답 ② 여자는 이미 지하철역에 내렸고 남자는 서점 건물에 있는 식당으로 오라고 했다.

오답 ① 서점 건물이지만 책을 사는 상황은 아니다.
③ 남자가 수미에게 전화를 걸기로 했다.
④ 여자는 이미 역에서 내렸다.

10.

급수	3급(중)
유형	알맞은 행동 고르기
지문	사회적 대화
주제	선풍기 구매
Key	대화를 듣고 참여자의 다음에 이어질 행동을 추론하는 문항이다. 3급 수준의 문제가 출제되며 사회적 대화를 통해 앞뒤 상황과 순서를 고려하여 답을 찾아야 한다.
어휘	제품(product) 확인(check) 가능하다(available)

여자 : 이 선풍기가 제일 좋은 것 같네요. 이걸로 할게요.
남자 : 제품 한번 확인해 보시겠어요?
여자 : 네, 좋네요. 그런데 10. 집으로 보내주실 수 있나요? 저녁에 약속도 있어서요.
남자 : 가능합니다. 10. 여기 종이에 주소와 연락처를 적어 주세요.

① 선풍기를 점검한다.
② 저녁 약속을 정한다.
③ 종이에 주소를 적는다.
④ 집으로 선풍기를 보낸다.

정답 ③ 여자는 남자에게 선풍기를 집으로 보내줄 수 있는지 물었고 이에 대해 남자는 종이에 주소와 연락처를 써 달라고 했다.

오답 ① 여자는 이미 선풍기의 상태를 확인했다.
② 여자는 저녁 약속이 이미 있는 상태이다.
④ 남자가 집으로 선풍기를 보낼 예정이다.

11.

급수	3급(상)
유형	알맞은 행동 고르기
지문	개인적 대화
주제	세탁기 고장
Key	대화를 듣고 참여자의 다음에 이어질 행동을 추론하는 문항이다. 3급 수준의 문제가 출제되며 개인적 대화를 통해 앞뒤 상황과 순서를 고려하여 답을 찾아야 한다.
어휘	고장 나다(break down) 수리 센터(repair shop) 세탁물 상태(laundry condition)

남자 : 세탁기가 고장 난 것 같아. 세탁이 하나도 안 됐네. 세탁기 수리 센터에 전화해 볼까?
여자 : 어디 좀 봐. 세제가 없어서 그랬나 봐.
남자 : 그럼 내가 세제를 사올 테니까 11. 누나는 세탁물 상태를 다시 확인해 봐.
여자 : 응, 알겠어.

① 세제를 사러 간다.
② 다시 세탁을 한다.
③ 수리 센터에 전화한다.
④ 세탁물 상태를 확인한다.

정답 ④ 남자가 세제를 사러 가면서 여자에게 세탁물의 상태가 어떤지 확인해 보라고 했으므로 세탁물 상태를 확인해야 한다.

오답 ① 세제를 사러 가기로 한 사람은 남자이다.
② 다시 세탁을 한다는 말은 대화 내용 중에 나오지 않는다.
③ 세탁기가 고장이 난 것이 아니라, 세제가 없어서 세탁이 잘 안 된 것 같으므로 수리 센터에 전화하지 않을 것이다.

12.

급수	4급(중)
유형	알맞은 행동 고르기
지문	사회적 대화
주제	신상품 발표회
Key	대화를 듣고 대화 참여자의 다음에 이어질 행동을 추론하는 문항이다. 4급 수준의 문제가 출제되며 사회적 대화를 통해 앞뒤 상황과 순서를 고려하여 답을 찾아야 한다.
어휘	신상품 발표회(new product presentation) 출장 중(on business trip) 참석 여부(attendance) 일정(constant)

여자 : 김민수 씨, 신상품 발표회 준비는 다 됐나요?
남자 : 네. 그런데 사장님이 출장 중이셔서 참석 여부를 아직 확인하지 못했습니다.
여자 : 그럼 제가 12. 지금 바로 연락드려 볼게요. 발표회 일정은 미리 알려드렸었지요?
남자 : 네, 직접 뵙고 말씀드렸고 이메일도 보내드렸습니다.

① 직접 이메일을 보낸다.
② 발표회 일정을 준비한다.
③ 사장님께 연락을 드린다.
④ 신상품 발표회에 참석한다.

정답 ③ 남자가 사장님의 참석 여부를 확인하지 못했다는 말에 여자가 지금 바로 연락해 본다고 했으므로 사장님께 연락을 드릴 것이다.

오답 ① 남자가 이미 사장님께 이메일을 보냈다.
② 발표회 일정은 이미 준비되어 있다.
④ 신상품 발표회에 여자의 참석 여부는 대화 내용에서 알 수 없다.

13.

급수	3급(중)
유형	일치하는 내용 고르기
지문	개인적 대화
주제	직업 체험
Key	대화를 듣고 세부 내용을 파악하는 문항이다. 3급 수준의 문제가 출제되며 개인적 대화를 통해 들은 내용과 일치하는 답을 찾아야 한다.
어휘	직업 체험(job experience) 신청하다(apply) 일이 생기다(something happens)

여자 : **13. 직업 체험을 해 보고 싶은데** 어떻게 해야 할지 모르겠어요.
남자 : 직업 체험을 신청할 수 있는 인터넷 사이트가 있는데 알려 줄까요?
여자 : 네, 고마워요. 민수 씨도 이용해 봤어요?
남자 : 아니요, 저도 알아보기만 하고 갑자기 일이 생겨서 못 갔어요.

① 여자는 직업 체험에 대해 관심이 있다.
② 남자는 직업 체험을 해 보고 만족했다.
③ 여자는 직업 체험 검색 사이트를 이용해 봤다.
④ 남자는 여자와 함께 직업 체험을 해 본 적이 있다.

정답 ① 여자는 첫 번째 발화에서 직업 체험을 해 보고 싶다고 했다.

오답 ② 남자는 직업 체험을 해 보고 만족했다.
③ 여자는 직업 체험 검색 사이트를 이용해 봤다.
④ 남자는 여자와 함께 직업 체험을 해 본 적이 있다.

14.

급수	3급(상)
유형	일치하는 내용 고르기
지문	공지
주제	엘리베이터 점검
Key	공지 및 안내 방송을 듣고 세부 내용을 파악하는 문항이다. 3급 수준의 문제가 출제되며 공지를 통해 들은 내용과 일치하는 답을 찾아야 한다.
어휘	점검하다(inspect) 불가능하다(impossible) 마무리되다(finish)

남자 : 주민 여러분, 오늘은 우리 아파트의 엘리베이터 점검이 있는 날입니다. 오전에는 101동부터 105동까지, 오후에는 106동부터 110동까지 점검하오니, 엘리베이터 이용에 불편한 점이 있으시더라도 이해해주시기 바랍니다. **14. 점검 시간에는 엘리베이터 이용이 불가능하며** 점검 작업은 오후 5시 전에는 마무리될 예정입니다.

① 점검은 오후 6시에 끝날 예정이다.
② 아파트 전체가 같은 시간에 점검한다.
③ 내일 오전부터 점검을 시작할 예정이다.
④ 점검 시간에는 엘리베이터를 이용할 수 없다.

정답 ④ 공지(안내 방송)의 마지막 문장에서 점검 시간에는 엘리베이터 이용이 불가능하다고 했다.

오답 ① 점검은 오후 6시에 끝날 예정이다.
② 아파트 전체가 같은 시간에 점검한다.
③ 내일 오전부터 점검을 시작할 예정이다.

15.

급수	4급(중)
유형	일치하는 내용 고르기
지문	보도(뉴스)
주제	자녀 위치 서비스
Key	뉴스를 듣고 세부 내용을 파악하는 문항이다. 4급 수준의 문제가 출제되며 뉴스(보도)를 통해 들은 내용과 일치하는 답을 찾아야 한다.
어휘	해결하다(solve) 확대되다(expand) 설치하다(install)

> 여자 : 어린 자녀들이 학원에는 잘 갔는지, 집에는 잘 도착했는지 걱정되시지요? 부모들의 이런 걱정을 해결하기 위해 다음 달부터 자녀들의 현재 위치를 알 수 있는 자녀 위치 서비스가 무료로 확대된다고 합니다. 15. 이 서비스는 아직까지는 스마트폰에만 설치할 수 있으며 신청 기간은 이번 달까지입니다.

① 이 서비스는 유료로 이용 가능하다.
② 이 서비스는 작년부터 실시되고 있다.
③ 다음 달까지 서비스를 신청할 수 있다.
④ 서비스를 설치하려면 스마트폰이 필요하다.

정답 ④ 뉴스 내용 마지막에 아직까지는 스마트폰에만 서비스 설치가 가능하다고 했다.

오답 ① 이 서비스는 ~~유료로~~ 이용 가능하다.
② 이 서비스는 ~~작년부터~~ 실시되고 있다.
③ ~~다음 달까지~~ 서비스를 신청할 수 있다.

16.

급수	4급(중)
유형	일치하는 내용 고르기
지문	인터뷰
주제	헌옷 기부
Key	인터뷰 담화를 듣고 세부 내용을 파악하는 문항이다. 4급 수준의 문제가 출제되며 인터뷰를 통해 들은 내용과 일치하는 답을 찾아야 한다.
어휘	헌옷(old clothes) 기부 행사(donation event) 마치다(complete) 소감(impression) 목적(purpose)

> 여자 : 16. 10년째 헌옷 기부 행사를 계속 해 오고 계신데요. 이번 행사를 마치신 소감을 말씀해 주시겠습니까?
> 남자 : 우선 비 오는 날씨에도 참여해 주신 많은 분들께 감사드립니다. 올해 행사는 처음으로 한국이 아닌 다른 나라의 아이들을 돕기 위한 목적으로 진행했는데 어느 때보다도 더 적극적으로 기부해 주셔서 잘 끝낼 수 있었습니다.

① 계속 내리는 비로 행사는 취소되었다.
② 많은 외국 사람들이 행사에 참여하였다.
③ 이번 행사는 국내 아이들을 위한 행사였다.
④ 남자는 이 행사를 진행한 지 10년이 되었다.

정답 ④ 인터뷰의 첫 번째 문장에서 여자가 10년째 헌옷 행사를 해 오고 있는 남자에 대해 인터뷰를 한다고 밝혔다.

오답 ① 계속 내리는 비로 행사는 ~~취소되었다~~.
② 많은 ~~외국 사람들이~~ 행사에 참여하였다.
③ 이번 행사는 ~~국내 아이들을 위한~~ 행사였다.

※ [17~20] 다음을 듣고 남자의 중심 생각으로 가장 알맞은 것을 고르십시오. (각 2점)

17.

급수	3급(상)
유형	중심 생각 고르기
지문	개인적 대화
주제	의자 구입
Key	대화를 듣고 중심 생각을 추론하는 문항이다. 3급 수준의 문제가 출제되며 개인적인 대화를 통해 남자의 중심 생각을 찾아야 한다.
어휘	저렴하다(inexpensive, cheap) 편하다(comfortable) 무조건(unconditional)

남자 : 이 의자로 사는 게 어때? 17. 가격도 저렴하고 가벼워서 좋네.

여자 : 의자는 한번 사면 오래 쓰는 건데 좀 좋은 걸로 사야 하지 않을까? 의자가 편해 보이지 않아.

남자 : 음, 그래도 쓰다가 바꾸고 싶으면 또 바꾸는 게 낫지. 17. 무조건 가격이 비싸다고 꼭 좋은 의자도 아니고.

① 의자는 편안한 느낌을 줘야 한다.
② 의자는 자주 바꿔 주는 것이 좋다.
③ 가격이 저렴하면서 좋은 의자도 많다.
④ 오래 사용할 수 있는 의자를 사는 게 좋다.

정답 ③ 남자는 처음 발화에서 가격도 저렴하고 가벼운 의자가 좋다고 하였고 마지막 발화에서도 무조건 비싸다고 좋은 의자도 아니라고 했다.

오답 ① 여자가 남자가 고른 의자를 보고 편해 보이지 않는다고 했다.
② 남자가 의자를 쓰다가 바꾸고 싶으면 바꾸면 된다고 말하기는 했으나 의자를 자주 바꿔 주는 것이 좋다고 말한 것은 아니다.
④ 여자가 의자는 한번 사면 오래 쓰는 것이라고 했다.

18.

급수	3급(상)
유형	중심 생각 고르기
지문	개인적 대화
주제	가수의 공연
Key	대화를 듣고 중심 생각을 추론하는 문항이다. 3급 수준의 문제가 출제되며 개인적인 대화를 통해 남자의 중심 생각을 찾아야 한다.
어휘	공연(performance, show) 즐기다(enjoy) 다양하다(vary)

남자 : 오늘 공연 정말 좋았지요? 어쩌면 그렇게 춤을 잘 추는지.

여자 : 하지만 노래는 잘 못하던데요. 가수라면 노래를 잘해야 하는 것 아니에요?

남자 : 글쎄요. 18. 노래를 잘하는 가수가 있고, 춤을 잘 추는 가수도 있는 거지요. 가수들마다 잘하는 것이 다르면 우리가 즐길 수 있는 음악도 다양해지는 거니까요.

① 가수라면 노래를 잘 불러야 한다.
② 가수마다 잘하는 것이 다를 수 있다.
③ 춤을 잘 추려면 연습을 많이 해야 한다.
④ 다양한 음악을 만들려는 노력이 필요하다.

정답 ② 남자는 가수가 춤을 잘 출 수도 있고 노래를 잘 부를 수도 있다고, 즉 잘하는 것이 다를 수 있다고 생각한다.

오답 ① 가수라면 노래를 잘 불러야 한다는 것은 여자의 중심 생각이다.
③ 남자는 공연의 가수들이 춤을 잘 췄다고 했으나 춤 연습을 많이 해야 한다고 말하지 않았다.
④ 남자는 즐길 수 있는 음악이 다양해지는 것을 말하기는 했으나 그 노력이 필요하다고 직접적으로 말하지 않았다.

19.

급수	4급(하)
유형	중심 생각 고르기
지문	개인적 대화
주제	공부 장소
Key	대화를 듣고 중심 생각을 추론하는 문항이다. 4급 수준의 문제가 출제되며 개인적인 대화를 통해 남자의 중심 생각을 찾아야 한다.
어휘	집중(concentration) 답답하다(feel stuffy) 제대로(properly) 적합하다(suitable)

> 여자 : 우리 카페에 가서 시험 공부하는 게 어때?
>
> 남자 : 카페에서 공부가 될까? 나는 **19. 도서관에서 공부해야 집중이 잘 되던데.**
>
> 여자 : 답답한 도서관 보다는 분위기 좋은 카페에서 공부하면 더 잘 되지 않겠어?
>
> 남자 : 그건 아니라고 봐. **19. 제대로 공부하려면 도서관이나 집이 적합하지.**

① 도서관에서 공부해야 집중이 잘 된다.
② 시험 전에 미리 공부를 해 둬야 한다.
③ 카페를 선택할 때 분위기가 중요하다.
④ 장소에 따라 어울리는 행동을 해야 한다.

정답 ① 남자는 제대로 공부하려면 카페보다 집중이 잘 되는 도서관이 좋다고 했다.

오답 ② 시험 전이기 때문에 공부를 하러 어딘가에 가자는 이야기는 있으나 공부를 미리 해야 한다는 생각은 아니다.
③ 여자는 분위기 좋은 카페에서 공부하면 잘 된다고 했지만 이것이 남자의 중심 생각은 아니다.
④ 장소에 따라 공부가 잘 되는지에 대해서는 이야기하지만, 장소에 따라 어울리는 행동을 해야 한다는 이야기는 대화 중에 나오지 않는다.

20.

급수	4급(중)
유형	중심 생각 고르기
지문	인터뷰
주제	웃음 건강학
Key	인터뷰 담화를 듣고 중심 생각을 추론하는 문항이다. 4급 수준의 문제가 출제되며 인터뷰를 통해 남자의 중심 생각을 찾아야 한다.
어휘	책을 내다(publish) 영향을 미치다(affect) 병들다(get sick) 효과(effect) 주요하다(major)

> 여자 : 박사님, 이번에 웃는 것만으로도 건강이 좋아진다는 내용의 책을 내셨지요?
>
> 남자 : 네. 웃음이 우리의 몸과 마음에 어떤 좋은 영향을 미치는지, 스트레스가 우리를 얼마나 병들게 하는지를 어렵지 않게 풀어냈습니다. **20. 한 번 크게 웃음으로써 5분간 운동한 만큼의 효과를 보여 준다**는 것이 이 책의 주요한 생각입니다.

① 스트레스를 풀기 위해 매일 운동을 해야 한다.
② 웃음이 우리의 몸과 마음에 긍정적인 영향을 준다.
③ 병에 걸렸을 때 많이 웃는 것이 치료에 효과적이다.
④ 책의 내용을 잘 이해하려면 여러 번 읽는 것이 좋다.

정답 ② 남자가 낸 책은 웃음이 몸과 마음에 얼마나 좋은 영향을 미치는지를 담은 내용이다.

오답 ① 스트레스와 운동에 대한 언급은 하지만, 스트레스를 풀기 위해 매일 운동을 해야 한다는 생각은 아니다.
③ 병에 걸렸을 때만 아니라 보통 때 많이 웃는 것이 건강에 좋다는 내용이다.
④ 남자가 낸 책의 내용에 대해 이야기했지만, 잘 이해하기 위해 여러 번 읽으라는 내용은 대화 중에 나오지 않는다.

※ [21~22] 다음을 듣고 물음에 답하십시오. (각 2점)

21.		22.	
급수	4급(중)	급수	4급(상)
유형	중심 생각 고르기	유형	일치하는 내용 고르기
Key	대화를 듣고 중심 생각을 추론하는 문항이다. 4급 수준의 문제가 출제되며 개인적 대화를 통해 남자의 중심 생각을 찾아야 한다.	Key	대화를 듣고 세부 내용을 파악하는 문항이다. 4급 수준의 문제가 출제되며 개인적 대화를 통해 들은 내용과 일치하는 답을 찾아야 한다.
지문	개인적 대화		
주제	제품 이용 후기		
어휘	참고하다(refer to) 구입하다(buy) 이용 후기(reviews) 삭제하다(delete) 업체(company)		

여자 : 사람들이 제품을 선택할 때 가장 많이 참고하는 게 이용 후기라는 기사가 났네요.

남자 : 맞아요. **22.** 요즘은 온라인으로 제품을 구입하는 사람들이 늘어나면서 직접 보지 않고 물건을 사는 경우가 많으니 이용 후기가 중요해진 것 같아요.

여자 : 그런데 이용 후기로 인한 문제점도 많이 발생하고 있죠. 나쁜 의도로 이용 후기를 올리거나 소비자가 올린 이용 후기를 삭제하는 업체도 있대요.

남자 : 그래서 **21.** 이용 후기를 무조건 믿으면 안 될 것 같아요.

21. 남자의 중심 생각으로 가장 알맞은 것을 고르십시오.

① 제품을 살 때에는 직접 보고 사는 게 좋다.
② 제품의 이용 후기를 지우는 사람들이 많다.
③ 제품의 이용 후기만 믿고 물건을 사면 안 된다.
④ 제품을 살 때에는 이용 후기를 보고 사야 한다.

정답 ③ 남자는 잘못된 제품의 이용 후기도 많으므로 제품의 이용 후기만 믿고 물건을 사면 안 된다고 했다.

오답 ① 제품을 살 때에 인터넷으로 사는 사람이 많다고 했으나 직접 봐야 한다는 생각은 아니다.
② 제품의 이용 후기를 지우는 사람들이 많다는 것은 여자의 발화이다.
④ 남자는 제품을 살 때에는 무조건 이용 후기만 믿으면 안 된다고 했다.

22. 들은 내용과 같은 것을 고르십시오.

① 여자는 새로 산 제품의 이용 후기를 쓰려고 한다.
② 제품의 이용 후기로 인한 문제점들이 해결되었다.
③ 남자는 온라인으로 물건을 샀다가 후회한 적이 있다.
④ 최근에 온라인으로 제품을 사는 사람들이 증가하고 있다.

정답 ④ 남자는 요즘 직접 물건을 보지 않고 온라인으로 제품을 사는 사람들이 증가하고 있다고 했다.

오답 ① 여자는 새로 산 제품의 이용 후기를 쓰려고 한다.
② 제품의 이용 후기로 인한 문제점들이 해결되었다.
③ 남자는 온라인으로 물건을 샀다가 후회한 적이 있다.

※ [23~24] 다음을 듣고 물음에 답하십시오. (각 2점)

23.		**24.**	
급수	4급(상)	급수	4급(상)
유형	담화 상황 고르기	유형	내용과 같은 것 고르기
Key	대화를 듣고 담화 상황을 추론하는 문항이다. 4급 수준의 문제가 출제되며 사회적 대화를 통해 남자가 무엇을 하고 있는 상황인지 찾아야 한다.	Key	대화를 듣고 세부 내용을 파악하는 문항이다. 4급 수준의 문제가 출제되며 사회적 대화를 통해 들은 내용과 일치하는 답을 찾아야 한다.
지문	사회적 대화		
주제	무료 어학 시험 신청		
어휘	거주하다(reside, dwell) 적용이 되다(apply) 신청하다(register) 자세하다(detailed) 내용(content)		

남자 : 여보세요. 청년 일자리 지원센터지요? **23. 어학 시험을 무료로 볼 수 있다고 해서 연락드렸는데요.**

여자 : 네, 인주시에 거주하는 20, 30대 청년이라면 누구나 지원 가능합니다. 단, 올해에 신청하시면 올해에 보는 어학 시험에만 적용이 됩니다.

남자 : 그럼 1년에 몇 번 신청할 수 있나요?

여자 : **24. 1년에 최대 3번까지 신청하실 수 있고,** 신청은 인터넷으로만 가능합니다. 자세한 내용은 홈페이지에서 확인하실 수 있습니다.

23. 남자가 무엇을 하고 있는지 고르십시오.

① 어학 시험을 신청하고 있다.
② 센터의 위치를 문의하고 있다.
③ 무료 어학 시험을 알아보고 있다.
④ 신청에 필요한 서류를 요청하고 있다.

정답　③ 남자는 센터에 전화하여 무료 어학 시험에 대한 정보들을 알아보고 있다.

오답　① 남자는 어학 시험을 신청하는 것이 아니라 무료 어학 신청에 대해 알아보고 있다.
　　② 남자가 센터에 전화를 걸었으나 센터의 위치를 문의하는 내용은 대화 중에 나오지 않는다.
　　④ 남자는 어학 시험 신청에 필요한 서류가 아니라 신청 방법에 대해 질문하고 있다.

24. 들은 내용과 같은 것을 고르십시오.

① 시험은 인주시 거주자 누구나 볼 수 있다.
② 남자는 센터에 가서 어학 시험을 볼 예정이다.
③ 시험 신청은 센터에 직접 방문해서 해야 한다.
④ 무료 어학 시험은 1년에 3번까지 신청 가능하다.

정답　④ 여자는 무료 어학 시험은 1년에 최대 3번까지 신청할 수 있다고 했다.

오답　① 시험은 인주서 거주자 누구나 볼 수 있다.
　　② 남자는 센터에 가서 어학 시험을 볼 예정이다.
　　③ 시험 신청은 센터에 직접 방문해서 해야 한다.

※ [25~26] 다음을 듣고 물음에 답하십시오. (각 2점)

25.		**26.**	
급수	4급(상)	급수	5급(하)
유형	중심 생각 고르기	유형	일치하는 내용 고르기
Key	인터뷰를 듣고 중심 생각을 추론하는 문항이다. 4급 수준의 문제가 출제되며 인터뷰를 통해 남자의 중심 생각을 찾아야 한다.	Key	인터뷰를 듣고 세부 내용을 파악하는 문항이다. 5급 수준의 문제가 출제되며 인터뷰를 통해 들은 내용과 일치하는 답을 찾아야 한다.
지문	인터뷰		
주제	멸종위기 동물 축제		
어휘	멸종위기(endangered) 기획하다(plan) 안타깝다(regretful) 비롯되다(come from) 활용하다(utilize) 일회용품(disposable) 진행하다(progress)		

여자 : 소장님, 이번에 멸종위기 동물을 위한 축제를 처음으로 기획하셨는데요. 이 축제를 기획하시게 된 특별한 이유가 있으신가요?

남자 : 사람들이 사라져 가는 동물에 대해 먼 이야기처럼 느끼는 것이 안타까웠습니다. 그래서 저는 실제로 많은 동물들이 멸종되어 가고 있고 이것은 환경 오염에서 비롯된 것임을 알리고자 이 축제를 기획하게 되었습니다. 멸종위기 동물을 주제로 자연 재료를 활용한 만들기, **26. 동물 먹이 주기** 등 다양한 체험을 하실 수 있습니다. 뿐만 아니라 환경을 생각하여 일회용품 없는 행사로 진행하고 있습니다. 이번 기회를 계기로 많은 분들이 **25. 환경보호와 멸종위기의 동물들에게 관심을 가져주셨으면 합니다.**

25. 남자의 중심 생각으로 가장 알맞은 것을 고르십시오.
① 자연 재료를 활용한 제품들을 기획해야 한다.
② 일회용품 사용을 줄이기 위한 대책이 필요하다.
③ 멸종위기 동물을 보호하는 것은 불가능한 일이다.
④ 사람들이 멸종위기 동물에 관심을 갖기를 바란다.

정답 ④ 남자는 인터뷰를 통해 자신이 기획한 축제를 통해 많은 사람들이 멸종위기 동물에 대해 관심을 가져주었으면 좋겠다고 했다.

오답 ① 남자가 축제에 자연 재료를 활용한 만들기 체험이 있다고 했으나 중심 생각은 아니다.
② 축제는 환경 보호를 위해 일회용품 없는 행사로 진행된다는 내용은 있으나 중심 생각은 아니다.
③ 멸종위기 동물과 환경 보호를 위해 기획한 행사이다.

26. 들은 내용과 같은 것을 고르십시오.
① 남자는 오랫동안 이 축제를 준비해 왔다.
② 이 축제에서는 동물에게 먹이를 줄 수 있다.
③ 이 축제는 일회용품 사용이 가능한 행사이다.
④ 사람들이 축제에 참석하지 못해 안타까워했다.

정답 ② 동물 먹이 주기 체험은 축제 체험 중 하나이다.

오답 ① 남자는 오랫동안 이 축제를 준비해 왔다.
③ 이 축제는 일회용품 사용이 가능한 행사이다.
④ 사람들이 축제에 참석하지 못해 안타까워했다.

※ **[27~28] 다음을 듣고 물음에 답하십시오. (각 2점)**

27.		28.	
급수	5급(하)	급수	5급(하)
유형	화자의 의도 고르기	유형	일치하는 내용 고르기
Key	대화를 듣고 화자의 의도를 추론하는 문항이다. 5급 수준의 문제가 출제되며 대화를 통해 남자가 여자에게 말하는 목적이나 의도를 찾아야 한다.	Key	대화를 듣고 세부 내용을 파악하는 문항이다. 5급 수준의 문제가 출제되며 대화를 통해 들은 내용과 일치하는 답을 찾아야 한다.
지문	개인적 대화		
주제	비밀번호		
어휘	설정하다(set up) 예전(previous) 특수문자(special characters) 포함하다(include) 보안 강화(enhanced security) 번거롭다(cumbersome) 감수하다(endure)		

남자 : 요즘 인터넷으로 회원 가입할 때 **27. 설정하는 비밀번호가 너무 복잡해지지 않았어요?** 예전에는 숫자 네 개면 됐는데 요즘은 특수문자까지 포함해야 하고요.

여자 : 보안 강화를 위해 필요한 거잖아요.

남자 : 저도 그건 알지만, 가입할 때마다 비밀번호를 새롭게 만드는 게 **28. 번거롭기도 하고 기억도 해야 해서 스트레스까지 받네요.**

여자 : 그래도 개인 정보 보호를 위해서는 불편해도 감수해야 하는 부분이라고 생각해요.

27. 남자가 말하는 의도로 알맞은 것을 고르십시오.
① 보완 강화의 방식을 바꾸려고
② 보완 강화의 의미를 알려 주려고
③ 비밀번호의 필요성을 일깨워 주려고
④ 복잡해진 비밀번호 문제를 지적하려고

정답 ④ 남자는 여자에게 최근 인터넷으로 회원 가입할 때 비밀번호 설정이 복잡해진 것에 대해 부정적인 입장을 표현하고 있다.

오답 ① 남자는 보완 강화의 방식을 바꾸려고 이야기한 것은 아니다.
② 보완 강화의 의미를 알려 주려고 하는 것은 여자의 의도에 가깝다.
③ 비밀번호의 필요성을 일깨워 주려고 하는 것이 아니라 복잡해진 문제를 이야기하고 있다.

28. 들은 내용과 같은 것을 고르십시오.
① 남자는 비밀번호 때문에 스트레스를 받는다.
② 인터넷으로 회원 가입하는 것은 간단한 일이다.
③ 과거의 비밀번호는 숫자 네 개로 만들기 어려웠다.
④ 여자는 보안 강화 정책에 대해 부정적인 입장이다.

정답 ① 남자는 가입할 때마다 비밀번호를 새롭게 만드는 것이 번거롭고, 기억도 해야 해서 스트레스를 받는다.

오답 ② 인터넷으로 회원 가입하는 것은 간단한 일이다.
③ 과거의 비밀번호는 숫자 네 개로 만들기 어려웠다.
④ 여자는 보안 강화 정책에 대해 부정적인 입장이다.

※ [29~30] 다음을 듣고 물음에 답하십시오. (각 2점)

29.		30.	
급수	5급(중)	급수	5급(중)
유형	담화 참여자 고르기	유형	일치하는 내용 고르기
Key	인터뷰를 듣고 담화의 참여자에 대한 정보를 추론하는 문항이다. 5급 수준의 문제가 출제되며 인터뷰를 통해 남자가 어떤 일을 하는 사람인지 찾아야 한다.	Key	인터뷰를 듣고 세부 내용을 파악하는 문항이다. 5급 수준의 문제가 출제되며 인터뷰를 통해 들은 내용과 일치하는 답을 찾아야 한다.
지문	인터뷰		
주제	촬영 장소 섭외		
어휘	협의하다(confer) 섭외하다(cast) 의도(intention) 선정하다(select) 소유자(owner) 허가(permission) 작성하다(write)		

여자 : 이번 드라마에서 촬영한 장소가 드라마의 성공과 함께 매우 유명해졌는데요. 어떻게 그렇게 사람들에게 알려지지 않은 멋있는 곳을 찾으셨나요?

남자 : 사실 제가 어렸을 때 부모님과 한번 가 본 적이 있는 곳인데 그 바닷가가 드라마의 장면과 어울리는 것 같아서 감독님과 협의하게 되었죠.

여자 : 그렇군요. 구체적으로 **29. 어떻게 촬영 장소를 섭외하시나요?**

남자 : 먼저 대본을 검토한 후 작가의 의도에 어울리는 장소를 몇 군데 정합니다. 그리고 **30. 후보 지역을 직접 방문하여 적합한 곳을 촬영지로 선정합니다.** 그러면 해당 지역 기관이나 소유자에게 촬영 허가를 받습니다. 필요한 경우, 계약서를 작성하기도 하고요.

29. 남자가 누구인지 고르십시오.

① 드라마를 홍보하는 사람
② 드라마의 대본을 쓰는 사람
③ 드라마 출연자를 결정하는 사람
④ 드라마 촬영 장소를 섭외하는 사람

30. 들은 내용과 같은 것을 고르십시오.

① 남자는 드라마에 출연하여 유명해졌다.
② 드라마 홍보를 위해 계약서를 써야 한다.
③ 드라마 촬영지는 직접 방문하여 선정한다.
④ 남자는 촬영을 할 때 부모님과 같이 간다.

정답 ④ 남자는 드라마에 적합한 장소를 찾아서 섭외하는 사람이다.

오답 ① 드라마 촬영지가 유명해지기는 했지만 남자가 드라마를 홍보하는 사람은 아니다.
② 드라마의 대본을 보고 촬영에 어울리는 장소를 찾는 사람이다.
③ 드라마 출연자를 결정하는 사람에 대한 내용은 대화 중에 나오지 않는다.

정답 ③ 드라마 촬영지를 결정할 때 먼저 몇 군데 후보 지역을 정하고 직접 방문하여 선정한다.

오답 ① 남자는 드라마에 출연하여 유명해졌다.
② 남자는 홍보를 위해 계약서를 써야 한다.
④ 남자는 촬영을 할 때 부모님과 같이 가야 한다.

※ [31~32] 다음을 듣고 물음에 답하십시오. (각 2점)

31.			32.		
급수	5급(중)		급수	5급(중)	
유형	중심 생각 고르기		유형	일치하는 내용 고르기	
Key	토론을 듣고 중심 생각을 추론하는 문항이다. 5급 수준의 문제가 출제되며 인터뷰를 통해 남자의 중심 생각을 찾아야 한다.		Key	인터뷰를 듣고 세부 내용을 파악하는 문항이다. 5급 수준의 문제가 출제되며 인터뷰를 통해 들은 내용과 일치하는 답을 찾아야 한다.	
지문	토론				
주제	문자 교육의 시기				
어휘	깨우치다(realize) 이르다(early) 동원하다(mobilize) 치중하다(focus on) 고르다(choose) 창의력(creativity) 더디다(slow)				

여자 : 글을 빨리 깨우치면 이해도가 높아지기 때문에 문자를 가르치는 교육은 이르면 이를수록 좋다고 생각합니다.

남자 : 저는 조금 다르게 생각합니다. 나이가 어린 아이들은 아직 다양한 능력들이 완전히 발달하지 못해 몸의 여러 감각들을 동원해 정보를 얻습니다. 그런데 이 시기에 **31.** 글자를 읽는 것에 치중하다 보면 다른 감각을 사용할 기회가 줄어 능력이 고르게 발달하지 못할 수 있습니다.

여자 : 어떤 능력들이 발달하지 못한다는 거지요?

남자 : 여러 가지 능력들이 있지만 **32.** 특히 창의력입니다. 창의력은 문자 인식이 강해지면 발달이 더뎌질 수 있기 때문이지요.

31. 남자의 중심 생각으로 가장 알맞은 것을 고르십시오.

① 다양한 방식으로 문자 교육을 해야 한다.
② 글 읽기 교육보다 글쓰기 교육이 중요하다.
③ 글을 빨리 이해할수록 다른 감각들도 발달한다.
④ 이른 문자 교육은 아이의 발달을 방해할 수 있다.

정답 ④ 남자는 나이가 어린 아이들이 글자 읽는 것에만 치중하다 보면 다른 감각을 사용할 기회가 줄어들어 다양한 능력이 고르게 발달하기 어렵다고 했다.

오답 ① 다양한 능력을 발달시켜야 한다는 내용은 나오지만, 다양한 방식으로 문자 교육을 해야 한다는 내용은 대화 중에 나오지 않는다.
② 남자는 이른 문자 교육에 대해 부정적인 입장이다.
③ 남자는 글을 빨리 이해할수록 다른 감각들의 발달을 더디게 할 수 있다고 생각한다.

32. 남자의 태도로 가장 알맞은 것을 고르십시오.

① 근거를 들어 주장을 뒷받침하고 있다.
② 문제 해결 방안에 대해 공감하고 있다.
③ 상황을 분석하며 대책을 촉구하고 있다.
④ 상대방의 의견에 대해 부분적으로 동의하고 있다.

정답 ① 남자는 이른 문자 교육에 대한 반대 입장을 아이들의 다양한 능력 발달, 특히 창의력 등의 근거를 들어 주장을 뒷받침하고 있다.

오답 ② 남자는 문제의 해결 방안에 대해 공감하는 것이 아니라 문제가 있음을 지적하고 있다.
③ 남자는 상황을 분석하기는 하지만 대책을 촉구하고 있는 상황은 아니다.
④ 남자는 여자의 의견에 대해 전적으로 반대하고 있는 입장이다.

33.		34.	
급수	5급(중)	급수	5급(상)
유형	주제 고르기	유형	일치하는 내용 고르기
Key	강연을 듣고 주제를 추론하는 문항이다. 5급 수준의 문제가 출제되며 여자의 강연을 통해 주제를 찾아야 한다.	Key	강연을 듣고 세부 내용을 파악하는 문항이다. 5급 수준의 문제가 출제되며 여자의 강연을 통해 들은 내용과 일치하는 답을 찾아야 한다.
지문	강연		
주제	한국 영화의 성공		
어휘	상영되다(be screened) 인기를 누리다(enjoy popularity) 탄탄하다(solid) 유능하다(competent) 대거(a large number of) 연이어(one after another) 수상하다(be awarded)		

여자 : 한국 영화가 한국을 넘어 전 세계 극장에서 상영되고 있습니다. 한국 영화는 드라마, 가요 등과 함께 지난 몇 년 동안 세계 곳곳에서 인기를 누리며 한류의 중심에 서게 된 거지요. **33.** 한국 영화가 이렇게 성공하게 된 이유는 영화 자체의 완성도와 탄탄한 스토리, 그리고 다양한 장르의 영화를 만들어 여러 사람이 즐길 수 있도록 했기 때문입니다. 특히 **34.** 1990년대 중반 이후 유능한 감독들이 대거 등장하면서 국내 영화뿐만 아니라 다수의 해외 영화를 제작하였고, 이를 인정받아 여러 국제 영화제에서 연이어 수상하기에 이르렀습니다.

33. 무엇에 대한 내용인지 알맞은 것을 고르십시오.

① 한국 영화의 성공 원인
② 한국 영화의 제작 배경
③ 한국 영화의 시대별 변천
④ 한국 영화의 장르별 특징

정답 ① 여자는 한국 영화가 전 세계에서 인기를 끌게 된 원인(영화의 완성도, 탄탄한 스토리, 다양한 장르 등)에 대해 이야기하고 있다.

오답 ② 한국 영화의 제작 배경에 대해서는 구체적으로 여자의 발화에서 나오지 않는다.
③ 한국 영화가 1990년대 이후 인기가 많아졌다는 내용은 있지만 시대마다 어떻게 변화했는지는 나오지 않는다.
④ 한국 영화의 다양한 장르로 인해 성공한다는 내용은 나오지만 장르에 따른 특징은 나오지 않는다.

34. 들은 내용과 같은 것을 고르십시오.

① 국제 영화제에서 상을 받기 위해 노력해야 한다.
② 한국 영화는 영화의 완성도를 더 높일 필요가 있다.
③ 1990년대 중반 이후 유능한 감독들이 다수 등장하였다.
④ 해외에서 영화를 제작할 때에는 예상치 못한 일이 발생한다.

정답 ③ 여자는 특히 1990년대 중반 이후 유능한 감독들이 대거 등장하면서 세계적으로 한국 영화가 인정받고 상도 받았다고 했다.

오답 ① 국제 영화제에서 상을 받기 위해 노력해야 한다.
② 한국 영화는 영화의 완성도를 더 높일 필요가 있다.
④ 해외에서 영화를 제작할 때에는 예상치 못한 일이 발생한다.

※ [35~36] 다음을 듣고 물음에 답하십시오. (각 2점)

35.		**36.**	
급수	5급(상)	급수	5급(상)
유형	화자의 목적 고르기	유형	일치하는 내용 고르기
Key	공식적인 인사말을 듣고 담화의 목적을 추론하는 문항이다. 5급 수준의 문제가 출제되며 공식적인 인사말을 통해 남자의 목적이나 의도를 찾아야 한다.	Key	공식적인 인사말을 듣고 세부 내용을 파악하는 문항이다. 5급 수준의 문제가 출제되며 공식적인 인사말을 통해 들은 내용과 일치하는 답을 찾아야 한다.
지문	축사, 공식인사말		
주제	가상공간 전시		
어휘	가상공간(virtual space) 소통하다(communicate) 접속하다(access) 설정하다(set up) 자유롭다(free) 활용하다(utilize) 확대(enlargement)		

남자 : 여러분의 관심과 사랑으로, 언제 어디서나 **35.** 온라인으로 접속해 작품을 감상하고 소통할 수 있는 가상공간 전시회가 오늘 오픈하게 되었습니다. 여러분은 **36.** 가상공간에 접속하실 때마다 가상 캐릭터를 각각 다르게 설정할 수 있고 전시실을 자유롭게 돌아다니며 작품을 감상하실 수 있습니다. 가상 캐릭터를 활용하여 자세히 보고 싶은 작품이 있으시면 확대 감상이나 부분 감상도 가능하며 전시된 작품들의 촬영도 가능합니다. 또한 가상공간에 접속한 다른 접속자와 함께 작품에 대한 감상을 나눌 수도 있습니다. 이 전시회는 이번 달 말까지 진행할 예정이며, 다음 달에는 또 다른 전시회로 찾아뵙도록 하겠습니다.

35. 남자가 무엇을 하고 있는지 고르십시오.
① 가상공간 전시회를 소개하고 있다.
② 작품에 대한 설문조사를 진행하고 있다.
③ 전시회에 접속하는 방법을 설명하고 있다.
④ 가상 캐릭터 설정의 문제점을 강조하고 있다.

정답 ① 남자는 오늘 시작되는 가상공간 전시회(캐릭터 설정, 촬영, 감상 공유 등)에 대해 소개하고 있다.

오답 ② 작품에 대해 감상을 나눈다는 내용은 있지만 설문조사를 진행한다는 내용은 나오지 않는다.
③ 전시회에 접속하는 구체적인 방법은 없다.
④ 접속할 때마다 다양한 가상 캐릭터를 설정할 수 있다는 내용은 나오지만 문제점을 강조하지는 않는다.

36. 들은 내용과 같은 것을 고르십시오.
① 가상공간에 전시된 작품들을 촬영하면 안 된다.
② 접속할 때마다 가상 캐릭터를 다르게 설정할 수 있다.
③ 이 전시회는 온라인과 오프라인에서 모두 관람 가능하다.
④ 작품을 자세히 보고 싶으면 전시회에 직접 방문해야 한다.

정답 ② 가상공간에 접속할 때마다 가상 캐릭터를 각각 다르게 설정할 수 있다.

오답 ① 가상공간에 전시된 작품들을 촬영하면 안 된다.
③ 이 전시회는 온라인과 오프라인에서 모두 관람 가능하다.
④ 작품을 자세히 보고 싶으면 전시회에 직접 방문해야 한다.

37.		38.	
급수	5급(상)	급수	6급(하)
유형	중심 생각 고르기	유형	일치하는 내용 고르기
Key	교양 프로그램을 듣고 중심 생각을 추론하는 문항이다. 5급 수준의 문제가 출제되며 프로그램을 통해 남자의 중심 생각을 찾아야 한다.	Key	교양 프로그램을 듣고 세부 내용을 파악하는 문항이다. 6급 수준의 문제가 출제되며 교양 프로그램을 통해 들은 내용과 일치하는 답을 찾아야 한다.
지문	교양 프로그램		
주제	착한 과학		
어휘	풍요롭다(rich) 편리하다(convenient) 여전히(still) 사회적 약자(social underprivileged) 소외된 계층(the underprivileged) 혜택을 누리다(benefit from)		

남자 : 요즘 좋은 과학을 만들자, 착한 과학을 만들자 하는 이야기가 나오고 있는데요. 그 이유는 무엇인가요?

여자 : 여러분도 아시다시피, 과학 기술이 발전하면서 전에는 인류가 상상하지 못했던 풍요로움과 편리함을 얻게 되었지요. 하지만 여전히 38. 사회적 약자나 소외된 계층은 과학 기술의 혜택을 누리기가 쉽지 않은 현실입니다. 그래서 37. 인류 모두에게 고른 관심과 편리함을 주는 과학이 필요하게 되었습니다. 값비싼 기술 제품보다 소외된 사람들이 행복을 느낄 수 있는 기술, 예를 들면 장애인들을 위한 기술, 노인들을 위한 기술 등을 중심으로 연구하는 것입니다.

37. 여자의 중심 생각으로 가장 알맞은 것을 고르십시오.

① 인류 모두가 누릴 수 있는 과학 기술이 필요하다.
② 과학 기술 발전의 문제점을 파악하는 것이 중요하다.
③ 기술 발전을 위해 경제적 지원을 아끼지 말아야 한다.
④ 첨단 기술의 발전으로 사회가 급속도로 발전하고 있다.

정답 ① 여자는 소외된 사람들을 포함한 인류 모두가 누릴 수 있는 착한 과학이 필요하다고 생각한다.

오답 ② 과학 기술 발전의 문제점이 있기는 하지만 그 문제점 파악이 중요하다는 것이 여자의 중심 생각은 아니다.
③ 값비싼 제품보다 모두가 누릴 수 있는 과학 기술이 나와야 한다는 것이므로 기술 발전을 위해 경제적 지원을 아끼지 말아 야 한다는 내용은 아니다.
④ 과학 기술이 발전한 것은 맞지만 그것이 여자의 중심 생각은 아니다.

38. 들은 내용과 같은 것을 고르십시오.

① 착한 과학은 오랜 기간 사람들의 관심을 받아왔다.
② 장애인들을 위한 제품을 만들려면 비용이 많이 든다.
③ 과학 기술 발전으로 인한 부작용이 더 심각해졌다.
④ 소외된 사람들은 과학 기술의 혜택을 받기 어려웠다.

정답 ④ 지금까지 소외된 사람들은 값비싼 제품들로 인해 과학 기술의 혜택을 받기 어려운 경우가 많았다.

오답 ① 착한 과학은 오랜 기간 사람들의 관심을 받아왔다.
② 장애인을 위한 제품을 만들려면 비용이 많이 든다.
③ 과학 기술 발전으로 인한 부작용이 더 심각해졌다.

※ [39~40] 다음을 듣고 물음에 답하십시오. (각 2점)

39.		40.	
급수	6급(하)	급수	6급(하)
유형	담화 앞의 내용 고르기	유형	일치하는 내용 고르기
Key	대담을 듣고 앞에 올 내용을 추론하는 문항이다. 6급 수준의 문제가 출제되며 대담을 통해 앞뒤 상황을 추론하여 답을 찾아야 한다.	Key	대담을 듣고 세부 내용을 파악하는 문항이다. 6급 수준의 문제가 출제되며 대담을 통해 들은 내용과 일치하는 답을 찾아야 한다.
지문	대담		
주제	생활비 지급정책		
어휘	생활비(living expenses) 지급하다(pay) 기본 소득(basic income) 보장되다(guaranteed) 생계 부담(livelihood burden) 촉진되다(be promoted) 활력을 불어넣다(invigorate)		

여자 : 모든 국민에게 **39. 일정한 생활비를 준다는** 이런 방안이 **효과**가 있을까요? 양극화 해소와 국가 경제 활성화를 위해 정부가 내놓은 대책이긴 하지만요.

남자 : 정부가 어느 정도의 생활비를 지급하여 기본 소득이 보장되면 노동 의욕이 촉진될 수 있습니다. **40. 최소한의 소득이 보장되면 생계에 대한 부담을 덜 수 있으니까** 오히려 자기가 할 수 있는 일을 즐겁게 할 수 있다는 거지요. 노동 없이 돈을 받는다면 노동 의욕이 감소될 것이라는 우려보다는 긍정적인 측면을 바라봤으면 합니다. 그리고 소비가 촉진되면서 국가 경제의 활력을 불어넣는 데도 도움이 될 수 있으리라 봅니다.

---

39. 이 대화 전의 내용으로 가장 알맞은 것을 고르십시오.
① 국민들이 긍정적인 자세로 일하는 모습을 보여 주고 있다.
② 생계 부담을 줄이기 위해 정부가 두 가지 대책을 마련했다.
③ 정부가 국민 모두에게 매달 일정한 생활비를 지급하기로 했다.
④ 노동 의욕이 크게 감소될 거라는 우려의 목소리가 나오고 있다.

정답 ③ 여자의 첫 번째 발화에서 모든 국민에게 일정한 생활비를 준다는 '이런' 방안이라고 했으므로 앞에는 국민에게 생활비를 지급하기로 했다는 내용이 있었을 것이다.

오답 ① 대담 앞이 아닌 대담 중간에 생활비 지급으로 인해 국민들이 긍정적인 자세로 일할 것이라고 말했다.
② 생계 부담을 줄이기 위해 정부가 마련한 대책이 두 가지라는 내용은 없다.
④ 대담 앞이 아닌 대담 중간에 노동 의욕 감소에 대한 내용이 나온다.

40. 들은 내용과 같은 것을 고르십시오.
① 경제 활성화를 위해 모든 국민이 노력하고 있다.
② 최소한의 소득이 보장되면 생계 부담이 줄어든다.
③ 국민들의 지나친 소비는 국가 경제를 어렵게 한다.
④ 노동 기회 확대로 양극화 문제를 해결하고자 한다.

정답 ② 국민들은 최소한의 소득이 보장되면 생계 부담이 줄어들어 더 즐겁게 일을 할 수 있다.

오답 ① 경제 활성화를 위해 ~~모든 국민이 노력~~하고 있다.
③ 국민들의 지나친 소비는 국가 ~~경제를 어렵게~~ 한다.
④ ~~노동 기회 확대~~로 양극화 문제를 해결하고자 한다.

41.		42.	
급수	6급(하)	급수	6급(중)
유형	중심 내용 고르기	유형	일치하는 내용 고르기
Key	강연을 듣고 중심 내용을 추론하는 문항이다. 6급 수준의 문제가 출제되며 강연을 통해 중심 생각이나 핵심 내용을 찾아야 한다.	Key	강연을 듣고 세부 내용을 파악하는 문항이다. 6급 수준의 문제가 출제되며 강연을 통해 들은 내용과 일치하는 답을 찾아야 한다.
지문	강연		
주제	온돌의 원리		
어휘	불을 때다(make a fire) 통로(passage) 난방 장치(heating device) 에너지 효율(energy efficiency) 가열되다(be heated) 온기(warmth) 화롯불을 쬐다(warm the fire) 잔손질(meticulous grooming)		

여자 : 온돌은 아궁이에서 불을 때어 방바닥 밑으로 난 통로를 통해 방바닥 전체를 데우는 난방 장치를 말합니다. **41.** 온돌은 에너지 효율 면에서 매우 경제적이고 과학적인 원리를 가지고 있습니다. 아궁이에서 불을 피우면 불의 열기가 가마솥의 물을 끓이고 동시에 방바닥을 데웁니다. 이렇게 **42.** 음식을 만들기 위한 열에너지로 방바닥이 가열되고 여기에 저장됐던 열이 방 안에 온기를 전달해 주는 것이지요. 그래서 과거에는 추운 겨울이면 온 가족이 아랫목에 모여 앉아 화롯불을 쬐며 이야기를 나누었습니다. 이렇듯 온돌은 열의 효율이 높을 뿐만 아니라 고장이 나지 않아 잔손질이 별로 필요 없는 경제적인 난방법이라고 할 수 있습니다.

41. 이 강연의 중심 내용으로 가장 알맞은 것을 고르십시오.

① 온돌은 전통 문화를 이해하는 데 도움이 된다.
② 온돌은 경제적이고 과학적인 방법으로 설계되었다.
③ 온돌의 우수성을 세계에 알리려는 노력이 필요하다.
④ 온돌에 대한 연구가 새로운 방식으로 이루어져야 한다.

정답 ② 온돌의 원리에 대해 설명하면서 온돌이 얼마나 경제적이고 과학적인 방법으로 설계되었는지 말하고 있다.

오답 ① 온돌이 전통 문화이기는 하나 전통 문화를 이해하는 데 도움이 된다는 내용이 중심 내용은 아니다.
③ 온돌의 우수성에 대한 내용은 나오지만 이를 세계에 알리려는 노력이 필요하다는 것이 논점은 아니다.
④ 온돌에 대한 연구가 새로운 방식으로 이루어져야 한다는 내용은 나오지 않는다.

42. 들은 내용과 같은 것을 고르십시오.

① 온돌은 에너지 효율이 낮은 특징이 있다.
② 아궁이에서 피운 불로 취사와 난방이 가능하다.
③ 과거에는 사계절 내내 가족들이 아랫목에 앉곤 했다.
④ 온돌은 고장이 잘 나는 편이라서 자주 손질해야 한다.

정답 ② 온돌은 아궁이에서 피운 불로 취사와 난방이 동시에 가능하기 때문에 경제적이고 과학적이다.

오답 ① 온돌은 에너지 효율이 낮은 특징이 있다.
③ 과거에는 사계절 내내 가족들이 아랫목에 앉곤 했다.
④ 온돌은 고장이 잘 나는 편이라서 자주 손질해야 한다.

※ [43~44] 다음을 듣고 물음에 답하십시오. (각 2점)

43.		**44.**	
급수	6급(중)	급수	6급(중)
유형	중심 내용 고르기	유형	일치하는 내용 고르기
Key	다큐멘터리를 듣고 중심 내용을 추론하는 문항이다. 6급 수준의 문제가 출제되며 다큐멘터리를 통해 중심 생각이나 핵심 내용을 찾아야 한다.	Key	다큐멘터리를 듣고 세부 내용을 파악하는 문항이다. 6급 수준의 문제가 출제되며 다큐멘터리를 통해 들은 내용과 일치하는 답을 찾아야 한다.
지문	다큐멘터리		
주제	암컷 문어		
어휘	암컷(female) 산란(spawning) 보살피다(take care of) 부화하다(hatch) 수관(water tube) 물을 뿜다(spray water) 이끼(moss) 어루만지다(fondle) 외부 침입자(outside intruder) 모성애(maternal love)		

> 남자 : 암컷 문어가 동굴 천장에 산란을 해 놓는다. 산란을 마친 문어는 자리를 지키며 알을 보살피기 시작한다. 보통 봄, 가을철에 알을 낳는데, 한 번 알을 낳으면 그 알이 부화할 때까지 그 옆을 지킨다. 보통 **44. 수관으로 물을 뿜어 이끼 등이 끼지 않게 물 순환을 시키며 알이 썩지 않게 한다.** 그리고 성게나 불가사리 같은 포식자의 접근을 차단하고 촉수로 알을 어루만지며 알을 외부 침입자로부터 보호한다. 어느 정도 시간이 지나면 암컷 문어는 먹이조차 먹지 않고 알에 전념하며, 알이 부화하면 수관을 힘차게 불어 새끼들을 바다로 내보내 주고 눈을 감는다. 이로 인해 **43. 문어는 모성애의 상징인 동물이기도 하다.**

43. 무엇에 대한 내용인지 알맞은 것을 고르십시오.

① 암컷 문어는 모성애가 강한 동물이다.
② 암컷 문어의 산란기가 변화하고 있다.
③ 암컷 문어가 서식 공간을 옮기기 시작했다.
④ 암컷 문어는 생태계에서 중요한 역할을 한다.

정답 ① 암컷 문어는 알이 썩지 않게 하고 외부 침입자로부터 보호하는 등 모성애가 강한 동물이라는 내용이다.

오답 ② 암컷 문어의 산란에 대한 이야기는 나오나 산란기가 변화하고 있다는 내용은 아니다.
③ 암컷 문어가 서식 공간을 옮기기 시작했다는 내용은 나오지 않는다.
④ 암컷 문어의 산란과 일생은 나오지만 생태계에서 중요한 역할을 하는지 안 하는지는 내용에 나오지 않는다.

44. 암컷 문어가 수관을 통해 물 순환을 시키는 이유로 맞는 것을 고르십시오.

① 알을 부화하기 위해서
② 알이 썩는 것을 막기 위해서
③ 새끼들에게 먹이를 주기 위해서
④ 포식자로부터 새끼들을 지키기 위해서

정답 ② 암컷 문어는 알이 썩는 것을 막기 위해 보통 수관으로 물을 뿜어 이끼 등이 끼지 않게 물 순환을 시킨다.

오답 ① 수관을 통해 물 순환을 시키는 것은 알을 부화한 이후의 일이다.
③ 먹이에 대한 내용은 암컷 문어가 먹이조차 먹지 않으며 알을 보호한다는 내용이다.
④ 암컷 문어가 포식자로부터 새끼들을 지키기 위해서 하는 행동은 촉수로 알을 어루만지는 것이다.

※ [45~46] 다음을 듣고 물음에 답하십시오. (각 2점)

45.		**46.**	
급수	6급(중)	급수	6급(중)
유형	일치하는 내용 고르기	유형	화자의 태도 고르기
Key	강연을 듣고 세부 내용을 파악하는 문항이다. 6급 수준의 문제가 출제되며 강연을 통해 들은 내용과 일치하는 답을 찾아야 한다.	Key	강연을 듣고 화자의 태도나 심정을 파악하는 문항이다. 6급 수준의 문제가 출제되며 강연을 통해 여자의 태도나 심정으로 알맞은 답을 찾아야 한다.
지문	강연		
주제	탄소 중립 실천		
어휘	탄소중립(carbon neutral) 요약하다(summarize) 배출하다(emit) 이산화탄소(carbon dioxide) 흡수하다(absorb) 실질적이다(substantial) 농도(density) 실천하다(practice) 화석연료(fossil fuel) 설비(facility) 복원하다(restore)		

여자 : 탄소중립이란 무엇인가. 간단히 요약하면 개인, 기업 등에서 배출한 이산화탄소를 다시 흡수해 이산화탄소의 실질적인 배출량이 '0'이 되도록 하는 것을 말합니다. 현재 많은 사람들이 전기, 자동차, 음식 등을 소비하면서 그 과정에서 사용되는 석유로 인해 공기 중에 탄산가스의 농도가 높아지고 있습니다. 이로 인해 기후 변화가 진행되고 있기 때문에 지금은 탄소중립을 위한 전 세계적인 노력이 필요한 때입니다. 탄소중립을 실천하기 위해서는 차량과 공장 등에서 사용되는 화석연료의 사용량을 줄이고 45. 화석연료를 대체할 수 있는 태양광, 풍력과 같은 신재생에너지 설비를 확대해야 합니다. 뿐만 아니라, 46. 탄소 흡수원인 습지, 숲 등을 복원하여 이미 대기 중에 배출된 이산화탄소를 줄일 수 있도록 해야 합니다.

45. 들은 내용과 같은 것을 고르십시오.

① 현재 이산화탄소의 실질적인 배출량은'0'이다.
② 습지와 숲을 복원하면 탄소 흡수율이 낮아진다.
③ 태양광으로 화석연료의 사용량을 줄일 수 있다.
④ 국내의 탄소중립 문제를 해결하는 데 성공했다.

정답 ③ 태양광, 풍력과 같은 신재생에너지로 화석연료를 대체하여 사용량을 줄일 수 있다.

오답 ① 현재 이산화탄소의 실질적인 배출량은 '0'이다.
② 습지와 숲을 복원하면 탄소 흡수율이 낮아진다.
④ 국내의 탄소중립 문제를 해결하는 데 성공했다.

46. 여자가 말하는 방식으로 알맞은 것을 고르십시오.

① 이산화탄소 발생 과정에 대해 연구하고 있다.
② 기후 변화의 여러 가지 유형을 비교하고 있다.
③ 지구 환경의 미래에 대해 회의적으로 진단하고 있다.
④ 탄소중립 실천을 위한 구체적인 방법을 제시하고 있다.

정답 ④ 여자는 탄소중립 실천을 위한 구체적인 방법(화석연료 사용 줄이기, 신재생에너지 설비 확대, 습지 복원 등)을 제시하고 있다.

오답 ① 여자는 이산화탄소 발생 과정이 아닌 해결 방법에 대해 이야기하고 있다.
② 기후 변화 진행에 대해서 나오지만 기후 변화의 여러 가지 유형을 비교하지 않고 있다.
③ 지구 환경의 미래를 위해 회의적으로 진단하는 것이 아니라, 노력의 필요성을 강조하고 있다.

※ [47~48] 다음을 듣고 물음에 답하십시오. (각 2점)

47.		48.	
급수	6급(상)	급수	6급(상)
유형	일치하는 내용 고르기	유형	화자의 태도 고르기
Key	대담을 듣고 세부 내용을 파악하는 문항이다. 6급 수준의 문제가 출제되며 대담을 통해 들은 내용과 일치하는 답을 찾아야 한다.	Key	대담을 듣고 화자의 태도나 심정을 파악하는 문항이다. 6급 수준의 문제가 출제되며 대담을 통해 남자의 태도나 심정으로 알맞은 답을 찾아야 한다.
지문	대담		
주제	역사교육의 필요성		
어휘	방식(method) 필수불가결하다(indispensable) 성장하다(grow up) 입시(entrance exam) 과목(subject) 중시하다(value highly) 반추하다(ruminate) 설계하다(design)		

> 여자 : 나라마다 역사 교육의 방법은 다르지만 각각의 방식으로 역사를 가르치고 있습니다. 그렇다면 역사 교육은 꼭 필요한 것일까요?
>
> 남자 : 저는 역사 교육이 필수불가결한 것이라고 생각합니다. 역사를 알아야 성장할 수 있기 때문입니다. 영어, 수학과 같이 대학교 입시에 중요한 과목만 중시하는 사람들도 있겠지만 그런 교과 공부와 다르게, 48. 역사를 알아야 자신의 나라와 자신을 반추하고 깊이 이해할 수 있습니다. 뿐만 아니라 47. 역사를 공부하는 것은 더 나은 현재를 위해 도움이 되고 미래를 설계하는 데에 중요한 힘이 될 것이라고 봅니다.

47. 들은 내용과 같은 것을 고르십시오.

① 역사는 미래를 설계하는 데 도움이 된다.
② 대학교 입학을 위해 역사 교육은 중요하다.
③ 교과 공부가 역사 공부보다 더 필요할 것이다.
④ 새로운 역사 교육의 방식이 곧 적용될 예정이다.

정답 ① 역사는 더 나은 현재를 위해, 그리고 미래를 설계하는 데 도움이 된다고 했다.

오답 ② 대학교 입학을 위해 역사 교육은 중요하다.
③ 교과 공부가 역사 공부보다 더 필요할 것이다.
④ 새로운 역사 교육의 방식이 곧 적용될 예정이다.

48. 남자의 태도로 알맞은 것을 고르십시오.

① 역사 교육 현장의 어려움에 대해 토로하고 있다.
② 역사 교육을 간과하는 의견에 강하게 비판하고 있다.
③ 역사 교육의 필요성에 대해 근거를 들어 설명하고 있다.
④ 역사 교육 경험을 통해 자신의 의견을 뒷받침하고 있다.

정답 ③ 역사 교육이 얼마나 중요한지 그 가치와 필요성(나라와 자신을 반추, 이해할 수 있고 더 나은 현재를 위해 도움, 미래 설계에 중요한 힘 등)에 대해 근거를 들어 설명하고 있다.

오답 ① 역사 교육 현장의 어려움에 대한 내용은 나오지 않는다.
② 역사 교육을 간과하는 의견에 대해 부정적인 입장이기는 하나 이를 강하게 비판하는 내용은 아니다.
④ 역사 교육에 대한 자신의 경험을 이야기하지 않고 있다.

※ [49~50] 다음을 듣고 물음에 답하십시오. (각 2점)

49.		**50.**	
급수	6급(상)	급수	6급(상)
유형	일치하는 내용 고르기	유형	화자의 태도 고르기
Key	강연을 듣고 세부 내용을 파악하는 문항이다. 6급 수준의 문제가 출제되며 강연을 통해 들은 내용과 일치하는 답을 찾아야 한다.	Key	강연을 듣고 화자의 태도나 심정을 파악하는 문항이다. 6급 수준의 문제가 출제되며 강연을 통해 여자의 태도나 심정으로 알맞은 답을 찾아야 한다.
지문	강연		
주제	긍정 심리학		
어휘	고양하다(boost) 증진시키다(promote) 존재(existence) 학문(study, learning) 결함(flaw) 편향적이다(biased) 반성(regret) 탐구하다(explore) 순조롭다(go well)		

> 남자 : 긍정적인 성질을 고양해 행복을 증진시키려는 '긍정 심리학'은 사랑, 용기, 희망 등 인간의 삶을 풍요롭게 만들어 온 특성들을 과학적으로 연구하며, 인간을 더욱 행복한 존재로 만들고자 하는 학문인데요. 긍정 심리학은 49. 과거의 심리학이 인간의 부정적 측면, 즉 심리적 결함과 장애에만 편향적인 관심을 기울여 왔다는 반성 속에서 인간의 긍정적인 측면을 과학적으로 탐구하고, 인간의 행복과 성장을 지원하는 심리학의 새로운 분야라고 할 수 있습니다. 50. 긍정 심리학이 말하고자 하는 것은 긍정적인 방향으로 생각을 바꿔 일을 처리하면 자신도 모르는 사이에 순조롭게 일이 해결될 수 있고 행복 증진에도 큰 도움이 된다는 것입니다. 이것이 바로 50. 긍정 심리학의 주요한 의의라고 하겠습니다.

49. 들은 내용과 같은 것을 고르십시오.
① 긍정 심리학은 전통적인 이론 중 하나이다.
② 인간의 삶을 풍요롭게 만든 것은 자기반성이다.
③ 과거의 심리학은 인간의 부정적인 측면에 집중했다.
④ 계획적으로 일을 하면 모든 일이 순조롭게 해결된다.

정답 ③ 과거의 심리학이 인간의 부정적 측면, 즉 심리적 결함과 장애에만 편향적인 관심을 기울여 왔다.

오답 ① 긍정 심리학은 전통적인 이론 중 하나이다.
② 인간의 삶을 풍요롭게 만든 것은 자기반성이다.
④ 계획적으로 일을 하면 모든 일이 순조롭게 해결된다.

50. 남자의 태도로 알맞은 것을 고르십시오.
① 긍정 심리학을 논리적으로 비판하고 있다.
② 긍정 심리학의 변화에 대해 인정하고 있다.
③ 긍정 심리학의 가치를 높이 평가하고 있다.
④ 긍정 심리학에 대한 맹신을 경계하고 있다.

정답 ③ 남자는 긍정 심리학의 의미와 가치를 긍정적으로 평가하고 있다.

오답 ① 남자는 긍정 심리학에 대해 긍정적인 입장이다.
② 긍정 심리학의 변화가 아닌 긍정 심리학의 등장에 대해 인정하고 있다.
④ 긍정 심리학에 대한 경계가 아니라 긍정 심리학의 의의를 이야기하고 있다.

1교시 　쓰기 (51번~54번)

※ [51~52] 다음 글의 ㉠과 ㉡에 알맞은 말을 각각 쓰시오. (각 10점)

51.

급수	3급
유형	들어갈 말을 문장으로 쓰기
지문	게시판 글
주제	중고 청소기 판매
Key	게시판에 있는 중고 청소기 판매글을 보고 가격과 사진 등에 대해 문의와 요청을 하는 글이다. 요청을 나타내는 표현을 문어 형식으로 표현해야 한다.
어휘	올리다(upload) 중고(used, second handed) 판매(sales)

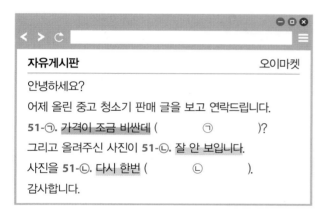

자유게시판　　　　　　　　　　　　　오이마켓

안녕하세요?
어제 올린 중고 청소기 판매 글을 보고 연락드립니다.
51-㉠. 가격이 조금 비싼데 (　　　　㉠　　　　)?
그리고 올려주신 사진이 **51-㉡.** 잘 안 보입니다.
사진을 **51-㉡.** 다시 한번 (　　　㉡　　　).
감사합니다.

㉠	Key	· 중고 청소기의 가격이 비싸기 때문에 가격을 깎아 달라는 요청을 해야 하는 상황이다. · 괄호 뒤에 물음표가 있으므로 의문형으로 문장을 마쳐야 한다.
	문형	-(스)ㅂ니까? -아/어 주시겠습니까? -아/어 줄 수 있으십니까?
	정답	**1) 깎아 주시겠습니까** **2) 깎아 줄 수 있으십니까**
	오답	깎아 주세요 →의문형으로 문장을 종결해야 한다.

㉡	Key	· 게시판에 올려진 사진이 잘 안 보이니까 다시 올려 달라는 표현이 필요하다.
	문형	-(으)면 좋겠습니다 -십시오 -아/어 주시기 바랍니다
	정답	**1) 올려 주시면 좋겠습니다** **2) 올려 주시기 바랍니다**
	오답	보내 주세요 →다시 올려 달라는 요청을 하는 상황이다.

52.

급수	4급
유형	들어갈 말을 문장으로 쓰기
지문	설명문
주제	스트레스를 없애는 방법
Key	스트레스를 해소하는 방법에 대한 설명문이다. 괄호 앞에 있는 어휘와 표현을 정확히 이해하고 답하여야 한다.
어휘	극복(overcoming)　　효과적이다(effective) 정도(degree)　　오히려(rather)

스트레스는 자신의 노력으로 얼마든지 극복이 가능하다. 스트레스를 없애는 좋은 방법으로는 운동을 들 수 있는데 그 중에서 걷기가 52-㉠. 가장 효과적이다. 걷기는 약 30분 정도 땀이 날 52-㉠. 정도로 (　　　㉠　　　). 그리고 다른 사람과 경쟁하는 운동은 되도록 52-㉡. 피해야 한다. 경쟁을 하는 운동은 52-㉡. 오히려 (　　　㉡　　　).

㉠	Key	· 당위성을 표현하는 어구를 써야 한다. 　글에서 '걷기가 스트레스 해소에 효과적인 운동이다, 경쟁이 심한 운동은 스트레스 해소에 안 좋다'라는 의미를 파악하여야 한다. · 걷기를 땀이 날 정도로 해야 한다는 당위성을 표현하는 어구를 써야 한다.
	문형	-아/어야 한다 -는 것이 좋다
	정답	1) 하는 것이 좋다 / 해야 한다 2) 걷는 것이 좋다 / 걸어야 한다
	오답	힘들다 →걷기가 힘들다는 것을 표현하는 문장이 아니다.

㉡	Key	· 글의 주제가 스트레스를 줄이는 방법이므로 스트레스가 주어나 목적어가 되어야 한다. · 바로 앞 문장을 부연 설명하는 문장이므로 이유의 표현을 쓰는 것이 좋다.
	문형	-기 때문이다
	정답	1) 스트레스를 높이기 때문이다 2) 스트레스를 높일 수 있다
	오답	어렵다 →스트레스를 줄이는 데에 좋지 않다는 표현이 필요하다

53. 다음은 '한국 편의점 도시락 시장의 특징'에 대한 자료이다. 이 내용을 200~300자의 글로 쓰시오. 단, 글의 제목은 쓰지 마시오. (각 30점)

53.

급수	4급
유형	표/그래프 보고 단락 쓰기
지문	표_그래프
주제	한국 편의점 도시락 시장의 특징
Key	각 도표에서 전달하려는 의미를 잘 파악하고 서술하여야 한다. '최근 편의점 도시락을 많이 구매함'→'특히 10대가 가장 많이 구매함'→'10대들이 도시락을 구매할 때 고려하는 것들'의 순서로 내용을 구성한다.
어휘	편의점(convenience store) 도시락(lunch box) 구매(purchase) 매출(sales) 상표(brand)

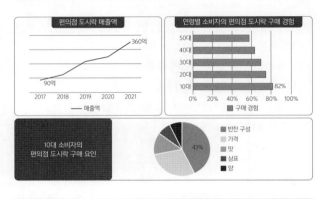

그래프 1	편의점 도시락 판매의 변화를 나타낸 그래프 읽기 -90억에서 360억으로 네 배 증가
그래프 2	나이에 따른 도시락 구매 경험을 나타낸 그래프 읽기 -10대의 구입 경험이 가장 많음
그래프 3	10대 소비자가 편의점 도시락을 구입할 때의 기준을 나타낸 그래프 읽기 -도시락을 구입할 때 반찬 구성과 가격을 가장 중요하게 생각함

정답(p.29 참고)

그래프1 한국의 편의점 도시락 시장의 특징을 살펴보면, 먼저 매출액이 2017년에 90억 원인 것이 2021년에는 360억 원으로 네 배가 늘어난 것을 알 수 있다. 그래프2 다음으로 도시락을 구매한 연령대를 보면, 전체 10대의 82%가 도시락을 구매한 경험이 있는 것으로 응답하여 편의점 도시락을 가장 많이 이용하는 연령대로 나타났다. 그래프3 한편 10대들이 편의점 도시락을 구입할 때 중요하게 생각하는 기준은 반찬 구성과 가격인 것으로 나타났다.

54. 다음을 참고하여 600~700자로 글을 쓰시오. 단, 문제를 그대로 옮겨 쓰지 마시오. (각 50점)

54.

급수	6급
유형	주제에 대해 글쓰기
주제	동물 실험
Key	전체 주제인 '동물 실험'에 대한 세부 과제 3개를 잘 연결하여 쓴다.
어휘	연구(research) 동물 실험(animal testing) 필요성(necessity) 근거(reason)

동물 실험은 교육이나 연구를 위해 동물을 활용한 실험을 하는 것을 말한다. 이러한 동물 실험은 좋은 점도 있지만 문제점도 있다. 아래의 내용을 중심으로 '동물 실험의 필요성과 문제점'에 대해 자신의 의견을 쓰라.

과제 1	동물 실험의 필요성은 무엇인가?
과제 2	동물 실험의 문제점은 무엇인가?
과제 3	동물 실험에 찬성하는가, 반대하는가? 근거를 들어 자신의 의견을 쓰라.

과제 1	동물 실험의 정의 동물 실험의 필요성 -인체 대신 검증 -관련 법규에 따른 필수적 시행
과제 2	동물 실험의 문제점 -비윤리적 -전적인 신뢰를 주지 못함
과제 3	동물 실험에 반대 -동물 실험의 긍정적인 면 인정 -반대 근거 제시 -대체 방법 제안

정답(p.29 참고)

[과제1] 동물 실험은 교육이나 연구를 위해 동물을 활용한 실험을 하는 것을 말한다. 인간이 사용해야 하는 새로운 제품이나 약, 치료법 등의 효과를 알아보기 위해 시행되는데 인간의 신체 내에서 나타나는 여러 변화를 확인하고 예측하기 위해서는 동물 실험이 필요하다. 또한 백신, 화장품 등 일부 산업에서는 동물 실험을 법으로 의무화하여 필수적으로 시행하고 있다.

[과제2] 그러나 동물 실험은 몇 가지 문제점을 안고 있다. 먼저 실험들이 대체적으로 비윤리적이고 잔인하다는 점이다. 유해한 물질을 반복적으로 주입하여 반응을 살피거나 동물 신체 일부를 훼손하여 고통과 스트레스를 주는 실험이 대부분이다. 또한 동물 실험은 전적으로 신뢰를 주지 못한다. 동물과 인간의 신체 구조와 기능, 역할이 똑같지 않기 때문이다.

[과제3] 따라서 나는 동물 실험에 반대한다. 동물 실험을 통해 의학이 발전하고 인간의 생활이 편리해진 것은 사실이다. 그러나 동물도 인간과 마찬가지로 외부 자극과 고통에 반응하는 존재이며 지능도 있다. 지능이 높은 동물들은 인간이 느낄 수 있는 불안, 고통, 우울 등을 느낀다고 한다. 또한 과학기술의 발전을 통해 동물 실험을 대체할 수 있는 다양한 방법들이 나오고 있기 때문에 반드시 필요한 것은 아니다. 지금까지 동물 실험의 역할을 과대평가해 오던 습관을 멈추고 실효성 있고 윤리적으로 정당한 방안을 찾아야 할 것이다.

※ [1~2] (   )에 들어갈 말로 가장 알맞은 것을 고르십시오. (각 2점)

1.

급수	3급 (하)
유형	어휘나 표현의 의미 고르기
지문	짧은 서술문
주제	아침에 빵이 나오자마자 다 팔렸다.
Key	문맥에 맞는 알맞은 문법을 고르는 문항이다. 기본 문법 사용 능력을 측정하는 문항으로 3급 수준의 문법이 출제되며 기출문제를 중심으로 문법을 정리해 두면 좋다.
어휘	

아침에 빵이 (   ) 다 팔렸다.

① 나오든지　　　　② 나오거나
③ 나오자마자　　　④ 나오다 보면

정답　③ -자마자 : 앞의 말이 나타내는 사건이나 상황이 일어나고 곧바로 뒤의 말이 나타내는 사건이나 상황이 일어남을 나타내는 연결 어미이다.
　　　예 민준이는 게임을 좋아해서 집에 오자마자 항상 컴퓨터부터 켠다.

오답　① -든지 : 두 가지 사실 가운데 어느 하나를 선택함을 나타내는 연결 어미이다.
　　　　예 더우면 점퍼를 벗든지 해요.
　　　② -거든 : '어떤 일이 사실이거나 사실로 실현되면'의 뜻을 나타내는 연결 어미이다.
　　　　예 시험 날짜가 정해지거든 시험 때까지 같이 도서관에서 공부하자.
　　　④ -다 보면 : 앞에 오는 말이 나타내는 행동을 하는 과정에서 뒤에 오는 말이 나타내는 사실을 새로 깨닫게 됨을 나타내는 표현이다.
　　　　예 세상을 살다 보면 원래 뜻대로 되는 일보다는 안되는 일이 더 많단다.

2.

급수	3급 (하)
유형	어휘나 표현의 의미 고르기
지문	짧은 서술문
주제	내일 친구가 집에 오기로 했다.
Key	문맥에 맞는 알맞은 문법을 고르는 문항이다. 기본 문법 사용 능력을 측정하는 문항으로 3급 수준의 문법이 출제되며 기출문제를 중심으로 문법을 정리해 두면 좋다.
어휘	

내일 친구가 집에 (   ).

① 오는 편이다　　　② 오는 중이다
③ 오기로 했다　　　④ 온 적이 있다

정답　③ -기로 하다 : 앞의 말이 나타내는 행동을 할 것을 결심하거나 약속함을 나타내는 표현이다.
　　　예 나는 이번 방학 때 수영을 배우기로 했다.

오답　① -는 편이다 : 어떤 사실을 단정적으로 말하기보다는 대체로 어떤 쪽에 가깝다거나 속한다고 말할 때 쓰는 표현이다.
　　　　예 유민이는 영어를 잘하는 편이에요.
　　　② -는 중이다 : 어떤 일이 진행되고 있음을 나타내는 표현이다.
　　　　예 연말이라 어려운 사람들을 위한 기부금이나 물품을 모으는 중입니다.
　　　④ -은 적이 있다 : 앞의 말이 나타내는 동작이 일어나거나 그 상태가 나타난 때가 있음을 나타내는 표현이다.
　　　　예 저는 중국에 가 본 적이 있습니다.

※ [3~4] 다음 밑줄 친 부분과 의미가 가장 비슷한 것을 고르십시오. (각 2점)

3.

급수	4급 (하)
유형	어휘나 표현의 의미 고르기
지문	짧은 서술문
주제	–기만 하면 = 을 때마다
Key	같은 의미의 문법이나 표현을 고르는 문항이다. 유의 표현 능력을 측정하는 문항으로 4급 수준의 문항이 출제되며 기출문제를 중심으로 문법을 정리해 두면 도움이 된다.
어휘	속이 안 좋다(feel sick)

어머니께서는 버스를 <u>타기만 하면</u> 속이 안 좋으셔서 약을 항상 준비해야 한다.

① 타는 동안　　　　② 탈 때마다
③ 타는 탓에　　　　④ 타는 대로

정답　② –기만 하면 : 앞 말의 행동을 '하고 나면, 할 때마다'의 의미를 나타내는 표현이다.
　　　예 아이들의 웃는 얼굴을 <u>보기만 해도</u> 행복해진다.
　　　–을 때마다 : 어떤 행동이나 상황이 일어나는 동안이나 그 시기에 한 번씩이라는 의미를 나타내는 표현이다.
　　　예 밥을 <u>먹을 때마다</u> 어머니가 해 주시던 음식이 생각난다.

오답　① –는 동안 : 앞에 오는 말이 나타내는 행동이나 상태가 계속되는 시간 만큼을 나타내는 표현이다.
　　　예 우리는 서울에 <u>머무르는 동안</u> 여러 관광지를 돌아보았다.
　　　③ –는 탓에 : 앞에 오는 말이 뒤의 부정적인 현상이 생겨난 원인이나 까닭임을 나타내는 표현이다.
　　　예 갑자기 비가 많이 <u>오는 탓에</u> 아이들 소풍이 연기되었다.
　　　④ –는 대로 : 앞에 오는 말이 뜻하는 현재의 행동이나 상황과 같음을 나타내는 표현이다.
　　　예 제가 <u>발음하는 대로</u> 잘 따라해 보세요.

4.

급수	4급 (중)
유형	어휘나 표현의 의미 고르기
지문	짧은 서술문
주제	–은 모양이다 = 은 것 같다
Key	같은 의미의 문법이나 표현을 고르는 문항이다. 유의 표현 능력을 측정하는 문항으로 4급 수준의 문항이 출제되며 고급 수준의 문법이 출제되는 경우도 있어 기출문제를 중심으로 문법을 정리해 두면 도움이 된다.
어휘	

음식을 많이 주문한 걸 보니까 배가 많이 <u>고픈 모양이다</u>.

① 고픈 것 같다　　　　② 고프기도 하다
③ 고픈 적이 없다　　　④ 고플 리가 없다

정답　① –은 모양이다 : 다른 사실이나 상황을 보아 현재 어떤 일이 일어났거나 어떤 상태라고 추측함을 나타내는 표현이다.
　　　예 콘서트에 올 때 되도록 대중교통을 이용하라던데 주차장이 <u>좁은 모양이에요</u>.
　　　–은 것 같다 : 추측을 나타내는 표현이다.
　　　예 승규가 기분이 <u>좋은 것 같아요</u>.

오답　② –기도 하다 : 앞 말의 행동을 하는 일도 있다는 것을 나타내는 표현이다.
　　　예 나는 가끔 친구에게 편지를 <u>쓰기도 합니다</u>.
　　　③ –은 적이 없다 : 앞의 말이 나타내는 동작이 일어나거나 그 상태가 나타난 때가 없음을 나타내는 표현이다.
　　　예 한국에 <u>온 적이 없어요</u>.
　　　④ –을 리가 없다 : 앞의 말이 나타내는 내용에 대해 그럴 이유나 가능성이 없다고 말하는 사람의 확신을 나타내는 표현이다.
　　　예 그 친구가 거짓말을 <u>할 리가 없어요</u>.

※ [5~8] 다음은 무엇에 대한 글인지 고르십시오. (각 2점)

5.

급수	3급 (하)
유형	무엇에 대한 글인지 고르기
지문	광고
주제	휴지
Key	핵심 내용이 무엇인지 파악해 주제를 고르는 문항이다. 주로 표어, 광고지, 포스터, 전단지, 플랜카드 등이 제시되는 문항으로 3급 수준의 문항이 출제된다. 주제별로 관련 어휘를 정리해 두면 도움이 된다.
어휘	싹싹(scrub scrub) 부드럽다(soft)

더 깨끗하게 싹싹!
부드럽게 잘 닦입니다.

① 연필   ② 책상   ③ 휴지   ④ 거울

정답 ③ 깨끗하게 / 싹싹 / 닦입니다

오답 ① 부드럽게 쓰다
② 공부하다 / 책을 읽다
④ 얼굴을 보다

6.

급수	3급 (하)
유형	무엇에 대한 글인지 고르기
지문	광고
주제	은행
Key	핵심 내용이 무엇인지 파악해 주제를 고르는 문항이다. 주로 표어, 광고지, 포스터, 전단지, 플랜카드 등이 제시되는 문항으로 3급 수준의 문항이 출제된다. 주제별로 관련 어휘를 정리해 두면 도움이 된다.
어휘	고객(customer) 소중하다(precious) 지갑(wallet) 안전하다(safe)

고객님의 소중한 지갑,
안전하게 지켜 드립니다.

① 병원   ② 은행   ③ 학교   ④ 마트

정답 ② 고객님 / 지갑 / 안전하게 / 지켜

오답 ① 환자 / 건강 / 치료하다
③ 학생 / 쉽게 / 배우다 / 가르치다
④ 고객 / 저렴하게 / 쇼핑하다

7.

급수	3급 (중)
유형	무엇에 대한 글인지 고르기
지문	광고
주제	안전운전
Key	핵심 내용이 무엇인지 파악해 주제를 고르는 문항이다. 주로 표어, 광고지, 포스터, 전단지, 플랜카드 등이 제시되는 문항으로 3급 수준의 문항이 출제된다. 주제별로 관련 어휘를 정리해 두면 도움이 된다.
어휘	횡단보도(crosswalk) 멈추다(stop) 속도(speed) 줄이다(slow down)

횡단보도 앞, 일단 멈춤!!
속도를 줄이면 사람이 보입니다.

① 환경 보호   ② 안전 운전
③ 예절 교육   ④ 전기 절약

정답   ② 횡단보도 / 멈춤 / 속도를 줄이다

오답   ① 자연을 아끼다 / 쓰레기를 줄이다 / 재활용
　　　③ 사람 / 인사를 하다
　　　④ 불을 끄다 / 아끼다 / 플러그

8.

급수	3급 (중)
유형	무엇에 대한 글인지 고르기
지문	광고
주제	무료음료권
Key	핵심 내용이 무엇인지 파악해 주제를 고르는 문항이다. 주로 표어, 광고지, 포스터, 전단지, 플랜카드 등이 제시되는 문항으로 3급 수준의 문항이 출제된다. 주제별로 관련 어휘를 정리해 두면 도움이 된다.
어휘	음료권(drink tickets) 환불되다(refund) 쿠폰(coupon)

무료 음료권
• 모든 음료 중 1잔을 무료로 드실 수 있습니다.
• 이 음료권은 환불되지 않습니다.
• 다른 쿠폰과 함께 사용할 수 없습니다.

① 교환 안내   ② 판매 장소
③ 제품 설명   ④ 이용 방법

정답   ④ 무료로 / 환불되지 않습니다 / 사용할 수 없습니다

오답   ① 상품 / 환불하다
　　　② 상품 / 장소 / 주문하다
　　　③ 상품 / 사용 방법

※ [9~12] 다음 글 또는 그래프의 내용과 같은 것을 고르십시오. (각 2점)

9.

급수	3급 (중)
유형	내용이 같은 것 고르기
지문	안내문
주제	국제 가구 박람회
Key	내용과 일치하는 내용을 고르는 문항이다. 주로 안내지, 도표, 설명문 등이 제시되는 문항으로 3급 수준의 문항이 출제된다. 먼저 보기를 읽고 그 내용이 맞는지 도표에서 확인하며 풀면 문제 푸는 시간을 절약할 수 있다.
어휘	일반(individual) 단체(a group) 놀이 시설(amusement facilities) 입장료(admission fee)

제12회 국제 가구 박람회

구분	입장료
일반	10,000원
단체(10인 이상)	8,000원
특별권	15,000원

※ 단체 요금은 평일에만 가능합니다.
※ 특별권 구입 시 행사장 내 놀이 시설을 무료로 이용하실 수 있습니다.
※ 대중교통을 이용하신 분은 입장료를 2,000원 할인해 드립니다.

① 주말에는 단체 할인을 받을 수 있다.
② 이 행사는 이번에 처음 열리는 행사이다.
③ 특별권을 사면 놀이 시설 이용료가 할인된다.
④ 지하철을 타고 가면 입장권을 싸게 살 수 있다.

정답 ④ 대중교통을 이용한 사람은 입장료 2,000원을 할인해 준다.

오답 ① 주말에는 단체 할인을 받을 수 있다.
② 이 행사는 이번에 처음 열리는 행사이다.
③ 특별권을 사면 놀이 시설 이용료가 할인된다.

10.

급수	3급 (중)
유형	내용이 같은 것 고르기
지문	도표
주제	온라인 쇼핑 판매량
Key	내용과 일치하는 내용을 고르는 문항이다. 주로 안내지, 도표, 설명문 등이 제시되는 문항으로 3급 수준의 문항이 출제된다. 먼저 보기를 읽고 그 내용이 맞는지 도표에서 확인하며 풀면 문제 푸는 시간을 절약할 수 있다.
어휘	식료품(groceries) 생활용품(household items) 전자제품(electronics) 화장품(cosmetics)

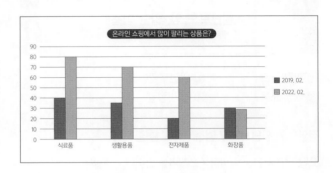

① 생활용품 구입이 2019년보다 줄었다.
② 화장품 판매가 2019년에 비해 크게 늘었다.
③ 두 해 모두 식료품이 가장 많이 판매되었다.
④ 2022년에는 전자 제품이 생활용품보다 많이 팔렸다.

정답 ③ 2019년 2022년 두 해 모두 식료품이 가장 많이 팔렸다.

오답 ① 생활용품 구입이 2019년보다 줄었다.
② 화장품 판매가 2019년에 비해 크게 늘었다.
④ 2022년에는 전자제품이 생활용품보다 많이 팔렸다.

※ [9~12] 다음 글 또는 그래프의 내용과 같은 것을 고르십시오. (각 2점)

11.

급수	3급 (상)
유형	내용이 같은 것 고르기
지문	기사문
주제	맞춤형 순찰제
Key	내용과 일치하는 내용을 고르는 문항이다. 주로 안내지, 도표, 설명문 등이 제시되는 문항으로 3급 수준의 문항이 출제된다. 먼저 보기를 읽고 그 내용이 맞는지 도표에서 확인하며 풀면 문제 푸는 시간을 절약할 수 있다.
어휘	구역(district) 지정하다(designated) 도입하다(introduce) 범죄 발생률(crime rate) 줄어들다(decrease) 확대하다(expand) 방안(options) 검토하다(go over)

11. 인주시에서는 11. 지난 4월부터 '맞춤형 순찰제'를 도입했다. 이것은 각 11. 구역마다 담당 경찰관을 지정하는 제도이다. 구역 게시판에 담당 경찰관의 사진과 연락처를 붙여 두고 주민들이 24시간 연락할 수 있도록 한 것이다. 이 제도를 11. 도입한 지 6개월 만에 범죄 발생률이 절반 가까이 줄어들어 다른 지역으로 확대하는 방안이 검토되고 있다.

① 맞춤형 순찰제도는 다음 달부터 실시된다.
② 이 제도를 도입한 후 범죄율이 감소하였다.
③ 맞춤형 순찰제도는 전국에서 시행되고 있다.
④ 주민들이 경찰관과 함께 담당 구역을 순찰한다.

정답 ② 도입 6개월 만에 범죄율이 줄었다.

오답 ① 맞춤형 순찰제도는 다음 달부터 실시된다.
③ 맞춤형 순찰제도는 전국에서 시행되고 있다.
④ 주민들이 경찰관과 함께 담당 구역을 순찰한다.

12.

급수	3급 (상)
유형	내용이 같은 것 고르기
지문	기사문
주제	낚시 대회
Key	내용과 일치하는 내용을 고르는 문항이다. 주로 안내지, 도표, 설명문 등이 제시되는 문항으로 3급 수준의 문항이 출제된다. 먼저 보기를 읽고 그 내용이 맞는지 도표에서 확인하며 풀면 문제 푸는 시간을 절약할 수 있다.
어휘	개최하다(be held) 참가하다(participate) 상금(prize money) 시식회(tasting party) 신청하다(apply)

인주군은 오는 15일 작년에 이어 12. 세 번째로 '인주 배스 낚시 대회'를 개최한다. 이 대회는 낚시에 관심이 있는 12. 성인이라면 누구나 참가할 수 있다. 대회에서 배스를 가장 12. 많이 잡은 사람에게는 상금 100만 원이 주어진다. 대회에서 잡은 배스로 만든 요리의 12. 무료 시식회를 열 예정이다. 대회 참가를 원하는 사람은 10일까지 인주군 홈페이지로 신청하면 된다.

① 초등학생도 낚시 대회에 참가할 수 있다.
② 이 대회는 올해 처음 열리는 낚시 대회이다.
③ 배스를 제일 많이 잡은 사람이 상금을 받을 수 있다.
④ 참가자는 낚시 대회에서 잡은 배스를 요리해야 한다.

정답 ③ 배스를 많이 잡은 사람에게 상금 100만원을 준다.

오답 ① 초등학생도 낚시 대회에 참가할 수 있다.
② 이 대회는 올해 처음 열리는 낚시 대회이다.
④ 참가자는 낚시 대회에서 잡은 배스를 요리해야 한다.

※ [13~15] 다음을 순서에 맞게 배열한 것을 고르십시오.
(각 2점)

13.

급수	3급 (상)
유형	순서대로 맞게 나열한 것 고르기
지문	기사문
주제	아르바이트 설문
Key	내용의 순서를 파악하는 문항이다. 맥락의 이해 능력을 측정하는 문항으로 3급 수준의 문항이 출제된다. 보기 4개 중 2개가 고정되어 제시되며 두 개 중 첫 번째로 오는 문장을 찾으면 쉽게 답을 찾을 수 있다. 또한 접속사, 지시어, 조사를 잘 확인해야 한다.
어휘	생활비를 벌다(earn living expenses) 실시하다(conduct) 학비(tuition) 차지하다(rank) 마련하다(prepare) 목적(purpose)

(가) 13. 생활비를 벌기 위해 아르바이트를 하는 학생이 13. 가장 많았다.
(나) 학생 100명에게 아르바이트를 하는 이유에 대해 13. 설문조사를 실시했다.
(다) 13. 학비 때문에 아르바이트를 한다는 대답이 13. 그다음으로 2위를 차지했다.
(라) 13. 그밖에 '사회경험 쌓기, 여행 경비 마련하기'등과 같은 다양한 목적도 있었다.

① (가)-(다)-(나)-(라)　　② (가)-(나)-(라)-(다)
③ (나)-(가)-(다)-(라)　　④ (나)-(가)-(라)-(다)

정답　③ 설문조사를 실시한 결과를 기술하고 있다. 가장 많은 응답이 생활비를 벌기 위해서이며 두 번째로 학비였다. 그밖에 다양한 목적을 이야기한다.

오답　①, ②, ④
설문조사의 이유가 먼저 기술되어야 하기 때문에 (나)로 시작되어야 한다. 설문의 순위를 나타내기 때문에 1위인 (가)가 다음이 되어야 하며, 2위는 (다), '그밖에'가 사용된 다른 결과인 (라)는 가장 마지막에 나와야 한다.

14.

급수	3급 (상)
유형	순서대로 맞게 나열한 것 고르기
지문	설명문
주제	생선의 소금 간
Key	내용의 순서를 파악하는 문항이다. 맥락의 이해 능력을 측정하는 문항으로 3급 수준의 문항이 출제된다. 보기 4개 중 2개가 고정되어 제시되며 두 개 중 첫 번째로 오는 문장을 찾으면 쉽게 답을 찾을 수 있다. 또한 접속사, 지시어, 조사를 잘 확인해야 한다.
어휘	즙(juice) 유지되다(preserve) 뿌리다(sprinkle) 단단해지다(firm) 연하다(tender) 부서지다(break apart) 간을 맞추다(balance of flavors)

(가) 14. 게다가 생선 즙이 그대로 유지되어 맛도 더욱 좋아진다.
(나) 생선에 14. 소금을 뿌리면 살이 14. 단단해져서 모양이 14. 흐트러지지 않는다.
(다) 생선은 14. 조직이 연하기 때문에 14. 그냥 익히면 생선살이 14. 부서지기 쉽다.
(라) 생선을 14. 굽기 전에 소금을 뿌리는 것은 생선의 14. 간을 맞추기 위해서만은 아니다.

① (다)-(가)-(나)-(라)　　② (다)-(라)-(가)-(나)
③ (라)-(다)-(나)-(가)　　④ (라)-(가)-(나)-(다)

정답　③ 생선에 소금을 뿌리는 이유가 간을 맞추는 것만 있는 게 아니라 살을 부서지지 않게 만들기 위해서이고 뿐만 아니라 맛도 더 좋아진다고 설명하고 있다.

오답　①, ②, ④
생선에 소금을 뿌리는 이유가 무엇인지 설명하고 있기 때문에 (라)가 가장 처음에 와야 한다. '게다가'가 나오는 경우는 처음에 나올 수 없는 문장이므로 생선의 살이 단단해진다는 내용이 앞에 나와야 한다. (다)와 (나)가 부서지기 쉬운 생선이 소금 때문에 단단해진다는 내용이므로 연달아 나와야 하며, 마지막으로 '게다가'가 사용된 (가)가 마지막에 출현해야 한다.

178　TOPIK II 한국어능력시험

15.

급수	4급 (하)
유형	순서대로 맞게 나열한 것 고르기
지문	논설문
주제	감기 바이러스 예방
Key	내용의 순서를 파악하는 문항이다. 맥락의 이해 능력을 측정하는 문항으로 4급 수준의 문항이 출제된다. 보기 4개 중 2개가 고정되어 제시되며 두 개 중 첫 번째로 오는 문장을 찾으면 쉽게 답을 찾을 수 있다. 또한 접속사, 지시어, 조사를 잘 확인해야 한다.
어휘	침(saliva) 기침(cough) 막다(cover) 전해지다(spread)

(가) **15.** 하지만 손에 침이 **15.** 묻을 때마다 손을 씻기도 어렵다.

(나) 사람들은 **15.** 보통 기침이 나오면 손으로 입을 막는다.

(다) **15.** 따라서 기침이 나오면 손보다는 팔로 입을 막는 것이 더 낫다.

(라) **15.** 손에 묻은 침을 통해 감기가 다른 사람에게 전해질 수 있다.

① (나)-(가)-(다)-(라) ② (나)-(라)-(가)-(다)
③ (라)-(나)-(다)-(가) ④ (라)-(가)-(나)-(다)

정답 ② 사람들은 기침을 할 때 손으로 입을 막는데 이 손 때문에 감기에 걸리게 된다. 하지만 감기 바이러스가 퍼지지 않게 하려면 손을 씻으면 되지만 씻을 곳을 항상 찾기 어렵다. 따라서 기침을 할 때 입을 팔로 막는 게 더 좋은 방법이다.

오답 ①, ③, ④
이야기의 시작은 보통 일상적인 내용으로 시작되기 때문에 (나)가 가장 먼저 나와야 한다. (나) 다음에는 그런 행동의 문제점에 대해 기술돼야 하기 때문에 (라)가 와야 하며 (다)는 결과를 나타내므로 마지막에 나와야 한다. (다) 앞에는 원인을 나타내는 (가)가 와야 한다.

※ [16~18] (   )에 들어갈 말로 가장 알맞은 것을 고르십시오. (각 2점)

16.

급수	4급 (하)
유형	빈칸에 알맞은 것 고르기
지문	수필
주제	재능 기부
Key	빈칸에 알맞은 내용을 고르는 문항이다. 문장 안에서 필요한 표현을 찾는 능력을 측정하는 문항으로 4급 수준의 문항이 출제된다. 괄호의 앞과 뒤를 집중해 읽고, 접속사나 담화 표지를 신경 써 문장 간의 관계를 파악해야 한다.
어휘	분야(fields) 사회(society) 재능(talent) 공공장소(public place) 바자회(bazaars) 사회사업(social project) 활발하다(active) 참여하다(take part in)

다양한 분야에서 활동 중인 디자이너들이 **16.** 사회를 위해 노력하고 있다. 자신의 재능과 시간을 (   ) 쓰기 시작한 것이다. 그들은 **16.** 무료로 공공장소를 꾸며 주거나 바자회에서 판매할 티셔츠를 디자인해 주는 등 **16.** 사회사업에 활발히 참여하고 있다.

① 자신의 경력을 쌓기 위해
② 도움이 필요한 곳을 위해
③ 다른 사람을 가르치기 위해
④ 자기가 하는 일을 즐기기 위해

정답 ② 다양한 분야에서 일하는 디자이너들이 사회를 위해 노력하고 있다. 그들은 재능과 시간을 무료로, 사회사업에 참여하고 있다.

오답 ① 자신의 경력을 쌓는 것은 사회사업과 관련이 없다.
③ 공공장소를 꾸며 주거나 디자인을 해 주는 등의 도움은 다른 사람을 가르치는 것과 연결이 되지 않는다.
④ 사회를 위해 노력하는 디자이너의 모습과 관련되어 있기 때문에 자기가 하는 일을 즐기는 것은 적절하지 않다.

17.

급수	4급 (하)
유형	빈칸에 알맞은 것 고르기
지문	설명문
주제	카메라 렌즈
Key	빈칸에 알맞은 내용을 고르는 문항이다. 문장 안에서 필요한 표현을 찾는 능력을 측정하는 문항으로 4급 수준의 문항이 출제된다. 괄호의 앞과 뒤를 집중해 읽고, 접속사나 담화 표지를 신경 써 문장 간의 관계를 파악해야 한다.
어휘	약하다(weak) 흐릿하다(blurry) 진해지다(deep) 충분하다(enough) 선명하다(clear)

밤하늘을 17. 일반 카메라로 찍으면 빛이 너무 약해서 사진이 17. 흐릿하게 보인다. 17. 빛이 렌즈에 들어오는 시간이 길수록 사진의 색은 밝고 진해진다. 그래서 카메라에 17. 빛을 충분히 모으면 더 선명한 사진을 찍을 수 있다. 밤하늘을 찍을 때도 (   ) 흐린 사진을 17. 진하게 할 수 있다.

① 렌즈에 빛을 차단하면   ② 일반 카메라로 촬영하면
③ 별빛을 렌즈에 오래 비추면   ④ 여러 장을 이어서 촬영하면

정답 ③ 빛을 충분히 모으면 더 선명한 사진을 찍을 수 있다.

오답 ① 렌즈에 빛이 많이 들어가야 하기 때문에 렌즈에 빛을 차단하면 진한 사진을 찍을 수 없다.
② 일반 카메라는 빛의 노출이 적기 때문에 사진이 흐리게 나온다.
④ 빛의 노출을 증가시켜야 하기 때문에 여러 장을 이어서 촬영하는 것과는 관련이 없다.

18.

급수	4급 (중)
유형	빈칸에 알맞은 것 고르기
지문	설명문
주제	야구 선수
Key	빈칸에 알맞은 내용을 고르는 문항이다. 문장 안에서 필요한 표현을 찾는 능력을 측정하는 문항으로 4급 수준의 문항이 출제된다. 괄호의 앞과 뒤를 집중해 읽고, 접속사나 담화 표지를 신경 써 문장 간의 관계를 파악해야 한다.
어휘	경기(game) 투수(pitcher) 던지다(throw) 결정하다(decide) 타자(batter) 날아오다(fly) 단시간(short time)

야구 경기에서는 선수의 (   ) 매우 중요하다. 투수는 18. 짧은 시간에 공을 어떻게 던질지 18. 결정해서 타자가 치기 힘든 공을 던져야 한다. 반대로 타자는 18. 빠른 속도로 날아오는 공을 보고 18. 단시간에 칠지 말지를 18. 결정해야 한다.

① 타고난 능력이   ② 강한 정신력이
③ 순간적 판단이   ④ 충분한 연습이

정답 ③ 짧은 시간에 공을 어떻게 할지 결정하는 것에 대해 이야기하고 있다.

오답 ① 타자의 재능보다 짧은 시간 안에 타자의 결단력이 더 중요하다.
② 강한 정신력보다 짧은 시간 안에 타자의 결단력이 더 중요하다.
④ 충분한 연습보다 짧은 시간 안에 타자의 결단력이 더 중요하다.

※ **[19~20] 다음을 읽고 물음에 답하십시오. (각 2점)**

	19.		**20.**
급수	4급 (중)	**급수**	4급 (중)
유형	빈칸에 알맞은 어휘나 표현 고르기	**유형**	주제 고르기
Key	빈칸에 알맞은 어휘를 고르는 문항이다. 문장 안에서 필요한 어휘를 찾는 능력을 측정하는 문항으로 4급 수준의 문항이 출제된다. 괄호의 앞과 뒤를 집중해 읽고, 기출문제에 제시된 접속사를 정리해 두면 도움이 된다.	**Key**	중심 생각을 파악하는 문항이다. 중심 내용의 이해 능력을 측정하는 문항으로 4급 수준의 문항이 출제된다. 중심 생각은 '-어야 하다, -는 게 좋다, 그래서' 등의 표현과 함께 사용되니 이런 표현이 있는지 확인하며 문제를 풀면 도움이 된다.
지문	설명문		
주제	버스나 기차의 창문 모양		
어휘	사각형(square) 자세하다(detail) 둥글다(round) 외부(external) 충격(impact) 뾰족하다(sharp) 집중되다(concentrate)		

사람들은 흔히 버스나 기차의 20. 창문이 사각형이라고 생각한다. 그러나 자세히 보면 버스나 기차의 창문은 끝이 약간 20. 둥글게 되어 있는 것을 알 수 있다. 창문의 모양을 이렇게 만든 20. 이유는 사고 시 창문이 받게 되는 20. 외부 충격을 덜 받게 하기 위해서이다. 창문에 뾰족한 각이 있으면 그쪽으로 충격이 집중되어 창문이 19. 쉽게 깨질 수 있다. (   ) 외부 충격을 받을 수 있는 곳은 창문을 각이 없이 19. 둥글게 만드는 것이 좋다.

19. (   )에 들어갈 말로 가장 알맞은 것을 고르십시오.

① 게다가   ② 오히려   ③ 따라서   ④ 그러나

정답 ③ 따라서 : 앞의 내용이 뒤의 내용의 원인이나 근거, 조건 등이 될 때 쓰는 말.
예 기업들이 환경을 파괴하는 데에는 경제적인 이유가 있다. **따라서** 기업이 환경을 파괴하지 않고 이익을 낼 수 있는 제도의 마련이 필요하다.

오답 ① 게다가 : 그러한 데다가.
예 날씨가 춥고 **게다가** 비까지 내려서 감기에 걸렸다.
② 오히려 : 일반적인 예상이나 기대와는 전혀 다르거나 반대가 되게.
예 그는 잘못했는데도 **오히려** 나에게 화를 냈다.
④ 그러나 : 앞의 내용과 뒤의 내용이 서로 반대될 때 쓰는 말.
예 여행을 가고 싶다. **그러나** 시간이 없어서 갈 수 없다.

20. 윗글의 주제로 가장 알맞은 것을 고르십시오.

① 버스나 기차 등 대중교통의 창문은 모양이 모두 다르다.
② 창문의 끝을 둥글게 해 외부의 충격을 덜 받게 만들어야 한다.
③ 교통사고에 대비하여 창문의 모양을 사각형으로 만들어야 한다.
④ 버스나 기차의 창문 끝에 뾰족한 각이 있어서 운전할 때 위험하다.

정답 ② 창문이 둥글게 되어 있는 이유는 외부의 충격을 덜 받게 하기 위해서이다.

오답 ① 버스나 기차 등 대중교통의 창문은 사각형 모양이며 창문의 끝이 약간 둥글게 되어 있다.
③ 교통사고에 대비하여 창문의 모양을 사각형으로 만든 것은 아니다.
④ 창문 끝에 뾰족한 각은 외부 충격에 약하지만 운전할 때 위험한 것은 아니다.

※ [21~22] 다음을 읽고 물음에 답하십시오. (각 2점)

21.		**22.**	
급수	4급 (중)	급수	4급 (상)
유형	빈칸에 알맞은 어휘나 표현 고르기	유형	내용과 같은 것 고르기
Key	빈칸에 알맞은 어휘를 고르는 문항이다. 문장 안에서 필요한 어휘를 찾는 능력을 측정하는 문항으로 4급 수준의 문항이 출제된다. 괄호의 앞과 뒤를 집중해 읽고, 기출문제에 제시된 관용어를 정리해 두면 도움이 된다.	Key	내용과 일치하는 내용을 고르는 문항이다. 세부 내용의 이해 능력을 측정하는 문항으로 4급 수준의 문항이 출제된다. 먼저 보기를 읽고 그 내용이 맞는지 내용을 확인하며 풀면 문제 푸는 시간을 절약할 수 있다.
지문	논설문		
주제	캐릭터 산업		
어휘	매출(sales) 달하다(reach, record) 폭발적이다(explosive) 반응(response) 얻다(gain) 볼록(plump) 체형(body shape) 사로잡다(capture) 심리(psychology) 자극하다(stimulate)		

---

22. 지난해 국내 캐릭터 산업의 **21.** 매출이 8조 원에 달했다. 특정 캐릭터 제품은 **21.** 폭발적인 반응을 얻으며 없어서 **22.** 못 팔 정도였다. 이렇게 (   ) **21.** 팔린 캐릭터에는 몇 가지 공통점이 있다. **22.** 사람 캐릭터는 물론 동물 캐릭터도 배가 볼록 나온 작은 몸에 동그란 눈과 큰 머리를 하고 있다. 이런 모습은 **22.** 아이의 체형과 비슷해서 사람들이 귀여워하거나 보호해 주고 싶은 심리를 갖게 한다. 사람들의 마음을 사로잡는 캐릭터를 만들고 싶다면 이런 심리를 자극해야 한다.

---

21. (   )에 들어갈 말로 가장 알맞은 것을 고르십시오.
① 손발이 맞게
② 눈 밖에 나도록
③ 날개 돋친 듯이
④ 바가지를 씌워서

정답 ③ 날개 돋치다 : 상품이 빠른 속도로 팔려 나가다.
　　　　예 인기 연예인이 쓰고 나왔던 모자는 백화점에 나오자마자 날개 돋친 듯 팔려 나갔다.

오답 ① 손발이 맞다 : 함께 일을 하는데 마음이나 의견, 행동 등이 서로 일치하다.
　　　　예 지수와 승규는 서로 손발이 잘 맞아 항상 같이 다니곤 했다.
　　② 눈 밖에 나도록 : 믿음을 잃고 미움을 받게 되다.
　　　　예 김대리는 잦은 지각으로 윗사람들의 눈밖에 나 버렸다.
　　④ 바가지를 씌우다 : 요금이나 물건값을 제값보다 비싸게 주고 손해를 보게 한다.
　　　　예 택시 운전사가 바가지를 씌우려고 길을 돌아서 가는 바람에 말다툼을 했다.

22. 윗글의 내용과 같은 것을 고르십시오.
① 특정 캐릭터 제품은 생산량이 적어서 팔 수 없었다.
② 사람들에게 인기가 많은 동물 캐릭터만 개발되었다.
③ 작년에 해외 캐릭터 산업은 8조 원의 매출을 올렸다.
④ 캐릭터를 만들 때 아이의 체형과 비슷하게 만들었다.

정답 ④ 캐릭터는 배가 불룩 나온 작은 몸에 동그란 눈, 큰 머리를 하고 있는데 이는 아이의 체형과 비슷하다.

오답 ① 특정 캐릭터 제품은 생산량이 적어서 팔 수 없었다.
　　② 사람들에게 인기가 많은 동물 캐릭터만 개발되었다.
　　③ 작년에 해외 캐릭터 산업은 8조 원의 매출을 올렸다.

※ [23~24] 다음을 읽고 물음에 답하십시오. (각 2점)

23.		
급수	5급 (하)	
유형	주인공의 태도/심정 고르기	
Key	개인적인 글을 읽고 등장인물의 태도나 심정을 고르는 문항이다. 글쓴이의 태도를 파악하는 능력을 측정하는 문항으로 5급 수준의 문항이 출제된다. 등장인물의 행동이나 표정 변화가 어떤 감정을 드러내는지를 먼저 파악하는 것이 중요하다.	
지문	수필	
주제	새 연구자	
어휘	연구하다(study) 안내 표지판(sign) 위험을 무릅쓰다(take a risk)	헤매다(wander) 소득이 없다(have no gain) 허탈하다(despondent)

24.	
급수	5급 (하)
유형	내용과 같은 것 고르기
Key	개인적인 글을 읽고 내용과 일치하는 내용을 고르는 문항이다. 세부 내용의 이해 능력을 측정하는 문항으로 5급 수준의 문항이 출제된다. 먼저 보기를 읽고 그 내용이 맞는지 내용을 확인하며 풀면 문제 푸는 시간을 절약할 수 있다.

> 30년이 넘게 새를 연구하고 있는 나는 새를 만나기 위해서라면 세계 어디든지 직접 찾아다닌다. 한번은 특별한 새가 살고 있다는 외국의 어느 숲에 갔었다. 안내 표지판을 따라 조심스럽게 새가 있을 만한 곳을 찾아 한참을 걸었지만 그 어디에도 새가 보이지 않았다. 나는 위험을 무릅쓰고 길이 아닌 곳으로 걸어 들어갔다. 숲을 **23.** 네 시간 이상 헤맸지만 **23.** 아무런 소득이 없었다. 허탈한 마음에 더 이상 걸을 힘도 없었다. **23.** 그때 **24.** 호수 건너편에서 무엇인가 움직이는 것들이 보였다. **23.** 나도 모르게 눈이 커졌다. **24.** 수십 마리의 파란 새들이 거기에 있었다.

23. 밑줄 친 부분에 나타난 '나'의 심정으로 가장 알맞은 것을 고르십시오.

① 반갑고 감격스럽다　　② 아쉽고 걱정스럽다

③ 편하고 만족스럽다　　④ 기쁘고 자랑스럽다

정답　① 반갑다 : 보고 싶던 사람을 만나거나 원하는 일이 이루어져서 마음이 즐겁고 기쁘다.
　　　예 나는 오랜만에 만난 고향 친구가 너무나 반가워서 한참 동안이나 손을 붙잡고 놓지 않았다.
　　　감격스럽다 : 마음에 느끼는 감동이 크다
　　　예 아내는 힘들게 낳은 아기를 감격스러운 표정으로 바라보았다.

오답　② 아쉽다 : 필요한 것이 없거나 모자라서 만족스럽지 못하다. 미련이 남아 안타깝고 서운하다.
　　　예 이렇게 헤어지려니 너무 아쉽네요.
　　　걱정스럽다 : 좋지 않은 일이 있을까 봐 두렵고 불안하다.
　　　예 어머니는 혼자 미국으로 유학을 가 있는 아들이 걱정스러웠다.
　　　③ 편하다 : 몸이나 마음이 괴롭지 않고 좋다
　　　예 시험이 끝나고 며칠 동안은 마음 편하게 그저 놀았다.
　　　만족스럽다 : 기대하거나 필요한 것이 부족함 없거나 마음에 들어 흐뭇하다.

예 사진작가는 만족스러운 사진을 얻기 위해 심혈을 기울여 사진을 찍었다.
④ 기쁘다 : 기분이 매우 좋고 즐겁다.
　　예 나는 이번 시험에서 일 등을 해서 매우 기뻤다.
자랑스럽다 : 자랑할 만한 데가 있다.
　　예 한글의 우수성에 대한 다큐멘터리를 보았더니 우리 글이 자랑스럽게 느껴졌다.

24. 윗글의 내용과 같은 것을 고르십시오.

① 나는 호수 근처에서 새들을 만났다.

② 나는 직접 새를 찾으러 다니지 않는다.

③ 나는 세계 곳곳의 숲을 연구하는 사람이다.

④ 나는 숲에서 안내 표시가 있는 곳으로만 다녔다.

정답　① 호수 건너편에 있는 새들이 보였다.

오답　② 나는 직접 새를 찾으러 ~~다니지 않는다~~.
　　　③ 나는 세계 곳곳의 ~~숲~~을 연구하는 사람이다.
　　　④ 나는 숲에서 ~~안내 표시가 있는 곳으로만~~ 다녔다.

※ [25~27] 다음 신문 기사의 제목을 가장 잘 설명한 것을 고르십시오. (각 2점)

25.

급수	4급 (상)
유형	기사 제목 설명 고르기
지문	신문 기사(제목)
주제	고삐 풀린 생활 물가, 대책 마련 목소리 높아
Key	신문 기사 제목을 읽고 가장 잘 설명한 것을 고르는 문항이다. 머리글을 이해하는 능력을 측정하는 문항으로 4급 수준의 문항이 출제된다. 두 가지 맥락 사이의 관계를 파악하는 것이 중요하다.
어휘	물가(price) 고공행진(skyrocket) 대책(measures) 마련하다(make provisions)

25. 고삐 풀린 생활 물가, 대책 마련 25. 목소리 높아

① 정부는 생활 물가 상승에 대한 대책을 마련하였다.
② 정부는 생활 물가를 잡기 위한 대책을 발표할 것이다.
③ 시민들은 생활 물가 상승에 대한 대책을 정부에 요구하고 있다.
④ 시민들은 정부가 마련한 생활 물가 대책이 소용없다고 주장한다.

정답 ③ 고삐 풀린 : 얽매이지 않거나 통제를 받지 않아 제멋대로 행동하다.
목소리 높아 : 목소리는 의견이나 주장을 비유적으로 나타낸다.
└ 주장하거나 요구하는 주체가 누구인지 먼저 파악하는 것이 중요하다.

오답 ① 생활 물가 상승에 대한 대책을 마련해 달라고 주장하는 내용이므로 주체는 정부가 아니다.
② 정부에 대책을 마련해 달라고 요청하는 내용이므로 정부가 대책을 발표한다는 것은 잘못된 정보이다.
④ 정부 대책은 나오지 않았으므로 시민들의 주장은 적절하지 않다.

26.

급수	4급 (상)
유형	기사 제목 설명 고르기
지문	신문 기사(제목)
주제	느낀 만큼 낸다, 후불제 연극 연일 화제
Key	신문 기사 제목을 읽고 가장 잘 설명한 것을 고르는 문항이다. 머리글을 이해하는 능력을 측정하는 문항으로 4급 수준의 문항이 출제된다. 두 가지 맥락 사이의 관계를 파악하는 것이 중요하다.
어휘	후불제(deferred payment) 연일(persistntly, continuously) 화제(hot topic)

26. 느낀 만큼 낸다, 26. 후불제 연극 26. 연일 화제

① 연극을 본 후 관람료를 내는 연극이 점차 증가하고 있다.
② 후불제 관람료에 대해 우려를 표하는 사람들이 점점 많아졌다.
③ 관람료를 후불제로 바꾼 후 연극을 보는 관객수가 계속 늘었다.
④ 연극을 본 후 감동을 받은 만큼 관람료를 내는 연극이 계속 화제이다.

정답 ④ 느낀 만큼 낸다 : 관람 후에 관람료를 자율적으로 냄.
후불제 : 일이 끝난 뒤나 물건을 받은 뒤에 돈을 내는 제도.
연일 : 여러 날을 계속함.
└ 연극을 본 후 관람료를 내는 후불제 연극이 계속 사람들 사이에서 이야기되고 있다.

오답 ① 연극을 본 후 관람료를 내는 연극이 계속 알려지고 있는 상황이다. 그런 연극이 증가하고 있다는 내용은 없다.
② 후불제 관람료에 대해 걱정을 하는 사람들이 많아진다는 내용은 알 수 없다.
③ 이전 관람 방식과 달라졌다는 정보는 있으나 관객수가 늘었다는 정보를 알 수 없다.

27.

급수	4급 (상)
유형	기사 제목 설명 고르기
지문	신문 기사(제목)
주제	비인기 종목 여성 축구, 역대 최다 관중
Key	신문 기사 제목을 읽고 가장 잘 설명한 것을 고르는 문항이다. 머리글을 이해하는 능력을 측정하는 문항으로 4급 수준의 문항이 출제된다. 두 가지 맥락 사이의 관계를 파악하는 것이 중요하다.
어휘	비인기 종목(unpopular sports) 역대 최다(record-breaking)

27. 비인기 종목 여성 축구, **27.** 역대 최다 관중

① 인기가 없는 여성 축구를 알리기 위해 관중들을 모으고 있다.
② 인기가 없었던 여자 축구 경기에 역사상 가장 많은 관중이 몰렸다.
③ 인기가 없었던 여성 축구가 올해 처음으로 관중들에게 외면을 당했다.
④ 인기가 없는 여성 축구를 살리기 위해 관중들에게 많은 표를 제공했다.

정답 ② 비인기 종목 : 인기가 없는 운동 종목.
역대 최다 : 이전부터 이어 내려온 여러 기록 중 가장 많음.
└ 인기가 없었던 여성 축구 경기에 역사상 가장 많은 관중이 모였다.

오답 ① 인기가 없는 여성 축구를 알리기 위해 관중을 모은 것이 아니다.
③ 인기가 없었던 여성 축구가 올해 처음으로 관중들에게 관심을 받았다.
④ 인기가 없는 여성 축구를 살리기 위해 관중들에게 많은 표를 제공한 것은 아니다.

※ [28~31] (　　　)에 들어갈 내용을 가장 알맞은 것을 고르십시오. (각 2점)

28.

급수	5급 (하)
유형	빈칸에 알맞은 것 고르기
지문	설명문
주제	반려동물
Key	빈칸에 알맞은 내용을 고르는 문항이다. 문장 안에서 필요한 표현을 찾는 능력을 측정하는 문항으로 5급 수준의 문항이 출제된다. [16~18]번 문제 유형과 동일하나 어휘와 문법의 난이도가 높다
어휘	반려동물(pet) 눈을 마주치다(make eye contact) 실험(study, test) 호르몬(hormone) 우울감(depression)

　　반려동물을 키우는 사람들은 동물과 함께 있으면 (　　　). 정말 그럴까? 자신이 키우고 있는 반려동물과 눈을 마주치는 실험을 했더니 **28.** 행복을 느끼게 해 주는 옥시토신 분비는 증가하고 **28.** 스트레스 호르몬인 코르티솔은 **28.** 감소했다고 한다. 또한 반려동물을 기르는 노인은 그렇지 않은 노인보다 **28.** 우울감을 덜 느낀다고도 한다.

① 행복하다고 말한다.
② 오래 살 수 있다고 말한다.
③ 건강이 좋아진다고 말한다.
④ 감정이 풍부해진다고 말한다.

정답 ① 반려동물이 행복을 느끼게 해 주며, 스트레스 감소에도 도움을 준다. 우울감도 낮아진다.

오답 ② 행복과 스트레스 해소와 관련이 있으므로 오래 살 수 있다는 적절하지 않다.
③ 스트레스 감소와 직접적인 관련이 있으므로 건강이 좋아진다고 말하는 것은 적절하지 않다.
④ 감정의 풍부함과 스트레스 해소는 관련이 없다.

29.

급수	5급 (하)
유형	빈칸에 알맞은 것 고르기
지문	설명문
주제	사고방식
Key	빈칸에 알맞은 내용을 고르는 문항이다. 문장 안에서 필요한 표현을 찾는 능력을 측정하는 문항으로 5급 수준의 문항이 출제된다. [16~18]번 문제 유형과 동일하나 어휘와 문법의 난이도가 높다
어휘	사고방식(way of thinking) 유사하다(similar) 선호하다(prefer) 신념(belief) 확신을 갖다(have conviction) 타당성(validity) 인정받다(acknowledge) 정당하다(justify)

　　사람들은 **29. 태도나 사고방식이 자신과 유사한 사람을 선호하는 경향이 있다.** 나와 생각이 다르지 않은 사람들과 함께 있으면 자신의 믿음이나 신념이 잘못되지 않았다는 **29. 확신을 갖게** 된다. 그뿐만 아니라 자신의 판단에 대한 타당성을 **29. 인정받았다는 안도감**도 느끼게 된다. 즉 (　　　) 보일 때 자신의 생각이 정당하다는 것을 확인하게 되어 **29. 마음이 편안해진다.**

① 많은 사람들이 자신과 일치된 의견을
② 많은 사람들이 서로에게 의지하는 모습을
③ 사람들이 자신의 의견에 적극적인 태도를
④ 사람들이 새로운 신념에 대한 강한 자신감을

정답　① 태도나 사고 방식이 유사한 사람을 선호하는데 자신의 의견을 지지해 줄 수 있는 사람이 있으면 안도감을 느끼고 자신에 대한 확신을 가지게 된다는 것이다.

오답　② 유사한 사고방식에 대한 것과 관련성을 찾아야 한다. 따라서 서로 의지하는 모습은 사고나 판단의 정당성과 연결되지 않는다.
　　　③ 자신의 의견에 적극적인 태도는 사고나 판단의 정당성과 연결할 수 없다.
　　　④ 새로운 신념에 대한 강한 자신감은 사고나 판단의 정당성과 연결할 수 없다.

30.

급수	5급 (중)
유형	빈칸에 알맞은 것 고르기
지문	설명문
주제	비누의 거품 색깔
Key	빈칸에 알맞은 내용을 고르는 문항이다. 문장 안에서 필요한 표현을 찾는 능력을 측정하는 문항으로 5급 수준의 문항이 출제된다. [16~18]번 문제 유형과 동일하나 어휘와 문법의 난이도가 높다
어휘	비누(soap) 거품(bubble) 색을 내다(add color) 색소(pigment) 진하다(deep color) 연하다(light color)

　　우리가 사용하는 **30. 비누 색은 매우 다양하다.** 하지만 비누 **30. 거품은 항상 하얀색**이다. 이는 색을 내기 위해 비누에 넣는 (　　　) 사실과 관련이 있다. 비누 색깔이 진하든지 연하든지 들어가는 **30. 색소는 비누를 만드는 재료의 0.01% 정도이다.** 또한 이 색소는 물을 만나면 완전히 녹아 버린다. 그래서 비누 거품은 비누의 색깔과 관계없이 언제나 하얀색인 것이다.

① 거품의 색이 진하다는
② 색소의 양이 매우 적다는
③ 색소의 종류가 다양하다는
④ 거품의 크기가 아주 크다는

정답　② 비누에 들어가는 색소는 0.01% 정도이다.

오답　① 거품의 색은 하얀색이라 거품의 색이 진하다는 것은 맞지 않다.
　　　③ 색소는 다양하지만 거품이 날 때는 모두 하얀색이다. 따라서 색이 다양하다는 사실과 연결되지 않는다.
　　　④ 비누에 넣는 것은 색소 같은 것이지 거품이 아니기 때문에 거품의 크기가 아주 크다는 것은 적절하지 않다.

31.

급수	5급 (중)
유형	빈칸에 알맞은 것 고르기
지문	기사문
주제	가치 소비
Key	빈칸에 알맞은 내용을 고르는 문항이다. 문장 안에서 필요한 표현을 찾는 능력을 측정하는 문항으로 5급 수준의 문항이 출제된다. [16~18]번 문제 유형과 동일하나 어휘와 문법의 난이도가 높다
어휘	폐지(discarded paper) 새겨지다(engrave) 질(quality) 따지다(consider) 영향을 미치다(have a impact on) 담기다(to be included)

한 백화점에서 100% 폐지로 만든 친환경 쇼핑백을 도입해 화제이다. 쇼핑백에는 '지구를 지켜요!'라는 문구가 새겨져 있어 **31. 환경을 생각하는 소비자들의 마음을 사로잡았다.** 소비자들은 (   ) 때문에 구매를 한다. 상품의 질을 따질 뿐만 아니라 **31. 자신의 구매가 사회에 긍정적인 영향을 미칠 수 있는가를 고민하고 표현하는 것이다.** 주변 사람들이 자신이 구매한 상품을 보고 **31. 거기에 담긴 메시지에 관심을 갖도록** 한다.

① 상품을 직접 만들 수 있기
② 천연 소재로 만들어진 것이기
③ 세련된 디자인을 처음 도입했기
④ 자신의 가치관을 드러낼 수 있기

정답 ④ 환경을 생각하는 자신의 생각을 구매하는 물건을 통해 드러낸다.

오답 ① 구매를 하는 이유는 자신의 가치관을 드러낼 수 있는 메시지가 있기 때문이다. 상품을 직접 만드는 것과는 전혀 관계가 없다.
　　 ② 사회에 자연을 보호하는 사람이라는 가치관을 알리는 것이기에 천연 소재를 사용했다는 것이 중요한 메시지는 아니다.
　　 ③ 친환경 제품을 사용하는 소비자라는 것을 알리는 것이지 세련된 디자인을 알리는 것이 목적이 아니다.

※ [32~34] 다음을 읽고 글의 내용과 같은 것을 고르십시오. (각 2점)

32.

급수	5급 (중)
유형	내용이 같은 것 고르기
지문	기사문
주제	제값 받기 마케팅
Key	내용과 일치하는 내용을 고르는 문항이다. 세부 내용의 이해 능력을 측정하는 문항으로 5급 수준의 문항이 출제된다. 먼저 보기를 읽고 그 내용이 맞는지 내용을 확인하며 풀면 문제 푸는 시간을 절약할 수 있다.
어휘	승부를 걸다(take the bet) 기술력을 높이다 (to improve technical capabilities) 합리적이다(reasonable) 단기적(short-term) 멀리 내다보다(to take a long-term view) 인식(perception) 확산되다(spread) 저평가(undervalued) 인지도를 높이다(to increase brand awareness)

연중 할인이 없는 제값 받기 마케팅으로 승부를 거는 회사들이 있다. 이 회사들은 광고를 줄이고 제품의 질과 기술력을 높여 합리적인 가격으로 소비자를 만난다. 제품이 싸면 단기적으로는 소비자들에게 좋은 반응을 이끌어 낼 수 있지만 멀리 내다보면 **32. 싼 제품이라는 인식이 확산되어 품질마저 저평가되기 쉽다.** 이 때문에 회사는 소비자들의 신뢰를 얻고 제품의 인지도를 높이기 위해서 할인 행사를 하지 않는다.

① 인지도가 높은 제품에 이 마케팅이 적용된다.
② 제품이 저렴하면 품질이 좋지 않다는 인식이 있다.
③ 이 마케팅은 가격을 할인해 주는 방식으로 진행됐다.
④ 이 회사들은 주로 광고를 통해 제품의 질과 기술력을 알린다.

정답 ② 싼 제품이라는 인식이 퍼지면 품질에 대해 의심을 하기 쉽다.

오답 ① 인지도가 높은 제품에 이 마케팅이 적용된다.
　　 ③ 이 마케팅은 가격을 할인해 주는 방식으로 진행됐다.
　　 ④ 이 회사들은 주로 광고를 통해 제품의 질과 기술력을 알린다.

33.

급수	5급 (중)
유형	내용이 같은 것 고르기
지문	기사문
주제	윤리적 관광
Key	내용과 일치하는 내용을 고르는 문항이다. 세부 내용의 이해 능력을 측정하는 문항으로 5급 수준의 문항이 출제된다. 먼저 보기를 읽고 그 내용이 맞는지 내용을 확인하며 풀면 문제 푸는 시간을 절약할 수 있다.
어휘	고단하다(stressful, exhausting) 업무(work, job) 벗어나다(escape from) 현지(local) 해치다(harm) 윤리적 관광(ethical tourism) 멸종 위기 동물(endangered animals) 여행 경비(travel expense) 기부하다(donate) 의식(consciousness)

현대인들은 보통 고단한 업무와 일상에서 벗어나고자 자연으로 떠난다. 그러나 자연 속에서 자유를 즐기다 보면 현지의 자연을 해치는 경우가 많다. 이 때문에 윤리적 관광의 필요성이 대두되었다. 가령 33. 멸종 위기의 동식물로 만든 기념품을 구입하지 않거나 여행 경비의 1%를 현지의 자연 환경을 보호하기 위해 기부하는 것 등이다. 이러한 윤리적 관광은 현지의 자연 환경을 훼손하지 않으려는 의식이 반영된 새로운 형태의 여행이다.

① 현대인들은 여행지에서도 고단한 업무에 시달린다.
② 환경 훼손을 우려해 자연으로 떠나는 사람들이 줄었다.
③ 이 여행은 멸종 위기의 동식물을 관광 상품화한 것이다.
④ 현지의 자연을 위해 기부하는 것은 윤리적 관광의 예이다.

정답 ④ 멸종 위기의 동식물로 만든 기념품을 구입하지 않거나 여행 경비의 1%를 현지의 자연 환경을 보호하기 위해 기부하는 것 등이 그 예라 할 수 있다.

오답 ① 현대인들은 여행지에서도 고단한 업무에 시달린다.
② 환경 훼손을 우려해 자연으로 떠나는 사람들이 줄었다.
③ 이 여행은 멸종 위기의 동식물을 관광 상품화한 것이다.

34.

급수	5급 (중)
유형	내용이 같은 것 고르기
지문	설명문
주제	성격 검사
Key	내용과 일치하는 내용을 고르는 문항이다. 세부 내용의 이해 능력을 측정하는 문항으로 5급 수준의 문항이 출제된다. 먼저 보기를 읽고 그 내용이 맞는지 내용을 확인하며 풀면 문제 푸는 시간을 절약할 수 있다.
어휘	피험자(participant) 성격 검사(personality test) 말년(in one's old age) 홀로(alone) 자원봉사(volunteer work) 공동 작업(joint task) 비협조적이다(unhelpful, uncooperative) 소외되다(be marginalize) 예측하다(to predict) 배려심(thoughtfulness) 입증하다(prove)

한 실험에서 피험자들에게 성격 검사를 실시한 후 말년에 34. 홀로 외로이 지내게 될 것이라는 거짓 결과를 말해 주었다. 이후에 행동을 관찰했더니 피험자들은 건강에 신경을 쓰지 않았고, 기부와 34. 자원봉사를 줄였을 뿐만 아니라 타인과의 공동 작업에서도 34. 비협조적인 모습을 보였다. 사회에서 소외될 것이라는 예측만으로도 존재감이 사라지고 34. 타인에 대한 배려심이 줄어들 수 있다는 것을 입증한 실험이었다.

① 피험자들은 사회생활에 소극적으로 변했다.
② 피험자들에게 실험의 실제 목적을 알려 주었다.
③ 이 실험은 사회에서 소외된 사람들을 대상으로 하였다.
④ 피험자들이 노년에 외롭게 지낼 것이라는 결과가 나왔다.

정답 ① 말년에 외롭게 지낼 거라는 거짓 검사지를 받은 피험자들은 봉사활동을 줄이기도 하고 공동 작업에 있어 비협조적인 모습을 보였다. 피험자들의 태도가 소극적으로 변한 예들을 글에서 보여 주고 있다.

오답 ② 피험자들에게 실험의 실제 목적을 알려 주었다.
③ 이 실험은 사회에서 소외된 사람들을 대상으로 하였다.
④ 피험자들이 노년에 외롭게 지낼 것이라는 결과가 나왔다.

※ **[35~38] 다음을 읽고 글의 주제로 가장 알맞은 것을 고르십시오. (각 2점)**

35.

급수	5급 (상)
유형	주제 고르기
지문	논설문
주제	상품평의 기능
Key	중심 생각을 파악하는 문항이다. 중심 내용의 이해 능력을 측정하는 문항으로 5급 수준의 문항이 출제된다. 중심 생각은 '-어야 하다, -는 게 좋다, 그래서' 등의 표현과 함께 사용되니 이런 표현이 있는지 확인하며 문제를 풀면 도움이 된다.
어휘	후회하다(regret) 파악하다(figure out) 상품평(product review) 유용하다(useful)

인터넷으로 물건을 사면 가끔 후회하게 될 때가 있다. 인터넷 쇼핑 사이트에서는 상품을 직접 확인해 볼 수 없어 제품의 장단점을 파악하기가 힘들기 때문이다. 그런데 이런 문제는 제품을 구입하기 전 상품평을 확인하면 어느 정도 해결할 수 있다. **35. 상품평은** 소비자들이 물건을 직접 사용한 후에 쓴 글이므로 **35. 제품의 장단점을 아는 데 유용하다.**

① 상품평은 물건의 장단점을 잘 드러내고 있어야 한다.
② 상품평을 보면 사려는 물건에 대한 정보를 얻을 수 있다.
③ 인터넷 쇼핑 사이트의 상품평을 무조건 믿어서는 안 된다.
④ 인터넷으로 물건을 산 후에는 꼭 상품평을 올려 줘야 한다.

정답 ② 상품평은 소비자들이 물건을 직접 사용한 후에 쓴 글이므로 제품의 장단점을 아는 데 유용하다. 정보를 얻고 나아가 활용하는 데 있다.

오답 ① 상품평은 물건의 장단점을 잘 드러내고 있으나 이러한 정보를 활용하는 것이 중요하다.
③ 인터넷 쇼핑 사이트의 상품평을 무조건 믿어서는 안된다는 것이 아니라 정보를 얻을 수 있다는 데 있다.
④ 상품평을 올려야 하는 것이 중요한 것이 아닌 상품평을 통해 정보를 얻어야 하는 것에 초점이 있다.

36.

급수	5급 (상)
유형	주제 고르기
지문	논설문
주제	관람 태도
Key	중심 생각을 파악하는 문항이다. 중심 내용의 이해 능력을 측정하는 문항으로 5급 수준의 문항이 출제된다. 중심 생각은 '-어야 하다, -는 게 좋다, 그래서' 등의 표현과 함께 사용되니 이런 표현이 있는지 확인하며 문제를 풀면 도움이 된다.
어휘	관람하다(see, watch) 유대감(fellowship) 형성하다(form) 응원하다(cheer) 동질감(sense of kinship) 열광하다(go crazy)

스포츠를 좋아하는 사람들은 스포츠를 관람하는 동안 다른 사람들과 쉽게 **36. 유대감을 형성한다.** 같은 팀이나 선수를 좋아하는 사람들이 모여 함께 응원하다 보면 경기 내용에 따라 느끼는 감정도 동일하므로 '우리'라는 **36. 동질감이 만들어진다.** 이런 동질감은 경기 내내 함께 울고 웃게 해 사람들을 스포츠에 더욱 열광하게 한다.

① 올바른 스포츠 관람 태도를 가질 필요가 있다.
② 스포츠는 사람들을 강하게 이어주는 힘이 있다.
③ 스포츠에 대한 지나친 관심은 경쟁심으로 이어지기 쉽다.
④ 경기 결과를 깨끗하게 인정하는 스포츠 정신이 필요하다.

정답 ② 스포츠를 관람할 때 사람들은 쉽게 유대감을 형성한다. 동질감은 경기 내내 함께 울고 웃게 해 사람들을 스포츠에 더욱 열광하게 한다.

오답 ① 관람하는 사람들 간의 동질감에 대한 내용이다. 올바른 스포츠 관람 태도와는 관련이 없다.
③ 관람하는 사람들 간의 동질감 때문에 스포츠에 열광하고 있음을 이야기하고 있어 경쟁심과는 관련이 없다.
④ 관람자의 동질감에 대한 내용이므로 스포츠 정신은 관련이 없다.

37.

급수	5급 (상)
유형	주제 고르기
지문	논설문
주제	기억법
Key	중심 생각을 파악하는 문항이다. 중심 내용의 이해 능력을 측정하는 문항으로 5급 수준의 문항이 출제된다. 중심 생각은 '-어야 하다, -는 게 좋다, 그래서' 등의 표현과 함께 사용되니 이런 표현이 있는지 확인하며 문제를 풀면 도움이 된다.
어휘	관련성(relation) 집중력(concentration) 연결하다(connect)

관련성 없이 제시된 정보는 가짓수가 늘어나면 쉽게 잊어버린다. 하지만 옛날이야기처럼 내용이 잘 연결된 이야기는 듣는 사람의 집중력을 높여 긴 내용이라도 쉽게 기억하게 하는 힘이 있다. 따라서 오랫동안 기억해야 하는 정보가 있을 때 **37. 이 정보들을 관련성 있게 연결하면 잘 잊어버리지 않게 된다.**

① 정보의 가짓수가 너무 많으면 줄거리를 활용하기 어렵다.
② 줄거리를 잘 만들려고 하다 보면 이야기하려는 것을 놓치게 된다.
③ 정보가 많을 때에는 줄거리가 있는 이야기로 만들면 기억하기 쉽다.
④ 줄거리가 긴 이야기는 기억하기 어려우므로 간결하게 만들어야 한다.

정답 ③ 오랫동안 기억해야 하는 정보가 있을 때 이 정보들을 관련성 있게 연결하면 잘 잊어버리지 않게 된다.

오답 ① 정보의 가짓수가 너무 많으면 줄거리를 활용하기 어려운 것은 사실이다. 그러나 이러한 여러 정보를 어떻게 관련성 있게 연결할 수 있느냐의 문제이다.
② 줄거리를 잘 만들려고 하다 보면 이야기하려는 것을 놓치게 된다는 것은 글의 내용에서 벗어난 의견이다.
④ 줄거리가 긴 이야기는 기억하기 어려우므로 간결하게 만드는 것이 아닌 관련성 있는 내용끼리 정보를 연결해야 한다.

38.

급수	5급 (상)
유형	주제 고르기
지문	기사문
주제	비타민 복용법
Key	중심 생각을 파악하는 문항이다. 중심 내용의 이해 능력을 측정하는 문항으로 5급 수준의 문항이 출제된다. 중심 생각은 '-어야 하다, -는 게 좋다, 그래서' 등의 표현과 함께 사용되니 이런 표현이 있는지 확인하며 문제를 풀면 도움이 된다.
어휘	비타민(vitamin) 중년(middle age) 청소년(youth, teenager) 회복되다(recover)

사람들은 보통 비타민은 무조건 건강에 도움이 된다고 생각한다. 그러나 성별과 나이에 따라 필요한 비타민의 종류는 다르다. 중년 여성은 비타민 E를, 청소년은 비타민A와 D를 복용하는 것이 좋다. 또 몸이 아플 때 비타민을 먹으면 오히려 병이 회복되는 데 방해가 되기도 한다. 비타민을 복용하기 전에는 **38. 나에게 적당한 비타민이 무엇인지를 알아보고 먹어야 한다.**

① 몸이 아프면 비타민 복용을 피해야 한다.
② 자신에게 맞는 비타민을 골라 먹어야 한다.
③ 건강을 위해서는 비타민을 꼭 복용해야 한다.
④ 비타민 복용 전에는 비타민 종류를 잘 알아야 한다.

정답 ② 비타민을 복용하기 전에는 나에게 적당한 비타민이 무엇인지를 알아보고 먹어야 한다.

오답 ① 비타민 복용을 피하는 것이 아니라 성별과 연령에 맞게 복용해야 한다.
③ 걱정을 위해 비타민을 복용할 때 자신에게 적당한 비타민을 찾아 먹어야 한다.
④ 비타민 복용 전에는 자신에게 맞는 비타민이 무엇인지 알아봐야 한다.

※ [39~41] 주어진 문장이 들어갈 곳으로 가장 알맞은 것을 고르십시오. (각 2점)

39.

급수	6급 (하)
유형	문장이 들어갈 곳 고르기
지문	설명문
주제	금천교
Key	내용의 순서를 파악하는 문항이다. 문맥의 이해 능력을 측정하는 문항으로 6급 수준의 문항이 출제된다. 접속사, 지시어, 조사를 활용하여 알맞은 순서에 문장을 넣으면 된다.
어휘	조선 시대(the Joseon Dynasty period) 궁궐(palace) 돌다리(stone bridge) 거치다(go through) 인공 개울물(artificial stream water) 신하(courtier) 욕심(greed) 정치(politics) 각오를 다지다(strengthen resolution)

39. 이와 같이 금천교는 실용성보다는 39. 상징적인 의미가 강했다.

조선 시대 궁궐 입구에는 창덕궁 금천교라는 돌다리가 놓여 있었다. (㉠) 정문을 지나 궁궐 안으로 들어가기 위해서는 반드시 이 금천교를 거쳐야 했다. (㉡) 다리의 아래로는 인공으로 끌어들인 개울물이 흘렀다. (㉢) 왕과 신하들은 다리를 건너면서 39. 개울물에 욕심을 흘려보내고 깨끗한 마음으로 정치를 하겠다는 각오를 다졌다. (㉣)

① ㉠　　② ㉡　　③ ㉢　　④ ㉣

정답 ④ <보기>의 '상징적인 의미'가 무엇인지 먼저 찾아야 할 것이다. 인공적으로 끌어들인 개울물의 상징적인 의미는 욕심을 흘려보내고 깨끗한 마음으로 정치를 하겠다는 다짐을 말한다. 따라서 <보기>는 ㉣에 위치해야 한다.

오답 ① ㉠
　　 ② ㉡
　　 ③ ㉢

40.

급수	6급 (하)
유형	문장이 들어갈 곳 고르기
지문	기사문
주제	도로 파손 신고 접수
Key	내용의 순서를 파악하는 문항이다. 문맥의 이해 능력을 측정하는 문항으로 6급 수준의 문항이 출제된다. 접속사, 지시어, 조사를 활용하여 알맞은 순서에 문장을 넣으면 된다.
어휘	차량(vehicle)　　무게(weight) 피해(damage)　　파손(breakage) 신속하다(swift, speedy) 복구(restoration)　　사방(all around) 뻗다(stretch, extend) 신고(report)　　장착되다(install) 기기(equipment) 버튼을 누르다(push the button) 접수되다(receive)

40. 24시간 전국의 도로를 운행하는 40. 택시를 적극 활용해 보자는 생각이었다.

차량의 무게나 비 피해 등으로 도로에 구멍이 생기면 차량이 파손되고 교통사고도 많이 발생한다. (㉠) 신속한 복구가 중요하지만 사방으로 뻗어 있는 도로에서 이를 찾아내기란 쉽지 않다. (㉡) 그래서 40. 정부가 해결 대책으로 택시 운전기사들에게 도로 파손 신고를 받는 방안을 마련했다. (㉢) 택시에 장착된 기기의 버튼을 누르면 관련 기관에 40. 실시간으로 신고 접수되고 이에 따라 빠른 복구가 가능해졌다. (㉣)

① ㉠　　② ㉡　　③ ㉢　　④ ㉣

정답 ③ 24시간 운행하는 택시의 장점이 필요한 부분을 찾으면 된다. 정부가 해결 대책으로 택시 운전기사들에게 도로 파손 신고를 받는 방안을 마련한 이유가 바로 택시는 운행이 가능하기 때문이다. 그리고 실시간으로 접수도 가능하다는 장점도 기술하고 있어 <보기>는 ㉢에 위치해야 한다.

오답 ① ㉠
　　 ② ㉡
　　 ④ ㉣

41.

급수	6급 (하)
유형	문장이 들어갈 곳 고르기
지문	서평
주제	책서평
Key	내용의 순서를 파악하는 문항이다. 문맥의 이해 능력을 측정하는 문항으로 6급 수준의 문항이 출제된다. 접속사, 지시어, 조사를 활용하여 알맞은 순서에 문장을 넣으면 된다.
어휘	열렬하다(passionate) (책을) 내놓다(publish) 평소(everyday life) 발품을 팔다(tireless effort) 방대하다(extensive) 수록되다(contain)

> 작가가 **41.** 발품을 팔아 가며 수집한 김영희에 대한 **41.** 방대한 자료가 수록된 덕분이다.

배우 김영희의 열렬한 팬임을 자청하던 박지민 작가가 『연기 60년, 김영희』라는 책을 내놓았다. (㉠) 김영희에 관한 모든 것을 담은 '김영희 **41.** 백과사전'이라 할 만하다. (㉡) 작가는 이 책을 통해 화려한 영화배우로서의 삶은 물론 누구보다도 마음 따뜻했던 인간 김영희의 평소 모습도 담고 싶었다고 한다. (㉢) 그를 잊지 못해 그리워했던 팬이라면 올 겨울, 이 책을 통해 그를 다시 만나 보는 것은 어떨까? (㉣)

① ㉠   ② ㉡   ③ ㉢   ④ ㉣

정답 ② 작가가 직접 수집한 방대한 자료는 백과사전에 비유할 수 있을 것이다. 따라서 <보기>는 ㉡에 위치해야 한다. 그리고 그 뒤에는 이런 방대한 자료를 수집한 이유와 잘 연결된다.

오답 ① ㉠

③ ㉢

④ ㉣

42.		43.	
급수	6급 (하)	급수	6급 (중)
유형	주인공의 태도/심정 고르기	유형	내용이 같은 것 고르기
Key	소설을 읽고 등장인물의 태도나 심정을 고르는 문항이다. 등장인물의 태도를 파악하는 능력을 측정하는 문항으로 6급 수준의 문항이 출제된다. 등장인물의 행동이나 표정 변화가 어떤 감정을 드러내는지를 먼저 파악하는 것이 중요하다.	Key	소설을 읽고 내용과 일치하는 내용을 고르는 문항이다. 세부 내용의이해 능력을 측정하는 문항으로 6급 수준의 문항이 출제된다. 먼저 보기를 읽고 그 내용이 맞는지 내용을 확인하며 풀면 문제 푸는 시간을 절약할 수 있다.
지문	수필		
주제	꿀차와 만남		
어휘	어울리다(match) 야근(night overtime) 자연스럽다(natural) 뒤따라오다(follow)		숨가쁘다(breathless) 몰아쉬다(drive away) 두드리다(knock)

한 시간 넘게 서서 뜨거운 커피를 두 잔이나 마셨다. '정국 씨, 설마 어울리지 않게 야근이라도 하는 건 아니겠지.' 그만 돌아갈까 싶다가도 길 끝에서 나타날 그의 모습이 기다려져 좀처럼 발을 뗄 수가 없었다. 얼마쯤 더 지났을까, 누군가와 이야기를 하며 걸어오는 그를 발견했다. 나는 빈 컵을 내려놓았다. 몇 번이고 연습을 했으니 자연스럽게만 하면 된다. 어쩌다 우연히 마주친 척. (중략)

"윤아 씨!" 그때 뒤에서 서둘러 43. 달려오는 발소리가 들렸다. 뒤따라온 정국이 43. 가쁜 숨을 몰아쉬며 가슴을 두드렸다. 43. "아 나, 숨 차. 잠깐만요." 잠시 허리를 숙이고 있던 그가 고개를 들었다. 손에는 휴대 전화를 쥐고 있었다. "윤아 씨 혹시 저 만나러 여기에 온 거예요?" 42. 아니라고 말할 생각이었다. 그러나 쉽사리 입이 떨어지지 않았다. 퉁명스럽게 튀어나오려는 말들을 누르고 있는 것은 나의 마지막 용기였다. "맞죠? 윤아 씨 나 보러 온 거죠?" 아하하하하, 그가 소리 내어 웃었다. 나는 얼굴이 달아오르는 것을 느꼈다. "이번엔 헛다리 안 짚었다. 42. 진짜 보러 온 거 맞네!" 그의 웃음 소리에 지나가던 사람이 우리를 흘끗거렸다.

42. 밑줄 친 부분에 나타난 '윤아'의 심정으로 가장 알맞은 것을 고르십시오.

① 샘나다　② 언짢다　③ 무안하다　④ 격분하다

정답　③ 무안하다 : 얼굴을 들지 못할 만큼 수줍거나 창피하다.

　　예 길바닥에 넘어져 많이 아팠지만 무안함을 감추려고 아무렇지 않은 척했다.

　　└ 여자가 남자를 기다리는 상황이었고 기다렸냐는 말에 아니라고 말하고 싶었지만 말을 못해서 남자에게 자신이 기다린 것을 들킨 상황이라 부끄러워하는 상황이다.

오답　① 샘나다 : 남의 것을 탐내거나, 자기보다 형편이 나은 사람을 부러워하거나 싫어하는 마음이 생기다.

　　예 민준이는 자기보다 좋은 가방을 가진 친구를 보며 샘을 냈다.

　② 언짢다 : 마음에 들지 않거나 기분이 좋지 않다.

　　예 나는 아들이 말을 듣지 않아 마음이 언짢았다.

　④ 격분하다 : 몹시 화를 내다.

　　예 아버지는 버릇없는 아들의 태도에 격분하셔서 크게 호통을 치셨다.

43. 윗글의 내용으로 알 수 있는 것을 고르십시오.

① 정국은 나에게 뛰어와서 말을 걸었다.

② 나는 거리에서 우연히 정국과 마주쳤다.

③ 나는 정국과 함께 마시려고 커피를 샀다.

④ 정국은 떨어진 내 휴대 전화를 주워 주었다.

정답　① 남자가 여자의 뒤에서 서둘러 달려오는 발소리가 들렸고 정국은 달리기의 여파로 숨이 차다고 여자에게 말하고 있다.

오답　② 나는 거리에서 우연히 정국과 마주쳤다.

　③ 나는 정국과 함께 마시려고 커피를 샀다.

　④ 정국은 떨어진 내 휴대 전화를 주워 주었다.

44.			**45.**	
급수	6급 (중)		급수	6급 (중)
유형	빈칸에 알맞은 것 고르기		유형	주제 고르기
Key	글을 읽고 빈칸에 알맞은 내용을 고르는 문항이다. 문장 안에서 필요한 표현을 찾는 능력을 측정하는 문항으로 6급 수준의 문항이 출제된다.		Key	글을 읽고 중심 생각을 고르는 문항이다. 주제를 찾는 능력을 측정하는 문항으로 6급 수준의 문항이 출제된다. 중심 생각은 '-어야 하다, -는 게 좋다, 그래서' 등의 표현과 함께 사용되니 이런 표현이 있는지 확인하며 문제를 풀면 도움이 된다.
지문	기사문			
주제	자신에게 맞는 자리			
어휘	잡초(weed) 쓸모없다(useless) 돼지풀(ragweed) 산성화되다(acidify) 중화시키다(neutralize) 이롭다(beneficial) 발휘하다(demonstrate)			

사람들은 보통 잡초를 쓸모없는 풀이라고 생각한다. 시골 밭에서 흔히 볼 수 있는 돼지풀은 밭에서는 쓸모없는 잡초에 지나지 않는다. 그러나 골프장에서는 산성화된 흙을 중화시켜 주는 역할을 하는 꼭 필요한 존재이다. 풀은 **45.** 어디에서 자라느냐에 따라 이로운 풀이 되기도 하고 쓸모없는 풀이 되기도 한다. 이와 마찬가지로 사람도 자신의 능력을 보여 줄 수 있는 자리가 따로 있다. 제 능력을 제대로 발휘하지 못하고 있다면 그 사람은 아직 **44.** 자신에게 맞는 자리를 찾지 못한 것일 수 있다. 돼지풀이 골프장에서 (   ) **44.** 사람도 저마다 자신에게 맞는 '제자리'가 있는 것이다.

44. (   )에 들어갈 말로 가장 알맞은 것을 고르십시오.
① 없어서는 안 되는 풀인 탓에
② 자라지 못하는 잡초인 것처럼
③ 찾아보기 힘든 풀이기 때문에
④ 쓸모가 있을 수 있는 잡초이듯이

45. 윗글의 주제로 가장 알맞은 것을 고르십시오
① 잡초가 자라는 장소는 정해져 있다.
② 사람들은 자신의 능력을 개발해야 한다.
③ 잡초는 이로운 것과 해로운 것으로 나뉜다.
④ 사람마다 능력을 펼칠 수 있는 곳이 다르다.

정답 ④ 돼지풀도 다른 곳에 있으면 쓸모없는 잡초이지만 골프장에 있을 때는 쓸모가 있는 이로운 풀이 되기도 한다.

오답 ① 쓸모가 없는 것처럼 보여도 쓸모가 있는 잡초처럼 때와 장소에 따라 쓰임이 있을 수 있다는 것을 비유해 기술하고 있다. 따라서 '없어서는 안 되는 풀이라는 탓'은 적절하지 않다.
② 자라지 못하는 잡초는 부정적인 측면만 기술하고 있어 적절하지 않다.
③ 찾아보기 힘든 풀이라는 말은 쓸모의 여부와 연결되지 않음으로 정답이 아니다.

정답 ④ 쓸모없는 것처럼 보이는 잡초도 중요한 역할을 할 수 있는 것처럼 사람도 자신에게 맞는 자리를 찾는다면 자신의 능력을 발휘할 수 있다.

오답 ① 잡초가 자라는 장소는 정해져 있다는 말을 하는 것이 아닌 사람이 자신의 능력을 펼칠 수 있는 자리에 대한 이야기가 나와야 한다.
② 누구나 재능은 있으나 펼칠 수 있는 곳이 다르다는 말이므로 자신의 능력 개발은 이 글의 주제와 멀다.
③ 이로운 것과 해로운 것으로 잡초를 나누는 것은 이 글의 주제가 아니다.

46.		**47.**	
급수	6급 (중)	급수	6급 (중)
유형	필자의 태도 고르기	유형	내용이 같은 것 고르기
Key	글을 읽고 필자의 태도나 심정을 고르는 문항이다. 필자의 태도를 파악하는 능력을 측정하는 문항으로 6급 수준의 문항이 출제된다.	Key	글을 읽고 내용과 일치하는 내용을 고르는 문항이다. 세부 내용의 이해 능력을 측정하는 문항으로 6급 수준의 문항이 출제된다. 먼저 보기를 읽고 그 내용이 맞는지 내용을 확인하며 풀면 문제 푸는 시간을 절약할 수 있다.
지문	기사문		
주제	안구마우스		
어휘	자유롭다(free) 근육위축증(muscular dystrophy) 자유자재(freely) 조작하다(modify) 깜빡이다(flicker)	안구(eyeball) 눈동자(pupil) 반사(reflection) 커서(cursor) 수월해지다(get easier)	한층(even) 향상시키다(improve) 기여하다(contribute) 중량(weight) 피로감(fatigue)

손발을 자유롭게 사용하지 못하는 근육위축증 환자와 같은 이들도 이제 자유자재로 컴퓨터를 조작할 수 있게 되었다. 눈동자의 깜빡임만으로 컴퓨터를 사용할 수 있는 안구 마우스가 개발된 것이다. 기존의 전용 안경을 착용하는 방식의 안구 마우스는 중량 때문에 피로감을 주고 조작도 매우 어려웠다. 그런데 이제는 사용자의 눈동자 정보를 미리 기계에 입력한 후 **47.** 눈동자의 빛 반사를 통해 화면 커서가 이동하는 방식으로 만들어져 조작이 훨씬 수월해진 것이다. 이 기술은 신체가 불편한 환자와 장애인에게 실질적인 도움을 줄 것으로 전망된다. **46.** 나아가 일반인에게는 생활 방식의 변화를 불러와 삶의 질을 한층 향상시킬 것으로 보인다. 또 이 기술은 다른 기업들에 공개될 예정이어서 관련 기술 개발에도 크게 기여할 전망이다.

46. 윗글에 나타난 필자의 태도로 가장 알맞은 것을 고르십시오.

① 피로감이 줄어든 새로운 안구 마우스 개발에 감탄하고 있다.
② 안구 마우스 기술이 다양한 분야에서 활용되기를 기대하고 있다.
③ 환자와 장애인에게 실질적인 도움을 주지 못할 것을 우려하고 있다.
④ 근육위축증 환자들이 손발을 자유롭게 사용하는 것을 경계하고 있다.

정답 ② 새로운 기술 개발을 통해 만들어진 안구 마우스가 다른 기업에도 공개될 예정이며 관련 기술 개발에도 크게 기여할 것임을 전망하고 있다.

오답 ① 피로감이 줄어든 새로운 안구 마우스 개발에 감탄하고 있으나 이 기술이 더 나아가 삶의 질을 향상시키고 관련 기술 개발에도 기여할 것임을 전망하고 있어 ②이 가장 적절한 대답이다.
③ 환자와 장애인에게 실질적인 도움을 줄 것이라고 전망하고 있으므로 우려는 필자의 태도로 보기 어렵다.
④ 근육위축증 환자들이 손발을 자유롭게 사용하는 것을 환영하고 있기 때문에 경계한다는 것은 적절한 대답이 아니다.

47. 윗글의 내용과 같은 것을 고르십시오.

① 새로운 안구 마우스는 이전 제품보다 더 무겁다.
② 새로운 안구 마우스는 전용 안경을 착용해야 사용할 수 있다.
③ 새로운 안구 마우스는 눈동자의 움직임에 따라 커서가 따라간다.
④ 새로운 안구 마우스는 여러 기업들이 기술을 공유한 결과물이다.

정답 ③ 사용자의 눈동자 정보를 미리 기계에 입력한 후 눈동자의 빛 반사를 통해 화면 커서가 이동하는 방식으로 만들어졌다.

오답 ① 새로운 안구 마우스는 이전 제품보다 더 무겁다.
② 새로운 안구 마우스는 전용 안경을 착용해야 사용할 수 있다.
④ 새로운 안구 마우스는 여러 기업들이 기술을 공유한 결과물이다.

※ [48~50] 다음을 읽고 물음에 답하십시오. (각 2점)

	48.		**49.**		**50.**
급수	6급 (상)	급수	6급 (상)	급수	6급 (상)
유형	글을 쓴 목적 고르기	유형	빈칸에 알맞은 것 고르기	유형	내용이 같은 것 고르기
Key	글을 읽고 글의 목적을 파악하는 문항이다. 글의 목적이나 이유, 근거를 파악하는 능력을 측정하는 문항으로 6급 수준의 문항이 출제된다.	Key	글을 읽고 빈칸에 알맞은 내용을 고르는 문항이다. 문장 안에서 필요한 표현을 찾는 능력을 측정하는 문항으로 6급 수준의 문항이 출제된다.	Key	글을 읽고 내용과 일치하는 내용을 고르는 문항이다. 세부 내용의 이해 능력을 측정하는 문항으로 6급 수준의 문항이 출제된다. 먼저 보기를 읽고 그 내용이 맞는지 내용을 확인하며 풀면 문제 푸는 시간을 절약할 수 있다.

지문	논설문
주제	문화재 보호 규제
어휘	건설 공사(construction work) 일정하다(constant) 걸림돌(obstacle) 직선거리(straight distance) 문화재(cultural heritage) 면치 못하다(inevitably) 규제(regulation) 밀리다(be left undone) 피해를 입다(suffer damage) 숨통(breathing space) 문화재청(Cultural Heritage Administration) 보존하다(preserve) 완화하다(relax) 여건(conditions)

건설 공사에 걸림돌이 되고 있는 '문화재 보호 규제'에 대해 말이 많다. 언제 만들어졌는지, 어떤 내용인지 알 수도 없는 규제 때문에 **50.** 피해를 입는 사례가 많다. 그런데 최근 (   ) 문화재청이 **50.** 규제를 완화해 준 곳이 생겼다. **50.** 인주군의 문화재 보호법 규제를 풀어 준 것이다. 현재 문화재 보호법에 따르면 문화재에서 **50.** 일정한 거리 이내에 있는 건축물들은 **50.** 높이의 제한을 받는다. 그런데 **49.** 문화재 주변이 산으로 둘러싸여 보호가 필요 없는 경우에도 단순히 직선거리로만 **50.** 건축물의 높이를 규제한다. 그래서 과도한 규제라는 비판을 면치 못했던 것이다. 인주군의 경우는 500m로 제한되었던 **48.** 규제 범위를 200m로 완화함으로써 그동안 밀려 있던 건설 공사에 숨통을 터 주었다. 물론 문화재는 소중하게 지켜야 할 문화유산이다. 하지만 이를 **48.** 보존하는 데 필요한 규제에는 문화재의 위치, 여건, 지역 특성에 대한 고려가 더 필요한 것이다. 서랍 속에서 자만 자고 있는 규제를 깨우지 않는다면 문화재 보호와 지역 발전이라는 두 마리 토끼를 잡을 수 없을 것이다.

48. 윗글을 쓴 목적으로 가장 알맞은 것을 고르십시오.

① 문화재 보호 범위의 축소를 비판하기 위하여
② 지역 문화재 관련 법안 마련을 제안하기 위하여
③ 문화재 관련 세부 규정의 통합을 요구하기 위하여
④ 문화재 관련 규제 완화의 필요성을 주장하기 위하여

정답 ④ 과도한 규제에 대한 문제 제기 후, 규제를 완화했을 때의 장점을 기술하고 있다. 문화재를 보존하는 데 필요한 규제에는 문화재이 위치, 여건, 지역 특성에 대한 고려가 더 필요하다고 이야기하고 있다.

오답 ① 문화재 보호 범위의 축소에 대한 비판은 아니다. 규제 완화의 필요성에 대해 이야기하고 있다.
② 지역 문화재 관련 법안 마련을 제안하고자 하는 것이 아니라 문화재 규제 완화에 대한 논의를 하자는 것이다.
③ 문화재 규제 완화에 대한 논의이지 문화재 관련 세부 규정의 통합을 요구하고자 하는 것은 아니다.

49. (   )에 들어갈 말로 가장 알맞은 것을 고르십시오.

① 문화재 관리에 문제가 된다며
② 문화재의 특성과 관련이 없다며
③ 지역적 특성이 고려되지 않았다며
④ 주민들의 의견이 반영되지 않았다며

정답 ③ 규제 때문에 피해를 입은 사례가 있었고 피해를 입지 않게 규제를 완화한 사례가 있었다. 문화재 주변이 산으로 둘러싸여 보호가 필요 없는 경우로 이는 지역적 특성을 고려하지 않은 상황에서 과도하게 규제했음을 보여준다.

오답 ① 문화재 관리의 문제가 아닌 규제 때문에 피해를 입은 사례와 지역적 특성을 고려한 문화재 규제 완화와 관련된 이야기가 나와야 한다.
② 문화재의 특성과 관련이 없다는 것이 아닌, 문화재의 위치, 여건, 지역 특성을 고려한 문화재 규제 완화와 관련된 이야기가 나와야 한다.
④ 주민들의 의견이 반영되지 않았다는 것이 아닌, 지역적 특성을 고려한 문화재 규제 완화와 관련된 이야기가 나와야 한다.

50. 윗글의 내용과 같은 것을 고르십시오.

① 최근 문화제 보호 규제가 더 강화되고 있다.
② 문화재 보호법으로 건설 공사의 피해가 줄었다.
③ 인주군은 한시적으로 문화재 보호 규제를 풀었다.
④ 문화유산 근처의 건축물은 높이를 제한하고 있다.

정답 ④ 문화재가 일정 거리 내에 있는 경우 건축물의 높이를 규제하고 있다.

오답 ① 최근 문화재 보호 규제가 더 강화되고 있다.
② 문화재 보호법으로 건설 공사의 피해가 줄었다.
③ 인주군은 한시적으로 문화재 보호 규제를 풀었다.

제2회 정답

문항번호	정답	배점	문항번호	정답	배점
1	①	2	26	②	2
2	②	2	27	②	2
3	①	2	28	①	2
4	①	2	29	①	2
5	③	2	30	④	2
6	①	2	31	①	2
7	②	2	32	②	2
8	①	2	33	④	2
9	③	2	34	③	2
10	③	2	35	①	2
11	②	2	36	③	2
12	①	2	37	①	2
13	②	2	38	③	2
14	③	2	39	②	2
15	④	2	40	③	2
16	④	2	41	④	2
17	③	2	42	④	2
18	②	2	43	③	2
19	①	2	44	④	2
20	④	2	45	②	2
21	③	2	46	③	2
22	④	2	47	④	2
23	③	2	48	②	2
24	④	2	49	④	2
25	④	2	50	②	2

51	㉠ 가야 합니까 / 가면 됩니까
	㉡ 어떻게 해야 하는지 / 어떻게 하면 되는지
52	㉠ 더 많이 사용하는 것으로 나타났다 / 더 많이 사용한다고 한다
	㉡ 표현한다는 것 / 표현하는 경향이 있다는 것
53	아래 빈칸에 200자에서 300자 이내로 작문하십시오(띄어쓰기 포함). (Please write your answer below ; your answer must be between 200 ansd 300 letters includind space.)

	통	계	청	에	서		20	대	와		70	대		남	녀		각		1,	00	0	명	을	
대	상	으	로		미	디	어		이	용	에		대	해		조	사	한		결	과		텔	레
비	전	은		20	대	가		68	.7	%	,		70	대	가		96	.8	%	가		이	용	하	고
있	었	고		인	터	넷		포	털	은		20	대	가		96	.9	%	,		70	대	가		26
.7	%	였	다	.		하	루		평	균		미	디	어		이	용		시	간	의		경	우
20	대	는		텔	레	비	전	을		79	분	,		인	터	넷		포	털	을		27	0	분
이	용	하	는		반	면	에		70	대	는		텔	레	비	전	은		18	2	분	,		인	터
넷		포	털	은		25	분	을		이	용	하	는		것	으	로		조	사	되	었	다	.
이		조	사	를		통	해		20	대	와		70	대		간	의		미	디	어		이	용
격	차	가		크	다	는		것	을		알		수		있	다	.							

54	주관식 답란(Answer sheet for composition)
	아래 빈칸에 600자에서 700자 이내로 작문하십시오(띄어쓰기 포함). (Please write your answer below ; your answer be between 600 and 700 letters including space.)

　　평범한　회사원이라면　월요일부터　금요일까지　출
근하는　것이　보통이다.　그런데　최근에　일주일에
4일을　일하고　3일을　쉬는　'주　4일제'에　대
한　논의가　활발하다.　'주　4일제'는　많은　장점
이　있다.　먼저,　제한된　시간　안에　일을　마쳐야
하기　때문에　일의　효율이　높아질　수　있다.　또한
근무자에게　충분한　여가와　휴식을　보장해　줄　수
있다.　전　세계적으로　한국의　업무　강도는　매우
높은　편이다.　'주　4일제'는　업무　강도를　낮춰
서　일과　일상의　균형을　잡을　수　있다.
　　그러나　'주　4일제'를　부정적으로　보는　사람
들은　장점보다　단점이　더　많다고　말한다.　우선
일하는　날이　하루　줄어든　것이기　때문에　생산성
이　떨어진다는　것이다.　또한　어떤　사람들은　시간
은　줄어들고　일의　양은　똑같기　때문에　오히려
일의　강도가　높아질　것이라고　말한다.
　　이러한　단점이　있음에도　나는　'주　4일제'에
찬성한다.　휴식　시간이　늘어나는　것이　오히려　생
산성을　향상시킨다고　생각하기　때문이다.　일반적으
로　많은　직장인들은　목요일부터　일의　집중력이
떨어져서　금요일은　업무의　효율이　높지　않게　되
는　것을　경험한다.　충분한　여가와　휴식은　쉬는
데에　목적이　있는　것이　아니라　효과적인　업무
능력　향상에　목적이　있는　것이다.　따라서　휴일이
하루　늘어나는　것이　회사　입장에서　손해라는　생
각은　거두어야　한다.　일을　오래　하는　것이　반드
시　좋은　성과를　보장하는　것은　아니다.

2교시	읽기 (1번~50번)

문항번호	정답	배점	문항번호	정답	배점
1	④	2	26	③	2
2	①	2	27	②	2
3	①	2	28	②	2
4	④	2	29	③	2
5	②	2	30	②	2
6	④	2	31	②	2
7	①	2	32	④	2
8	②	2	33	②	2
9	①	2	34	④	2
10	①	2	35	①	2
11	③	2	36	④	2
12	③	2	37	③	2
13	①	2	38	③	2
14	①	2	39	①	2
15	③	2	40	②	2
16	④	2	41	②	2
17	③	2	42	④	2
18	①	2	43	④	2
19	④	2	44	①	2
20	③	2	45	②	2
21	②	2	46	③	2
22	②	2	47	③	2
23	①	2	48	②	2
24	④	2	49	④	2
25	③	2	50	④	2

제2회 해설

※ [1~3] 다음을 듣고 가장 알맞은 그림 또는 그래프를 고르십시오. (각 2점)

1.

급수	3급(하)
유형	일치하는 그림 고르기
지문	개인적 대화
주제	우편물 발송
Key	그림을 보고 대화의 상황을 추론하는 문항이다. 3급 수준의 문제가 출제되며 개인적 대화를 통해 어디에서 무슨 대화를 하는지 중심으로 파악하고 이에 해당하는 그림을 찾아야 한다.
어휘	우편물(mail) 부치다(send)

여자 : 어서 오십시오. 무엇을 도와드릴까요?
남자 : **1.** 우편물을 부치러 왔는데요.
여자 : 네, 이쪽으로 주세요. 어디로 보내시지요?

정답   ① 남자가 여자의 말에 우편물을 부치러 왔다고 하므로 우체국에서 접수를 하는 상황임을 알 수 있다.

오답   ② 남자가 여자에게 우체국의 위치를 물어보는 상황이 아니다.
      ③ 우편물이 여자의 집에 배달된 상황이 아니다.
      ④ 두 사람은 직원과 손님 관계이다.

2.

급수	3급(하)
유형	일치하는 그림 고르기
지문	개인적 대화
주제	연필
Key	그림을 보고 대화의 상황을 파악하는 문항이다. 3급 수준의 문제가 출제되며 개인적인 대화를 통해 세부적인 내용을 파악하고 이에 해당하는 그림을 찾아야 한다.
어휘	빌려주다(lend) 아무거나(anything) 이따가(later)

여자 : 연필을 안 가지고 왔는데 **2.** 좀 빌려줄래?
남자 : 여기 펜 많으니까 아무거나 써.
여자 : 고마워. 이따가 음료수 사 줄게.

정답   ② 여자가 연필을 안 가지고 와서 남자에게 연필을 빌려 달라고 하는 상황임을 알 수 있다.

오답   ① 여자는 남자에게 이따가 음료수를 사준다고 했다.
      ③ 남자와 여자는 같이 교실에 앉아 있던 상황이다.
      ④ 여자와 남자는 지금 카페가 아닌 교실에 있다.

※ [1~3] 다음을 듣고 가장 알맞은 그림 또는 그래프를 고르십시오. (각 2점)

3.

급수	4급(하)
유형	일치하는 도표 고르기
지문	보도(뉴스)
주제	운동시설
Key	그래프를 보고 뉴스를 추론하는 문항이다. 4급 수준의 문제가 출제되며 뉴스(보도) 내용을 통해 통계 결과를 잘 이해하고 이에 일치하는 그래프를 찾아야 한다.
어휘	투자하다(invest) 시설(facility) 단체(organization)

남자 : 최근 10년간 우리 국민이 하루 중 운동에 투자하는 시간이 **3. 계속해서 증가한 것으로** 나타났습니다. 국민이 더 필요하다고 생각하는 운동 시설로는 '걷거나 달릴 수 있는 공원'이 가장 많았으며, '실내에서 운동할 수 있는 헬스클럽', '단체 운동이 가능한 축구장'이 그 뒤를 이었습니다.

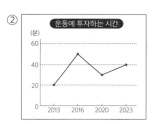

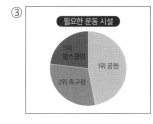 

정답 ① 운동에 투자하는 시간이 최근 10년간 계속해서 증가했다.

오답 ② 운동에 투자하는 시간은 계속 증가 추세이다.
③, ④ 필요한 운동 시설 1위는 공원, 2위는 헬스클럽, 3위는 축구장이다.

※ [4~8] 다음을 듣고 이어질 수 있는 말로 가장 알맞은 것을 고르십시오. (각 2점)

4.

급수	3급(하)
유형	듣고 이어지는 말 고르기
지문	개인적 대화
주제	지갑 분실
Key	대화를 듣고 대화 다음에 이어질 말을 추론하는 문항이다. 3급 수준의 문제가 출제되며 개인적 대화를 통해 앞뒤 상황을 이해하여 답을 찾아야 한다.
어휘	잃어버리다(lose) 지갑(wallet)

여자 : 뭐 잃어버렸어요?
남자 : **4. 제 지갑이 없어진 것 같아요.** 어디에 뒀지?
여자 : _____.

---

① 천천히 잘 찾아보세요.
② 내일 찾을 수 있겠어요.
③ 찾았다니 정말 다행이네요.
④ 잃어버린 물건을 찾아서요.

정답 ① 남자가 지갑을 잃어버린 상황에서 여자가 천천히 찾아보라고 말하는 것이 자연스럽다.

오답 ② 지금 지갑을 찾고 있는 상황이니 내일 찾을 수 있다는 말이 자연스럽지 않다.
③ 아직 남자는 지갑을 찾지 못했다.
④ 아직 잃어버린 물건을 찾지 못했다.

5.

급수	3급(중)
유형	듣고 이어지는 말 고르기
지문	개인적 대화
주제	여행 계획
Key	대화를 듣고 대화 다음에 이어질 말을 추론하는 문항이다. 3급 수준의 문제가 출제되며 개인적 대화를 통해 앞뒤 상황을 이해하여 답을 찾아야 한다.
어휘	예약이 차다(be all booked) 여유(spare)

남자 : 여름 방학 때 여행 가려고 했는데 **5. 벌써 예약이 다 찼대.**

여자 : 그럼 **5. 겨울 방학 때 가는 게 어때? 겨울 방학이 더 길어서 여유도 있고.**

남자 : _____.

① 아니, 예약을 취소해야지.

② 아니, 여름에 예약하면 돼.

③ 응, 겨울에 가야 할 것 같아.

④ 응, 나도 이번에 여행 가려고.

정답 ③ 이미 여름 방학 여행은 예약이 다 찼고, 여자가 겨울 방학에 여유 있게 가는 게 좋다고 했다.

오답 ① 남자는 아직 예약을 하지 못했다.

② 여름에는 이미 예약이 차서 예약이 불가능하다.

④ 남자는 이번 여름 방학에 여행을 갈 수 없어서 겨울에 가려고 한다.

6.

급수	3급(중)
유형	듣고 이어지는 말 고르기
지문	개인적 대화
주제	창문(공사 중)
Key	대화를 듣고 대화 다음에 이어질 말을 추론하는 문항이다. 3급 수준의 문제가 출제되며 개인적 대화를 통해 앞뒤 상황을 이해하여 답을 찾아야 한다.
어휘	공사하다(under construction) 그대로(as it is)

여자 : 밖이 너무 시끄럽지 않아요?

남자 : **6. 공사를 해서 그런 것 같은데 창문을 닫을까요? 그대로 둘까요?**

여자 : _____.

① 창문을 닫는 게 좋겠네요.

② 공사를 하는 줄 알았어요.

③ 그대로 두면 안 되거든요.

④ 시끄러울까 봐 걱정이에요.

정답 ① 밖이 시끄럽기 때문에 남자는 문을 닫는 게 어떠냐고 했으므로 여자는 문을 닫는 게 좋겠다는 대답이 자연스럽다.

오답 ② 밖에서 공사를 하는 중이다.

③ 창문을 닫거나 그대로 두거나 하는 선택을 말해야 한다.

④ 이미 시끄러운 상황이다.

7.

급수	4급(하)
유형	듣고 이어지는 말 고르기
지문	개인적 대화
주제	케이크 가게 휴무
Key	대화를 듣고 대화 다음에 이어질 말을 추론하는 문항이다. 4급 수준의 문제가 출제되며 개인적 대화를 통해 앞뒤 상황을 이해하여 답을 찾아야 한다.
어휘	빈손(empty-handed) 쉬는 날(day off)

남자 : 맛있는 케이크 사 온다더니 왜 빈손으로 왔어요?

여자 : 오늘 그 **7. 케이크 가게가 쉬는 날**이래요.

남자 : _____.

① 다음 주부터 가게를 연대요.
② 먹어보고 싶었는데 아쉽네요.
③ 케이크를 먹어본 적이 있어요.
④ 벌써 케이크가 다 팔렸나 봐요.

정답 ② 여자는 케이크를 사러 갔지만 가게가 쉬는 날(휴일)이라서 사 오지 못했기 때문에 남자는 아쉬움을 표현하는 것이 자연스럽다.

오답 ① 오늘 케이크 가게가 쉬는 날이라는 것만 알 수 있다.
③ 남자는 케이크를 먹어본 적이 있는지 정확히 알 수 없다.
④ 케이크 가게는 오늘 열지 않았다.

8.

급수	4급(하)
유형	듣고 이어지는 말 고르기
지문	사회적 대화
주제	오배송(옷)
Key	대화를 듣고 대화 다음에 이어질 말을 추론하는 문항이다. 4급 수준의 문제가 출제되며 사회적 대화를 통해 앞뒤 상황을 이해하여 답을 찾아야 한다.
어휘	주문하다(order) 치수(size) 배송되다(be shipped) 색상(color)

여자 : 인터넷으로 옷을 주문했었는데, 한 치수 큰 것으로 배송되었어요.

남자 : 죄송합니다. 다시 보내드리겠습니다. **8. 색상이나 디자인은 맞나요?**

여자 : _____.

① 그건 제가 주문한 대로 왔어요.
② 치수를 정하신 후에 알려 주세요.
③ 옷을 입어 보니까 정말 좋던데요.
④ 새로운 제품을 주문하려고 하는데요.

정답 ① 옷이 한 치수 큰 걸로 배송된 것에 남자가 사과하고 있고, 색상이나 디자인은 잘 맞게 배송된 것인지 확인하고 있기 때문에 여자는 주문한 대로 왔는지 아닌지를 말해야 한다.

오답 ② 치수는 이미 한 치수 큰 것으로 잘못 배송되었다.
③ 여자는 옷이 좋은지가 아니라 색상과 디자인이 맞는지에 대해 답해야 한다.
④ 여자는 새로운 제품을 주문하는 것이 아니라 주문한 제품의 색상과 디자인이 제대로 배송되었는지에 대한 질문에 대답해야 한다.

※ [9~12] 다음을 듣고 여자가 이어서 할 행동으로 가장 알맞은 것을 고르십시오. (각 2점)

9.

급수	3급(중)
유형	알맞은 행동 고르기
지문	개인적 대화
주제	도서관 동행
Key	대화를 듣고 참여자의 다음에 이어질 행동을 추론하는 문항이다. 3급 수준의 문제가 출제되며 개인적 대화를 통해 앞뒤 상황과 순서를 고려하여 답을 찾아야 한다.
어휘	보고서(report) 마무리하다(finish) 검색하다(search)

여자 : 보고서 쓸 때 필요한 책이 있어서 도서관에 가려고. 같이 갈래?
남자 : 지금 가려고? 이 숙제 마무리하고 가도 될까?
여자 : 그럼. 그동안 9. 난 빌릴 책을 검색하고 있을게.
남자 : 고마워. 빨리 끝낼게.

① 보고서를 쓴다.
② 도서관에 간다.
③ 책을 검색한다.
④ 숙제를 끝낸다.

정답 ③ 두 사람이 같이 도서관에 가기 전에 여자는 빌릴 책을 먼저 검색하려고 한다.

오답 ① 두 사람은 보고서를 쓸 때 필요한 책을 찾으러 도서관에 갈 예정이다.
　　　② 남자가 숙제를 끝낸 후에 두 사람은 도서관에 가려고 한다.
　　　④ 숙제를 끝내는 것은 남자가 하려는 행동이다.

10.

급수	3급(중)
유형	알맞은 행동 고르기
지문	사회적 대화
주제	진료 서류
Key	대화를 듣고 참여자의 다음에 이어질 행동을 추론하는 문항이다. 3급 수준의 문제가 출제되며 사회적 대화를 통해 앞뒤 상황과 순서를 고려하여 답을 찾아야 한다.
어휘	처방하다(prescribe) 진료(diagnosis) 서류(document)

여자 : 요즘 어깨가 너무 아파서 잠을 못 잘 정도예요.
남자 : 약을 처방해 드릴 테니 많이 아프실 때 드세요. 가벼운 운동도 자주 하시고요.
여자 : 알겠습니다. 그리고 지금 10. 진료 받은 서류를 받을 수 있나요?
남자 : 그럼요. 나가시는 길에 10. 바로 받아 가세요.

① 약을 먹는다.
② 잠을 푹 잔다.
③ 진료 서류를 받는다.
④ 가벼운 운동을 한다.

정답 ③ 여자는 남자(의사)에게 진료를 받은 서류를 요청했고 남자는 바로 준비가 되니 받아 가라고 했다.

오답 ① 남자는 많이 아플 때 약을 먹으라고 했다.
　　　② 여자는 어깨가 너무 아파서 잠을 못 잘 정도이다.
　　　④ 남자는 어깨가 아플 때에는 자주 가벼운 운동을 하는 게 좋다고 했다.

11.

급수	3급(상)
유형	알맞은 행동 고르기
지문	개인적 대화
주제	여행 가방
Key	대화를 듣고 참여자의 다음에 이어질 행동을 추론하는 문항이다. 3급 수준의 문제가 출제되며 개인적 대화를 통해 앞뒤 상황과 순서를 고려하여 답을 찾아야 한다.
어휘	챙기다(take) 비상약(emergency medicine) 욕실(bathroom) 외투(coat)

남자 : 누나, 여행 가방 다 챙겼어?
여자 : 가방은 거의 다 챙겼는데 비상약하고 칫솔이 없네.
남자 : 11. 칫솔은 욕실에 있을 테니까 찾아봐. 내가 비상약은 사 올게.
여자 : 그래, 추우니까 외투 입고 나가.

① 외투를 입는다.
② 칫솔을 찾는다.
③ 여행 가방을 챙긴다.
④ 비상약을 사러 간다.

정답 ② 남자는 여자에게 욕실에 있는 칫솔을 찾아보라고 했다.

오답 ① 남자가 외투를 입고 나갈 것이다.
③ 여자는 이미 여행 가방을 챙겼다.
④ 남자가 비상약을 사러 나갈 것이다.

12.

급수	4급(중)
유형	알맞은 행동 고르기
지문	사회적 대화
주제	신입사원 교육
Key	대화를 듣고 대화 참여자의 다음에 이어질 행동을 추론하는 문항이다. 4급 수준의 문제가 출제되며 사회적 대화를 통해 앞뒤 상황과 순서를 고려하여 답을 찾아야 한다.
어휘	요청하다(request) 신입사원(new employee) 빠듯하다(tight) 조정(adjustment) 검토하다(look over)

여자 : 과장님, 여기 요청하신 신입사원 교육 프로그램입니다. 확인 부탁드립니다.
남자 : 음, 일정이 좀 빠듯한 것 같네요. 조정이 필요해 보여요.
여자 : 그럼 12. 온라인 강의를 빼는 게 어떨까요?
남자 : 우선 12. 그렇게 일정을 조정해 주세요. 저도 다시 한번 검토해 볼게요.

① 교육 일정을 조정한다.
② 온라인 강의를 검토한다.
③ 교육 프로그램을 확인한다.
④ 신입사원 교육을 요청한다.

정답 ① 여자는 온라인 강의를 빼는 것으로 일정을 조정한다고 했다.

오답 ② 온라인 강의를 검토하는 것이 아니라 빼는 것으로 일정을 조정했다.
③ 여자가 교육 프로그램을 확인해 달라고 남자에게 요청했다.
④ 남자가 여자에게 이미 신입사원 교육 일정을 요청했다.

※ [13~16] 다음을 듣고 들은 내용과 같은 것을 고르십시오. (각 2점)

13.

급수	3급(중)
유형	일치하는 내용 고르기
지문	개인적 대화
주제	미용실 방문
Key	대화를 듣고 세부 내용을 파악하는 문항이다. 3급 수준의 문제가 출제되며 개인적 대화를 통해 들은 내용과 일치하는 답을 찾아야 한다.
어휘	미용실(beauty salon) 서비스(service) 저렴하다(cheap) 할인 행사(discount event)

남자 : 학교 앞에 새로 생긴 미용실에 가 봤어?

여자 : 응, 13. 머리도 예쁘게 잘해 주고 서비스도 좋더라.

남자 : 나도 한번 가 보려고. 그런데 좀 비싸 보이던데?

여자 : 저렴하진 않아. 그런데 새로 생겨서 할인 행사를 해 주니까 괜찮았어.

① 여자는 미용실에서 할인을 받지 못했다.
② 여자는 미용실의 서비스가 만족스러웠다.
③ 남자는 새로 생긴 미용실에 간 적이 있다.
④ 남자는 미용실 이용료가 저렴하다고 생각한다.

정답 ② 여자는 새로 생긴 미용실이 서비스도 좋고 머리도 예쁘게 해 줘서 만족스러워했다.

오답 ① 여자는 미용실에서 ~~할인을 받지 못했다.~~
③ 남자는 새로 생긴 미용실에 ~~간 적이 있다.~~
④ 남자는 미용실 이용료가 ~~저렴하다고~~ 생각한다.

14.

급수	3급(상)
유형	일치하는 내용 고르기
지문	공지
주제	케이블카 운행
Key	공지 및 안내 방송을 듣고 세부 내용을 파악하는 문항이다. 3급 수준의 문제가 출제되며 공지를 통해 들은 내용과 일치하는 답을 찾아야 한다.
어휘	운행(operation) 갑작스럽다(sudden) 강풍 주의보(strong wind warning) 해제되다(be released)

남자 : 안내 말씀드리겠습니다. 오늘 운행 예정이었던 케이블카는 갑작스러운 14. 강풍으로 인해 운행이 중단되었습니다. 오늘 저녁에 강풍 주의보가 해제되면 내일은 다시 운행될 예정이며, 홈페이지를 통해서도 확인하실 수 있습니다. 오늘 강풍으로 인해 사용하시지 못한 케이블카 티켓은 100% 취소, 환불이 가능합니다.

① 내일 오후에 케이블카 운행 여부가 결정된다.
② 홈페이지를 통해 티켓 예약을 확인할 수 있다.
③ 강풍으로 인해 오늘 케이블카 운행이 중단되었다.
④ 강풍 때문에 사용하지 못한 티켓은 환불이 어렵다.

정답 ③ 갑작스러운 강풍으로 인해 오늘 케이블카 운행이 중단되었다.

오답 ① ~~내일 오후에~~ 케이블카 운행 여부가 결정된다.
② 홈페이지를 통해 ~~티켓 예약을~~ 확인할 수 있다.
④ 강풍 때문에 사용하지 못한 티켓은 ~~환불이 어렵다.~~

15.

급수	4급(중)
유형	일치하는 내용 고르기
지문	보도(뉴스)
주제	겨울철 감기 예방
Key	뉴스를 듣고 세부 내용을 파악하는 문항이다. 4급 수준의 문제가 출제되며 뉴스(보도)를 통해 들은 내용과 일치하는 답을 찾아야 한다.
어휘	실외(outdoors) 효과적(effective) 피하다(avoid) 면역력(immunity)

여자 : 요즘 날씨가 많이 추워지면서 감기 환자가 늘고 있습니다. **15. 감기를 예방하는 데에는 추운 날에도 하루 2~30분 정도 실외에서 가볍게 운동하는 것이 효과적**이라는 연구 결과가 나왔습니다. 가벼운 운동으로 감기를 피하고 환경에 있는 바이러스에 대한 면역력을 높일 수 있다고 하는데요. 춥다고 방안에만 계시지 말고 밖에 나가 뛰어보시는 건 어떨까요?

① 최근 들어 감기 환자가 줄어들고 있다.
② 운동은 한 시간 이상 해야 효과적이다.
③ 겨울에는 실내에서 운동하는 게 더 좋다.
④ 적당한 운동으로 감기를 예방할 수 있다.

정답 ④ 감기를 예방하려면 추운 날에도 하루 2~30분 실외에서 운동하는 것이 좋다.

오답 ① 최근 들어 감기 환자가 ~~줄어들고~~ 있다.
② 운동은 ~~한 시간 이상~~ 해야 효과적이다.
③ 겨울에는 ~~실내에서~~ 운동하는 게 더 좋다.

16.

급수	4급(중)
유형	일치하는 내용 고르기
지문	인터뷰
주제	축구 감독 인터뷰
Key	인터뷰 담화를 듣고 세부 내용을 파악하는 문항이다. 4급 수준의 문제가 출제되며 인터뷰를 통해 들은 내용과 일치하는 답을 찾아야 한다.
어휘	성공을 거두다(succeed) 적응(adaptation) 버티다(withstand) 실력 향상(improve skills) 우승하다(win)

여자 : 감독님께서 이렇게 **16. 해외에서 큰 성공을 거두신** 비결은 무엇일까요?
남자 : 외국인 감독들이 적응이 쉽지 않다고 해서, 저도 1년은 버텨보자 했는데 그게 5년이 됐습니다. 선수들도 축구 실력 향상을 위해 한마음으로 최선을 다해 주었고, 그래서 저도 더 열심히 하려고 한 것 같습니다. 곧 또 중요한 대회가 있는데요. 이번에도 우승할 수 있도록 노력할 것입니다.

① 남자는 이번 대회가 마지막이었다.
② 남자는 감독을 한 지 1년이 되었다.
③ 남자는 선수들과 사이가 좋지 않았다.
④ 남자는 해외에서 감독으로 활동하고 있다.

정답 ④ 남자는 해외에서 감독으로 활동하면서 큰 성공을 거두었다.

오답 ① 남자는 이번 대회가 ~~마지막이었다.~~
② 남자는 감독을 한 지 ~~1년이 되었다.~~
③ 남자는 선수들과 ~~사이가 좋지 않았다.~~

※ [17~20] 다음을 듣고 남자의 중심 생각으로 가장 알맞은 것을 고르십시오. (각 2점)

17.

급수	3급(상)
유형	중심 생각 고르기
지문	개인적 대화
주제	식습관
Key	대화를 듣고 중심 생각을 추론하는 문항이다. 3급 수준의 문제가 출제되며 개인적인 대화를 통해 남자의 중심 생각을 찾아야 한다.
어휘	먹이다(feed) 무조건(unconditional) 스스로(by oneself)

남자 : 그렇게 아이가 밥 먹을 때마다 먹여 주면 어떻게 해요?

여자 : 아이가 밥을 잘 안 먹으려고 해서요. 어렸을 때에는 잘 먹어야 하는데.

남자 : 그럴 때는 무조건 먹이려고 하지 마세요. **17. 아이가 스스로 밥을 먹을 때까지 부모는 기다려야 해요.** 시간을 두고 좀 기다리다 보면 아이가 먼저 밥을 달라고 할 거예요.

① 어렸을 때에는 많이 먹는 것이 중요하다.
② 정해진 시간에 맞춰 식사를 하는 게 좋다.
③ 아이가 스스로 밥을 먹도록 기다려야 한다.
④ 아이의 기분을 먼저 생각하는 태도가 필요하다.

정답 ③ 부모는 아이에게 무조건 밥을 먹이려고 하지 말고 아이가 스스로 밥을 먹을 때까지 기다려야 한다.

오답 ① 여자가 어렸을 때에 많이 먹는 것이 중요하다고 생각한다.
② 정해진 시간에 맞춰 식사를 하는 것보다 스스로 먹는 것이 중심 생각이다.
④ 아이의 기분보다 아이가 먹을 때를 기다려 주는 태도가 필요하다.

18.

급수	3급(상)
유형	중심 생각 고르기
지문	개인적 대화
주제	동호회 가입방법
Key	대화를 듣고 중심 생각을 추론하는 문항이다.3급 수준의 문제가 출제되며 개인적인 대화를 통해 남자의 중심 생각을 찾아야 한다.
어휘	동호회(club) 가입하다(join) 활동하다(to be active)

남자 : **18. 인터넷 동호회 하나 가입하는데 써야 하는 내용이 너무 많네.**

여자 : 그냥 가입만 해 놓고 활동하지 않는 사람들이 많아서 그런 거겠지.

남자 : 그래도 **18. 간단한 정보면 되지 않을까?** 가입이 되면 필요한 정보나 활동 내용에 따라 사람들이 적극적으로 활동할 테니까.

① 동호회 가입 방법을 정확하게 안내해야 한다.
② 동호회 가입에 쓸 내용을 간단히 하는 게 좋다.
③ 동호회 가입하면 적극적으로 활동하는 게 좋다.
④ 동호회를 통해 필요한 정보를 얻을 수 있어야 한다.

정답 ② 동호회 가입에 쓰는 내용은 간단한 정보만 넣는 게 좋다.

오답 ① 동호회 가입 방법을 정확하게가 아니라 간단하게 쓰는 게 좋다는 생각이다.
③ 동호회에 가입한 후 필요한 정보나 활동 내용에 따라 사람들이 적극적으로 활동할 것이다.
④ 동호회를 통해 필요한 정보를 얻을 수 있는 것이 중심 생각은 아니다.

19.

급수	4급(하)
유형	중심 생각 고르기
지문	개인적 대화
주제	간판 표시
Key	대화를 듣고 중심 생각을 추론하는 문항이다. 4급 수준의 문제가 출제되며 개인적인 대화를 통해 남자의 중심 생각을 찾아야 한다.
어휘	간판(sign) 신기하다(amazing) 관심을 끌다(attract attention) 궁금하다(curious)

> 여자 : 저 가게 간판 좀 봐. 신기하다. 아무 글이나 그림도 없이 그냥 파란색으로만 되어 있네.
> 남자 : 그럼 사람들이 저 가게에 대해 어떻게 알아?
> 여자 : 사람들의 관심을 끌려는 거겠지. 나도 궁금해서 왠지 한번 가 보고 싶은데?
> 남자 : 글쎄. 19. 그래도 가게가 뭐 하는 곳인지 정도는 알려 줘야 한다고 봐.

① 가게의 간판은 가게에 대한 정보를 줘야 한다.
② 가게의 간판을 신기하게 만들어야 인기가 있다.
③ 가게의 간판을 그림으로 가득 채우는 것이 좋다.
④ 가게의 간판은 사람들의 관심을 끌 수 있어야 한다.

정답　① 가게가 무엇을 하는 곳인지 알 수 있도록 간판은 가게에 대한 정보를 줘야 한다.

오답　② 여자가 가게의 간판의 아무 내용이 없어 신기하다고 했다.
　　　③ 간판을 그림으로 가득 채워야 한다는 내용이 나오지 않는다.
　　　④ 여자가 글이나 그림 없이 가게의 간판을 만드는 것은 사람들의 관심을 끌려는 것이라고 생각한다.

20.

급수	4급(중)
유형	중심 생각 고르기
지문	인터뷰
주제	벽화 그리기 행사
Key	인터뷰 담화를 듣고 중심 생각을 추론하는 문항이다. 4급 수준의 문제가 출제되며 인터뷰를 통해 남자의 중심 생각을 찾아야 한다.
어휘	벽화(mural, fresco) 기획하다(plan) 전하다(convey) 손길이 닿다(to be touched by) 보람을 느끼다(feel worthwhile)

> 여자 : 교수님, 이번에 가르치고 계시는 미술학과 학생들과 벽화 그리기 행사를 하셨는데요. 이 행사를 기획하신 특별한 이유가 있나요?
> 남자 : 저는 20. 미술은 함께 나누는 예술이라고 생각합니다. 전시회에 가서 작품을 즐길 수도 있겠지만 그런 기회를 쉽게 갖지 못하는 사람들에게 미술을 전하는 것도 우리의 일이지요. 학생들의 손길이 닿은 곳이 아름다운 그림으로 채워지고 많은 동네 주민들이 그림을 보며 좋아해 주셔서 보람을 느꼈습니다.

① 전공에 맞는 행사를 기획하는 것이 중요하다.
② 미술 작품은 전시회에 직접 가서 볼수록 좋다.
③ 많은 사람들이 행사에 참여하려는 노력이 필요하다.
④ 미술은 모두가 함께 즐길 수 있는 예술이어야 한다.

정답　④ 남자는 미술이 모두가 함께 즐길 수 있는 예술이어야 한다고 생각한다.

오답　① 남자는 미술 전공 학생들과 행사를 기획하기는 하였으나 이것이 중심 생각은 아니다.
　　　② 남자는 미술 작품을 전시회에 직접 가서 보는 것이 좋다는 것이 아니라 모두가 함께 할 수 있어야 좋다고 생각한다.
　　　③ 많은 사람들이 이번 행사에 참여했기 때문에 앞으로 노력이 더 필요하다는 것이 아니다.

※ [21~22] 다음을 듣고 물음에 답하십시오. (각 2점)

	21.			**22.**
급수	4급(중)		급수	4급(상)
유형	중심 생각 고르기		유형	일치하는 내용 고르기
Key	대화를 듣고 중심 생각을 추론하는 문항이다. 4급 수준의 문제가 출제되며 개인적 대화를 통해 남자의 중심 생각을 찾아야 한다.		Key	대화를 듣고 세부 내용을 파악하는 문항이다. 4급 수준의 문제가 출제되며 개인적 대화를 통해 들은 내용과 일치하는 답을 찾아야 한다.
지문	개인적 대화			
주제	과장광고			
어휘	과장광고(overadvertising) 심각하다(serious) 부작용(side effect) 양심(conscience) 단속(crackdown)			

여자 : 요즘 과장광고 문제가 심각한 것 같아요. 건강 관련 약이나 제품으로 인해서 생기는 피해가 특히 많대요.

남자 : 맞아요. 약을 먹으면 키가 커진다, 건강해진다 해서 광고만 믿고 샀다가 효과는 없고 오히려 부작용이 생기기도 하고요. 회사들의 양심이 중요한데 말이에요.

여자 : 법적으로 해결하기가 어려운가 봐요.

남자 : **22.** 법적인 단속은 한계가 있겠지요. 회사 스스로가 **21.** 객관적이고 정확한 정보를 바탕으로 광고를 해야 하지 않을까요?

21. 남자의 중심 생각으로 가장 알맞은 것을 고르십시오.

① 부작용이 생기는 약들이 점점 많아지고 있다.

② 좋은 제품을 만들려면 객관적으로 연구해야 한다.

③ 회사는 정확한 정보를 바탕으로 광고를 만들어야 한다.

④ 과장광고 문제를 해결하기 위해 법적인 제도가 필요하다.

22. 들은 내용과 같은 것을 고르십시오.

① 건강 관련 제품은 과장광고가 적은 편이다.

② 키가 커지는 약이 개발되어 화제가 되고 있다.

③ 최근에 양심적으로 광고하는 회사들이 늘어났다.

④ 광고에 대해 법적으로 단속하는 것은 쉽지 않다.

정답 ③ 회사는 스스로가 객관적이고 정확한 정보를 바탕으로 광고를 만들어야 한다.

오답 ① 부작용이 생기는 약들이 있다는 것이 남자의 중심 생각이 아니다.

② 좋은 제품이 아닌 광고를 만드는 것에 대한 내용이다.

④ 과장광고 문제를 해결하기 위해 법적인 단속 보다 회사 스스로의 노력이 필요하다.

정답 ④ 과장광고에 대해 법적으로 단속하는 것은 한계가 있다.

오답 ① 건강 관련 제품은 과장광고가 ~~적은~~ 편이다.

② 키가 커지는 ~~약이 개발되어~~ 화제가 되고 있다.

③ 최근에 양심적으로 광고하는 회사들이 ~~늘어났다~~.

※ [23~24] 다음을 듣고 물음에 답하십시오. (각 2점)

23.		24.	
급수	4급(상)	급수	4급(상)
유형	담화 상황 고르기	유형	일치하는 내용 고르기
Key	대화를 듣고 담화 상황을 추론하는 문항이다. 4급 수준의 문제가 출제되며 사회적 대화를 통해 남자가 무엇을 하고 있는 상황인지 찾아야 한다.	Key	대화를 듣고 세부 내용을 파악하는 문항이다. 4급 수준의 문제가 출제되며 사회적 대화를 통해 들은 내용과 일치하는 답을 찾아야 한다.
지문	사회적 대화		
주제	공연장 이용		
어휘	촬영(filming) 금지되다(be forbidden) 무대(stage) 주차(parking) 이용료(fee, charge)		

남자 : 여보세요. 내일 뮤지컬 공연 예매했는데요. 혹시 **23. 사진 촬영도 가능한가요?**

여자 : 죄송합니다만 공연 중 사진 촬영은 금지되어 있습니다. **24. 공연이 끝난 후에 배우들과 함께 무대에서 사진 찍을 수 있는 시간이 따로 준비되어 있으니** 그때 촬영하시면 되겠습니다.

남자 : 네. 그리고 **23. 주차는 가능하지요?**

여자 : 주차는 가능하신데, 이용료를 내셔야 합니다. 티켓을 보여 주시면 50퍼센트 할인 적용이 되고요. 자세한 내용은 공연장 홈페이지에서도 확인하실 수 있습니다.

23. 남자가 무엇을 하고 있는지 고르십시오.
① 뮤지컬 공연을 취재하고 있다.
② 공연장의 위치를 안내하고 있다.
③ 공연장 이용에 대해 문의하고 있다.
④ 뮤지컬 공연 티켓을 예매하고 있다.

정답 ③ 사진 촬영, 주차 등 공연장 이용에 대해 문의하고 있다.

오답 ① 예매한 뮤지컬 공연에 대한 정보를 문의하고 있다.
② 공연장의 위치에 대해 구체적으로 나오지 않는다.
④ 뮤지컬 공연 티켓을 이미 예매한 상황이다.

24. 들은 내용과 같은 것을 고르십시오.
① 남자는 오늘 공연장에 방문할 예정이다.
② 공연 티켓이 있으면 무료로 주차할 수 있다.
③ 사진을 찍으려면 공연장 밖으로 나가야 한다.
④ 공연 후에 배우와 함께 사진 촬영이 가능하다.

정답 ④ 공연이 끝난 후에 배우들과 무대에서 사진을 찍을 수 있다.

오답 ① 남자는 오늘 공연장에 방문할 예정이다.
② 공연 티켓이 있으면 무료로 주차할 수 있다.
③ 사진을 찍으려면 공연장 밖으로 나가야 한다.

※ **[25~26] 다음을 듣고 물음에 답하십시오. (각 2점)**

25.		**26.**	
급수	4급(상)	급수	5급(하)
유형	중심 생각 고르기	유형	일치하는 내용 고르기
Key	인터뷰를 듣고 중심 생각을 추론하는 문항이다. 4급 수준의 문제가 출제되며 인터뷰를 통해 남자의 중심 생각을 찾아야 한다.	Key	인터뷰를 듣고 세부 내용을 파악하는 문항이다. 5급 수준의 문제가 출제되며 인터뷰를 통해 들은 내용과 일치하는 답을 찾아야 한다.
지문	인터뷰		
주제	퇴직		
어휘	퇴직(retirement) 책을 내다(publish) 조언하다(advise) 정년퇴직(mandatory retirement) 막막하다(feel overwhelmed) 노후(old age, senior years) 대비(prepare)		

여자 : 작가님, 이번에 '퇴직 그리고 앞으로 30년'이라는 책을 내셨는데요. 이 책의 내용을 좀 소개해 주시지요.

남자 : 이 책은 퇴직 후 힘들어하는 제 친구들을 위해 한두 가지 조언하기 시작한 것들을 모아 만들었습니다. **26. 사실 저는 젊었을 때부터 계속 작가 생활을 해 왔기 때문에** 퇴직에 대해 특별히 생각이 없었습니다. 그런데 제 친구들은 회사에서 정년퇴직을 한 후, 어떻게 살아야 할지 막막해하더군요. 그래서 저는 퇴직 후의 삶을 적극적으로 계획하고 노후를 즐길 수 있는 방법들을 알려주고 싶었습니다. **25. 퇴직 후의 행복한 삶을 위한 대비와 노력이 필요하다는 것이지요.** 퇴직은 끝이 아니라 인생의 두 번째 시작이니까요.

---

25. 남자의 중심 생각으로 가장 알맞은 것을 고르십시오.

① 회사의 정년퇴직 나이를 연장할 필요가 있다.
② 다른 사람들의 조언에 항상 귀를 기울여야 한다.
③ 열심히 사는 것보다 즐기면서 사는 것이 중요하다.
④ 퇴직 후 행복하게 살려면 적극적으로 대비해야 한다.

정답 ④ 남자는 퇴직 후의 행복한 삶을 위해 적극적인 대비와 노력이 필요하다고 생각한다.

오답 ① 회사의 정년퇴직 나이를 연장해야 한다는 내용은 나오지 않는다.
② 정년퇴직을 한 남자의 친구들에게 작가(남자)가 조언을 해 준 것이다.
③ 노후를 즐길 수 있는 방법을 알려주고 싶다고 했지만 열심히 사는 것보다 즐기면서 사는 것이 중요하다고 하지 않았다.

26. 들은 내용과 같은 것을 고르십시오.

① 이 책이 나온 지 30년이 되었다.
② 남자는 오랫동안 작가 생활을 했다.
③ 정년퇴직을 하는 사람들이 줄어들었다.
④ 남자는 회사를 퇴직한 후 많이 힘들었다.

정답 ② 남자는 젊었을 때부터 계속 오랫동안 작가 생활을 해 왔다.

오답 ① 이 책이 나온 지 30년이 되었다.
③ 정년퇴직을 하는 사람들이 줄어들었다.
④ 남자는 회사를 퇴직한 후 많이 힘들었다.

27.		**28.**	
급수	5급(하)	급수	5급(하)
유형	화자의 의도 고르기	유형	일치하는 내용 고르기
Key	대화를 듣고 화자의 의도를 추론하는 문항이다. 5급 수준의 문제가 출제되며 대화를 통해 남자가 여자에게 말하는 목적이나 의도를 찾아야 한다.	Key	대화를 듣고 세부 내용을 파악하는 문항이다. 5급 수준의 문제가 출제되며 대화를 통해 들은 내용과 일치하는 답을 찾아야 한다.
지문	개인적 대화		
주제	재택근무제		
어휘	재택근무(remote work) 신청하다(apply) 업무 효율(work efficiency) 협업(cooperation) 소통하다(communicate) 만족도(satisfaction) 성취도(achievement)		

남자 : 이번에 우리 회사도 집에서 근무하는 재택근무 신청을 받는다면서요? 신청자가 많을 것 같아요. 28. 업무 효율도 좋아지고요.

여자 : 그렇긴 하지만 집에서 일하면 아무래도 동료들과 같이 일해야 하는 협업은 좀 어렵지 않을까요?

남자 : 27. 재택근무를 하면 오히려 협업이 더 잘 된대요. 말로만 소통하는 게 아니라, 서로 문서로 남기고 소통하기 때문에 더 정확하게 전달할 수 있고요. 27. 그래서 업무 만족도와 성취도도 더 높다던데요?

여자 : 그렇다면 저도 재택근무를 한번 고려해 봐야겠네요.

27. 남자가 말하는 의도로 알맞은 것을 고르십시오.

① 협업의 중요성에 대해 일깨워 주려고
② 재택근무의 장점에 대해 알려 주려고
③ 근무 방식의 다양성에 대해 설명하려고
④ 재택근무 신청 방법에 대해 조언하려고

정답 ② 남자는 재택근무의 장점(업무 효율이 좋아진다, 협업이 잘된다, 업무 만족도와 성취도가 높다 등)에 대해 알려 주고 있다.

오답 ① 남자가 이야기하는 재택근무의 장점 중 하나가 협업이므로 협업의 중요성을 전체적으로 말하는 것은 아니다.
③ 남자는 재택근무에 대해 이야기하기는 하지만 근무 방식의 다양성에 대해 설명하는 것은 아니다.
④ 남자는 재택근무의 신청 방법에 대해 구체적으로 이야기하지 않는다.

28. 들은 내용과 같은 것을 고르십시오.

① 재택근무를 하면 업무 효율이 높아진다.
② 여자는 남자와 같이 재택근무를 신청했다.
③ 이 회사에는 재택근무를 신청한 사람이 많다.
④ 재택근무로 인해 동료들 간의 협업이 어려워졌다.

정답 ① 남자가 재택근무를 하면 업무 효율이 높아질 것이라고 했고 여자도 이 말에 동의했다.

오답 ② 여자는 남자와 같이 재택근무를 신청했다.
③ 이 회사에는 재택근무를 신청한 사람이 많다.
④ 재택근무로 인해 동료들 간의 협업이 어려워졌다.

※ [29~30] 다음을 듣고 물음에 답하십시오. (각 2점)

29.		30.	
급수	5급(중)	급수	5급(중)
유형	담화 참여자 고르기	유형	일치하는 내용 고르기
Key	인터뷰를 듣고 담화의 참여자에 대한 정보를 추론하는 문항이다. 5급 수준의 문제가 출제되며 인터뷰를 통해 남자가 어떤 일을 하는 사람인지 찾아야 한다.	Key	인터뷰를 듣고 세부 내용을 파악하는 문항이다. 5급 수준의 문제가 출제되며 인터뷰를 통해 들은 내용과 일치하는 답을 찾아야 한다.
지문	인터뷰		
주제	세탁 배달 서비스		
어휘	1인 가구(one-person households) 요구(request) 간편하다(easy) 걸다(hang out) 건조(dry)		

여자 : 사장님, 세탁 배달 서비스가 인기를 끌고 있는데요. **29. 처음에 어떻게 이 서비스를 생각해내신 건가요?**
남자 : 요즘 원룸이나 작은 오피스텔에서 혼자 사는 사람들이 늘고 있는데요. 이런 1인 가구의 요구 중 하나가 간편한 세탁일 거라고 생각했습니다. 간단한 세탁은 가능하겠지만, 건조는 쉽지 않지요. 그래서 **30. 문밖에 빨래를 걸어 두시면** 저희가 세탁에서부터 건조까지 한 후 다시 집 앞까지 가져다드리는 서비스를 시작하게 된 겁니다.
여자 : 서비스를 이용하고 있는 소비자들의 만족도는 높은 편이지요?
남자 : 네, 다행히 소비자들이 매우 만족하고 있는 것으로 나타났습니다. 하지만 여기에 만족하지 않고 더 편리한 서비스를 만들기 위해 노력하는 중입니다.

29. 남자가 누구인지 고르십시오.
① 세탁 배달 서비스를 개발한 사람
② 세탁 배달 서비스를 가입한 사람
③ 서비스의 만족도를 조사하는 사람
④ 서비스의 문제점을 분석하는 사람

30. 들은 내용과 같은 것을 고르십시오.
① 이 세탁 배달 서비스는 오래전부터 있었다.
② 남자는 요즘 작은 원룸에서 혼자 살고 있다.
③ 서비스에 대한 불만 사항이 점점 늘어나고 있다.
④ 이 서비스를 이용하려면 빨래를 문밖에 둬야 한다.

정답 ① 남자는 세탁 배달 서비스를 처음 생각해낸 사람이다.

오답 ② 남자는 세탁 배달 서비스에 가입한 사람이 아니라 서비스를 개발한 사람이다.
③ 남자는 서비스의 만족도가 높다는 것을 이야기했지만 이것을 조사하는 사람은 아니다.
④ 남자는 더 좋은 서비스를 위해 노력하는 중이라고 했지만 문제점을 분석하는 사람은 아니다.

정답 ④ 빨래를 문밖에 걸어 두면 서비스 회사에서 가지고 간다.

오답 ① 이 세탁 배달 서비스는 오래전부터 있었다.
② 남자는 요즘 작은 원룸에서 혼자 살고 있다.
③ 서비스에 대한 불만 사항이 점점 늘어나고 있다.

※ [31~32] 다음을 듣고 물음에 답하십시오. (각 2점)

31.		**32.**	
급수	5급(중)	급수	5급(중)
유형	중심 생각 고르기	유형	화자의 태도 고르기
Key	토론을 듣고 중심 생각을 추론하는 문항이다. 5급 수준의 문제가 출제되며 인터뷰를 통해 남자의 중심 생각을 찾아야 한다.	Key	토론을 듣고 화자의 의도를 파악하는 문항이다. 5급 수준의 문제가 출제되며 대화를 통해 남자의 태도나 심정으로 알맞은 답을 찾아야 한다.
지문	토론		
주제	영화의 상업성과 예술성		
어휘	오락(entertainment) 상업성(commerciality) 영역(area) 제작사(producer) 초점을 맞추다(focus) 측면(side)		

여자 : 영화는 엔터테인먼트 중 하나입니다. 엔터테인먼트가 오락이라는 뜻을 가지고 있기 때문에 영화 역시 오락성을 가진 대중문화인 것이죠.

남자 : 영화는 예술의 한 영역이 아닐까요? 모든 예술이 그러하듯 영화도 단순한 오락성, 상업성 보다는 **32. 사람들에게 감동과 메시지를 줄 수 있어야지요.**

여자 : 예술성만 가득한 영화를 사람들이 볼까요? 사람들이 찾지 않는다면 감독들이나 영화 제작사들이 영화를 만들려고 할까요? 결국 영화는 상업성과 오락성에 초점을 맞춰야 합니다.

남자 : **32. 오락성만을 중시한 영화는 대중에게 오래 기억되기는 어렵다고 봅니다. 31. 그러니 영화는 예술적인 측면을 더 고려해야 합니다.**

31. 남자의 중심 생각으로 가장 알맞은 것을 고르십시오.
① 영화는 오락성보다 예술성을 더 중시해야 한다.
② 오락성이 있어야 진정한 대중문화라고 할 수 있다.
③ 대중들에게 외면받지 않는 좋은 영화를 만들어야 한다.
④ 감독은 영화 흥행을 위해 상업성에 초점을 맞춰야 한다.

정답 ① 영화는 오락성보다 예술적인 측면을 더 고려해야 한다.

오답 ② 영화가 오락성에 초점을 맞춰야 한다는 것은 여자의 생각이다.
③ 남자는 예술성을 중요하게 생각하지만 대중들에게 외면받지 않는 것에 대한 이야기는 하지 않았다.
④ 감독은 영화 흥행을 위해 상업성에 초점을 맞춰야 한다는 것은 여자의 생각이다.

32. 남자의 태도로 가장 알맞은 것을 고르십시오.
① 문제 해결 방안에 대해 공감하고 있다.
② 근거를 들어 자신의 주장을 뒷받침하고 있다.
③ 상대방의 주장을 적극적으로 받아들이고 있다.
④ 구체적인 사례를 통해 문제점을 비판하고 있다.

정답 ② 근거(감동과 메시지를 줄 수 있어야 한다, 오락성만 중시하면 오래 기억되기 어렵다 등)를 들어 자신의 주장을 뒷받침하고 있다.

오답 ① 남자는 문제 해결 방안을 제시하거나 이에 공감하는 것이 아니다.
③ 남자는 여자(상대방)의 주장에 대해 반대하는 입장이다.
④ 남자는 구체적인 사례를 이야기하지 않았다.

33.		34.	
급수	5급(중)	급수	5급(상)
유형	주제 고르기	유형	일치하는 내용 고르기
Key	강연을 듣고 주제를 추론하는 문항이다. 5급 수준의 문제가 출제되며 여자의 강연을 통해 주제를 찾아야 한다.	Key	강연을 듣고 세부 내용을 파악하는 문항이다. 5급 수준의 문제가 출제되며 여자의 강연을 통해 들은 내용과 일치하는 답을 찾아야 한다.
지문	강연		
주제	조선시대 궁중잔치의 의미		
어휘	궁중 잔치(royal court feast) 귀하다(precious) 성대하다(majestic) 양반(Yangban, nobleman) 가난하다(poor) 미치다(crazy) 백성(the people)		

여자 : 여러분은 조선 시대의 궁중 잔치의 의미를 아십니까? 조선 시대에는 **33. 나라에 축하할 일이 생겼을 때 궁중에서 큰 잔치를 열었습니다.** 맛있고 귀한 음식을 가득 차려 놓고 성대한 잔치를 열었지요. 왜 그랬을까요? 단순히 먹고 마시며 즐기려는 것이 아니었습니다. 이 잔치에서 차려진 음식들은 왕과 양반들만을 위한 것이 아니라, 잔치가 끝난 후에 가난한 백성들에게 나누어 주기 위해 많은 음식을 준비했던 것입니다. 왕은 잔치의 음식이 '백성 한 명 한 명에게까지 미치게 하라'고 할 정도로 가난한 백성들에게 쌀과 음식을 나누어 주었다는 기록이 전해집니다. **34. 나라의 기쁨을 백성들과 함께 하려는 궁중 잔치의 의미를 알 수 있는 겁니다.**

33. 무엇에 대한 내용인지 알맞은 것을 고르십시오.
① 조선 시대의 주요 행사
② 조선 시대 잔치의 절차
③ 조선 시대의 경제적 문제점
④ 조선 시대의 궁중 잔치의 의의

정답 ④ 조선 시대 궁중 잔치가 단순히 먹고 마시는 잔치가 아니라 잔치 후에 음식들을 가난한 백성들에게 나눠 주기 위함이었다는 의의가 있다.

오답 ① 조선 시대의 주요 행사가 아니라 나라에 축하할 일이 생겼을 때 이뤄지는 궁중 잔치에 대한 내용이다.
② 조선 시대 잔치의 구체적인 절차가 나온 것은 아니다.
③ 조선 시대의 가난한 백성을 위한 잔치 음식에 대해서 이야기는 하지만 경제적 문제점을 주로 이야기한 것은 아니다.

34. 들은 내용과 같은 것을 고르십시오.
① 모든 백성이 나라를 위해 음식을 준비했다.
② 궁중 잔치에 차려진 음식은 양반들이 누렸다.
③ 나라에 좋은 일이 있을 때 궁중 잔치를 열었다.
④ 지금은 궁중 잔치에 대한 기록이 남아있지 않다.

정답 ③ 나라에 좋은 일이 있을 때 궁중 잔치를 열었다.

오답 ① 모든 백성이 나라를 위해 음식을 ~~준비했다~~.
② 궁중 잔치에 차려진 음식은 ~~양반들이 누렸다~~.
④ 지금은 궁중 잔치에 대한 기록이 ~~남아있지 않다~~.

※ **[35~36] 다음을 듣고 물음에 답하십시오. (각 2점)**

35.		**36.**	
급수	5급(상)	급수	5급(상)
유형	화자의 목적 고르기	유형	일치하는 내용 고르기
Key	공식적인 인사말을 듣고 담화의 목적을 추론하는 문항이다. 5급 수준의 문제가 출제되며 공식적인 인사말을 통해 남자의 목적이나 의도를 찾아야 한다.	Key	공식적인 인사말을 듣고 세부 내용을 파악하는 문항이다. 5급 수준의 문제가 출제되며 공식적인 인사말을 통해 들은 내용과 일치하는 답을 찾아야 한다.
지문	축사		
주제	스포츠 인재 장학금		
어휘	꿈나무(dreamer) 진심으로(sincerely) 장학금(scholarship) 인재(gifted person) 선정되다(be selected) 지도자(leader) 종목(category) 모범이 되다(set a good example)		

남자 : 이 자리에 참석해 주신 스포츠 꿈나무 여러분, 진심으로 환영합니다. 오늘 장학금을 받는 여러분은 **35. 경제적으로 어려운 환경에서도 열심히 운동하여 미래에 스포츠 인재로 자라날 수 있는 분들이기에** 장학생으로 선정되었습니다. **36. 장학생은 스포츠 지도자 및 학교의 추천을 받은 우수한 청소년 선수 중 지역, 성별, 종목 등을 고려하여 선정했습니다.** 특히 운동에 임하는 **35. 성실한 자세로 많은 학생들에게 모범이 되는** 선수들인 거지요. 우리 인주시에서는 여러분을 가족같이 여기며 앞으로도 여러분들이 훌륭한 선수로 성장할 수 있도록 지원을 아끼지 않겠습니다.

35. 남자가 무엇을 하고 있는지 고르십시오.

① 장학생 선발 기준을 설명하고 있다.
② 장학생에 대한 자료를 분석하고 있다.
③ 장학금 지급 방법에 대해 안내하고 있다.
④ 장학금 지급에 대한 의견을 조사하고 있다.

정답 ① 어떤 학생들에게 장학금을 주는지 장학생 선발 기준에 대해 설명하고 있다.

오답 ② 장학생에 대한 자료를 분석하는 것이 아니라 선발 기준에 대해 이야기하고 있다.
③ 장학금 지급 방법에 대해서는 구체적으로 제시되지 않았다.
④ 장학금에 대한 의견을 조사하고 있지 않다.

36. 들은 내용과 같은 것을 고르십시오.

① 장학금을 받으려면 가족의 추천을 받아야 한다.
② 대회에서 성적이 좋아야 장학금을 받을 수 있다.
③ 지역, 성별, 종목 등을 고려하여 장학생을 선정했다.
④ 이 장학금은 인주시에 사는 대학생을 대상으로 한다.

정답 ③ 장학생은 추천을 받은 우수한 청소년 선수 중 지역, 성별, 종목 등을 고려하여 장학생을 선정했다.

오답 ① 장학금을 받으려면 가족의 추천을 받아야 한다.
② 대회에서 성적이 좋아야 장학금을 받을 수 있다.
④ 이 장학금은 인주시에 사는 대학생을 대상으로 한다.

37.		38.	
급수	5급(상)	급수	6급(하)
유형	중심 생각 고르기	유형	일치하는 내용 고르기
Key	교양 프로그램을 듣고 중심 생각을 추론하는 문항이다. 5급 수준의 문제가 출제되며 프로그램을 통해 남자의 중심 생각을 찾아야 한다.	Key	교양 프로그램을 듣고 세부 내용을 파악하는 문항이다. 6급 수준의 문제가 출제되며 교양 프로그램을 통해 들은 내용과 일치하는 답을 찾아야 한다.
지문	교양 프로그램		
주제	올바른 치약 사용법		
어휘	치약을 짜다(squeeze toothpaste) 찌꺼기(leftover) 성분(ingredient) 개운하다(feel refreshed) 유발하다(cause) 세균 번식(bacterial growth) 두툼하다(thick) 묻히다(smear) 깊숙하다(deep)		

남자 : 치약을 많이 사용하면 치아 건강에 더 효과적인 건가요?

여자 : 치약을 많이 짜서 양치질을 하면 치아에 붙어 있는 찌꺼기들을 닦아주는 일부 성분으로 인해 더 상쾌하고 개운한 느낌을 받으실 겁니다. 하지만 38. 이 성분이 입 안에 남아있게 된다면 입 안을 건조하게 만들어 오히려 입 냄새를 유발하고 세균 번식이 쉬워집니다. 따라서 37. 성인의 경우 칫솔의 3분의 1 또는 2분의 1 정도의 양이면 적당합니다. 또한 칫솔 위에 두툼하게 많은 양을 묻히는 것이 아니라 칫솔 안으로 스며들 수 있도록 눌러 짜서 사용해야 치아 깊숙한 곳까지 닿게 되어 보다 깨끗한 양치질이 가능하지요.

37. 여자의 중심 생각으로 가장 알맞은 것을 고르십시오.

① 치약은 적당량을 사용해야 효과적이다.

② 치아 건강을 위해 치약을 아끼면 안 된다.

③ 양치질에 대한 잘못된 연구를 바로잡아야 한다.

④ 치아 세균 번식의 원인을 명확하게 밝혀야 한다.

정답 ① 치약은 적당량(칫솔의 3분의 1 또는 2분의 1 정도)을 사용해야 효과적이다.

오답 ② 치아 건강을 위해 치약을 아끼거나 많이 사용하지 말고 적당량을 사용해야 한다.

③ 양치질에 대한 연구가 잘못된 것이 아니라 사람들이 잘못 알고 있는 것이다.

④ 치아 세균 번식의 원인을 명확히 밝혀야 한다는 내용이 아니다.

38. 들은 내용과 같은 것을 고르십시오.

① 양치질할 때 치아 깊숙한 곳까지 하는 것은 위험하다.

② 치약은 칫솔 위에 두툼하게 짜서 사용하는 것이 좋다.

③ 치약의 일부 성분이 남아있으면 입 안을 건조하게 한다.

④ 상쾌한 느낌을 위해 칫솔을 자주 바꾸는 것이 중요하다.

정답 ③ 치약의 일부 성분이 남아있으면 입 안을 건조하게 한다.

오답 ① 양치질할 때 치아 깊숙한 곳까지 하는 것은 ~~위험하다~~.

② 치약은 ~~칫솔 위에 두툼하게 짜서 사용하는 것이 좋다~~.

④ 상쾌한 느낌을 위해 ~~칫솔을 자주 바꾸는 것~~이 중요하다.

39.		40.	
급수	6급(하)	급수	6급(하)
유형	담화 앞의 내용 고르기	유형	일치하는 내용 고르기
Key	대담을 듣고 앞에 올 내용을 추론하는 문항이다. 6급 수준의 문제가 출제되며 대담을 통해 앞뒤 상황을 추론하여 답을 찾아야 한다.	Key	대담을 듣고 세부 내용을 파악하는 문항이다. 6급 수준의 문제가 출제되며 대담을 통해 들은 내용과 일치하는 답을 찾아야 한다.
지문	대담		
주제	개인 방송의 장단점		
어휘	영향력(influence) 시청하다(watch) 즐길 거리(entertainment) 유용하다(useful) 매개체(medium) 즉각적(immediate) 장비(equipment) 이름을 걸다(bet one's name) 입장(admission)		

여자 : 개인 방송이 **39.** 이렇게 사회적 영향력이 크다니 매우 놀라운데요. 그렇다면 이런 부정적인 영향력 외에 개인 방송의 긍정적인 효과는 없을까요?

남자 : 물론 개인 방송의 장점도 많습니다. 1인 미디어 시대가 되면서 개인 방송을 하는 사람들이 새롭고 다양한 영상을 보여 주려 노력하고 있습니다. **40.** 개인 방송을 시청하는 사람들로 하여금 즐길 거리와 유용한 정보를 제공해 주는 매개체 역할이라는 긍정적인 측면도 크지요. 텔레비전과 같은 기존 방송 매체에 비해 방송을 만드는 사람과 보는 사람들 사이의 소통도 즉각적이고요. 뿐만 아니라 큰 장비나 시스템이 없이 어린 아이부터 노인까지 누구나 자신의 이름을 건 방송을 만들 수 있기 때문에 시청자의 입장만이 아닌 제작자의 입장이 될 수 있다는 겁니다.

39. 이 대화 전의 내용으로 가장 알맞은 것을 고르십시오.
① 앞으로 다양한 방식의 방송 시대가 열려야 한다.
② 개인 방송이 사회에 미치는 부정적인 영향이 크다.
③ 새로운 방송의 형태가 등장해서 관심을 끌고 있다.
④ 기존 방송 매체를 보완하려는 지원이 확대되고 있다.

40. 들은 내용과 같은 것을 고르십시오.
① 개인 방송을 만들려면 장비가 많이 필요하다.
② 개인 방송을 하려는 사람들이 줄어들고 있다.
③ 개인 방송은 시청자들에게 유용한 정보를 제공한다.
④ 개인 방송은 시청자와 제작자 사이의 소통이 어렵다.

정답 ② 여자는 첫 번째 발화에서 개인 방송이 이렇게 사회에 미치는 부정적인 영향이 크다니 놀랍다고 했다.

오답 ① 다양한 영상에 대한 이야기는 나오지만 다양한 방식의 방송 시대에 대해 이야기하지 않았다.
③ 새로운 방송의 형태가 등장해서 관심을 끌고 있다는 내용이 아니라 부정적인 측면에 대해 이야기하였다.
④ 기존 방송 매체를 보완하려는 지원이 확대되고 있다는 내용은 구체적으로 나오지 않았다.

정답 ③ 개인 방송은 시청자들에게 즐길 거리와 유용한 정보를 제공한다.

오답 ① 개인 방송을 만들려면 장비가 ~~많이 필요하다~~.
② 개인 방송을 하려는 사람들이 ~~줄어들고~~ 있다.
④ 개인 방송은 시청자와 제작자 사이의 ~~소통이 어렵다~~.

41.		**42.**	
급수	6급(하)	급수	6급(중)
유형	중심 내용 고르기	유형	일치하는 내용 고르기
Key	강연을 듣고 중심 내용을 추론하는 문항이다. 6급 수준의 문제가 출제되며 강연을 통해 중심 생각이나 핵심 내용을 찾아야 한다.	Key	강연을 듣고 세부 내용을 파악하는 문항이다. 6급 수준의 문제가 출제되며 강연을 통해 들은 내용과 일치하는 답을 찾아야 한다.
지문	강연		
주제	로봇과 인간의 공존		
어휘	양면적(bilateral) 공존하다(coexist) 꺼리다(hesitate) 과감하다(courageous) 극대화시키다(maximize) 도입되다(be introduced)		

여자 : 로봇이 인간이 하는 일의 대부분을 대신해 주는 미래가 오고 있습니다. 여기에서 여러분은 양면적인 생각이 들 것입니다. 로봇에 대한 기대감과 두려움 말입니다. 여러분이 하고 싶지 않은 일을 로봇이 대신해 준다면 삶은 더 편해지겠지만, 한편으로는 로봇이 인간의 일을 빼앗는다는 말이기도 하지요. 그렇다면 우리는 미래에 어떻게 살아가야 할까요? 바로 **41. 인간과 로봇이 공존하는 삶**을 말씀드리고 싶습니다. 여러 가지 작업 중, **42. 인간이 꺼려 하는 부분은 과감하게 로봇에게 넘기고 인간이 더 잘하는 일에만 집중함으로써 일의 효율을 극대화시키는 것**입니다. **41. 로봇이 도입됨으로써 인간의 직업은 사라지는 것이 아니라 로봇이 잘 못하는, 즉 인간이 잘하는 일이 더 생겨날 수 있을 겁니다.**

41. 이 강연의 중심 내용으로 가장 알맞은 것을 고르십시오.

① 로봇 기술의 발전으로 인해 인간의 삶이 달라졌다.
② 로봇에 대한 새로운 방식의 연구가 이루어져야 한다.
③ 미래 사회 로봇을 바라보는 양면적인 시각이 필요하다.
④ 인간은 로봇과 공존하기 위해 긍정적으로 대응해야 한다.

정답 ④ 로봇이 도입됨으로써 인간의 직업이 사라지는 것이 아니라 인간이 잘하는 일이 더 생겨날 수 있다고 했다.

오답 ① 로봇 기술의 발전으로 인해 인간의 삶이 달라지기도 했지만 이것이 중심 내용은 아니다.
② 로봇에 대한 연구가 이루어져야 한다는 것이 아니라 바라보는 시각이 달라져야 한다는 것이다.
③ 미래 사회 로봇을 바라보는 양면적인 시각이 아니라 긍정적인 시각과 노력이 필요하다.

42. 들은 내용과 같은 것을 고르십시오.

① 로봇을 과감하게 활용하는 것은 위험하다.
② 로봇에 대한 기대감이 점점 줄어들고 있다.
③ 로봇은 인간에 비해 일 처리 능력이 떨어진다.
④ 로봇의 등장으로 일의 효율성이 높아질 것이다.

정답 ④ 인간이 꺼려하는 일을 로봇에게 넘겨 인간은 인간이 하는 일에만 집중하여 일의 효율을 극대화할 수 있다고 했다.

오답 ① 로봇을 과감하게 활용하는 것은 위험하다.
② 로봇에 대한 기대감이 점점 줄어들고 있다.
③ 로봇은 인간에 비해 일 처리 능력이 떨어진다.

※ [43~44] 다음을 듣고 물음에 답하십시오. (각 2점)

43.		**44.**	
급수	6급(중)	급수	6급(중)
유형	중심 내용 고르기	유형	일치하는 내용 고르기
Key	다큐멘터리를 듣고 중심 내용을 추론하는 문항이다. 6급 수준의 문제가 출제되며 다큐멘터리를 통해 중심 생각이나 핵심 내용을 찾아야 한다.	Key	다큐멘터리를 듣고 세부 내용을 파악하는 문항이다. 6급 수준의 문제가 출제되며 다큐멘터리를 통해 들은 내용과 일치하는 답을 찾아야 한다.
지문	다큐멘터리		
주제	황제펭귄의 겨울나기		
어휘	남극(Antarctica) 육지(land) 무리(group, crowd) 체온(temperature) 견디다(endure) 몸을 맞대다(huddle) 버티다(withstand)		

남자 : 남극의 한 육지 위. **43.** 황제펭귄 무리가 모여 있다. 이들은 함께 모여 무엇을 하고 있을까. 바로 허들링을 하고 있는 것이다. 허들링이란 황제펭귄들이 **43.** 추위와 싸우기 위해 둥근 형태로 모여 선 후 한쪽 방향으로 천천히 움직이면서 서로의 위치를 바꾸는 것을 말한다. **44.** 원 바깥쪽에 있는 펭귄들이 체온이 떨어져 추위에 견디기 어려울 때 원 안에 있는 펭귄이 위치를 바꿔주며 서로를 보호한다. 매우 느린 속도로 움직이지만 계속 움직이기이기 때문에 한 펭귄이 찬 바람을 지속적으로 맞지 않게 된다. 또한 황제펭귄은 매우 가까이에서 같이 몸을 맞대어 체온을 전달함으로써 영하 50도 이하로 떨어지는 추위에도 버틸 수 있다.

43. 무엇에 대한 내용인지 알맞은 것을 고르십시오.

① 황제펭귄의 생활 방식이 주목받고 있다.
② 황제펭귄을 보호하기 위해 노력해야 한다.
③ 황제펭귄은 무리 지어 함께 추위를 견딘다.
④ 황제펭귄은 남극에 사는 대표적인 동물이다.

정답 ③ 황제펭귄은 추위를 견디기 위해 무리 지어 허들링을 한다.

오답 ① 황제펭귄의 추위를 견디는 생활 방식에 대해 이야기하고 있으나 주목받고 있다는 것이 중심 내용은 아니다.
② 황제펭귄을 보호하기 위한 노력이 아니라 황제펭귄의 생활을 이야기하는 것이다.
④ 황제펭귄은 남극에 사는 동물이나 이것이 중심 내용은 아니다.

44. 황제 펭귄이 서로의 위치를 바꾸는 이유로 맞는 것을 고르십시오.

① 서로 싸우지 않으려고
② 빠른 속도로 움직이려고
③ 무리를 지어 먹이를 구하려고
④ 체온이 떨어지는 것을 막으려고

정답 ④ 원 바깥쪽에 있는 펭귄들이 원 안에 있는 펭귄들과 서로 위치를 바꿔주며 체온이 떨어지는 것을 막아 서로 보호한다.

오답 ① 추위와 싸운다는 내용은 있으나 펭귄끼리의 싸움에 대한 내용은 나오지 않는다.
② 빠른 속도가 아닌 천천히 움직이면서 서로를 보호한다.
③ 먹이를 구하려고 하는 것은 아니다.

45.		46.	
급수	6급(중)	급수	6급(중)
유형	일치하는 내용 고르기	유형	화자의 태도 고르기
Key	강연을 듣고 세부 내용을 파악하는 문항이다. 6급 수준의 문제가 출제되며 강연을 통해 들은 내용과 일치하는 답을 찾아야 한다.	Key	강연을 듣고 화자의 태도나 심정을 파악하는 문항이다. 6급 수준의 문제가 출제되며 강연을 통해 여자의 태도나 심정으로 알맞은 답을 찾아야 한다.
지문	강연		
주제	우주 식량		
어휘	무중력 상태(weightlessness) 섭취하다(intake) 극한의(extreme) 보존성(preservation) 휴대성(portability) 전투(combat) 저중력(low gravity) 세균 번식(bacterial growth) 미생물(microbe) 액체(liquid) 취급하다(deal with)		

여자 : 우주 비행사들은 우주에서 어떤 음식을 먹으며 지낼까요? **46.** 우주에서 먹는 음식들은 무중력 상태인 우주 환경에서 섭취할 수 있도록 만들어진 식품이므로 일반식과는 다른 점이 많습니다. 극한의 보존성과 휴대성을 요구한다는 점에서 전쟁에서 먹는 전투 식량과 비슷한 부분도 있습니다. 하지만 우주 식량은 무중력, 저중력 같은 중력의 특이성 속에서 필요한 영양소를 섭취할 수 있게 만들어졌다는 점에서 구별이 되지요. **45.** 우주에서 오래 생활하면 뼈에서 칼슘이 많이 빠지기 때문에 칼슘이 포함된 고영양의 음식인 경우가 많습니다. 뿐만 아니라, **46.** 세균 번식을 막기 위해 식품 내에 살아 있는 미생물이 없어야 하며, 액체 형태의 음식물은 취급하기 어려워서 건조된 것이 대부분입니다.

45. 들은 내용과 같은 것을 고르십시오.

① 우주 환경에서는 미생물의 세균 번식이 일어나지 않는다.
② 우주에서 오래 생활하려면 영양이 높은 음식이 필요하다.
③ 우주 비행사들은 우주에서 액체 형태의 음식을 섭취한다.
④ 우주 식량은 전투 식량과 달리 보존성과 휴대성을 요구한다.

정답 ② 우주에서 오래 생활하면 뼈에서 칼슘이 많이 빠지기 때문에 칼슘이 포함된 영양이 높은 음식이 필요하다.

오답 ① 우주 환경에서는 미생물의 세균 번식이 일어나지 않는 다.
③ 우주 비행사들은 우주에서 액체 형태의 음식을 섭취한 다.
④ 우주 식량은 전투 식량과 달리 보존성과 휴대성을 요구한다.

46. 여자가 말하는 방식으로 알맞은 것을 고르십시오.

① 우주 환경의 세부 상황을 묘사하고 있다.
② 우주 식량의 가공 과정을 요약하고 있다.
③ 우주 식량의 개념과 특징을 설명하고 있다.
④ 우주 환경 변화의 필요성을 주장하고 있다.

정답 ③ 우주 식량의 개념(무중력 상태라는 우주 환경에서 섭취할 수 있도록 만들어진 식품)과 특징(보존성과 휴대성 필요, 고열량 식품, 미생물 번식이 어려운 식품, 건조된 음식 등)을 설명하고 있다.

오답 ① 우주 환경의 세부 상황이 아니라 식량에 대해 설명하고 있다.
② 우주 식량의 가공 과정은 구체적으로 나오지 않는다.
④ 우주 환경 변화의 필요성을 주장하는 것은 아니다.

※ **[47~48] 다음을 듣고 물음에 답하십시오. (각 2점)**

47.		48.	
급수	6급(상)	급수	6급(상)
유형	일치하는 내용 고르기	유형	화자의 태도 고르기
Key	대담을 듣고 세부 내용을 파악하는 문항이다. 6급 수준의 문제가 출제되며 대담을 통해 들은 내용과 일치하는 답을 찾아야 한다.	Key	대담을 듣고 화자의 태도나 심정을 파악하는 문항이다. 6급 수준의 문제가 출제되며 대담을 통해 남자의 태도나 심정으로 알맞은 답을 찾아야 한다.
지문	대담		
주제	과속 단속 카메라 확대		
어휘	과속(speeding) 차량(vehicle) 단속하다(crackdown) 무인(unmanned) 벌금을 내다(pay a fine) 한층(even more)		전망(view) 인적(human) 물적(material) 방지하다(prevent) 제한 속도(speed limit) 준수하다(obey)

여자 : 도로 곳곳에 과속하는 차량을 단속하기 위한 카메라가 확대 설치된다고 하던데요.

남자 : 네, 운전자라면 **47.** 한 번쯤은 무인 과속 단속 카메라에 찍혀 벌금을 냈던 기억이 있을 겁니다. 다음 달부터는 단속 카메라 설치 대수와 장소가 확대되어 단속이 한층 강화될 전망입니다. 현재 단속 카메라는 자동차 과속으로 인한 인적, 물적 피해와 차 사고를 방지할 목적으로 운영되고 있습니다. 하지만 많은 분들이 과속 운전을 하면서도 걸리지만 않으면 된다는 의식을 가지고 있어 순간 사고로 이어지는 경우도 있습니다. 이에 "언제 어디서든 과속을 하면 안 된다."라는 **48.** 인식 전환과 함께 과속으로 인한 교통사고 감소를 위해 강화하게 되었습니다. 단속되지 않을 거라 생각하지 마시고 제한 속도를 항상 준수하시기 바랍니다.

---

47. 들은 내용과 같은 것을 고르십시오.

① 제한 속도를 준수하려는 사람들이 많아졌다.

② 내년부터 단속 카메라 설치 장소가 확대된다.

③ 현재 과속 운전을 단속하기 위한 규제가 없다.

④ 과속 단속 카메라에 걸리면 벌금을 내야 한다.

정답 ④ 운전자가 과속 운전을 하여 단속 카메라에 걸리면 벌금을 내야 한다.

오답 ① 제한 속도를 준수하려는 사람들이 ~~많아졌다~~.

② ~~내년부터~~ 단속 카메라 설치 장소가 확대된다.

③ 현재 과속 운전을 단속하기 위한 ~~규제가 없다~~.

48. 남자의 태도로 알맞은 것을 고르십시오.

① 과속 단속 카메라의 문제점을 지적하고 있다.

② 과속 단속 카메라 강화에 대해 동의하고 있다.

③ 과속 단속 카메라에 대한 평가를 유보하고 있다.

④ 과속 단속 카메라 설치의 어려움을 토로하고 있다.

정답 ② 남자는 과속 단속 카메라 확대 설치에 대해 인식 전환과 교통사고 감소를 위해 필요하므로 제한 속도를 항상 준수해야 한다고 생각한다.

오답 ① 과속 단속 카메라의 확대의 필요성을 이야기하고 있으나 문제점을 지적하고 있는 것은 아니다.

③ 과속 단속 카메라에 대한 평가를 유보가 아닌 긍정적으로 보고 있다.

④ 과속 단속 카메라 설치의 어려움에 대해 구체적으로 나오지 않는다.

※ [49~50] 다음을 듣고 물음에 답하십시오. (각 2점)

49.

급수	6급(상)
유형	일치하는 내용 고르기
Key	강연을 듣고 세부 내용을 파악하는 문항이다. 6급 수준의 문제가 출제되며 강연을 통해 들은 내용과 일치하는 답을 찾아야 한다.
지문	강연
주제	다수결의 원칙
어휘	의사 결정(decision) 원칙(rule) 적용하다(apply) 민주주의(democracy) 평등하다(equal) 최선(the best) 존중하다(respect) 배척당하다(be rejected) 합리적이다(reasonable) 도출하다(derive)

50.

급수	6급(상)
유형	화자의 태도 고르기
Key	강연을 듣고 화자의 태도나 심정을 파악하는 문항이다. 6급 수준의 문제가 출제되며 강연을 통해 여자의 태도나 심정으로 알맞은 답을 찾아야 한다.

여자 : 민주주의 사회에서는 의사 결정 방식으로 다수결의 원칙을 적용하지요. 그러다 보니 우리는 마치 다수결의 원칙이 민주주의를 대표하는 아주 평등한 제도라고 믿고 있습니다. 다수결의 원칙을 따르면 쉽고 빠르게 문제를 해결할 수 있으니까요. 하지만 이 원칙을 따르는 것이 50. 늘 최선의 선택은 아닐 겁니다. 다수가 선택한 것이 항상 옳은 것은 아니기 때문이지요. 더 중요한 것은 민주주의에서 중시하는 개개인의 의사를 존중하기 어렵다는 문제점이 있습니다. 50. 그러므로 우리는 다수결의 원칙에 따라 결정된 의견이라도 그것을 반대했던 49. 소수의 의견이 배척당하지 않도록 합리적인 결과를 도출하려는 노력을 해야 합니다. 그것이 진정한 민주주의의 기본 정신입니다.

49. 들은 내용과 같은 것을 고르십시오.
① 민주주의를 반대하는 사람들이 많이 있다.
② 다수의 선택보다 소수의 선택이 중요하다.
③ 사회의 문제를 쉽고 빠르게 해결해야 한다.
④ 소수의 의견을 존중하기 위한 노력이 필요하다.

정답 ④ 다수결의 원칙에 따르더라도 소수의 의견이 배척당하지 않고 존중하기 위한 노력이 필요하다.

오답 ① 민주주의를 ~~반대하는 사람들이~~ 많이 있다.
② 다수의 선택보다 ~~소수의 선택이 중요하다.~~
③ 사회의 문제를 쉽고 빠르게 ~~해결해야 한다.~~

50. 여자의 태도로 알맞은 것을 고르십시오.
① 민주주의의 이상적 가치를 높이 평가하고 있다.
② 다수결의 원칙에 필요한 보완점을 강조하고 있다.
③ 민주주의의 기본 정신을 예를 통해 설명하고 있다.
④ 다수결의 원칙에 대한 심각한 우려를 표하고 있다.

정답 ② 다수결의 원칙에서 제외된 소수의 의견을 무시하지 않고 존중하면서 다수결 원칙의 보완점을 강조하고 있다.

오답 ① 이상적 가치가 아니라, 민주주의가 따르는 다수결의 원칙에대해 이야기하고 있다.
③ 민주주의의 기본 정신에 대한 예가 구체적으로 나오지 않는다.
④ 다수결의 원칙에 대한 심각한 우려보다 보완점을 중심으로 이야기하고 있다.

1교시　쓰기 (51번~54번)

※ [51~52] 다음 글의 ㉠과 ㉡에 알맞은 말을 각각 쓰시오. (각 10점)

51.

급수	3급
유형	들어갈 말을 문장으로 쓰기
지문	이메일
주제	자원봉사 신청 문의
Key	자원봉사자를 구하는 공지를 보고 상대방에게 신청 기간과 서류 발급에 대해 물어보는 이메일이다. 요청을 나타내는 표현을 문어 형식으로 표현해야 한다.
어휘	자원봉사(volunteer) 확인서(confirmation) 제출(submit)

✉ ─ ↗ ✕

받는사람　siwon@volunteer.com

제　목　자원봉사 신청 문의

안녕하세요?

자원봉사 신청 공지를 보고 연락을 드립니다.

이번 주 토요일에 자원봉사를 51-㉠. 신청하러 가려고 합니다.

그런데 몇 시까지 (　　㉠　　)?

그리고 제가 다니는 학교에 자원봉사 확인서를 51-㉡. 제출해야 합니다. 확인서를 받으려면 (　　㉡　　) 51-㉡. 알려주세요.

감사합니다.

(보내기)　A ☺ ↧ ⬚ 🖼 ⌁ ☆ 🗑　　　⋮

	Key	· 자원 봉사 신청을 위해 언제까지 가야 하는지 물어보는 상황이다. · 괄호 뒤에 물음표가 있으므로 의문형으로 문장을 마쳐야 한다.
㉠	문형	–(스)ㅂ니까? –아/어야 합니까? –(으)면 됩니까?
	정답	1) 가야 합니까 2) 가면 됩니까
	오답	가야 합니다 →의문형으로 문장을 종결해야 한다.

	Key	· 자원 봉사 확인서를 받기 위해 어떻게 해야 하는지 물어보는 상황이다.
㉡	문형	–는지
	정답	1) 어떻게 해야 하는지 2) 어떻게 하면 되는지
	오답	언제든지 – 다시 쓰는 사람이 부탁하는 상황이다.

52.

급수	4급
유형	들어갈 말을 문장으로 쓰기
지문	설명문
주제	문자 메시지에서 남성과 여성의 차이
Key	조사 결과에서 남성과 여성의 수치 비율을 잘 이해한다.
어휘	이모티콘(emoticon) 문장부호(punctuation marks) 시각적(visual)

　문자 메시지를 보낼 때 남성과 여성 간에 **52-㉠.** 차이가 있다는 연구 결과가 나왔다. 먼저 여성이 남성보다 이모티콘을 2.5배나 (　㉠　). 그리고 느낌표나 물음표 등의 문장부호 사용량 역시 **52-㉡.** 여성이 남성보다 1.6배가 많았다. 이것은 여성이 남성보다 감정과 느낌을 시각적으로 (　㉡　)을 말해 준다.

㉠	Key	• 이어지는 문장에서 답의 근거를 찾는다. • 비교의 우위를 나타내는 표현(더, 많이 등) 연구 결과를 인용하는 표현
	문형	-(으)로 나타났다 -(느)ㄴ다고 한다
	정답	1) 더 많이 사용하는 것으로 나타났다 2) 더 많이 사용한다고 한다
	오답	사용한다 → 비교의 우위와 결과의 인용을 나타내는 표현을 써야 한다.

㉡	Key	• 감정과 느낌의 표현에서 여성과 남성은 시각적으로 차이가 있다. • 괄호 뒤에 목적격 조사 '을'이 있으므로 명사나 명사형이 사용되어야 한다.
	문형	-(느)ㄴ다는 것 -는 것
	정답	1) 표현한다는 것, 　표현하는 경향이 있다는 것 2) 전달한다는 것, 　전달하는 경향이 있다는 것
	오답	표현한다 → 명사나 명사형을 써야 한다.

53. 다음은 '20대와 70대 인구의 미디어 사용'에 대한 자료이다. 이 내용을 200~300자의 글로 쓰시오. 단, 글의 제목은 쓰지 마시오. (각 30점)

53.

급수	4급
유형	표/그래프 보고 단락 쓰기
지문	표_그래프
주제	젊은 세대와 노년 세대의 미디어 이용률
Key	'미디어'라는 어휘를 이해한다. 대표적인 미디어인 텔레비전과 인터넷 포털을 젊은 세대(20대)와 노년 세대(70대)가 얼마나 사용하는지를 비교하여 서술한다.
어휘	미디어(media) 반면에(on the other side) 격차(gap)

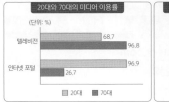 

그래프 1	20대와 70대가 텔레비전과 인터넷 포털을 얼마나 사용하는지에 대한 그래프 읽기 -70대는 텔레비전을, 20대는 인터넷 포털을 더 많이 이용한다.
그래프 2	20대와 70대가 하루에 사용하는 텔레비전과 인터넷 포털 시간에 대한 그래프 읽기 -70대는 텔레비전 시청 시간이 많음 -20대는 인터넷 포털 이용 시간이 많음

정답(p.71 참고)

　[그래프1] 통계청에서 20대와 70대 남녀 각 1,000명을 대상으로 미디어 이용에 대해 조사한 결과 텔레비전은 20대가 68.7%, 70대가 96.8%가 이용하고 있었고 인터넷 포털은 20대가 96.9%, 70대가 26.7%였다. [그래프2] 하루 평균 미디어 이용 시간의 경우 20대는 텔레비전을 79분, 인터넷 포털을 270분 이용하는 반면에 70대는 텔레비전은 182분, 인터넷 포털은 25분을 이용하는 것으로 조사되었다. 이 조사를 통해 20대와 70대 간의 미디어 이용 격차가 크다는 것을 알 수 있다.

54. 다음을 참고하여 600~700자로 글을 쓰시오. 단, 문제를 그대로 옮겨 쓰지 마시오. (각 50점)

54.

급수	6급
유형	주제에 대해 글쓰기
주제	주 4일 근무제
Key	전체 주제인 '주 4일제'에 대한 세부 과제 3개를 잘 연결하여 쓴다.
어휘	주 4일제(four-day workweek) 보장(guarantee) 균형(balance) 효율(efficiency) 생산성(productivity)

'주 4일제'는 일주일에 4일만 일하는 형태의 근무제도를 말한다. 월요일부터 금요일까지 5일을 일하는 지금보다 하루를 더 쉴 수 있는 것이다. '주 4일제'는 좋은 점도 있지만 문제점도 있다. 아래의 내용을 중심으로 '주 4일제'의 장점과 단점에 대해 자신의 의견을 쓰라.

과제 1	'주 4일제'의 장점은 무엇인가?
과제 2	'주 4일제'의 단점은 무엇인가?
과제 3	'주 4일제'에 찬성하는가, 반대하는가? 근거를 들어 자신의 의견을 쓰라.

과제 1	주 4일제의 정의 주 4일제의 장점 -업무의 효율성 증가 -충분한 휴식으로 일과 일상의 균형을 보장
과제 2	주 4일제의 단점 -생산성의 하락 -오히려 일의 강도가 증가함
과제 3	자신의 의견 -주 4일제에 찬성 -찬성 근거 제시 -반대 의견에 대한 반박

정답(p.71 참고)

과제1 평범한 회사원이라면 월요일부터 금요일까지 출근하는 것이 보통이다. 그런데 최근에 일주일에 4일을 일하고 3일을 쉬는 '주 4일제'에 대한 논의가 활발하다. '주 4일제'는 많은 장점이 있다. 먼저, 제한된 시간 안에 일을 마쳐야 하기 때문에 일의 효율이 높아질 수 있다. 또한 근무자에게 충분한 여가와 휴식을 보장해줄 수 있다. 전 세계적으로 한국의 업무 강도는 매우 높은 편이다. '주 4일제'는 업무 강도를 낮춰서 일과 일상의 균형을 잡을 수 있다.

과제2 그러나 '주 4일제'를 부정적으로 보는 사람들은 장점보다 단점이 더 많다고 말한다. 우선 일하는 날이 하루 줄어든 것이기 때문에 생산성이 떨어진다는 것이다. 또한 어떤 사람들은 시간은 줄어들고 일의 양은 똑같기 때문에 오히려 일의 강도가 높아질 것이라고 말한다.

과제3 이러한 단점이 있음에도 나는 '주 4일제'에 찬성한다. 휴식 시간이 늘어나는 것이 오히려 생산성을 향상시킨다고 생각하기 때문이다. 일반적으로 많은 직장인들은 목요일부터 일의 집중력이 떨어져서 금요일은 업무의 효율이 높지 않게 되는 것을 경험한다. 충분한 여가와 휴식은 쉬는 데에 목적이 있는 것이 아니라 효과적인 업무 능력 향상에 목적이 있는 것이다. 따라서 휴일이 하루 늘어나는 것이 회사 입장에서 손해라는 생각은 거두어야 한다. 일을 오래 하는 것이 반드시 좋은 성과를 보장하는 것은 아니다.

※ [1~2] (　　)에 들어갈 말로 가장 알맞은 것을 고르십시오. (각 2점)

1.

급수	3급 (하)
유형	어휘나 표현의 의미 고르기
지문	짧은 서술문
주제	숙제를 하느라고 전화를 못 받았다.
Key	문맥에 맞는 알맞은 문법을 고르는 문항이다. 기본 문법 사용 능력을 측정하는 문항으로 3급 수준의 문법이 출제되며 기출문제를 중심으로 문법을 정리해 두면 좋다.
어휘	

숙제를 (　　　) 전화를 못 받았다.

① 하더니 　　　　　　② 하려면
③ 하도록 　　　　　　④ 하느라고

정답　④ -느라고 : 앞에 오는 말의 나타내는 행동이 뒤에 오는 말의 목적이나 원인이 됨을 나타내는 연결 어미이다.
　　　예 일하느라고 연애할 시간도 없어요.

오답　① -더니 : 과거에 경험하여 알게 된 사실과 다른 새로운 사실이 있음을 나타내는 연결 어미이다.
　　　　예 아침에는 눈이 오더니 지금은 하늘이 맑네.
　　② -려면 : 어떤 행동을 할 의도나 의향이 있는 경우를 가정할 때 쓰는 연결 어미이다.
　　　　예 약속을 지키려면 서둘러야겠다.
　　③ -도록 : 앞에 오는 말이 뒤에 오는 말에 대한 목적이나 결과, 방식, 정도임을 나타내는 연결 어미이다.
　　　　예 길이 미끄러우니까 넘어지지 않도록 조심하세요.

2.

급수	3급 (중)
유형	어휘나 표현의 의미 고르기
지문	짧은 서술문
주제	한국어를 잘 못하는데 잘하는 척했다.
Key	문맥에 맞는 알맞은 문법을 고르는 문항이다. 기본 문법 능력을 측정하는 문항으로 3급 수준의 문법이 출제되며 기출문제를 중심으로 문법을 정리해 두면 좋다.
어휘	

한국어를 잘 못하는데 (　　　).

① 잘하는 척했다 　　　　② 잘하는 듯했다
③ 잘하는 법이다 　　　　④ 잘하기 마련이다

정답　① -(으)ㄴ/는 척하다 : 실제로 그렇지 않은데도 어떤 행동이나 상태를 거짓으로 꾸밈을 나타내는 표현이다.
　　　예 민준이는 아내가 민망할까 봐 아내의 실수를 모르는 척했다.

오답　② -는 듯하다 : 앞의 말의 내용을 추측한다는 뜻을 나타내는 말이다.
　　　　예 집이 조용한 걸 보니까 모두 주무시는 듯하다.
　　③ -는 법이다 : 앞의 말이 나타내는 동작이나 상태가 이미 그렇게 정해져 있거나 그런 것이 당연하다는 뜻을 나타내는 표현이다.
　　　　예 겨울이 가면 봄이 오는 법이다.
　　④ -기 마련이다 : 어떤 일이 일어나거나 어떤 상태가 되는 것이 당연함을 나타내는 표현이다.
　　　　예 과식을 하면 배탈이 나기 마련이다.

※ **[3~4] 다음 밑줄 친 부분과 의미가 가장 비슷한 것을 고르십시오. (각 2점)**

3.

급수	4급 (하)
유형	어휘나 표현의 의미 고르기
지문	짧은 서술문
주제	-다가 = 으면서
Key	같은 의미의 문법이나 표현을 고르는 문항이다. 유의 표현 능력을 측정하는 문항으로 4급 수준의 문항이 출제되며 기출문제를 중심으로 문법을 정리해 두면 도움이 된다.
어휘	소화제(digestive medicine)

집에 <u>오다가</u> 소화제를 샀다.

---

① <u>오면서</u>　　　　② 오니까
③ 올수록　　　　　④ 왔는데

정답　① -다가 : 어떤 행동이나 상태 등이 중단되고 다른 행동이나 상태로 바뀜을 나타내는 연결 어미이다.
　　　예 공부를 <u>하다가</u> 잠이 들어 버렸어요.
　　　-으면서 : 두 가지 이상의 동작이나 상태가 함께 일어남을 나타내는 연결 어미이다.
　　　예 나는 거리를 <u>걸어다니면서</u> 이곳저곳 구경을 했다.

오답　② -으니까 : 뒤에 오는 말에 대하여 앞에 오는 말이 원인이나 근거, 전제가 됨을 강조하여 나타내는 연결 어미이다.
　　　예 오늘 아침에 일찍 나간다고 <u>하니까</u> 어머니께서 도시락을 싸 주셨다.
　　　③ -을수록 : 앞의 말이 나타내는 정도가 심해지면 뒤의 말이 나타내는 내용의 정도도 그에 따라 변함을 나타내는 연결 어미이다.
　　　예 이 책은 <u>읽을수록</u> 새로운 감동을 주는 것 같아요.
　　　④ -는데 : 말을 하기 위하여 그 대상과 관련이 있는 상황을 미리 말함을 나타내는 연결 어미이다.
　　　예 지영이에게 선물로 책을 <u>받았는데</u> 내가 사려던 것이었다.

4.

급수	4급 (중)
유형	어휘나 표현의 의미 고르기
지문	짧은 서술문
주제	-나 보다 = 는 모양이다
Key	같은 의미의 문법이나 표현을 고르는 문항이다. 유의 표현 능력을 측정하는 문항으로 4급 수준의 문항이 출제되며 고급 수준의 문법이 출제되는 경우도 있어 기출문제를 중심으로 문법을 정리해 두면 도움이 된다.
어휘	

아이가 조용한 걸 보니까 방에서 <u>자나 보다</u>.

---

① 잘까 싶다　　　　② 잘 만하다
③ 자는 편이다　　　④ <u>자는 모양이다</u>

정답　④ -나 보다 : 추측을 나타내는 표현이다.
　　　예 매일 매진인 걸 보니까 이 영화가 정말 <u>재미있나봐</u>.
　　　-는 모양이다 : 다른 사실이나 상황으로 보아 현재 어떤 일이 일어나고 있거나 어떤 상태라고 추측함을 나타내는 표현이다.
　　　예 식당에 사람이 많은 걸 보니 음식이 <u>맛있는 모양이다</u>.

오답　① -을까 싶다: 앞의 말이 나타내는 내용을 불확실하게 추측하거나 그 내용대로 될까 봐 걱정하는 마음이 있음을 나타내는 표현이다.
　　　예 지금 힘들어도 계속 노력하면 언제인가 좋은 날이 <u>오지 않을까 싶어</u>.
　　　② -을 만하다 : 앞의 말이 나타내는 행동을 할 가치가 있음을 나타내는 표현이다.
　　　예 다이어트 중이더라도 우유나 요구르트는 걱정 없이 <u>먹을 만하다</u>.
　　　③ -는 편이다 : 어떤 사실을 단정적으로 말하기보다는 대체로 어떤 쪽에 가깝다거나 속한다고 말할 때 쓰는 표현이다.
　　　예 지수는 쇼핑 목록을 작성해서 꼭 필요한 물건만 <u>사는 편이다</u>.

5.

급수	3급 (하)
유형	무엇에 대한 글인지 고르기
지문	광고
주제	청소기
Key	핵심 내용이 무엇인지 파악해 주제를 고르는 문항이다. 주로 표어, 광고지, 포스터, 전단지, 플랜카드 등이 제시되는 문항으로 3급 수준의 문항이 출제된다. 주제별로 관련 어휘를 정리해 두면 도움이 된다.
어휘	척척(efficiently) 구석구석(every corner)

눈에 보이지 않는 먼지도 척척!
집안 구석구석 빠르고 깨끗하게

① 에어컨   ② 청소기   ③ 냉장고   ④ 세탁기

정답 ② 먼지 척척 / 집안 구석구석 / 깨끗하게

오답 ① 시원하다 / 구석구석
③ 음식 / 시원하다 / 차갑다
④ 옷 / 깨끗하다

6.

급수	3급 (하)
유형	무엇에 대한 글인지 고르기
지문	광고
주제	마트
Key	핵심 내용이 무엇인지 파악해 주제를 고르는 문항이다. 주로 표어, 광고지, 포스터, 전단지, 플랜카드 등이 제시되는 문항으로 3급 수준의 문항이 출제된다. 주제별로 관련 어휘를 정리해 두면 도움이 된다.
어휘	품질(quality) 장바구니(shopping basket)

품질도 가격도 최고!
무거운 장바구니도 바로 집으로!

① 안과   ② 식당   ③ 꽃집   ④ 마트

정답 ④ 품질 / 가격 / 장바구니

오답 ① 글씨 / 흐리게 보이다
② 정성을 담다 / 신선한 재료 / 맛있다
③ 싱싱하다 / 향기롭다

7.

급수	3급 (중)
유형	무엇에 대한 글인지 고르기
지문	광고
주제	환경 보호
Key	핵심 내용이 무엇인지 파악해 주제를 고르는 문항이다. 주로 표어, 광고지, 포스터, 전단지, 플랜카드 등이 제시되는 문항으로 3급 수준의 문항이 출제된다. 주제별로 관련 어휘를 정리해 두면 도움이 된다.
어휘	숲(forest)

쓰면 쓸수록 숲이 지워집니다.
일주일에 한 번, 승용차 대신 대중교통을 이용해 보세요.

① 환경 보호
② 생활 예절
③ 화재 예방
④ 봉사 활동

정답 ① 숲 / 승용차 대신 대중교통 이용

오답 ② 밝은 인사 / 기분 좋은 하루
　　　③ 불씨 / 살펴보다 / 다시 보다
　　　④ 이웃에게 / 재능이 모이다

8.

급수	3급 (중)
유형	무엇에 대한 글인지 고르기
지문	광고
주제	문의 방법
Key	핵심 내용이 무엇인지 파악해 주제를 고르는 문항이다. 주로 표어, 광고지, 포스터, 전단지, 플랜카드 등이 제시되는 문항으로 3급 수준의 문항이 출제된다. 주제별로 관련 어휘를 정리해 두면 도움이 된다.
어휘	고객센터(customer service center) 운영하다(operate)

 궁금한 점이 있으시면 고객센터로 전화해 주세요.
고객센터는 080-987-1234로 24시간 운영합니다.

① 교환 안내
② 문의 방법
③ 사용 방법
④ 모집 안내

정답 ② 궁금한 점 / 고객센터

오답 ① 상품 / 환불하다
　　　③ 제품 / 고객센터 / 사용하다
　　　④ 아르바이트 / 직원 / 인재

※ [9~12] 다음 글 또는 그래프의 내용과 같은 것을 고르십시오. (각 2점)

9.

급수	3급 (중)
유형	내용이 같은 것 고르기
지문	안내문
주제	봄 벚꽃 축제
Key	내용과 일치하는 내용을 고르는 문항이다. 주로 안내지, 도표, 설명문 등이 제시되는 문항으로 3급 수준의 문항이 출제된다. 먼저 보기를 읽고 그 내용이 맞는지 도표에서 확인하며 풀면 문제 푸는 시간을 절약할 수 있다.
어휘	개막식(opening ceremony) 주행(driving)

① 봄 벚꽃 축제에서 걷기 대회도 열린다.
② 봄 벚꽃 축제는 주말에만 즐길 수 있다.
③ 축제 전날 개막식 축하 공연이 마련되어 있다.
④ 행사 기간에 봄꽃길에서 자전거를 탈 수 있다.

정답 ① 4월 9일에 벚꽃길 걷기 대회가 있다.

오답 ② 봄 벚꽃 축제는 주말에만 즐길 수 있다.
　　　③ 축제 전날 개막식 축하 공연이 마련되어 있다.
　　　④ 행사 기간에 봄꽃길에서 자전거를 탈 수 있다.

10.

급수	3급 (중)
유형	내용이 같은 것 고르기
지문	도표
주제	성별에 따른 건강 관리법
Key	내용과 일치하는 내용을 고르는 문항이다. 주로 안내지, 도표, 설명문 등이 제시되는 문항으로 3급 수준의 문항이 출제된다. 먼저 보기를 읽고 그 내용이 맞는지 도표에서 확인하며 풀면 문제 푸는 시간을 절약할 수 있다.
어휘	수면(sleep) 영양제(nutritional supplement) 섭취(intake) 건강 검진(health medical examination) 식단(diet)

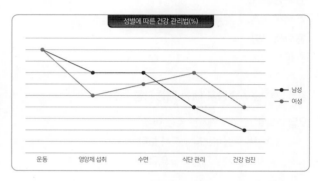

① 남녀 모두 운동하는 것을 가장 중요하게 생각한다.
② 건강 검진을 선택한 사람은 여성보다 남성이 더 많다.
③ 여성은 잠을 자는 것보다 영양제 섭취를 중요하게 여긴다.
④ 여성보다 남성이 먹는 것에 신경을 더 쓰는 것으로 나타났다.

정답 ① 운동이 45%로 남녀 모두 높은 비율을 보인다.

오답 ② 건강 검진을 선택한 사람은 여성보다 남성이 더 많다.
　　　③ 여성은 잠을 자는 것보다 영양제 섭취를 중요하게 여긴다.
　　　④ 여성보다 남성이 먹는 것에 신경을 더 쓰는 것으로 나타났다.

※ [9~12] 다음 글 또는 그래프의 내용과 같은 것을 고르십시오. (각 2점)

11.

급수	3급 (상)
유형	내용이 같은 것 고르기
지문	기사문
주제	말하기 대회
Key	내용과 일치하는 내용을 고르는 문항이다. 주로 안내지, 도표, 설명문 등이 제시되는 문항으로 3급 수준의 문항이 출제된다. 먼저 보기를 읽고 그 내용이 맞는지 도표에서 확인하며 풀면 문제 푸는 시간을 절약할 수 있다.
어휘	개최하다(be held) 참가(attend) 선정(selection) 심사(judge) 대신하다(replace) 공지하다(announce)

한국대학교에서는 오는 10월 9일에 세계 외국인 한국어 말하기 대회를 개최한다. 이 대회는 한국어를 배우는 외국인을 대상으로 하며 발표 주제는 '비슷한 듯, 다른 듯 한국어·한국문화'이다. 참가를 원하는 사람은 5분 정도의 내용을 글로 써서 9월 25일까지 이메일로 보내면 된다. 11. 본선 발표자 선정은 원고 심사로 대신하며 그 결과는 홈페이지에서 공지할 예정이다.

① 대회에서 발표할 내용의 양은 제한이 없다.
② 한국에 살고 있는 외국인만 참가할 수 있다.
③ 본선 참가자는 홈페이지에서 확인할 수 있다.
④ 신청자는 대학교에 가서 원고를 제출하면 된다.

정답 ③ 본선에 오른 발표자는 홈페이지에 그 결과를 공지한다.

오답 ① 대회에서 발표할 내용의 양은 제한이 없다.
　　 ② 한국에 살고 있는 외국인만 참가할 수 있다.
　　 ④ 신청자는 대학교에 가서 원고를 제출하면 된다.

12.

급수	3급 (상)
유형	내용이 같은 것 고르기
지문	기사문
주제	살기 좋은 나라
Key	내용과 일치하는 내용을 고르는 문항이다. 주로 안내지, 도표, 설명문 등이 제시되는 문항으로 3급 수준의 문항이 출제된다. 먼저 보기를 읽고 그 내용이 맞는지 도표에서 확인하며 풀면 문제 푸는 시간을 절약할 수 있다.
어휘	연구소(laboratory) 순위(ranking) 기록하다(record) 주거환경(residential environment) 부문(sector) 차지하다(occupy) 복지(welfare) 만족도(satisfaction) 여가(leisure) 만족감(feeling of satisfaction)

미국의 한 연구소에서 세계 169개국을 대상으로 조사한 '살기 좋은 나라' 순위를 발표하였다. 올해 한국은 17위로 3년째 같은 순위를 기록했다. 한국은 주거환경, 개인 안전, 교육 부문에서 항상 높은 순위를 차지해 왔는데 올해는 작년에 비해 건강, 복지, 환경과 같은 생활 만족도 순위가 크게 올랐다. 이는 12. 여가 생활을 즐기는 사람이 늘면서 생활에 대한 만족감이 커졌기 때문인 것으로 보인다.

① 한국인의 생활 만족도는 작년과 같다.
② 한국의 전체 순위는 지난해보다 올랐다.
③ 한국에서 여가 생활을 하는 사람이 많아졌다.
④ 한국의 주거환경과 교육 부문 순위는 낮아졌다.

정답 ③ 여가 생활을 즐기는 사람이 많이 늘었다.

오답 ① 한국인의 생활 만족도는 작년과 같다.
　　 ② 한국의 전체 순위는 지난해보다 올랐다.
　　 ④ 한국의 주거환경과 교육 부문 순위는 낮아졌다.

※ [13~15] 다음을 순서에 맞게 배열한 것을 고르십시오.
(각 2점)

13.

급수	3급 (상)
유형	순서대로 맞게 나열한 것 고르기
지문	기사문
주제	입양
Key	내용의 순서를 파악하는 문항이다. 맥락의 이해 능력을 측정하는 문항으로 3급 수준의 문항이 출제된다. 보기 4개 중 2개가 고정되어 제시되며 두 개 중 첫 번째로 오는 문장을 찾으면 쉽게 답을 찾을 수 있다. 또한 접속사, 지시어, 조사를 잘 확인해야 한다.
어휘	입양(adopt) 고집하다(insist on) 수차례(several times) 롤모델(role model)

(가) 13. 그 소식을 들은 부부는 13. 그 아이의 입양을 13. 고집하였다.
(나) 한쪽 팔이 없어서 수차례 13. 입양이 거부된 아이가 있었다.
(다) 부부의 아버지도 13. 그 아이와 똑같이 13. 한쪽 팔이 없었기 때문이다.
(라) 아이는 드디어 13. 삶의 본보기가 될 할아버지와 부모를 갖게 되었다.

① (나)-(가)-(다)-(라)
② (나)-(라)-(다)-(가)
③ (다)-(가)-(나)-(라)
④ (다)-(나)-(라)-(가)

정답 ① '입양이 거부된 아이'에 대한 '소식'을 들은 부부가 입양을 '고집한 이유'를 부부의 아버지가 한쪽 팔이 없다는 것과 연결 연결할 수 있다.

오답 ②, ③, ④
입양이 거부된 아이의 이야기이므로 (나)가 가장 먼저 나와야 하며, 그 소식은 입양이 거부된 아이를 가리키므로 (가)가 다음에 와야 한다. 글의 마지막에는 삶의 본보기가 될 할아버지와 부모 이야기가 나와야 한다. 따라서 (라)가 가장 마지막에 있어야 한다.

14.

급수	3급 (상)
유형	순서대로 맞게 나열한 것 고르기
지문	설명문
주제	꿀벌
Key	내용의 순서를 파악하는 문항이다. 맥락의 이해 능력을 측정하는 문항으로 3급 수준의 문항이 출제된다. 보기 4개 중 2개가 고정되어 제시되며 두 개 중 첫 번째로 오는 문장을 찾으면 쉽게 답을 찾을 수 있다. 또한 접속사, 지시어, 조사를 잘 확인해야 한다.
어휘	꿀벌(honeybee) 먹이(food) 거리(distance) 방향(direction) 반복적이다(repetitive) 움직이다(move) 파악하다(figure out)

(가) 꿀벌의 14. 춤은 먹이가 위치한 거리와 방향에 따라 14. 달라진다.
(나) 몸을 14. 반복적으로 움직이는 모습이 춤을 추는 것과 같아 보인다.
(다) 꿀벌은 기본적으로 14. 반복적인 움직임을 통해 먹이 14. 정보를 전달한다.
(라) 꿀벌이 춤을 출 때 다른 벌들은 몸을 가까이해 춤을 따라 하면서 14. 먹이의 종류와 거리를 파악한다.

① (다)-(나)-(가)-(라)
② (다)-(가)-(나)-(라)
③ (라)-(나)-(다)-(가)
④ (라)-(다)-(나)-(가)

정답 ① 꿀벌은 '반복적인 움직임'을 보이고 이는 '춤을 추는 것'과 같다. 춤처럼 보이는 것은 '먹이가 위치한 거리'에 따라 춤이 달라지며 다른 벌들은 그 춤을 통해 먹이의 종류와 거리를 파악한다.

오답 ②, ③, ④
꿀벌의 움직임에 대한 내용으로 (다)가 가장 처음에 위치해야 한다. (다)와 (나)는 벌의 반복적인 움직임과 관련이 있고, (가)와 (라)는 춤의 의미에 대한 이야기이다. 이 글에서는 (라)가 가장 마지막에 와야 한다.

236 TOPIK II 한국어능력시험

15.

급수	4급 (하)
유형	순서대로 맞게 나열한 것 고르기
지문	논설문
주제	버스 안전띠
Key	내용의 순서를 파악하는 문항이다. 맥락의 이해 능력을 측정하는 문항으로 4급 수준의 문항이 출제된다. 보기 4개 중 2개가 고정되어 제시되며 두 개 중 첫 번째로 오는 문장을 찾으면 쉽게 답을 찾을 수 있다. 또한 접속사, 지시어, 조사를 잘 확인해야 한다.
어휘	당국(authorities) 경고등(warning light) 깜빡거리다(flicker) 안전띠(seat belt) 도입하다(introduce) 승객(passenger) 착용(wearing) 모니터(monitor)

(가) 이에 교통 당국은 경고등이 15. 깜빡거리는 안전띠를 도입하기로 했다.

(나) 승객이 좌석에 앉아 안전띠를 맬 때까지 15. 경고등이 깜빡이는 것이다.

(다) 버스를 탈 때 대부분의 승객이 좌석 15. 안전띠 착용을 지키지 않고 있다.

(라) 또한 운전자는 모니터로 15. 안전띠 미착용 좌석을 확인할 수 있어 안전띠 착용을 안내할 수 있다.

① (나)-(가)-(라)-(다)   ② (나)-(라)-(가)-(다)
③ (다)-(가)-(나)-(라)   ④ (다)-(나)-(가)-(라)

정답 ③ '안전띠 착용'을 지키지 않아 '경고등'이 켜지는 안전띠를 도입하기로 했는데 승객이 안전띠를 매지 않으면 경고등이 켜져 운전자가 안전띠 미착용 좌석을 확인할 수 있다.

오답 ①, ②, ④
대부분의 이야기가 먼저 나와야 하므로 (다)가 가장 먼저 글의 앞에 위치해야 한다. (라)는 안전띠 미착용을 확인해 안내할 수 있다는 점에서 글의 가장 마지막에 나와야 한다.

※ [16~18] ( )에 들어갈 말로 가장 알맞은 것을 고르십시오. (각 2점)

16.

급수	4급 (하)
유형	빈칸에 알맞은 것 고르기
지문	수필
주제	색과 공간
Key	빈칸에 알맞은 내용을 고르는 문항이다. 문장 안에서 필요한 표현을 찾는 능력을 측정하는 문항으로 4급 수준의 문항이 출제된다. 괄호의 앞과 뒤를 집중해 읽고, 접속사나 담화 표지를 신경 써 문장 간의 관계를 파악해야 한다.
어휘	계열(series) 피로(fatigue) 덜다(relieve)

사람들은 색을 통해 다양한 느낌을 드러낸다. 16. 집의 분위기를 바꾸는 데에도 색을 활용할 수 있다. 마음을 16. 편안하게 해 주고 싶을 때에는 녹색 계열을 사용하고, 16. 활발한 느낌을 살리고 싶을 때는 오렌지색으로 꾸미면 좋다. 16. 피로를 덜어 주고 싶은 방이라면 푸른색이 좋다. 따라서 집안의 분위기를 바꾸고 싶을 때는 먼저 ( ) 것이 좋다.

① 공간의 크기를 재는
② 공간의 상태를 바꾸는
③ 공간의 위치를 물어보는
④ 공간의 목적을 고려하는

정답 ④ 어떤 공간을 원하는지에 따라 색으로 변화를 줄 수 있다.

오답 ① 공간은 크기가 아닌 색을 통해 변화를 줄 수 있음을 말하고 있다.
② 공간의 목적이 무엇인지에 따라 색을 통해 변화를 줄 수 있다는 이야기이므로 공간의 상태를 바꾸는 것은 적절한 대답이 아니다.
③ 공간의 위치에 대한 언급이 전혀 없으므로 적절하지 않다.

17.

급수	4급 (하)
유형	빈칸에 알맞은 것 고르기
지문	설명문
주제	시든 채소
Key	빈칸에 알맞은 내용을 고르는 문항이다. 문장 안에서 필요한 표현을 찾는 능력을 측정하는 문항으로 4급 수준의 문항이 출제된다. 괄호의 앞과 뒤를 집중해 읽고, 접속사나 담화 표지를 신경 써 문장 간의 관계를 파악해야 한다.
어휘	시들다(wither) 살리다(revive) 담그다(soak) 건지다(take A out of) 물기(some water) 제거하다(remove) 흡수되다(absorb)

마트에서 채소를 사오면 양이 많아서 다 먹기도 전에 시들어 버리는 경우가 많다. (　　　) 때문에 **17. 시간이 갈수록 채소가 시들해지는 것이다.** 이런 시든 채소를 살리려면 50도의 온도로 맞춘 **17. 물을 준비**해 시들해진 채소를 1분간 **17. 담가 두면 된다.** 그리고 따뜻한 물에서 채소를 건져 물기를 제거하면 순간적으로 **17. 충분한 물이 흡수되면서** 채소가 다시 싱싱해진다.

① 물에 오래 담그기
② 따뜻한 곳에 보관하기
③ 수분이 점점 빠져나가기
④ 씻을 때 뜨거운 물로 씻기

정답　③ 채소가 시들시들해지는 이유는 시간이 갈수록 수분이 빠지기 때문이다. 충분한 물이 흡수될 수 있도록 따뜻한 물에 담가 두면 채소가 싱싱해진다.

오답　① 수분이 줄어 시들해지기 때문에 물에 오래 담그기는 적절한 대답이 될 수 없다.
　　　② 따뜻한 곳에 보관하기도 수분과 관련이 없다.
　　　④ 씻을 때 뜨거운 물로 씻기 또한 수분 공급이 부족하다는 내용과 연결이 어렵다.

18.

급수	4급 (중)
유형	빈칸에 알맞은 것 고르기
지문	설명문
주제	눈
Key	빈칸에 알맞은 내용을 고르는 문항이다. 문장 안에서 필요한 표현을 찾는 능력을 측정하는 문항으로 4급 수준의 문항이 출제된다. 괄호의 앞과 뒤를 집중해 읽고, 접속사나 담화 표지를 신경 써 문장 간의 관계를 파악해야 한다.
어휘	계단(stairs) 날아오다(fly in) 사물(object) 비쳐지다(reflect) 합치다(combine) 입체적이다(three-dimensional)

사람들이 (　　　) 계단을 오르거나 날아오는 공을 잡기가 어려워진다. 왼쪽 눈과 오른쪽 눈에 보이는 **18. 사물의 모습이 완전히 똑같은 것이 아니기 때문이다.** 두 눈에 비쳐진 사물의 모습에는 **18. 차이가 있다.** 우리의 뇌는 이 차이를 바탕으로 **18. 두 개의 모습을 합쳐 사물을 입체적으로 느끼게 한다.**

① 한쪽 눈을 가리면
② 눈을 감았다가 뜨면
③ 두 사물을 함께 보지 않으면
④ 사물의 양쪽 면을 보지 않으면

정답　① 두 눈에 비친 사물의 모습은 차이가 있다. 뇌는 두 눈에서 들어온 정보를 처리하기 때문에 이를 종합해 사물을 입체적으로 느낀다. 따라서 한쪽 눈을 가리면 사물의 모습을 제대로 파악하기 어렵다.

오답　② 양쪽 눈이 사물을 동일하게 보지 않는다는 전제에서 출발하기 때문에 눈을 감았다가 뜨는 것은 적절한 대답이 아니다.
　　　③ 두 사물을 함께 보는 것에 대한 내용이 아니다.
　　　④ 사물의 양쪽 면을 보는 것에 대한 내용이 아닌 두 눈에 맺히는 사물에 대한 내용이어야 한다.

※ [19~20] 다음을 읽고 물음에 답하십시오. (각 2점)

	19.			20.
급수	4급 (중)		급수	4급 (중)
유형	빈칸에 알맞은 어휘나 표현 고르기		유형	주제 고르기
Key	빈칸에 알맞은 어휘를 고르는 문항이다. 문장 안에서 필요한 어휘를 찾는 능력을 측정하는 문항으로 4급 수준의 문항이 출제된다. 괄호의 앞과 뒤를 집중해 읽고, 기출문제에 제시된 접속사를 정리해 두면 도움이 된다.		Key	중심 생각을 파악하는 문항이다. 중심 내용의 이해 능력을 측정하는 문항으로 4급 수준의 문항이 출제된다. 중심생각은 '-어야 하다, -는 게 좋다, 그래서' 등의 표현과 함께 사용되니 이런 표현이 있는지 확인하며 문제를 풀면 도움이 된다.
지문	설명문			
주제	탈모			
어휘	서구화되다(westernize) 식습관(eating habits) 탈모(hair loss) 직후(right after) 노폐물(waste) 성장(growth)			

자신도 모르게 하고 있던 **19. 습관** 때문에 머리카락이 빠질 때가 있다. 서구화된 식습관과 스트레스가 영향을 미쳐 탈모로 이어지는 것이다. 특히 탈모 환자들은 **19. 아침 기상 직후에 머리를 감는 경우가 많은데** (   ) 이런 습관은 **19. 탈모를 키우게 된다. 20. 저녁에 머리를 감으면 낮 동안 두피에 쌓인 노폐물을 깨끗이 씻어낼 수 있어 두피 건강과 모발 성장에 도움**이 된다.

19. (   )에 들어갈 말로 가장 알맞은 것을 고르십시오.

① 드디어   ② 어쩌면   ③ 반드시   ④ 오히려

정답   ④ 오히려 : 일반적인 예상이나 기대와는 전혀 다르거나 반대가 되게.
　　　　예 그는 잘못했는데도 오히려 나에게 화를 냈다.

오답   ① 드디어 : 고대하던 것이 끝내. 결국에 가서.
　　　　예 언니는 회사에서의 힘든 3년을 보내고 드디어 대리로 승진하였다.
　　　② 어쩌면 : 확실하지 않지만 짐작하건대.
　　　　예 어머니가 어쩌면 내년쯤 서울로 이사 갈지도 모른다고 말씀하셨다.
　　　③ 반드시 : 틀림없이 꼭.
　　　　예 집을 나서기 전에는 반드시 가스 불을 껐는지를 확인해야 화재를 예방할 수 있다.

20. 윗글의 주제로 가장 알맞은 것을 고르십시오.

① 스트레스는 탈모에 영향을 주지 않는다.
② 서구화된 식습관은 탈모를 예방할 수 있다.
③ 탈모를 늦추려면 저녁에 머리를 감아야 한다.
④ 아침에 일어나자마자 머리를 감는 것이 좋다.

정답   ③ 저녁에 감으면 노폐물을 깨끗하게 씻어 낼 수 있어 두피와 모발에 도움이 된다.

오답   ① 스트레스는 탈모에 영향을 주며 두피 건강에 좋지 않은 잘못된 습관에 대해 이야기하고 있다.
　　　② 탈모는 서구화된 식습관과도 영향이 있다.
　　　④ 아침에 일어나자마자 머리를 감는 것은 탈모를 키운다.

※ [21~22] 다음을 읽고 물음에 답하십시오. (각 2점)

21.		22.	
급수	4급 (중)	급수	4급 (상)
유형	빈칸에 알맞은 어휘나 표현 고르기	유형	내용과 같은 것 고르기
Key	빈칸에 알맞은 어휘를 고르는 문항이다. 문장 안에서 필요한 어휘를 찾는 능력을 측정하는 문항으로 4급 수준의 문항이 출제된다. 괄호의 앞과 뒤를 집중해 읽고, 기출문제에 제시된 관용어를 정리해 두면 도움이 된다.	Key	내용과 일치하는 내용을 고르는 문항이다. 세부 내용의 이해 능력을 측정하는 문항으로 4급 수준의 문항이 출제된다. 먼저 보기를 읽고 그 내용이 맞는지 내용을 확인하며 풀면 문제 푸는 시간을 절약할 수 있다.
지문	논설문		
주제	듣는 태도		
어휘	심리학자(psychologist) 태도(attitude) 실험(experiment) 행동(action)		지시하다(instruct) 집중하다(concentrate on) 미소를 띠다(smile) 고개를 끄덕이다(nod)

　　한 심리학자가 23. 듣는 사람의 태도가 얼마나 중요한지 보여 주는 실험을 진행했다. 그 심리학자는 23. 수업이 재미없기로 유명한 교사의 수업을 듣는 학생들에게 23. 몇 가지 행동을 하도록 지시하였다. 첫 번째는 교사가 말을 할 때 (　　　　) 해 수업에 22. 집중하고 있음을 보이는 것이다. 두 번째는 얼굴에 미소를 띠면서 22. 고개를 끄덕여 주고 가끔 수업 내용과 22. 관련이 있는 질문을 하게 했다. 23. 한 학기 후에 교사의 수업 태도는 아주 달라졌는데 다양한 교수 방법을 활용하여 재미있는 수업을 만들기 시작한 것이다.

21. (　　)에 들어갈 말로 가장 알맞은 것을 고르십시오.
① 입을 다물게
② 귀를 기울이게
③ 귀에 거슬리게
④ 입에 오르내리게

정답　② 귀를 기울이다 : 남의 말이나 이야기에 관심을 가지고 주의 깊게 듣다.
　　　예 민준의 흥미로운 이야기에 친구들이 잠잠히 귀를 기울였다.

오답　① 입을 다물다 : 하던 말을 그치거나 비밀을 지키기 위해 말을 하지 않다.
　　　예 민수는 그날 벌어졌던 진실에 대해 끝내 입을 다물었다.
　　　③ 귀에 거슬리다 : 어떤 말이 자신의 생각과 맞지 않아서 기분이 좋지 않다.
　　　예 지수는 친구의 불평이 귀에 거슬려서 짜증이 일었다.
　　　④ 입에 오르내리다 : 다른 사람들의 이야깃거리가 되다.
　　　예 연예인들의 사생활은 항상 사람들의 입에 오르내리기 마련이다.

22. 윗글의 내용과 같은 것을 고르십시오.
① 교사의 수업 방식에 대해 실험을 하였다.
② 재미없는 교사의 수업을 통해 실험을 하였다.
③ 교사와 학생의 대화 방식에 변화를 준 실험이다.
④ 이 실험에서 좋은 수업을 위한 교수법을 개발하였다.

정답　② 수업을 듣는 학생들의 태도가 달라지면 교수자의 수업 태도도 달라진다는 전제로 실험이 이루어지는 것이라서 재미없는 수업을 하는 교사도 학습자의 반응에 따라 수업 태도가 달라진다는 것을 보여 주는 실험을 진행하였다.

오답　① 교사의 수업 방식에 대해 실험을 하였다.
　　　③ 교사와 학생의 대화 방식에 변화를 준 실험이다.
　　　④ 이 실험에서 좋은 수업을 위한 교수법을 개발하였다.

※ [23~24] 다음을 읽고 물음에 답하십시오. (각 2점)

23.		**24.**	
급수	5급 (하)	급수	5급 (하)
유형	주인공의 태도/심정 고르기	유형	내용과 같은 것 고르기
Key	개인적인 글을 읽고 등장인물의 태도나 심정을 고르는 문항이다. 글쓴이의 태도를 파악하는 능력을 측정하는 문항으로 5급 수준의 문항이 출제된다. 등장인물의 행동이나 표정 변화가 어떤 감정을 드러내는지를 먼저 파악하는 것이 중요하다.	Key	개인적인 글을 읽고 내용과 일치하는 내용을 고르는 문항이다. 세부 내용의 이해 능력을 측정하는 문항으로 5급 수준의 문항이 출제된다. 먼저 보기를 읽고 그 내용이 맞는지 내용을 확인하며 풀면 문제 푸는 시간을 절약할 수 있다.
지문	수필		
주제	친구와 싸운 아들		
어휘	노릇(play one's role as) 당장(right now) 거슬리다(annoying) 병신(asshole) 취급하다(deal with)	명예(honor) 한바탕(a gust of) 질투(jealousy) 치르다(pay) 나무라다(scold)	충격(shock) 애꾸(one-eyed person) 항변(protest, plea) 저지르다(commit)

　"바보같이 별것도 아닌 걸 가지고 싸우고 다니고 그래. 엄마가 한쪽 눈을 못 쓴다고 해서 엄마 노릇을 못 해준 일이 있니? 그저 당장 귀에 들어오는 소리가 거슬린다고 싸우는 것은 바보들이나 하는 짓이야." "하지만 녀석은 엄마를 병신 취급했단 말이야." 어머니의 명예를 지키겠다고 한바탕 전투까지 치르고 돌아온 **24.** 아들을 나무라는 어머니가 몹시 야속했다. 그러나 어머니의 **23.** 다음 말은 내게 큰 충격을 안겨 주었다. "넌 비록 애꾸라지만 엄마가 있잖니? **23/24.** 그 애는 부모님이 다 돌아가셔서 누나랑 둘이 살고 있는 불쌍한 애야. 누나는 공장에 다니느라고 제대로 집에 들어오지도 못하고……" 나는 가슴이 뜨끔했다. **23.** "그런 애들 두들겨 패줘야 속이 시원하겠니? 아무리 철이 없는 애들이라지만……" 하지만 녀석은 마치 자기 아버지가 있는 듯이 말했단 말이야, 이런 항변 따위 내게 아무 짝에도 쓸모 없는 것이었다. **23.** 부모 없는 아이를 때렸다는 사실, 내겐 오직 이것만이 중요했다.

23. 밑줄 친 부분에 나타난 '나'의 심정으로 가장 알맞은 것을 고르십시오.

① 미안쩍다　　② 안쓰럽다
③ 섭섭하다　　④ 아찔하다

정답　① 미안쩍다 : 남에게 잘못을 하여 마음이 편하지 않고 부끄러운 느낌이 있다.
　　　예 유민이 결혼식에 못 간 게 <u>미안쩍어서</u> 선물이라도 해야겠어.
　　　└ 친구의 말 때문에 싸움을 시작했지만 친구가 부모님 없이 살고 있다는 이야기를 어머니에게 듣고 나서 마음이 편치 않다.

오답　② 안쓰럽다 : 다른 사람의 처지나 형편이 딱하고 불쌍하여 마음이 좋지 않다.
　　　예 어머니는 자신 때문에 고생만 하는 아들이 몹시 <u>안쓰</u><u>러웠다.</u>
　　③ 섭섭하다 : 서운하고 아쉽다.
　　　예 유민이는 오랜만에 만난 친구와 밥만 먹고 헤어지기가 <u>섭섭했다.</u>

④ 아찔하다 : 놀라거나 해서 갑자기 정신이 흐려지고 어지럽다.
　　예 나는 친구의 사고 소식을 듣고 순간적으로 눈앞이 <u>아</u><u>찔했다.</u>

24. 윗글의 내용과 같은 것을 고르십시오.
① 어머니는 늦게까지 공장에서 일하고 있다.
② 친구 누나는 전쟁 때문에 집에 못 들어온다.
③ 이 사람의 친구는 부모님과 같이 살고 있다.
④ 이 사람은 친구와 싸워서 어머니한테 혼났다.

정답　④ 이 사람은 친구와 싸우고 와서 어머니에게 혼나고 있는 상황이다.

오답　① ~~어머니는 늦게까지 공장에서 일하고 있다.~~
　　② 친구 누나는 ~~전쟁 때문에~~ 집에 못 들어온다.
　　③ 이 사람의 친구는 ~~부모님과 같이~~ 살고 있다.

※ [25~27] 다음 신문 기사의 제목을 가장 잘 설명한 것을 고르십시오. (각 2점)

25.

급수	4급 (상)
유형	기사 제목 설명 고르기
지문	신문 기사(제목)
주제	세대 간 '밥그릇 싸움', 전 세계서 몸살
Key	신문 기사 제목을 읽고 가장 잘 설명한 것을 고르는 문항이다. 머리글을 이해하는 능력을 측정하는 문항으로 4급 수준의 문항이 출제된다. 두 가지 맥락 사이의 관계를 파악하는 것이 중요하다.
어휘	세대(generation) 밥그릇(rice bowl) 몸살(sick)

25. 세대 간 '밥그릇 싸움', 전 세계서 25. 몸살

① 노년 세대들이 청년층의 일자리를 빼앗고 있다.
② 젊은 세대뿐만 아니라 노년층도 일자리가 없다.
③ 청년과 중장년의 일자리 경쟁으로 갈등이 발생하였다.
④ 고령화로 청년층부터 장년층까지 일자리가 감소하고 있다.

정답 ③ 세대간 : 청년층, 장년층, 노년층을 가리킨다.
　　　밥그릇 싸움 : 일자리 경쟁을 의미한다.
　　　몸살 : 갈등 또는 문제가 생겼음을 의미한다.
　　　└ 청년과 중장년의 일자리 경쟁으로 갈등이 발생하였다.

오답 ① 두 세대 간의 일자리 경쟁에 대한 이야기이므로 노년세대들이 청년층의 일자리를 빼앗고 있다는 적절하지 않다.
　　　② 젊은 세대뿐만 아니라 노년층도 일자리가 적어져 일어난 문제에 대한 이야기이므로 '일자리가 없다'는 '몸살'의 의미와 연결되지 않는다.
　　　④ 일자리 감소와 고령화로 내용을 연결하기 어렵다. 세대 간 일자리 경쟁으로 문제가 생겼다는 것으로 기사의 내용을 파악해야 한다.

26.

급수	4급 (상)
유형	기사 제목 설명 고르기
지문	신문 기사(제목)
주제	도서정가제 실시 10여일… 서점은 여전히 '한파'
Key	신문 기사 제목을 읽고 가장 잘 설명한 것을 고르는 문항이다. 머리글을 이해하는 능력을 측정하는 문항으로 4급 수준의 문항이 출제된다. 두 가지 맥락 사이의 관계를 파악하는 것이 중요하다.
어휘	도서정가제(the fixed book price system) 실시(enforce) 한파(cold wave)

도서정가제 26. 실시 10여 일… 서점은 여전히 26. '한파'

① 책값의 균일화로 겨울철 책 판매량이 줄었다.
② 도서정가제 시행 후 책을 읽는 사람들이 감소하였다.
③ 도서정가제 시행 후 며칠이 지났지만 책의 판매가 부진하다.
④ 계속되는 추위로 인하여 제도에 대한 실효성 논란이 일고 있다.

정답 ③ 실시 : 시행하다
　　　10여 일 : 10일 정도가 지나다
　　　한파 : 겨울처럼 경기가 좋지 않음을 의미한다.
　　　└ 도서정가제 시행 후 며칠이 지났지만 책의 판매가 부진하다.

오답 ① 도서정가제 때문에 책이 잘 팔리지 않음을 표현하는 기사로 할인 없는 책값 때문에 판매가 잘 되지 않는다. 겨울철과는 관계가 없다.
　　　② 도서정가제 시행 후 책 판매가 부진한 것이지 책을 읽는 사람들이 감소하였는지는 알 수 없다.
　　　④ 추위는 도서정가제와 관련이 없으므로 적절한 기사 내용으로 보기 어렵다.

27.

급수	4급 (상)
유형	기사 제목 설명 고르기
지문	신문 기사(제목)
주제	기대수명 남성 78.5년, 여성 85.1년, 격차 6.5년 역대 최저
Key	신문 기사 제목을 읽고 가장 잘 설명한 것을 고르는 문항이다. 머리글을 이해하는 능력을 측정하는 문항으로 4급 수준의 문항이 출제된다. 두 가지 맥락 사이의 관계를 파악하는 것이 중요하다.
어휘	기대수명(life expectancy) 격차(gap) 역대(all time)

기대수명 남성 78.5년, 여성 85.1년, **27. 격차 6.5년 27. 역대 최저**

① 고령화에 따라 기대수명이 예년보다 늘어났다.
② 남성과 여성 간 기대수명 차이가 예전보다 줄었다.
③ 건강관리에 신경을 쓰는 사람들로 인해 기대수명이 높아졌다.
④ 앞으로 남은 수명에 대한 남성과 여성의 격차가 매우 줄었다.

정답 ② 격차 : 수준이나 품질, 수량 등이 서로 벌어진 차이.
역대 : 이전부터 이어 내려온 여러 대.
최저 : 정도나 수준이 가장 낮음.
ㄴ 남성과 여성 간 기대수명 차이가 예전보다 줄었다.

오답 ① 기대수명이 남녀 차이가 컸으나 올해는 남녀 격차가 가장 많이 줄었다는 의미로 고령화에 따라 기대수명이 예년보다 늘어났다는 것은 잘못된 해석이다.
③ 기대수명과 건강관리의 상관관계는 기사 제목으로 파악할 수 없다.
④ 기대수명에 대한 남성과 여성의 격차가 예년보다 줄기는 했으니 큰폭으로 줄었다는 말은 없다.

※ [28~31] ( )에 들어갈 내용을 가장 알맞은 것을 고르십시오. (각 2점)

28.

급수	5급 (하)
유형	빈칸에 알맞은 것 고르기
지문	설명문
주제	산소 분자
Key	빈칸에 알맞은 내용을 고르는 문항이다. 문장 안에서 필요한 표현을 찾는 능력을 측정하는 문항으로 5급 수준의 문항이 출제된다. [16~18]번 문제 유형과 동일하나 어휘와 문법의 난이도가 높다
어휘	산소 분자(oxygen molecule) 흡수하다(absorb) 원자(atom) 반응하다(react) 일정하다(constant) 둘레(round) 덮다(cover) 적도(equator) 부근(vicinity) 감싸다(cover) 분해되다(disassemble)

산소 분자는 자외선을 흡수하여 2개의 산소 원자가 되고 이 산소 원자는 다시 산소 분자와 반응하여 오존이 된다. 오존은 일정하게 지구 둘레를 덮어 태양으로부터 오는 ( ) 역할을 한다. **28. 그러므로** 자외선의 세기가 강한 적도 부근의 하늘은 오존이 매우 활발히 생성된다. 그런데 지구를 감싸고 있는 이 **28. 오존층이 프레온 가스에 의해 분해되어 구멍이 생기는 것을** '오존홀'이라고 하여 세계의 환경문제가 되고 있다.

① 오존홀을 만드는　② 자외선을 차단하는
③ 프레온 가스를 만드는　④ 산소 분자를 만드는

정답 ② 오존은 자외선을 차단하는 기능을 한다. 오존층이 프레온 가스에 분해되면 오존홀이 생기며 이것 때문에 자외선을 차단하지 못해 환경문제가 생긴다.

오답 ① 자외선을 차단하는 기능의 역할을 하는 것은 오존이다. 오존홀은 프레온 가스 때문에 생기는 구멍을 말한다. 오존홀은 적절하지 않다.
③ 오존은 프레온 가스에 의해 분해되는 것이라 막을 수 있는 것은 아니다.
④ 오존이 산소 분자를 만들어 내는 것은 아니다.

29.

급수	5급 (하)
유형	빈칸에 알맞은 것 고르기
지문	설명문
주제	취미 생활
Key	빈칸에 알맞은 내용을 고르는 문항이다. 문장 안에서 필요한 표현을 찾는 능력을 측정하는 문항으로 5급 수준의 문항이 출제된다. [16~18]번 문제 유형과 동일하나 어휘와 문법의 난이도가 높다
어휘	투자하다(invest) 평균적이다(average) 정성을 쏟다(put one's heart into) 본업(main job) 영감을 얻다(get inspired) 업무적이다(businesslike) 성취(achievement)

　　취미 생활은 경제적인 문제다. 시간과 돈, 에너지를 투자해야 한다. 평균적인 직장인이라면 취미 생활에 정성을 쏟으면서 본업도 잘하기는 어렵다. 그러므로 (　　　) 취미 생활을 선택해야 한다. 주말마다 전시회 하나를 보는 것이 **29. 취미라면 업무적인 아이디어에 영감을 얻으려고 노력하면 된다.** 운동이 취미라면 사람들과 친목을 쌓는 것만으로도 **29. 직업적인 성취에 도움이 된다.**

① 경제력을 키우는
② 시간을 줄일 수 있는
③ 본업과 연계할 수 있는
④ 새로운 기술을 익힐 수 있는

정답　③ 직업적인 성취에 도움이 될 수 있게 취미 생활을 하는 것이 경제적이다.

오답　① 취미 생활과 본업과의 연계가 중요한 부분인데 경제력을 키우는 것은 적절하지 않다.
　　　② 업무적인 아이디어를 키울 수 있는 것은 취미이다. '시간을 줄일 수 있는'은 적절하지 않다.
　　　④ 직업적 성취 또한 취미 생활과의 연계를 통해 이루어질 수 있다. 새로운 기술을 익히는 것이 아니다.

30.

급수	5급 (중)
유형	빈칸에 알맞은 것 고르기
지문	설명문
주제	알레르기
Key	빈칸에 알맞은 내용을 고르는 문항이다. 문장 안에서 필요한 표현을 찾는 능력을 측정하는 문항으로 5급 수준의 문항이 출제된다. [16~18]번 문제 유형과 동일하나 어휘와 문법의 난이도가 높다
어휘	알레르기(allergy) 면역력(immunity) 코점막(nasal mucosa) 예민하다(sensitive) 미세하다(fine) 잦아지다(become frequent) 불균형(unbalance) 영양(nutrition) 균형이 잡히다(balance) 유지하다(maintain) 피하다(avoid)

　　봄에는 알레르기 환자가 크게 늘어난다. 특히 감기에 걸리면 **30. 몸의 면역력이 떨어지고 동시에 코점막이 예민해져 미세한 물질에 반응하기 쉬운 신체가 된다.** 외출이 잦아지는 것도 원인 중 하나이다. 하지만 **30. 근본적인 원인은 불균형한 영양 섭취와 불규칙한 생활**로 (　　　)에서 찾을 수 있다. 규칙적인 생활 습관과 균형 잡힌 식단으로 **30. 면역 체계를 건강하게 유지하는 것이** 알레르기를 피하는 가장 좋은 방법이다.

① 비염 환자가 증가한 것
② 면역 체계가 무너진 것
③ 알레르기 질환을 앓는 것
④ 알레르기 증상을 완화한 것

정답　② 불균형한 영양 섭취와 불규칙한 생활로 면역력이 떨어지게 된다.

오답　① 비염 환자가 증가한 것은 면역 체계가 무너진 것의 하나의 증상이다.
　　　③ 알레르기 질환을 앓는 것도 면역 체계가 무너진 것의 하나의 증상이다.
　　　④ 불균형한 영양 섭취와 불균형한 생활은 알레르기 증상을 완화시키는 것이 아니라 악화시킨다.

31.

급수	5급 (중)
유형	빈칸에 알맞은 것 고르기
지문	기사문
주제	패브릭 효과
Key	빈칸에 알맞은 내용을 고르는 문항이다. 문장 안에서 필요한 표현을 찾는 능력을 측정하는 문항으로 5급 수준의 문항이 출제된다. [16~18]번 문제 유형과 동일하나 어휘와 문법의 난이도가 높다
어휘	아늑하다(cozy) 아이템(item) 러그(rug) 천(cloth) 면(cotton) 암막(blackout) 커튼(curtain) 외풍(draught) 막다(block) 기능적이다(functional) 소재(material)

아늑한 분위기를 연출하기에 패브릭은 효과 만점의 아이템이다. 어떤 아이템을 선택할까 고민된다면 바닥에 러그를 까는 것만으로도 충분하다. **31. 다만 청소가 어렵고 진드기가 서식할 수 있으므로** 얇은 천으로 된 제품을 추천한다. 최근에는 면 등 소재 선택의 폭이 넓으므로 (   ) 고르면 된다. 암막 커튼 역시 빛과 소음, 외풍을 막아 주는 기능적인 아이템으로, 무거운 소재인 만큼 색상은 밝은색을 선택하는 것이 좋다.

① 해충이 없는 것으로
② 유지 관리가 쉬운 것으로
③ 다양한 색상을 띠는 것으로
④ 소음공해를 차단해 주는 것으로

정답 ② 청소가 힘들기 때문에 관리가 쉬운 것으로 고르는 것이 좋다.

오답 ① 해충이 없는 것은 유지 관리가 쉬운 제품을 선택하는 데 도움이 되는 것이다.
　　　③ 다양한 색상을 띠는 것은 유지 관리가 쉬운 것과 연결하기가 어렵다.
　　　④ 소음공해를 차단해 주는 것은 기능적인 아이템으로 유지 관리와 연결이 어렵다.

※ [32~34] 다음을 읽고 글의 내용과 같은 것을 고르십시오. (각 2점)

32.

급수	5급 (중)
유형	내용이 같은 것 고르기
지문	기사문
주제	사춘기 자녀
Key	내용과 일치하는 내용을 고르는 문항이다. 세부 내용의 이해 능력을 측정하는 문항으로 5급 수준의 문항이 출제된다. 먼저 보기를 읽고 그 내용이 맞는지 내용을 확인하며 풀면 문제 푸는 시간을 절약할 수 있다.
어휘	사춘기(adolescence) 벗어나다(get out, break away) 만족감(satisfaction)　얻다(gain) 성향(tendency)　독립성(independence) 자율성(autonomy)　존중하다(respect) 윽박지르다(yell at)　무관심(indifference) 일관하다(consistent)　안정감(security) 수월하다(easy)

사춘기 자녀는 부모에게서 벗어나 학교 친구 등 **32. 다른 사람과의 관계에서 만족감을 얻으려는** 성향이 생긴다. 그런데 부모는 이런 상황에 적절하게 대처하지 못하는 경우가 많다. 이런 시기에는 자식의 **32. 독립성과 자율성을 존중해** 주는 것이 중요하다. 자녀가 외모나 아이돌 이야기를 꺼낼 때 윽박지르거나 무관심으로 일관하지 않았는지 되돌아봐야 한다. **32. 자녀에게 믿음과 안정감을 줄 수 있는 언어를 선택한다면** 소통이 훨씬 수월할 것이다.

① 사춘기에는 부모에게 의존적인 태도를 보인다.
② 아이들에게 감정을 솔직하게 드러내는 것이 좋다.
③ 일관성 있는 부모의 태도는 자녀에게 믿음을 준다.
④ 힘이 되는 언어의 사용은 자녀와의 소통에 도움이 된다.

정답 ④ 자녀에게 믿음과 안정감을 줄 수 있는 언어가 소통에 도움이 된다.

오답 ① 사춘기에는 부모에게 의존적인 태도를 보인다.
　　　② 아이들에게 감정을 솔직하게 드러내는 것이 좋다.
　　　③ 일관성 있는 부모의 태도는 자녀에게 믿음을 준다.

33.

급수	5급 (중)
유형	내용이 같은 것 고르기
지문	기사문
주제	친환경 먹거리
Key	내용과 일치하는 내용을 고르는 문항이다. 세부 내용의 이해 능력을 측정하는 문항으로 5급 수준의 문항이 출제된다. 먼저 보기를 읽고 그 내용이 맞는지 내용을 확인하며 풀면 문제 푸는 시간을 절약할 수 있다.
어휘	친환경(eco-friendly) 먹거리(food) 농산물(agricultural products) 보전하다(preserve) 농약(pesticide) 화학비료(chemical fertilizer) 사료첨가제(feed additive) 자재(material) 축산물(livestock products)

요즘 친환경 먹거리에 대한 관심이 많다. 친환경 먹거리란 친환경 농산물을 말하는 것으로 33. 환경을 보전하고 소비자에게 더욱 33. 안전한 농산물을 공급하기 위해 농약과 화학비료 및 사료첨가제 등 화학 자재를 전혀 사용하지 않거나, 33. 최소량만을 사용하여 생산한 농산물을 말한다. 한마디로 33. 자연과 인간 모두에게 안전한 방법으로 생산한 농산물과 축산물인데 친환경 마크만 보고 물건을 구매하기 전에 그 내용을 좀 더 깊게 알아보고 구매하는 게 좋다.

① 친환경 먹거리를 구매하기 점점 어려워지고 있다.
② 친환경 먹거리에 소량의 화학비료가 사용되기도 한다.
③ 친환경 먹거리는 자연 생태환경 보전을 위해 시작되었다.
④ 친환경 먹거리는 안전하게 먹을 수 있는 농산물을 의미한다.

정답 ② 친환경 먹거리는 농약과 화학비료 및 사료첨가제 등 화학 자재를 전혀 사용하지 않거나, 최소량만을 사용하여 생산한 농산물 및 축산물을 말한다.

오답 ① 친환경 먹거리를 구매하기 점점 어려워지고 있다.
③ 친환경 먹거리는 자연 생태환경 보전을 위해 시작되었다.
④ 친환경 먹거리는 안전하게 먹을 수 있는 농산물을 의미한다.

34.

급수	5급 (중)
유형	내용이 같은 것 고르기
지문	설명문
주제	지진 조사
Key	내용과 일치하는 내용을 고르는 문항이다. 세부 내용의 이해 능력을 측정하는 문항으로 5급 수준의 문항이 출제된다. 먼저 보기를 읽고 그 내용이 맞는지 내용을 확인하며 풀면 문제 푸는 시간을 절약할 수 있다.
어휘	지진(earthquake) 겪다(experience) 인류(humanity) 대지진(a big earthquake) 해석(interpretation) 시도하다(attempt) 지진학(seismology) 탄생(birth) 대비하다(prepare)

우리는 잘 느끼지 못하지만 지진은 한 해 동안 지구상에 50만 번 정도 일어난다. 인간은 계속 지진을 겪어 왔고 몇몇 큰 지진들은 인류 역사를 바꿔 놓기도 했다. 그 중에서 34. 1755년 리스본 대지진은 과학적 연구가 이루어진 최초의 지진으로 그때 처음으로 과학적인 해석을 시도하였다. 대지진 이후 인간은 지진 상황을 파악하기 위해 조사를 실시해 지진의 원인을 찾으려고 노력하였다. 그런 노력이 지진학의 탄생을 가져왔고 현재 우리는 지진을 적극적으로 대비할 수 있게 된 것이다.

① 지진은 자연재해로 드물게 발생한다.
② 지금까지 대지진의 원인을 파악하지 못했다.
③ 지진에 대한 사람들의 인식은 바뀌지 않았다.
④ 대지진 이전에는 과학적인 조사를 하지 않았다.

정답 ④ 1755년 대지진 이전에는 과학적인 해석을 시도하지 않았다.

오답 ① 지진은 자연재해로 드물게 발생한다.
② 지금까지 대지진의 원인을 파악하지 못했다.
③ 지진에 대한 사람들의 인식은 바뀌지 않았다.

※ [35~38] 다음을 읽고 글의 주제로 가장 알맞은 것을 고르십시오. (각 2점)

35.

급수	5급 (상)
유형	주제 고르기
지문	논설문
주제	지금의 나
Key	중심 생각을 파악하는 문항이다. 중심 내용의 이해 능력을 측정하는 문항으로 5급 수준의 문항이 출제된다. 중심 생각은 '-어야 하다, -는 게 좋다, 그래서' 등의 표현과 함께 사용되니 이런 표현이 있는지 확인하며 문제를 풀면 도움이 된다.
어휘	최선을 다하다(do one's best) 결정하다(decide)

'만일 과거의 너를 알고 싶으면 현재의 너를 보라'는 말이 있다. 이것은 35. 현재의 내 모습을 보면 과거에 내가 어떻게 살았는지 알 수 있다는 말이다. 그렇다면 미래에 내가 어떻게 살게 될지 궁금한 경우에는 어떻게 해야 할까? 위의 말대로 지금 내가 살고 있는 모습을 보면 될 것이다. 그러므로 35. 우리는 항상 최선을 다해 살아야 한다. 현재의 내가 미래의 나를 결정할 것이기 때문이다.

① 지금 이 순간 최선을 다해야 한다.
② 미래의 일은 미리 걱정할 필요는 없다.
③ 과거가 궁금할 때는 현재 모습을 봐야 한다.
④ 과거가 없는 사람에게는 미래도 없을 것이다.

정답 ① 과거의 모습도 미래의 모습도 현재의 내 모습을 통해 알 수 있으므로 현재 최선을 다하는 내 모습이 나를 결정한다.

오답 ② 현재 최선을 다하는 내 모습이 나를 결정한다는 것이지 미래의 일은 미리 걱정할 필요는 없다고 주장하는 것은 아니다.
③ 현재를 통해 과거와 미래를 볼 수 있다. 과거의 모습을 궁금해 하라는 말은 아니다.
④ 과거가 없는 사람에게는 미래도 없다는 것을 보여 주려 하는 것이 아닌 현재에 충실한 삶에 대해 이야기하고 있다.

36.

급수	5급 (상)
유형	주제 고르기
지문	논설문
주제	30대의 피로
Key	중심 생각을 파악하는 문항이다. 중심 내용의 이해 능력을 측정하는 문항으로 5급 수준의 문항이 출제된다. 중심 생각은 '-어야 하다, -는 게 좋다, 그래서' 등의 표현과 함께 사용되니 이런 표현이 있는지 확인하며 문제를 풀면 도움이 된다.
어휘	피로를 느끼다(feel tired) 건강을 잃다(lose health) 한 바퀴(one lap)

30대가 되면 쉽게 피로를 느끼는 사람들이 많아진다. 바쁘다는 이유로 건강을 돌보지 않고 계속 일만 하기 때문이다. 36. 건강을 잃으면 어떤 일도 하지 못하게 된다. 일을 계속 하려면 건강해야 하고, 그러려면 최소한 아침마다 동네 한 바퀴라도 뛰어야 한다. 이런 36. 노력도 하지 않고 건강을 지킬 수는 없다.

① 30대에는 일을 줄여야 한다.
② 피로가 쌓일 때 한꺼번에 쉬면 된다.
③ 아침에 운동을 하면 오후 내내 피곤하다.
④ 건강을 지켜야 하고 싶은 일을 계속 할 수 있다.

정답 ④ 건강을 잃으면 어떤 일도 할 수 없기 때문에 건강을 지키기 위해 최소한의 노력이라도 해야 한다.

오답 ① 건강을 지켜야 한다는 점을 강조하고 있는데 30대에는 일을 줄이는 것은 건강을 지키는 하나의 방법일 수 있다.
② 피로가 쌓일 때 한꺼번에 쉬는 것도 건강을 지키는 하나의 방법일 수 있다.
③ 아침 운동은 건강을 지키는 방법 중에 하나이지만 운동 후 피곤하다는 내용은 글에 나타나 있지 않다.

37.

급수	5급 (상)
유형	주제 고르기
지문	논설문
주제	발열 내의
Key	중심 생각을 파악하는 문항이다. 중심 내용의 이해 능력을 측정하는 문항으로 5급 수준의 문항이 출제된다. 중심 생각은 '-어야 하다, -는 게 좋다, 그래서' 등의 표현과 함께 사용되니 이런 표현이 있는지 확인하며 문제를 풀면 도움이 된다.
어휘	발열 내의(thermal underwear) 과대광고(overadvertising) 소재(material) 마찰(friction) 일으키다(generate)

최근 겨울의 기온이 점점 떨어지면서 발열 내의가 인기를 끌고 있다. 그런데 과대광고로 인해 어떤 사람들은 발열 내의를 입기만 해도 몸이 따뜻해지는 것으로 알고 있다. 37. 그러나 발열 내의의 소재는 피부와 마찰을 일으켜야 열이 난다. 발열 내의를 단지 착용한 상태만으로는 피부와 마찰이 일어나지 않는다. 따라서 내의가 열이 나기 위해서는 37. 활발히 몸을 움직이는 것이 필수적이다.

① 마찰의 원리를 이용하여 발열 내의를 개발하였다.
② 추위를 극복하기 위해서는 발열 내의를 입어야 한다.
③ 발열 내의는 신체 활동이 수반되어야 효과가 나타난다.
④ 과대광고로 발열 내의에 대해 잘못 알고 있는 사람들이 있다.

정답 ③ 발열 내의는 마찰에 의해 열이 나는 원리를 이용한 제품이기 때문에 몸과 내의가 마찰을 일으키려면 활발히 몸을 움직여야 한다.

오답 ① 마찰의 원리를 이용하여 발열 내의를 개발했다는 점은 글의 내용과 일치하나 발열 내의의 제대로 된 사용법에 대한 이야기와는 거리가 멀다.
② 발열 내의를 제대로 사용하는 법을 알려주고 있다. 이는 추위를 극복하기 위해서는 발열 내의를 입어야 한다는 것을 주장하는 글은 아니다.
④ 과대광고로 발열 내의에 대해 잘못 알고 있는 사람들이 있다는 것을 주장하는 글이 아니다.

38.

급수	5급 (상)
유형	주제 고르기
지문	기사문
주제	인간 관계
Key	중심 생각을 파악하는 문항이다. 중심 내용의 이해 능력을 측정하는 문항으로 5급 수준의 문항이 출제된다. 중심 생각은 '-어야 하다, -는 게 좋다, 그래서' 등의 표현과 함께 사용되니 이런 표현이 있는지 확인하며 문제를 풀면 도움이 된다.
어휘	유지하다(maintain) 마주치다(encounter) 안부를 묻다(say hello to) 실천에 옮기다(put into practice)

사람들과 좋은 관계를 맺고 타인과 긍정적인 관계를 유지하는 것은 그리 어렵지 않다. 사람들을 마주치면 먼저 반갑게 인사를 건네고, 시간을 내서 가까운 사람들에게 안부를 묻는 것부터 시작하면 된다. 또 38. 사소한 것이라도 상대방의 친절에 고마운 마음을 표현하는 등 실생활에서 쉽게 할 수 있는 것부터 실천에 옮기는 게 좋다. 이런 행동으로 우리는 주위 사람들과 더 나은 관계를 유지할 수 있다.

① 친절은 먼 사람보다 가까운 사람에게 베풀어야 한다.
② 친밀한 인간관계를 만들기 위해 방법을 찾아야 한다.
③ 작은 행동의 실천으로 인간관계를 좋게 만들 수 있다.
④ 사람들과 잘 지내려면 자신의 감정을 바로 표현해야 한다.

정답 ③ 인사하기, 안부 묻기, 작은 것에 감사하기와 같은 사소한 것부터 사람들에게 마음을 표현하는 것이 좋다.

오답 ① 작은 실천 방법의 하나로 친절은 먼 사람보다 가까운 사람에게 베풀어야 한다는 점은 주제로 적절하지 않다.
② 작은 행동의 실천을 이야기하고 있으므로 친밀한 인간관계를 만들기 위해 방법을 찾아야 한다는 점은 주제가 아니다.
④ 사람들과 잘 지내기 위해 자신의 감정을 바로 표현하는 것도 필요하나 실천 방법 중의 하나로 볼 수 있다.

※ [39~41] 주어진 문장이 들어갈 곳으로 가장 알맞은 것을 고르십시오. (각 2점)

39.

급수	6급 (하)
유형	문장이 들어갈 곳 고르기
지문	설명문
주제	패러디와 표절
Key	내용의 순서를 파악하는 문항이다. 문맥의 이해 능력을 측정하는 문항으로 6급 수준의 문항이 출제된다. 접속사, 지시어, 조사를 활용하여 알맞은 순서에 문장을 넣으면 된다.
어휘	도둑질(theft) 패러디(parody) 표절(plagiarism) 엄밀하다(strict) 허락(allow) 의도(intention) 모방(copy) 풍자(satire) 유발하다(trigger) 원작(original)

39. 패러디와 표절에 대한 구분이 다소 모호하기 때문에 그 논란이 빈번했다.

(㉠) **39.** 어느 영화학자는 이에 대해 "드러내 놓고 하는 도둑질은 패러디고, 몰래 하는 도둑질은 표절"이라고 구분한 바 있다. (㉡) 엄밀히 말하면, 표절은 다른 사람의 작품을 허락 없이 자신의 작품에 사용하며 의도를 표시하지 않음으로써 경제적인 효과를 얻으려는 목적이 있다. (㉢) 반면 패러디는 다른 사람의 작품을 모방하되 경제적인 효과보다는 웃음이나 풍자를 유발하고자 하는 목적으로 패러디 작품을 보았을 때 원작이 떠올라야 하는 것이다. (㉣)

① ㉠   ② ㉡   ③ ㉢   ④ ㉣

정답 ① 패러디와 표절에 대한 구분이 모호하고 이에 대한 정의도 모호해서 그것이 어떻게 다른지 기술하고 있기에 첫 번째 문장으로 적합하다.

오답 ② ㉡
　　　③ ㉢
　　　④ ㉣

40.

급수	6급 (하)
유형	문장이 들어갈 곳 고르기
지문	기사문
주제	장보고
Key	내용의 순서를 파악하는 문항이다. 문맥의 이해 능력을 측정하는 문항으로 6급 수준의 문항이 출제된다. 접속사, 지시어, 조사를 활용하여 알맞은 순서에 문장을 넣으면 된다.
어휘	장보고(Jangbogo)　　신라인(Silla people) 네트워크(network)　　해상(sea) 무역권(trading blocs)　조직(group) 포함하다(include)　　집단(group) 견고하다(sturdy)　　함선(ship) 물길(waterway) 정보력(the power of information) 기술력(the power of technology) 동아시아(East Asia) 확장되다(expand)

40. 이처럼 다양한 출신의 인재들로 구성된 신라방의 정보력과 기술력은 장보고가 동북아 해상 교역로를 단시간에 장악할 수 있는 **40.** 발판이 되었다.

9세기 초반 장보고는 중국 산둥성에 정착한 신라인들을 중심으로 '신라방'이라는 네트워크를 만들고 이를 적극적으로 활용하여 해상 무역권을 확보하였다. (㉠) 당시 신라방은 **40.** 신라 사람들이 중심이 되어 만든 조직이었지만 다른 민족까지 포함한 집단이었다고 한다. (㉡) **40.** 그들은 빠르고 견고한 함선을 제작하였고, 하늘의 바람과 물길을 정확하게 예측할 수 있었다. (㉢) 이러한 정보력과 기술력을 바탕으로 장보고는 '해신'으로까지 불리게 되었으며 장보고의 활동 영역은 동아시아를 넘어 아라비아까지 확장되었다. (㉣)

① ㉠   ② ㉡   ③ ㉢   ④ ㉣

정답 ② 신라방은 신라 사람들을 중심으로 다른 민족들과 함께 한 하나의 조직이다. 조직의 구성원과 인재를 연결시키면 ㉡의 자리에 오는 것이 적합하다. 이후에 다양한 인재들로 구성된 신라방이 어떻게 활동해 해상 교역로 장악의 발판이 되었는지 기술되어야 한다.

오답 ① ㉠   ③ ㉢   ④ ㉣

급수	6급 (하)
유형	문장이 들어갈 곳 고르기
지문	서평
주제	국제기구 NGO
Key	내용의 순서를 파악하는 문항이다. 문맥의 이해 능력을 측정하는 문항으로 6급 수준의 문항이 출제된다. 접속사, 지시어, 조사를 활용하여 알맞은 순서에 문장을 넣으면 된다.
어휘	국제기구(international organization) 추세이다(trend) 출간되다(be published) 자원봉사(volunteer) 인식하다(cognize) 분야(field) 토대(foundation) 체계적이다(systematic)

> **41.** 이러한 분위기와 더불어 NGO 단체들에 대한 **41.** 관심도 급격히 **41.** 고조되고 있다.

최근 한국에서는 국제기구에 대한 관심이 높아지면서 그 활동에 참여하고자 하거나 취업을 생각하는 젊은이들이 **41.** 증가하는 추세이다. (㉠) **41.** 이에 따라 국제기구를 알리는 다양한 자료들이 **41.** 소개되고 국제기구 취업을 **41.** 안내하는 책들도 출간되고 있다. (㉡) **41.** NGO에 대한 관심이 높아졌다고는 하지만 NGO를 단순히 자원봉사 단체 정도로 인식하는 사람들도 여전히 많다고 한다. (㉢) 그러나 자원봉사는 NGO가 하는 여러 활동 중 한 분야일 뿐이며, 일반 기업과 마찬가지로 조직을 구성하고 뛰어난 전문성을 토대로 체계적인 활동을 하고 있다. (㉣)

① ㉠   ② ㉡   ③ ㉢   ④ ㉣

정답 ② 국제기구에 대한 관심 증가, 관련 책들도 출간되고 있고 이러한 분위기 때문에 NGO에 대한 관심도 많아지고 있는 상황이다. 따라서 <보기>는 ㉡에 위치해야 한다. 그리고 '고조되고 있다'와 'NGO에 대한 관심이 높아졌다고는 하지만'과 이어져야 할 것이다.

오답 ① ㉠
③ ㉢
④ ㉣

※ [42~43] 다음을 읽고 물음에 답하십시오. (각 2점)

42.		43.	
급수	6급 (하)	급수	6급 (중)
유형	주인공의 태도/심정 고르기	유형	내용이 같은 것 고르기
Key	소설을 읽고 등장인물의 태도나 심정을 고르는 문항이다. 등장인물의 태도를 파악하는 능력을 측정하는 문항으로 6급 수준의 문항이 출제된다. 등장인물의 행동이나 표정 변화가 어떤 감정을 드러내는지를 먼저 파악하는 것이 중요하다.	Key	소설을 읽고 내용과 일치하는 내용을 고르는 문항이다. 세부 내용의이해 능력을 측정하는 문항으로 6급 수준의 문항이 출제된다. 먼저 보기를 읽고 그 내용이 맞는지 내용을 확인하며 풀면 문제 푸는 시간을 절약할 수 있다.
지문	수필		
주제	엄마와 할머니		
어휘	현관문(main door) 당직(on duty) 고사리(bracken) 다듬다(trim)	찌푸리다(frown) 중얼거리다(mumble) 누누이(many times) 팽개치다(throw away)	기어코(by all means) 아예(at all) 말리다(keep from -ing) 항아리(jar)

> 현관문 열리는 소리가 나고 엄마가 들어왔다. 당직이라 늦게 퇴근했나 보다. 엄마는 고사리를 다듬고 있는 할머니를 보더니 42. 기가 막히다는 표정을 지었다. 할머니는 모르는 체하고 계속 고사리를 다듬었다. 엄마는 42. 얼굴을 찌푸리며 안방으로 들어갔다. 나도 엄마를 따라 방으로 들어갔는데 엄마는 옷을 갈아입으며 조그맣게 중얼거렸다.
> "먹을 사람도 없는데 정말 42. 왜 저러신다니, 그렇게 하지 마시라고 누누이 말했는데." 엄마는 옷을 탁 팽개쳤다.
> "하여간 꼭 42. 자기주장대로만 하시려고 한단 말이야. 해야 되겠다고 한 건 기어코 하시니···. 42. 주변 사람들 말을 아예 듣지도 않고 말이야." 그러고 보니까 얼마 전에 할머니가 43. 된장을 만들겠다고 하는 걸 엄마가 말렸던 기억이 났다. 아파트니까 항아리 둘 데도 없고 냄새도 나니까 하지 말라고 했던 것이다. 나는 마음이 불편해져 조용히 내 방으로 건너왔다.

42. 밑줄 친 부분에 나타난 '엄마'의 심정으로 가장 알맞은 것을 고르십시오.

① 서먹하다
② 처량하다
③ 원망스럽다
④ 못마땅하다

정답 ④ 못마땅하다 : 별로 마음에 들지 않아 꺼림칙하다
　　 예 어른들은 우리가 대중문화에 깊이 빠져드는 것을 <u>못마땅하게</u> 생각했다.
　　 └ 엄마는 집에 오자마자 할머니가 뭔가를 하는 모습을 보고 기가 막히다는 표정을 짓고, 얼굴을 찌푸리고 왜 저러냐고 할머니의 행동이 마음에 들지 않음을 표현하고 있다. 자기 마음대로 하려는 할머니의 태도에 불만을 가지고 있음을 옷을 던지는 행위로 보여 주고 있다.

오답 ① 서먹하다 : 익숙하거나 친하지 아니하여 어색하다.
　　 예 새 학기가 되어 처음 만난 아이들은 아직 <u>서먹한</u> 분위기이다.
　　 ② 처량하다 : 외롭고 쓸쓸하다.
　　 예 나는 겨울 바다를 보고 있으니 <u>처량한</u> 마음이 들었다.

③ 원망스럽다 : 마음에 들지 않아서 탓하거나 미워하는 마음이 있다.
　　 예 나는 내 미술 숙제를 엉망으로 만든 동생이 너무 <u>원망스러웠다.</u>

43. 윗글의 내용으로 알 수 있는 것을 고르십시오.

① 할머니는 다른 사람의 말을 못 듣는다.
② 할머니는 아파트에 사는 것이 불편하다.
③ 엄마는 한 번 결심한 일은 꼭 해내는 사람이다.
④ 엄마는 된장 냄새 때문에 된장을 못 만들게 했다.

정답 ④ 엄마가 할머니가 된장을 만든다고 했을 때 냄새 때문에 못 하게 했던 걸 딸이 기억하고 있었다.

오답 ① 할머니는 다른 사람의 말을 못 듣는다.
　　 ② 할머니는 아파트에 사는 것이 불편하다.
　　 ③ 엄마는 한 번 결심한 일은 꼭 해내는 사람이다.

※ [44~45] 다음을 읽고 물음에 답하십시오. (각 2점)

44.		**45.**	
급수	6급 (중)	급수	6급 (중)
유형	빈칸에 알맞은 것 고르기	유형	주제 고르기
Key	글을 읽고 빈칸에 알맞은 내용을 고르는 문항이다. 문장 안에서 필요한 표현을 찾는 능력을 측정하는 문항으로 6급 수준의 문항이 출제된다.	Key	글을 읽고 중심 생각을 고르는 문항이다. 주제를 찾는 능력을 측정하는 문항으로 6급 수준의 문항이 출제된다. 중심 생각은 '-어야 하다, -는 게 좋다, 그래서' 등의 표현과 함께 사용되니 이런 표현이 있는지 확인하며 문제를 풀면 도움이 된다.
지문	기사문		
주제	뉴스 보도		
어휘	생전(before he/she was alive) 여과 없이(without filtration) 언론(Press) 노출(exposure) 보장하다(guarantee) 난무하다(run rampant) 설령(even if)		정정 기사(correction) 시늉(pretense) 세간의 관심(public attention) 소위(so-called) 낚시성 기사(clickbait) 앞다투다(compete)

유명인이 자살을 하면 대중매체들은 그의 생전의 삶뿐 아니라 죽음과 관계된 세세한 부분까지 45. 여과 없이 언론에 노출을 시켜 왔다. 대중 매체는 유명인의 45. 사생활을 전혀 보장하지 않으며 이로 인해 사실 자체에 대한 보도보다는 44/45. 온갖 추측성 기사가 난무하고 있다. 설령 (   ) 뒤늦게 44. 정정 기사로 수습하려는 시늉만 낼 뿐 일단 어떻게든 세간의 관심을 끌려고 44. 소위 낚시성 기사부터 앞다퉈 쓰고 보자는 식이라서 45. 사생활 침해뿐 아니라 한 개인이 정신적으로 입게 되는 상처 역시 매우 심각한 현실이다.

44. (   )에 들어갈 말로 가장 알맞은 것을 고르십시오.
① 잘못된 보도를 하더라도
② 기사가 사실이라고 한들
③ 관심을 못 받는 기사였어도
④ 언론 노출이 쓸모가 없다고 해도

정답 ① 사실이 확인되지 않은 추측성 기사 즉 소위 낚시성 기사가 문제가 있어도 제대로 해결하지 않고 있음을 (   ) 앞뒤 문맥으로 파악할 수 있다.

오답 ② '잘못된 보도'문제에 대해 이야기하고 있어 기사의 '사실' 여부에 초점이 맞춰 있지는 않다.
③ 관심을 못 받는 기사가 뒤에 '정정 기사'와 어울리지 않는다.
④ 언론 노출과 낚시성 기사, 이러한 것들이 사실 자체에 관심을 두지 않는다는 점을 보여 주며 세간의 관심을 끄는 것이 중요한데 '쓸모 없음'과는 어울리지 않는다.

45. 윗글의 주제로 가장 알맞은 것을 고르십시오
① 뉴스 보도의 개선 방향에 대해 설명한다.
② 뉴스 보도의 잘못된 관행을 지적하고 있다.
③ 뉴스 보도가 사생활 침해보다 우선함을 주장한다.
④ 뉴스 보도가 사회에 끼치는 영향에 대해 비판한다.

정답 ② 지금까지 뉴스 보도가 개인의 사생활 침해 부분을 고려하지 않고 있었고 사실 자체에 대한 보도보다는 추측성 기사들로 지면을 채워 왔음을 지적하고 있다.

오답 ① 지금까지의 뉴스 보도의 잘못된 관행에 대해 지적하고 있으며 뉴스 보도의 개선 방향에 대해 설명하고 있지 않다.
③ 뉴스 보도가 사생활 침해보다 우선한다고 주장하고 있지 않다.
④ 뉴스 보도가 사회에 끼치는 영향에 대해 비판하는 것이 아닌 영향력이 크기 때문에 사생활 침해 등 문제가 많다는 점을 지적하고 있다.

※ [46~47] 다음을 읽고 물음에 답하십시오. (각 2점)

	46.		47.
급수	6급 (중)	급수	6급 (중)
유형	필자의 태도 고르기	유형	내용이 같은 것 고르기
Key	글을 읽고 필자의 태도나 심정을 고르는 문항이다. 필자의 태도를 파악하는 능력을 측정하는 문항으로 6급 수준의 문항이 출제된다.	Key	글을 읽고 내용과 일치하는 내용을 고르는 문항이다. 세부 내용의 이해 능력을 측정하는 문항으로 6급 수준의 문항이 출제된다. 먼저 보기를 읽고 그 내용이 맞는지 내용을 확인하며 풀면 문제 푸는 시간을 절약할 수 있다.
지문	기사문		
주제	일상충동		
어휘	일상충동(daily impulses) 꼽히다(be pointed out) 행태(behavior) 충동구매(impulse buying)		눈에 띠다(stand out) 충동적(impulsive) 소비성향(propensity to consume) 불확실성(uncertainty)

2023년 소비자를 대표하는 키워드로 '일상충동(日常衝動)'이 꼽혀 화제다. 대한기획의 발표에 의하면 최근 3년 동안 매년 국내 6개 대도시의 만 13~59세 남녀 3,800명을 대상으로 설문조사를 실시한 결과 소비자들의 2023년 소비 행태는 47. '일상충동'의 성향을 띠게 될 가능성이 매우 높은 것으로 예측되었다. 대한기획이 이 설문 결과를 토대로 발표한 '소비자 라이프 스타일 보고서'에 의하면 46. 해마다 소비자의 충동 구매 성향이 높아지고 있다고 한다. 대한기획의 한 관계자는 애초에 살 생각이 없었더라도 눈에 띠는 제품이 생기거나 광고 또는 주변인들의 영향에 좌우되어 46. 충동적으로 제품을 구매하는 등의 소비성향을 갖게 된다고 한다. 주요 47. 원인으로는 미래에 대해 그 어떤 것도 예측하기 힘든 일상의 불확실성으로 인한 긴장감을 꼽았다.

46. 윗글에 나타난 필자의 태도로 가장 알맞은 것을 고르십시오.

① 소비자들의 다양한 제품 구매를 기대하고 있다.
② 소비자들의 라이프 스타일 변화를 경계하고 있다.
③ 소비자들이 충동 구매 성향이 높아지고 있음을 우려하고 있다.
④ 소비자들이 광고의 영향으로 제품을 구매한다고 주장하고 있다.

정답 ③ 소비자들이 구매를 할 때 필요한 것을 사는 것이 아닌 광고나 주변인들의 영향에 좌우되어 충동적으로 구매하고 있음을 우려하고 있다.

오답 ① 소비자들은 살 생각이 없어도 눈에 띠는 제품을 충동 구매를 한다. 필자는 다양한 제품 구매를 기대하고 있지는 않는다.
② 소비자들의 라이프 스타일 변화가 있음을 인지하고 있으나 이를 경계하고 있지는 않다.
④ 소비자들이 제품 구매 시 광고나 주변인의 영향이 크다고 밝히고 있으나 필자는 충동 구매의 원인에 관심을 기울이고 있다.

47. 윗글의 내용과 같은 것을 고르십시오.

① 사람들은 대부분 사전에 미리 계획한 제품을 산다.
② 사람들은 미래에 사용될 가능성이 높은 제품을 구매한다.
③ 사람들은 일상생활에서 오는 긴장감을 쇼핑으로 해소한다.
④ 주변 사람들의 권유보다는 본인의 의사에 따른 소비가 많다.

정답 ③ 미래에 대한 불확실성으로 인한 긴장감이 원인이 되어 일상충동 성향을 띠게 된다. 이는 필요하지 않아도 구매를 하면서 긴장감을 풀게 되는 것이다.

오답 ① 사람들은 대부분 사전에 미리 계획한 제품을 산다.
② 사람들은 미래에 사용될 가능성이 높은 제품을 구매한다.
④ 주변 사람들의 권유보다는 본인의 의사에 따른 소비가 많다.

※ **[48~50] 다음을 읽고 물음에 답하십시오. (각 2점)**

48.		**49.**		**50.**	
급수	6급 (상)	급수	6급 (상)	급수	6급 (상)
유형	글을 쓴 목적 고르기	유형	빈칸에 알맞은 것 고르기	유형	내용이 같은 것 고르기
Key	글을 읽고 글의 목적을 파악하는 문항이다. 글의 목적이나 이유, 근거를 파악하는 능력을 측정하는 문항으로 6급 수준의 문항이 출제된다.	Key	글을 읽고 빈칸에 알맞은 내용을 고르는 문항이다. 문장 안에서 필요한 표현을 찾는 능력을 측정하는 문항으로 6급 수준의 문항이 출제된다.	Key	글을 읽고 내용과 일치하는 내용을 고르는 문항이다. 세부 내용의 이해 능력을 측정하는 문항으로 6급 수준의 문항이 출제된다. 먼저 보기를 읽고 그 내용이 맞는지 내용을 확인하며 풀면 문제 푸는 시간을 절약할 수 있다.

지문	논설문
주제	인터넷 언어
어휘	명확하다(clarify) 단절시키다(cut off) 간결성(brevity) 생명체(organism) 실시간(real time) 무분별하다(indiscreet) 간편하다(simple) 어긋나다(out of sync) 혼란을 야기시키다(cause confusion) 무절제하다(intemperate) 심각성(seriousness) 자제하다(restrain) 타자를 치다(type) 강화하다(reinforce) 유대감(bonding)

50. 시간이나 공간의 제약 없이 인터넷을 할 수 있는 시대가 되면서 의사소통 방식에도 큰 변화가 생겼다. 인터넷 언어라고 불리는 이 의사소통 방식이 일상 언어와 가장 명확하게 구별되는 점은 바로 '간결성'이다. 온라인 채팅과 문자 메시지 같은 실시간 대화를 할 때 더 빨리, 더 많은 말을 하기 위해서 간편하게 언어를 바꾸는 것이다. 인터넷 언어 사용은 일반 언어생활에도 혼란을 야기할 정도가 되었다는 점에서 그 심각성이 있다. 인터넷 언어를 사용하면 일상 언어를 그대로 사용하는 것에 비해 훨씬 편하고 빠르게 타자를 칠 수 있고, 그 언어를 사용하는 사람들 사이의 유대감도 더욱 강해질 수 있다. 그러나 인터넷 언어를 오프라인에서까지 사용하게 된 지금, 신구세대 간의 의사소통을 단절시킬 정도의 차이를 보인다는 것이 가장 큰 문제이다. 언어는 살아 있는 생명체로서, 끊임없이 변화하기 마련이기에 시대에 따른 언어의 변화는 자연스러운 현상이다. 또한 문어체가 있고, 구어체가 있는 것과 마찬가지로 인터넷 사용 환경에 맞는 인터넷 언어가 있는 것도 당연한 일이다. 그렇지만 49. 인터넷 언어를 무분별하게 사용하게 되면 49. 언어예절에 어긋나게 되며, 49. 언어 발달에도 도움이 되지 않는다. 인터넷 언어 사용의 (　　　) 사이버 공간에서 48. 자기가 사용하는 언어에 대한 책임감을 인식시키고, 무절제한 인터넷 언어 사용을 자제하도록 학교 어문교육을 강화해야 할 것이다.

48. 윗글을 쓴 목적으로 가장 알맞은 것을 고르십시오.

① 세대 간 갈등을 해소하기 위해
② 바른 언어 사용을 권장하기 위해
③ 의사소통 방식의 변화를 설명하기 위해
④ 사람들 사이의 유대감을 형성하기 위해

정답 ② 인터넷 언어의 무분별한 사용은 언어예절에 어긋나
며 언어 발달에도 도움이 되지 않는다. 따라서 자기
가 사용하는 언어에 대한 책임감을 가져야 하며 무
절제한 인터넷 언어 사용을 자제하도록 학교 어문
교육을 강화해야 할 것이다.

오답 ① 세대 간 갈등을 해소하기 위해서라기 보다 무절제한 인
터넷 언어 사용에 대한 문제점을 지적하고 바른 언어 사
용을 권장하기 위해서이다.
③ 의사소통 방식의 변화를 설명하는 것이 목적이 아닌 바
른 언어 사용을 위해서 이 글을 썼다.
④ 사람들 사이의 유대감을 형성하기 위한 것이 아닌 바른
언어 사용에 있다.

49. (   )에 들어갈 말로 가장 알맞은 것을 고르십시오.

① 양상을 분석하기 위해
② 구세대에게 교육하기 위해서는
③ 부정적인 측면을 줄이기 위해서는
④ 허용 여부를 결정하기 위해서는

정답 ③ 어문 교육을 강화해야 하는 목적은 무분별한 인터
넷 언어 사용, 어긋난 언어예절, 언어 발달에 도움이
되지 않는 즉, 부정적인 측면을 줄이기 위함이라고
말하고 있다.

오답 ① 인터넷 언어 사용을 줄이기 위한 노력이 필요하다. 인터
넷 언어의 사용 양상을 분석하기 위해서는 아니다.
② 구세대에게 교육하기 위해서가 아닌 인터넷 언어의 무분
별한 사용이 문제이다.
④ 인터넷 언어 사용의 허용 여부를 결정하는 것이 중요한
것이 아니라 사용을 줄이는 노력이 필요하다.

50. 윗글의 내용과 같은 것을 고르십시오.

① 인터넷 언어의 사용으로 신구세대 간 유대감이 강해졌다.
② 인터넷 언어의 사용은 언어예절에 영향을 주지 않는다.
③ 어문교육은 빠르고 간결한 언어 변화에 큰 역할을 했다.
④ 시간과 공간의 제약이 없이 실시간 의사소통이 가능해졌다.

정답 ④ 인터넷 사용으로 시간과 공간의 제약이 없이 의사
소통이 가능해졌다.

오답 ① 인터넷 언어의 사용으로 신구세대간 유대감이 강해졌다.
② 인터넷 언어의 사용은 언어예절에 영향을 주지 않는다.
③ 어문교육은 빠르고 간결한 언어 변화에 큰 역할을 했다.

제3회 정답

문항번호	정답	배점	문항번호	정답	배점
1	④	2	26	②	2
2	③	2	27	④	2
3	①	2	28	②	2
4	①	2	29	①	2
5	②	2	30	③	2
6	②	2	31	④	2
7	②	2	32	①	2
8	①	2	33	①	2
9	④	2	34	④	2
10	②	2	35	①	2
11	①	2	36	③	2
12	③	2	37	②	2
13	④	2	38	①	2
14	③	2	39	②	2
15	④	2	40	④	2
16	②	2	41	①	2
17	③	2	42	②	2
18	④	2	43	②	2
19	③	2	44	③	2
20	④	2	45	③	2
21	③	2	46	④	2
22	①	2	47	③	2
23	①	2	48	④	2
24	③	2	49	④	2
25	①	2	50	②	2

51	⊙ 못 갈 것 같아 / 가지 못할 것 같아
	ⓒ 빌려 줄 수 있어 / 빌려 줄래 / 대출해 줄 수 있어
52	⊙ 감정을 표현한다 / 감정을 표현한다고 한다
	ⓒ 이해하는 데 도움이 될 수 있다 / 잘 이해할 수 있다
53	아래 빈칸에 200자에서 300자 이내로 작문하십시오(띄어쓰기 포함). (Please write your answer below ; your answer must be between 200 ansd 300 letters includind space.)

	육	아		휴	직	자		수	를		살	펴	보	면		20	20	년	에		11	만		명
에	서		20	22	년	에		13	만		명	으	로		증	가	하	였	다	.	남	성		육
아		휴	직	자	의		비	율	도		20	20	년		24	. 5	%	에	서		20	22	년
29	%	로		약		5	%	가		증	가	하	였	다	.	남	녀		육	아		휴	직
비	율	을		기	업	의		유	형	에		따	라		살	펴	보	면		남	성	은		대
기	업	에	서		45	%	,	중	소	기	업	에	서		15	%	인		반	면		여	성	은
대	기	업	에	서		93	%	,	중	소	기	업	에	서		44	%	의		결	과	를		보
였	다	.	이	처	럼		남	성		육	아		휴	직		신	청	이		적	은		이	유
는		대	체		인	력	의		채	용	이		어	려	워		동	료	들	의		업	무	가
가	중	되	고	,	휴	직		기	간		중		소	득		감	소	로		인	한		경	제
적		부	담	이		높	기		때	문	인		것	으	로		나	타	났	다	.			

54	주관식 답란(Answer sheet for composition)
	아래 빈칸에 600자에서 700자 이내로 작문하십시오(띄어쓰기 포함). (Please write your answer below ; your answer be between 600 and 700 letters including space.)

　　'노후 대비'란 노년기를 준비하는 것을 말한다. 일반적으로 다니던 직장을 은퇴하고 경제 활동이 줄어드는 시기이기 때문에 생활비를 미리 준비해야 하며 갑자기 병원비 등의 큰돈이 필요한 경우도 잘 생각해 보아야 한다. 이러한 준비는 시간이 오래 걸리고 큰돈이 필요하기 때문에 노인이 되기 전에 준비해야 한다. 노후를 미리 계획하지 않고 지내다가는 큰 어려움을 맞닥뜨릴 수 있다.

　　그러나 그 중요성에 비해 노후 대비는 잘 이루어지지 않는 편이다. 부모의 경제 활동이 가장 활발할 때에는 주택 마련 등으로 큰 지출을 하다가 자녀가 독립하고 나서야 부모 자신의 노후를 준비하는 경우가 많기 때문이다. 그러나 요즘은 자녀들의 독립이 늦어지고 있는 추세이다. 자녀들이 독립을 한 이후에는 노후 준비를 할 시간이 부족하다. 또한 부모 자신이 이미 은퇴를 했을 수도 있다.

　　따라서 노후 대비는 일찍부터 계획을 세우고 실천하는 것이 중요하다. 효과적인 노후 대비의 방법으로는 연금 제도를 들 수 있다. 연금이란 젊었을 때는 매달 일정 금액을 내고 노인이 되면 매달 일정 금액을 받는 것이다. 국가에서 하는 연금 제도 외에도 개인 연금을 들어서 노년의 생활비를 준비할 수 있다. 둘째로 보험이 있다. 보험은 병에 걸렸을 때 병원비를 지원받을 수 있는 방법이다. 노인이 되면 몸도 약해지는 시기이기 때문에 건강에 관해서 준비가 필요하다.

문항번호	정답	배점	문항번호	정답	배점
1	②	2	26	①	2
2	①	2	27	③	2
3	④	2	28	①	2
4	④	2	29	④	2
5	①	2	30	②	2
6	①	2	31	②	2
7	④	2	32	②	2
8	②	2	33	④	2
9	③	2	34	②	2
10	②	2	35	②	2
11	③	2	36	①	2
12	①	2	37	②	2
13	③	2	38	①	2
14	①	2	39	②	2
15	②	2	40	③	2
16	③	2	41	③	2
17	②	2	42	③	2
18	①	2	43	④	2
19	①	2	44	③	2
20	③	2	45	③	2
21	④	2	46	①	2
22	①	2	47	③	2
23	④	2	48	①	2
24	③	2	49	④	2
25	①	2	50	①	2

제3회

제3회 해설

※ [1~3] 다음을 듣고 가장 알맞은 그림 또는 그래프를 고르십시오. (각 2점)

1.

급수	3급(하)
유형	일치하는 그림 고르기
지문	개인적 대화
주제	청소기 서비스 센터
Key	그림을 보고 대화의 상황을 추론하는 문항이다. 3급 수준의 문제가 출제되며 개인적인 대화를 통해 어디에서 무슨 대화를 하는지 중심으로 파악하고 이에 해당하는 그림을 찾아야 한다.
어휘	청소기(vacuum cleaner) 전원이 켜지다(power on) 고객님(customer)

여자 : 청소기가 어떻게 안되나요. **1. 고객님?**
남자 : **1. 전원이 켜지지 않아요.**
여자 : 네, 이쪽으로 주시고 잠깐만 기다려 주세요.

정답   ④ 남자가 여자의 말에 청소기의 전원이 켜지지 않는다고 하였고, 여자는 남자에게 고객님이라는 표현을 사용하였으므로 청소기 서비스센터임을 알 수 있다.

오답   ① 두 사람은 직원과 손님 관계이므로 거실에 있는 상황이 아니다.
      ② 두 사람은 직원과 손님 관계이므로 거실이 아니며, 여자 또한 청소하는 상황이 아니다.
      ③ 전자제품은 파는 곳이 아닌 전자제품을 고치는 서비스 센터이다.

2.

급수	3급(하)
유형	일치하는 그림 고르기
지문	개인적 대화
주제	미술관 사진 촬영
Key	그림을 보고 대화의 상황을 파악하는 문항이다. 3급 수준의 문제가 출제되며 개인적인 대화를 통해 세부적인 내용을 파악하고 이에 해당하는 그림을 찾아야 한다.
어휘	미술관(art gallery) 촬영(filming) 가능하다(possible)

여자 : 이 그림 앞에서 사진 좀 찍어 줘.
남자 : **2. 미술관인데 사진을 찍어도 될까?**
여자 : 여기는 촬영 가능하다고 써 있던데.

정답   ③ 여자가 남자에게 미술관에서 그림을 배경으로 사진을 찍어달라고 하는 상황임을 알 수 있다.

오답   ① 장소가 미술관 밖이 아니며, 두 사람이 같이 사진을 찍는 상황이 아니다.
      ② 장소가 미술관 밖이 아니며, 두 사람이 같이 미술관에 들어가려고 하는 상황이 아니다.
      ④ 여자가 남자에게 그림에 대해 설명하는 것이 아니다.

※ [1~3] 다음을 듣고 가장 알맞은 그림 또는 그래프를 고르십시오. (각 2점)

3.

급수	4급(하)
유형	일치하는 도표 고르기
지문	보도(뉴스)
주제	청소년 스마트폰 사용
Key	그래프를 보고 뉴스를 추론하는 문항이다. 4급 수준의 문제가 출제되며 뉴스(보도) 내용을 통해 통계 결과를 잘 이해하고 이에 일치하는 그래프를 찾아야 한다.
어휘	다소(a bit) 목적(purpose) 소통하다(communicate)

남자 : 3. 청소년들을 대상으로 스마트폰 사용 기간을 조사한 결과 작년에 비해 올해 다소 증가한 것으로 나타났습니다. 청소년들이 스마트폰을 사용하는 가장 큰 목적은 '친구들과 소통하기 위해서'이며, '영화나 드라마를 보기 위해서', '교육 및 학습을 위해서'가 그 뒤를 이었습니다.

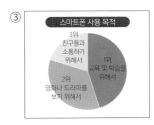

정답 ① 청소년들이 스마트폰을 사용하는 시간이 작년에 비해 다소 증가했다.

오답 ② 청소년들의 스마트폰 사용 시간이 그대로가 아니고 다소 증가했다.
③, ④ 청소년들의 스마트폰 사용 목적은 1위는 친구들과 소통하기 위해서, 2위는 영화나 드라마를 보기 위해서, 3위는 교육 및 학습을 위해서이다.

※ [4~8] 다음을 듣고 이어질 수 있는 말로 가장 알맞은 것을 고르십시오. (각 2점)

4.

급수	3급(하)
유형	듣고 이어지는 말 고르기
지문	개인적 대화
주제	대중교통 이용
Key	대화를 듣고 대화 다음에 이어질 말을 추론하는 문항이다. 3급 수준의 문제가 출제되며 개인적 대화를 통해 앞뒤 상황을 이해하여 답을 찾아야 한다.
어휘	지하철(subway) 택시(taxi) 타다(ride)

여자 : 민수 씨, 지하철을 타고 갈까요?
남자 : 4. 늦었는데 택시 타고 가는 게 어때요?
여자 : _____ .

① 길이 막힐 것 같은데요.
② 제시간에 잘 도착했네요.
③ 빨리 나가지 않아도 돼요.
④ 출발할 때 연락해 주세요.

정답 ① 여자는 먼저 지하철을 타고 가자고 말했기 때문에 택시를 타고 가면 길이 막힐 것 같다고 대답하는 것이 자연스럽다.

오답 ② 아직 출발하지 않은 상황이다.
③ 늦어서 걱정을 하고 있다.
④ 두 사람은 같이 출발하려고 한다.

5.

급수	3급(중)
유형	듣고 이어지는 말 고르기
지문	개인적 대화
주제	기숙사 이사
Key	대화를 듣고 대화 다음에 이어질 말을 추론하는 문항이다. 3급 수준의 문제가 출제되며 개인적 대화를 통해 앞뒤 상황을 이해하여 답을 찾아야 한다.
어휘	근처(nearby, around) 기숙사(dormitory)

남자 : 혹시 학교 근처에 괜찮은 집 알아?

여자 : 이사 가려고? **5.** 지금 살고 있는 기숙사가 좋다고 했잖아.

남자 : _____ .

① 응, 기숙사에서 살면 좋겠어.
② 아니, 친구가 좀 알아봐 달래서.
③ 응, 가까운 집을 구해서 다행이야.
④ 아니, 바빠서 이사를 못 갈 뻔했어.

정답 ② 남자는 이미 기숙사에 살고 있으므로 자신이 아닌 친구의 집을 알아본다고 대답하는 것이 자연스럽다.

오답 ① 남자는 이미 기숙사에 살고 있다.
③ 남자는 여자에게 괜찮은 집에 대해 물어보고 있으므로 아직 집을 구하지 못했다.
④ 남자가 이사를 가려고 하는 것이 아니다.

6.

급수	3급(중)
유형	듣고 이어지는 말 고르기
지문	개인적 대화
주제	고향 방문(휴가)
Key	대화를 듣고 대화 다음에 이어질 말을 추론하는 문항이다. 3급 수준의 문제가 출제되며 개인적 대화를 통해 앞뒤 상황을 이해하여 답을 찾아야 한다.
어휘	휴가(vacation) 고향(hometown)

여자 : 휴가 때 고향에 갔다 왔다면서요?

남자 : 네, **6.** 오랜만에 가족도 만나고 고향 음식도 먹으니 좋던데요.

여자 : _____ .

① 생각보다 음식이 맛있더라고요.
② 고향은 언제 가도 좋은 곳이니까요.
③ 이번에 고향에 안 가는 줄 알았어요.
④ 그래도 가기로 한 것이니까 꼭 가 보세요.

정답 ② 남자가 고향에 갔다 온 것에 좋다고 말했기 때문에 여자도 고향에 대해 좋은 곳이라고 대답하는 것이 자연스럽다.

오답 ① 여자는 남자에게 고향에 갔다 온 것에 대해 질문했다.
③ 여자는 이미 남자가 고향에 갔다 왔다는 것을 알고 있다.
④ 남자는 고향에 갔다 온 상황이다.

7.

급수	4급(하)
유형	듣고 이어지는 말 고르기
지문	개인적 대화
주제	학습 분위기
Key	대화를 듣고 대화 다음에 이어질 말을 추론하는 문항이다. 4급 수준의 문제가 출제되며 개인적 대화를 통해 앞뒤 상황을 이해하여 답을 찾아야 한다.
어휘	잔잔하다(calm, still) 공부가 잘되다(study well)

남자 : 음악을 들으면서 공부하는 거야?
여자 : 응, 나는 **7.** 공부할 때 잔잔한 음악을 들으면 공부가 잘되더라고.
남자 : _____ .

① 공부를 다 해 놔서 이제 좀 쉬려고.
② 그럼 나도 한번 그렇게 해 봐야겠다.
③ 그래도 같이 공부할 수 있으니까 좋네.
④ 열심히 음악을 배우다 보면 잘하게 될 거야.

정답 ② 여자가 공부할 때 잔잔한 음악을 들으면 잘된다고 하였으므로 남자의 대답으로 한번 해 봐야겠다는 내용이 자연스럽다.

오답 ① 두 사람은 음악을 들으면서 공부를 하는 것에 대해 이야기하는 중이다.
　　 ③ 두 사람이 같이 공부하는 것은 아니다.
　　 ④ 여자가 음악을 배우는 것이 아니라 들으며 공부하는 것에 대해 이야기하고 있다.

8.

급수	4급(하)
유형	듣고 이어지는 말 고르기
지문	사회적 대화
주제	연주회 기획
Key	대화를 듣고 대화 다음에 이어질 말을 추론하는 문항이다. 4급 수준의 문제가 출제되며 사회적 대화를 통해 앞뒤 상황을 이해하여 답을 찾아야 한다.
어휘	연주회(concert) 기획안(project proposal) 검토하다(go over) 연주자(musician) 일정(schedule)

여자 : 이번 연주회 기획안입니다. 검토 부탁드립니다.
남자 : 알겠습니다. 함께 할 연주자들의 일정도 **8.** 미리 확인하신 거지요?
여자 : _____ .

① 물론 확인하고 기획한 것입니다.
② 일정이 정해지면 연락 바랍니다.
③ 이번 연주회 정말 기대가 됩니다.
④ 연주회에 참석해 주셔서 감사합니다.

정답 ① 남자가 여자에게 연주자 일정을 미리 확인한 것인지 물었으므로 확인하고 기획했다고 대답하는 것이 자연스럽다.

오답 ② 남자는 여자에게 일정을 미리 확인했는지에 대해 묻고 있다.
　　 ③ 연주회에 대한 기대가 아니라 일정 확인에 대해 대답해야 한다.
　　 ④ 연주회는 아직 열리지 않았으므로 참석해 준 것에 대한 인사를 하기 어렵다.

※ [9~10] 다음을 듣고 여자가 이어서 할 행동으로 가장 알맞은 것을 고르십시오. (각 2점)

9.

급수	3급(중)
유형	알맞은 행동 고르기
지문	개인적 대화
주제	소풍/날씨
Key	대화를 듣고 참여자의 다음에 이어질 행동을 추론하는 문항이다. 3급 수준의 문제가 출제되며 개인적 대화를 통해 앞뒤 상황과 순서를 고려하여 답을 찾아야 한다.
어휘	아무래도(maybe) 취소하다(cancel) 일기예보(weather forecast)

여자 : 아무래도 오늘 소풍을 취소해야 할 것 같지 않아? 날씨가 너무 흐린데.
남자 : 우산을 가져가면 되지. 오랜만에 다들 만나는 건데. 비가 안 올 수도 있잖아.
여자 : **9.** 우선 일기예보를 찾아볼게.
남자 : 알았어. 그럼 난 친구들한테 전화해서 어떻게 하는 게 좋을지 물어볼게.

① 우산을 준비한다.
② 소풍을 취소한다.
③ 친구들에게 전화한다.
④ 일기예보를 찾아본다.

정답 ④ 여자는 비가 오는지 알아보기 위해 우선 일기예보를 찾아본다고 했다.

오답 ① 남자가 비가 올 경우를 대비해서 우산을 가져가면 된다고 했다.
② 여자가 처음에 소풍을 취소해야 하는 것을 말했지만 일기예보를 먼저 찾아보고 결정하기로 했다.
③ 남자가 친구들에게 해 보기로 했다.

10.

급수	3급(중)
유형	알맞은 행동 고르기
지문	사회적 대화
주제	우편물 전달
Key	대화를 듣고 참여자의 다음에 이어질 행동을 추론하는 문항이다. 3급 수준의 문제가 출제되며 사회적 대화를 통해 앞뒤 상황과 순서를 고려하여 답을 찾아야 한다.
어휘	우편물(mail) 대신(instead) 서류(document)

여자 : 옆 사무실에 문이 닫혀 있어서 그러는데요. **10.** 우편물을 대신 받아주실 수 있나요?
남자 : 아, 그렇지 않아도 옆 사무실 직원에게 전화를 받았습니다.
여자 : 여기 서류에 이름을 적어 주시겠습니까?
남자 : 네, 알겠습니다. **10.** 우편물은 이쪽으로 주시지요.

① 옆 사무실로 간다.
② 우편물을 전달한다.
③ 직원의 전화를 받는다.
④ 서류에 이름을 적는다.

정답 ② 여자는 남자에게 옆 사무실에 전할 우편물을 줄 것이다.

오답 ① 여자는 옆 사무실에 이미 다녀왔다.
③ 남자가 옆 사무실 직원의 전화를 받았다.
④ 남자가 서류에 이름을 적을 것이다.

11.

급수	3급(상)
유형	알맞은 행동 고르기
지문	개인적 대화
주제	식탁 의자 수리
Key	대화를 듣고 참여자의 다음에 이어질 행동을 추론하는 문항이다. 3급 수준의 문제가 출제되며 개인적 대화를 통해 앞뒤 상황과 순서를 고려하여 답을 찾아야 한다.
어휘	흔들리다(shake) 못(nail) 망치(hammer) 창고(storage)

> 여자 : 여보, 식탁 의자가 흔들려서 고쳐야겠어요. 못하고 망치가 필요하지요?
> 남자 : 망치는 창고에 있어요. 그런데 이 의자에 맞는 못이 없는 것 같은데요.
> 여자 : 11. 못은 내가 가져올게요. 의자 살 때 준 게 있어요.
> 남자 : 그래요. 없으면 내가 사러 갈게요.

① 못을 가져온다.
② 못을 사러 간다.
③ 식탁 의자를 고친다.
④ 창고에서 망치를 찾는다.

정답 ① 여자는 의자 살 때 받은 못을 가져올 것이다.

오답 ② 못이 집에 있으므로 못을 사러 갈 필요가 없다.
③ 여자가 식탁 의자를 고쳐야 한다고 말했지만 누가 고칠지 알 수 없다.
④ 남자가 창고에 망치가 있다고 했지만 망치를 찾으러 간다는 내용은 구체적으로 나와 있지 않다.

12.

급수	4급(중)
유형	알맞은 행동 고르기
지문	사회적 대화
주제	홍보 자료 번역
Key	대화를 듣고 대화 참여자의 다음에 이어질 행동을 추론하는 문항이다. 4급 수준의 문제가 출제되며 사회적 대화를 통해 앞뒤 상황과 순서를 고려하여 답을 찾아야 한다.
어휘	신제품(new product) 홍보(promotion) 번역하다(translate) 보고하다(make a report)

> 여자 : 과장님, 여기 신제품 홍보 자료입니다. 한번 확인해 주시겠어요?
> 남자 : 네. 그런데 자료를 번역할 사람도 알아봤습니까?
> 여자 : 지난번 홍보 자료를 번역해 주셨던 12. 김 선생님께 곧 전화해 보려고요.
> 남자 : 좋습니다. 저는 부장님께 진행 상황을 보고드릴게요.

① 진행 상황을 보고한다.
② 홍보 자료를 확인한다.
③ 김 선생님에게 전화한다.
④ 번역할 사람을 알아본다.

정답 ③ 여자는 지난번에 번역해 주었던 김 선생님에게 곧 전화를 하려고 한다.

오답 ① 남자가 부장님께 진행 상황을 보고할 것이다.
② 남자가 홍보 자료를 확인할 것이다.
④ 여자는 번역할 사람을 이미 알아보고 김 선생님에게 전화를 하려고 한다.

※ [13~16] 다음을 듣고 들은 내용과 같은 것을 고르십시오. (각 2점)

13.

급수	3급(중)
유형	일치하는 내용 고르기
지문	개인적 대화
주제	대학 심리 상담 프로그램
Key	대화를 듣고 세부 내용을 파악하는 문항이다. 3급 수준의 문제가 출제되며 개인적 대화를 통해 들은 내용과 일치하는 답을 찾아야 한다.
어휘	학기(semester) 심리 상담(psychological counseling) 운영하다(operate) 신청하다(apply) 문의하다(inquire)

> 남자 : 이번 학기부터 학교에서 심리 상담 프로그램을 운영한다더라.
> 여자 : 나도 학교 홈페이지 게시판에서 봤어. 13. 우리 같이 신청해 볼까?
> 남자 : 13. 좋아. 나도 한번 해보고 싶었거든.
> 여자 : 내가 문의해 보고 알려줄게.

① 여자는 이 프로그램에 대해 처음 들었다.
② 이 프로그램은 다음 학기부터 운영될 것이다.
③ 남자는 이 프로그램에 대해 문의한 적이 있다.
④ 두 사람은 이 프로그램을 신청할 생각이 있다.

정답 ④ 두 사람은 같이 심리 상담 프로그램을 신청해 보자고 했다.

오답 ① 여자는 이 프로그램에 대해 처음 들었다.
　　② 이 프로그램은 다음 학기부터 운영될 것이다.
　　③ 남자는 이 프로그램에 대해 문의한 적이 있다.

14.

급수	3급(상)
유형	일치하는 내용 고르기
지문	공지
주제	백화점 10주년 행사
Key	공지 및 안내 방송을 듣고 세부 내용을 파악하는 문항이다. 3급 수준의 문제가 출제되며 공지를 통해 들은 내용과 일치하는 답을 찾아야 한다.
어휘	안내 말씀(announcement) 맞이하다(greet) 참여하다(participate) 기회(opportunity) 사은품(gifts)

> 남자 : 우리 백화점을 찾아주신 여러분들께 안내 말씀 드리겠습니다. 오늘은 우리 백화점의 열 번째 생일입니다. 14. 10주년을 맞이하여 오늘 오후 12시부터 오후 3시까지 1층에서 백화점을 찾아주신 모든 분들께 이벤트에 참여할 기회를 드립니다. 백화점 상품권부터 음료수까지 다양한 사은품들이 준비되어 있으니 여러분들의 많은 참여 부탁드립니다.

① 사은품을 받으려면 일찍 가야 한다.
② 이 행사는 오늘 하루 종일 진행된다.
③ 이 백화점은 생긴 지 10년이 되었다.
④ 물건을 사면 이벤트에 참여할 수 있다.

정답 ③ 이 백화점에서는 10주년을 맞이하여 이벤트를 한다.

오답 ① 사은품을 받으려면 일찍 가야 한다.
　　② 이 행사는 오늘 하루 종일 진행된다.
　　④ 물건을 사면 이벤트에 참여할 수 있다.

15.

급수	4급(중)
유형	일치하는 내용 고르기
지문	보도(뉴스)
주제	공장 화재 뉴스
Key	뉴스를 듣고 세부 내용을 파악하는 문항이다. 4급 수준의 문제가 출제되며 뉴스(보도)를 통해 들은 내용과 일치하는 답을 찾아야 한다.
어휘	공장(factory) 화재(fire) 발생하다(occur) 인명 피해(loss of life) 소방 당국(fire authorities) 인력(manpower) 장비(equipment) 투입하다(put into) 조사하다(investigate)

> 여자 : 오늘 아침 11시경 인주시의 한 공장에서 화재가 발생했습니다. 오늘이 휴일인 관계로 공장에 근무 중이던 직원들이 없어 다행히 인명 피해는 없는 것으로 확인되었습니다. 불이 나자 소방 당국은 많은 인력과 장비를 투입해 **15. 30분 만에 불을 껐는데요.** 현재 경찰은 정확한 사고 원인을 조사하고 있습니다.

① 화재로 인해 많은 사람들이 다쳤다.
② 이 사고는 휴일 저녁에 발생하였다.
③ 경찰은 사고의 원인을 정확히 밝혔다.
④ 불이 난 지 30분 만에 불길이 잡혔다.

정답 ④ 불이 나자 소방 당국은 30분 만에 불을 껐다.

오답 ① 화재로 인해 많은 사람들이 ~~다쳤다~~.
② 이 사고는 ~~휴일 저녁~~에 발생하였다.
③ 경찰은 사고의 원인을 정확히 ~~밝혔다~~.

16.

급수	4급(중)
유형	일치하는 내용 고르기
지문	인터뷰
주제	음악 박물관
Key	인터뷰 담화를 듣고 세부 내용을 파악하는 문항이다. 4급 수준의 문제가 출제되며 인터뷰를 통해 들은 내용과 일치하는 답을 찾아야 한다.
어휘	운영하다(operate) 축음기(gramophone) 영사기(projector) 영상(video) 수집하다(collect) 보물(treasure)

> 여자 : 오랫동안 이곳에서 소리 박물관을 운영해 오셨는데요. 소리 박물관, 정확히 어떤 곳인지 소개 좀 부탁드립니다.
> 남자 : 네, 이곳은 예전에 음악을 듣던 축음기, 라디오 소리에서부터 영화를 보여 주는 영사기, 텔레비전 등 다양한 기계를 통해 **16. 소리와 영상을 감상할 수 있는 곳입니다.** 제가 오랜 시간, 세계 곳곳을 다니며 직접 수집한 보물들이 모여 있는 곳이지요.

① 남자는 오랫동안 음악을 만들어 왔다.
② 이곳은 소리와 영상을 감상하는 곳이다.
③ 이곳은 전시를 시작한 지 얼마 안 됐다.
④ 남자는 세계 곳곳을 다니며 이곳을 홍보했다.

정답 ② 이 박물관은 소리와 영상을 감상하는 곳이다.

오답 ① 남자는 오랫동안 음악을 ~~만들어 왔다~~.
③ 이곳은 전시를 시작한 지 ~~얼마 안 됐다~~.
④ 남자는 세계 곳곳을 다니며 이곳을 ~~홍보했다~~.

17.

급수	3급(상)
유형	중심 생각 고르기
지문	개인적 대화
주제	학업과 아르바이트 병행
Key	대화를 듣고 중심 생각을 추론하는 문항이다. 3급 수준의 문제가 출제되며 개인적인 대화를 통해 남자의 중심 생각을 찾아야 한다.
어휘	물론(of course) 즐기다(enjoy) 입학하다(enroll)

남자 : 왜 이렇게 힘들어 보여요? 어제도 늦게까지 아르바이트했어요?

여자 : 아르바이트도 하고 발표 준비도 하느라 잠을 못 잤거든요.

남자 : 17. 아르바이트와 공부도 물론 중요하지만 대학 생활을 좀 즐기는 게 어때요? 대학교 입학한 후에 너무 바쁘게만 보냈잖아요.

---

① 발표를 잘하기 위해 미리 준비해야 한다.
② 인생에서 아르바이트는 중요한 경험이 된다.
③ 대학 생활을 즐길 수 있는 시간이 필요하다.
④ 대학교에서 열심히 공부하는 것이 중요하다.

정답 ③ 남자는 아르바이트와 공부도 모두 중요하지만 대학 생활을 즐기는 것을 중요하게 생각한다.

오답 ① 발표를 잘하기 위한 것에 대해 이야기하는 것이 아니다.
② 아르바이트가 중요하기는 하지만, 즐겁게 대학 생활을 하는 것에 대해 이야기하고 있다.
④ 공부가 중요하기는 하지만, 즐겁게 대학 생활을 하는 것이 중요하다고 생각한다.

18.

급수	3급(상)
유형	중심 생각 고르기
지문	개인적 대화
주제	영화 상영 중 이동
Key	대화를 듣고 중심 생각을 추론하는 문항이다. 3급 수준의 문제가 출제되며 개인적인 대화를 통해 남자의 중심 생각을 찾아야 한다.
어휘	완전히(completely) 이동하다(move) 관람(see, watch) 방해가 되다(get in the way)

남자 : 좀 전에 보니 영화가 완전히 끝나지도 않았는데 사람들이 먼저 나가더라.

여자 : 영화가 거의 다 끝났으니까 그럴 수도 있지. 급한 일이 있을 수도 있고.

남자 : 18. 그래도 영화관 불이 켜지고 문이 열릴 때까지는 기다려야지. 영화를 마지막까지 보고 싶은 사람들도 많이 있을 텐데. 아무리 조용히 이동해도 영화 관람에 방해가 되지.

---

① 영화관에 들어갈 때에는 차례를 지켜야 한다.
② 영화를 제대로 보려면 극장에서 보는 게 좋다.
③ 영화관의 불이 켜지면 시끄럽게 해서는 안 된다.
④ 영화가 완전히 끝날 때까지 이동하지 않으면 좋겠다.

정답 ④ 남자는 마지막까지 영화를 보고 싶은 사람들도 있으므로 영화관 불이 켜지고 문이 열릴 때까지 이동하지 않으면 좋겠다고 생각한다.

오답 ① 영화관에 들어갈 때가 아니라 끝나고 나올 때에 대해 이야기하고 있다.
② 영화를 보는 장소에 대해 이야기하는 것이 아니다.
③ 영화관의 불이 켜지면 영화가 끝난 것이므로 반드시 조용히 해야 하는 것은 아니다.

19.

급수	4급(하)
유형	중심 생각 고르기
지문	개인적 대화
주제	무계획 여행
Key	대화를 듣고 중심 생각을 추론하는 문항이다. 4급 수준의 문제가 출제되며 개인적인 대화를 통해 남자의 중심 생각을 찾아야 한다.
어휘	계획을 세우다(make a plan) 숙박하다(stay) 정도(degree) 그때그때(every time) 매력(attractiveness)

> 여자 : 다음 주에 여행 간다고 했지? 계획은 다 세웠어?
> 남자 : 아니, 아무 계획도 없는데? 가서 하고 싶은 대로 하려고.
> 여자 : 그래도 어디에서 숙박할지, 어디를 구경할지 정도는 계획하고 가야 하지 않아?
> 남자 : 글쎄, 꼭 그럴 필요가 있을까? 난 19. 그때그때 기분에 따라 여행하는 게 좋던데. 그게 여행의 매력이라고 생각하거든.

① 여행을 하면 항상 기분이 좋아지기 마련이다.
② 여행을 떠나기 전에 준비를 미리 해 둬야 한다.
③ 계획 없이 움직이는 게 여행의 진정한 매력이다.
④ 다른 나라에 여행을 갈 때에는 숙소가 중요하다.

정답 ③ 남자는 계획 없이 그때그때 기분에 따라 여행하는 게 여행의 매력이라고 생각한다.

오답 ① 여행을 하면 기분이 좋아지기 마련이라는 것이 남자의 중심 생각이 아니다.
② 여행을 떠나기 전에 준비를 미리 해 둬야 한다는 것은 여자의 생각이다.
④ 숙소에 대한 이야기가 중심 내용이 아니다.

20.

급수	4급(중)
유형	중심 생각 고르기
지문	인터뷰
주제	우수 발명왕 상
Key	인터뷰 담화를 듣고 중심 생각을 추론하는 문항이다. 4급 수준의 문제가 출제되며 인터뷰를 통해 남자의 중심 생각을 찾아야 한다.
어휘	발명(invent) 발명품(invention) 발견하다(discover) 호기심이 생기다(be curious) 정리하다(organize) 구체화하다(give shape to)

> 여자 : 이번 발명의 날을 맞이하여 발명왕 상을 받으셨는데요. 어떻게 그렇게 많은 발명품들을 만들어 내신 건지요?
> 남자 : 20. 생활 속의 불편함을 발견하는 것에서부터 시작된 것 같습니다. 일상생활 속에서 뭔가 불편한 부분이 있으면 거기에서부터 호기심이 생겨 어떻게 하면 더 편리한 삶을 살 수 있을까 고민하는 것이지요. 그리고 그 고민들을 노트에 정리하면서 아이디어를 구체화하면 누구나 훌륭한 발명왕이 될 수 있습니다.

① 발명품을 많이 만들려면 정리를 잘하는 게 중요하다.
② 우수 발명상을 받기 위해서는 끊임없이 노력해야 한다.
③ 발명의 중요성을 일깨우기 위해 발명의 날이 필요하다.
④ 생활 속 불편함을 발견할 줄 알아야 좋은 발명품이 나온다.

정답 ④ 남자는 생활 속 불편함을 발견할 줄 알아야 여러 가지 좋은 발명품이 나온다고 생각한다.

오답 ① 정리의 중요성이 남자의 중심 생각은 아니다.
② 발명 관련 상을 받는 것이 중요한 것은 아니다.
③ 발명의 날을 맞이하여 수상에 대한 내용으로 시작하기는 하지만 중심 생각은 아니다.

※ **[21~22] 다음을 듣고 물음에 답하십시오. (각 2점)**

21.		**22.**	
급수	4급(중)	급수	4급(상)
유형	중심 생각 고르기	유형	일치하는 내용 고르기
Key	대화를 듣고 중심 생각을 추론하는 문항이다. 4급 수준의 문제가 출제되며 개인적 대화를 통해 남자의 중심 생각을 찾아야 한다.	Key	대화를 듣고 세부 내용을 파악하는 문항이다. 4급 수준의 문제가 출제되며 개인적 대화를 통해 들은 내용과 일치하는 답을 찾아야 한다.
지문	개인적 대화		
주제	이메일 과제 제출		
어휘	과제(assignment) 전달하다(deliver) 파일(file) 출력(print out) 인쇄(print out) 아끼다(save)		

> 여자 : 요즘은 교수님들이 대부분 과제를 이메일로 보내라고 하시네요.
> 남자 : **21.** 직접 과제를 전달하지 않아도 돼서 편하지 않아요?
> 여자 : 그렇긴 한데 이메일이 잘 전달이 안 될까 봐 불안해요. 이메일 주소를 잘못 쓸 수도 있고, 파일 전달이 안 될 수도 있잖아요.
> 남자 : 그럴 땐 이메일을 잘 받으셨는지 연락해서 확인해 보면 되지요. 그리고 학생들이 이메일로 과제를 보내면 출력이나 인쇄에 필요한 **22.** 종이도 아낄 수 있을 것 같아서 좋은 것 같은데요.

21. 남자의 중심 생각으로 가장 알맞은 것을 고르십시오.
① 교수님을 직접 만나서 과제 전달하는 것이 좋다.
② 학생들은 정해진 날짜에 맞춰 과제를 제출해야 한다.
③ 과제를 이메일로 제출하는 방식에는 여러 장점이 있다.
④ 이메일을 보내기 전에 이메일 주소를 잘 확인해야 한다.

정답 ③ 과제를 이메일로 제출하는 방식에는 직접 제출하지 않아 편하고, 종이도 아낄 수 있는 여러 장점이 있다.

오답 ① 교수님을 직접 만나서 과제를 전달하는 것이 좋다는 것은 여자의 생각이다.
② 과제를 제출할 때 정해진 날짜에 맞춰야 한다는 내용은 나오지 않는다.
④ 이메일을 잘 보내고 확인하는 것은 중요하지만 주소를 잘 확인해야 한다는 내용은 나오지 않는다.

22. 들은 내용과 같은 것을 고르십시오.
① 과제를 이메일로 보내면 종이를 절약할 수 있다.
② 남자는 요즘 과제를 쓰는 것이 힘들다고 생각한다.
③ 여자는 이메일 주소를 잘못 써서 실수한 적이 있다.
④ 최근에 이메일로 과제를 보내는 경우가 줄어들었다.

정답 ① 과제를 이메일로 보내면 출력이나 인쇄에 필요한 종이를 아낄 수 있다.

오답 ② 남자는 요즘 과제를 ~~쓰는~~ 것이 힘들다고 생각한다.
③ 여자는 이메일 주소를 잘못 써서 ~~실수한 적이 있다.~~
④ 최근에 이메일로 과제를 보내는 경우가 ~~줄어들었다.~~

※ [23~24] 다음을 듣고 물음에 답하십시오. (각 2점)

23.		24.	
급수	4급(상)	급수	4급(상)
유형	담화 상황 고르기	유형	일치하는 내용 고르기
Key	대화를 듣고 담화 상황을 추론하는 문항이다. 4급 수준의 문제가 출제되며 사회적 대화를 통해 남자가 무엇을 하고 있는 상황인지 찾아야 한다.	Key	대화를 듣고 세부 내용을 파악하는 문항이다. 4급 수준의 문제가 출제되며 사회적 대화를 통해 들은 내용과 일치하는 답을 찾아야 한다.
지문	사회적 대화		
주제	무료 강당 대관		
어휘	무료(free) 강당(auditorium) 행사(event) 직접(directly) 설치하다(install) 안내 사항(notification)		

남자 : 인주 문화센터지요? 문화센터에서 **24. 무료로 운영하는 23. 강당을 하루 빌리려고요**.

여자 : 처음 강당을 빌려 사용하시는 건가요?

남자 : 작년에도 한 번 빌린 적이 있습니다. 작년처럼 작은 음악회를 위해 사용하려고 하는데 가능하지요?

여자 : 네, 신청은 문화센터 홈페이지에서 하시면 되고요. 행사 한 달 전까지 신청해 주셔야 합니다. 음악회 행사라고 하셨으니까 직접 무대 설치를 하시려면 안내 사항도 확인해 보시기 바랍니다.

---

23. 남자가 무엇을 하고 있는지 고르십시오.

① 강당을 빌리려고 문의하고 있다.
② 음악회의 내용을 소개하고 있다.
③ 공연을 위한 홍보를 요청하고 있다.
④ 문화센터 이용 방법을 알아보고 있다.

정답 ① 남자는 강당을 하루 빌리려고 문의하고 있다.

오답 ② 음악회를 위한 행사 장소를 알아보고 있다.
③ 공연을 위한 홍보에 대해 나오지 않는다.
④ 문화센터의 이용 방법이 아니라 행사 장소를 알아보고 있다.

24. 들은 내용과 같은 것을 고르십시오.

① 문화센터에서 공연 무대를 설치해 준다.
② 남자는 문화센터를 처음 이용하려고 한다.
③ 하루 동안 강당을 무료로 사용할 수 있다.
④ 강당 사용을 신청하려면 직접 방문해야 한다.

정답 ③ 하루 동안 강당을 무료로 사용할 수 있다.

오답 ① 문화센터에서 공연 무대를 ~~설치해 준다~~.
② 남자는 문화센터를 ~~처음~~ 이용하려고 한다.
④ 강당 사용을 신청하려면 ~~직접 방문해야~~ 한다.

※ [25~26] 다음을 듣고 물음에 답하십시오. (각 2점)

25.		**26.**	
급수	4급(상)	급수	5급(하)
유형	중심 생각 고르기	유형	일치하는 내용 고르기
Key	인터뷰를 듣고 중심 생각을 추론하는 문항이다. 4급 수준의 문제가 출제되며 인터뷰를 통해 남자의 중심 생각을 찾아야 한다.	Key	인터뷰를 듣고 세부 내용을 파악하는 문항이다. 5급 수준의 문제가 출제되며 인터뷰를 통해 들은 내용과 일치하는 답을 찾아야 한다.
지문	인터뷰		
주제	새로운 졸업식		
어휘	기존(previous) 재학생(current students) 조언하다(advise) 마련하다(prepare) 일대일(one-on-one) 짝을 짓다(pair up) 응원하다(cheer) 진정한(genuine)		

여자 : 선생님께서 이번에 준비하신 졸업식은 기존의 졸업식과 어떻게 다른가요?
남자 : 저는 25. 한 시간 만에 끝나는 간단한 졸업식보다는 의미 있는 졸업식을 하면 좋겠다고 생각했습니다. 졸업생들이 고등학교 생활에 대해 재학생 후배들에게 소개하고 조언해 주면서, 하나가 되는 자리를 마련했지요. 졸업생 대표, 재학생 대표 한 명이 나와서 연설하듯 이야기하는 것이 아니라, 모든 졸업생과 재학생이 일대일로 짝을 지어 진심이 담긴 이야기를 나눕니다. 26. 후배들은 선배들을 위해 준비한 작은 선물을 주기도 하고요. 그리고 마지막에는 안아주며 서로의 미래를 응원하지요. 이 과정에서 모두가 25. 졸업식의 진정한 의미를 나눌 수 있었던 것 같습니다.

25. 남자의 중심 생각으로 가장 알맞은 것을 고르십시오.
① 학생들을 위한 진정한 의미의 졸업식을 해야 한다.
② 선배들은 재학생 후배들을 위한 일에 앞장서야 한다.
③ 학교가 졸업생들의 미래에 대해 관심을 가지면 좋겠다.
④ 졸업식에서 생기는 문제점들을 해결할 대책이 필요하다.

정답　① 남자는 간단한 졸업식이 아니라 학생들을 위한 의미 있는 졸업식, 진정한 의미의 졸업식을 해야 한다고 생각한다.

오답　② 선배들은 졸업식에서 재학생 후배들을 위한 일에 고등학교 생활에 대해 조언을 해 준다.
　　　③ 학교가 졸업생들의 미래에 대해 관심을 가지면 좋겠다는 내용은 구체적으로 나오지 않는다.
　　　④ 남자는 기존의 졸업식의 문제점들을 간단히 이야기는 하지만 그것이 중심 생각은 아니다.

26. 들은 내용과 같은 것을 고르십시오.
① 졸업식은 한 시간 동안 진행되었다.
② 후배들은 선배들에게 선물을 주었다.
③ 남자는 이번에 고등학교를 졸업했다.
④ 졸업생과 재학생 대표가 연설을 했다.

정답　② 후배들은 선배들을 위해 준비한 작은 선물을 준다.

오답　① 졸업식은 한 시간 동안 진행되었다.
　　　③ 남자는 이번에 고등학교를 졸업했다.
　　　④ 졸업생과 재학생 대표가 연설을 했다.

※ [27~28] 다음을 듣고 물음에 답하십시오. (각 2점)

27.		**28.**	
급수	5급(하)	급수	5급(하)
유형	화자의 의도 고르기	유형	일치하는 내용 고르기
Key	대화를 듣고 화자의 의도를 추론하는 문항이다. 5급 수준의 문제가 출제되며 대화를 통해 남자가 여자에게 말하는 목적이나 의도를 찾아야 한다.	Key	대화를 듣고 세부 내용을 파악하는 문항이다. 5급 수준의 문제가 출제되며 대화를 통해 들은 내용과 일치하는 답을 찾아야 한다.
지문	개인적 대화		
주제	육식 위주의 식단		
어휘	단백질(protein) 성분(ingredient) 과도하다(excessive) 육식(meat diet) 해롭다(harmful) 곁들이다(garnish) 흡수(absorption) 치우치다(biased) 섭취하다(intake)		

남자 : 또 고기를 먹어요? 점심에도 불고기를 먹더니.
여자 : 몸을 생각해서 고기를 많이 먹어야지요. 단백질이 우리 몸에 꼭 필요한 성분이니까요.
남자 : 그렇긴 하지만 28. 과도한 육식 위주의 식사는 오히려 건강에 해롭다고 해요. 적당히 채소를 곁들여야 영양분 흡수에도 도움이 되고요. 27. 한쪽으로 치우친 식습관은 몸에 좋을 리 없잖아요.
여자 : 그러고 보니 요즘 채소를 많이 섭취해야 한다는 뉴스를 몇 번 본 것 같네요.

27. 남자가 말하는 의도로 알맞은 것을 고르십시오.

① 건강의 소중함을 일깨워 주려고
② 인기 있는 음식에 대해 소개하려고
③ 규칙적인 식사의 필요성을 말하려고
④ 균형적인 식습관에 대해 알려 주려고

정답 ④ 한쪽으로 치우친 식습관은 몸에 좋지 않기 때문에 균형적인 식습관에 대해 알려 주고 있다.

오답 ① 건강의 소중함이 아니라 식습관에 대해 일깨워 주려고 하고 있다.
　　② 육식과 채식에 대해 이야기하는 것이므로 인기 있는 음식을 소개하는 것이 아니다.
　　③ 규칙적인 식사는 아침, 점심, 저녁을 정해진 시간에 먹는 것을 말한다.

28. 들은 내용과 같은 것을 고르십시오.

① 여자는 아침 식사로 고기를 먹었다.
② 건강을 위해 과도한 육식은 좋지 않다.
③ 남자는 채식에 대해 부정적인 입장이다.
④ 최근 다이어트에 대한 뉴스가 많이 나왔다.

정답 ② 건강을 위해 과도한 육식은 좋지 않다.

오답 ① 여자는 아침 식사로 고기를 먹었다.
　　③ 남자는 채식에 대해 부정적인 입장이다.
　　④ 최근 다이어트에 대한 뉴스가 많이 나왔다.

29.		**30.**	
급수	5급(중)	급수	5급(중)
유형	담화 참여자 고르기	유형	일치하는 내용 고르기
Key	인터뷰를 듣고 담화의 참여자에 대한 정보를 추론하는 문항이다. 5급 수준의 문제가 출제되며 인터뷰를 통해 남자가 어떤 일을 하는 사람인지 찾아야 한다.	Key	인터뷰를 듣고 세부 내용을 파악하는 문항이다. 5급 수준의 문제가 출제되며 인터뷰를 통해 들은 내용과 일치하는 답을 찾아야 한다.
지문	인터뷰		
주제	영화 효과음 전문가		
어휘	창조적이다(creative) 제외하다(except) 분석하다(analyze) 제공하다(provide) 분노하다(get angry) 추상적이다(abstract) 구현하다(give shape to) 몰입하다(immerse oneself in)		

여자 : **29. 영화에 필요한 소리를 만드는 게** 쉬운 일이 아닐 것 같은데요.

남자 : 상당히 창조적이고 다양한 아이디어가 필요한 직업이지요. 사람의 목소리와 음악을 제외한 모든 소리를 진짜 같은 소리로 창조해내야 하니까요.

여자 : 그렇다면 구체적으로 어떻게 소리를 창조해내시나요?

남자 : 먼저 영화의 전체적인 내용을 이해하고 영화 안에서 연기자의 감정적 혹은 행동적 상황을 분석해 그에 맞는 소리를 제공해야 합니다. 예를 들어 발소리라도 분노한 상태에서의 발소리, 슬픈 상태에서의 발소리는 다르기 때문이지요. 이처럼 머릿속에 있는 추상적인 소리를 **30. 귀에 들리는 구체적인 소리로 구현해 내어 관객들이 영화에 몰입할 수 있도록** 하는 겁니다.

29. 남자가 누구인지 고르십시오.

① 영화 속 효과음을 창조해내는 사람
② 영화의 전체적인 내용을 기획하는 사람
③ 영화 속 주인공의 감정을 분석하는 사람
④ 영화배우의 목소리 연기를 지도하는 사람

정답 ① 남자는 영화에 필요한 소리(효과음)를 만들어내는 사람이다.

오답 ② 영화의 소리를 만들어내는 사람이므로 전체적인 내용을 기획하는 사람이 아니다.
③ 영화 속 주인공의 감정을 분석하여 그에 맞는 소리를 만들어내는 사람이다.
④ 영화 속 배우의 발소리를 분석하기는 하지만 영화배우의 목소리에 대한 내용은 나오지 않는다.

30. 들은 내용과 같은 것을 고르십시오.

① 남자는 영화 음악을 들으면서 작업을 한다.
② 남자는 요즘 슬픈 내용의 영화를 제작하고 있다.
③ 관객들은 소리를 통해 영화에 더 몰입할 수 있다.
④ 구체적인 소리를 추상적인 소리로 바꾸기 어렵다.

정답 ③ 관객들은 소리를 통해 영화에 더 몰입할 수 있다.

오답 ① 남자는 영화 음악을 들으면서 작업을 한다.
② 남자는 요즘 슬픈 내용의 영화를 제작하고 있다.
④ 구체적인 소리를 추상적인 소리로 바꾸기 어렵다.

※ [31~32] 다음을 듣고 물음에 답하십시오. (각 2점)

31.		32.	
급수	5급(중)	급수	5급(중)
유형	중심 생각 고르기	유형	화자의 태도 고르기
Key	토론을 듣고 중심 생각을 추론하는 문항이다. 5급 수준의 문제가 출제되며 인터뷰를 통해 남자의 중심 생각을 찾아야 한다.	Key	토론을 듣고 화자의 의도를 파악하는 문항이다. 5급 수준의 문제가 출제되며 대화를 통해 남자의 태도나 심정으로 알맞은 답을 찾아야 한다.
지문	토론		
주제	지하철 노인 무료 탑승제		
어휘	무료(free) 탑승(take the subway) 검토하다(go over) 적자(deficit, loss) 고령화(aging) 사회 복지 차원(social assistance) 접근하다(approach) 유료(paid) 대안(alternatives)		

여자 : 현재 65세 이상 노인이 무료로 이용 가능한 지하철 탑승 제도를 왜 다시 검토해야 한다고 생각하시는지요?
남자 : **32.** 지하철 적자 문제가 확대되고 있기 때문입니다. 아시다시피, **32.** 고령화 현상으로 노인층이 계속 늘어나고 있는 상황이고요.
여자 : 하지만 노인들의 지하철 무료 이용은 사회 복지 차원에서 접근해야 하는 것이라고 보는데요.
남자 : **31.** 모든 노인들이 지하철을 유료로 이용해야 한다는 것은 아닙니다. 소득이 있는 노인에게만 요금을 받는 것을 대안으로 생각하고 있습니다.

31. 남자의 중심 생각으로 가장 알맞은 것을 고르십시오.
① 지하철 무료 탑승 제도는 국민 모두에게 부담을 준다.
② 고령화 현상으로 인해 노인들의 경제적 문제가 심각하다.
③ 노인을 위한 사회 복지 제도를 점차적으로 확대해야 한다.
④ 노인의 소득 유무에 따라 지하철 요금을 받을 필요가 있다.

정답 ④ 남자는 소득이 있는 노인에게만 요금을 받는 것을 대안으로 제시하면서 자신의 생각을 말했다.

오답 ① 지하철 무료 탑승 제도가 국민 모두에게 부담을 준다는 내용이 구체적으로 나오지 않는다.
② 고령화 현상으로 인해 노인들의 경제적 문제가 아니라 지하철 적자가 확대되는 것에 대해 이야기하고 있다.
③ 노인을 위한 사회 복지 제도를 확대해야 한다는 것이 아니다.

32. 남자의 태도로 가장 알맞은 것을 고르십시오.
① 근거를 들어 자신의 주장을 뒷받침하고 있다.
② 상대방이 제기한 의견을 강하게 지지하고 있다.
③ 현행 문제점에 대해 상대방의 책임을 묻고 있다.
④ 비교를 통해 차이점을 구체적으로 설명하고 있다.

정답 ① 근거(지하철 적자 문제가 확대되고 있다. 고령화 현상으로 노인이 많아진다 등)를 들어 자신의 주장을 뒷받침하고 있다.

오답 ② 상대방이 제기한 의견을 지지하지 않고 있다.
③ 현행 문제점에 대해 이야기하지만 상대방의 책임을 묻고 있는 것은 아니다.
④ 지하철 이용에 대한 구체적인 비교가 나오지 않는다.

33.		**34.**	
급수	5급(중)	급수	5급(상)
유형	주제 고르기	유형	일치하는 내용 고르기
Key	강연을 듣고 주제를 추론하는 문항이다. 5급 수준의 문제가 출제되며 여자의 강연을 통해 주제를 찾아야 한다.	Key	강연을 듣고 세부 내용을 파악하는 문항이다. 5급 수준의 문제가 출제되며 여자의 강연을 통해 들은 내용과 일치하는 답을 찾아야 한다.
지문	강연		
주제	브랜드의 가치		
어휘	자체(itself) 엄청나다(tremendous) 가치(value) 창출하다(create) 고부가가치 산업(high value-added industry) 선호하다(prefer) 충성도(loyalty)		융합하다(fuse) 시너지 효과(synergy) 신뢰성(reliability) 무의식(unconscious) 품다(incubate) 우호적이다(friendly)

여자 : 브랜드는 이제 단순한 제품 이름만을 의미하지 않습니다. **34.** 브랜드는 그 자체로 엄청난 가치를 창출하는 고부가가치 산업입니다. 소비자들은 선호하는 브랜드에 대한 충성도로 품질보다 브랜드를 보고 구매하려는 경향도 강합니다. 그렇다면 좋은 브랜드는 어떤 브랜드를 말하는 것일까요? 좋은 품질, 훌륭한 디자인, 기업 이미지 등이 서로 융합해 시너지 효과를 창출하는 것이라 할 수 있습니다. 좋은 브랜드는 그 브랜드의 여러 제품에 대해 그만한 신뢰성이 있을 것이라는 기대를 무의식중에 품게 됩니다. 결과적으로 **33.** 브랜드의 가치는 소비자들이 얼마나 그 브랜드에 대해 우호적인 이미지를 가지고 있는가를 통해 결정된다고 할 수 있습니다.

33. 무엇에 대한 내용인지 알맞은 것을 고르십시오.
① 좋은 브랜드의 가치
② 품질과 디자인의 관계
③ 브랜드 제품의 문제점
④ 선호하는 브랜드의 종류

정답 ① 소비자들이 브랜드에 대해 우호적인 이미지를 얼마나 가지고 있는가를 통해 좋은 브랜드의 가치가 결정된다.

오답 ② 브랜드의 가치에 대해 이야기하는 것이므로 품질과 디자인의 관계에 대한 내용이 아니다.
③ 브랜드의 문제점에 대한 내용은 나오지 않는다.
④ 사람들이 선호하는 브랜드의 종류가 구체적으로 나오지 않는다.

34. 들은 내용과 같은 것을 고르십시오.
① 제품의 성공은 훌륭한 디자인에 달려 있다.
② 소비자들은 브랜드 자체보다 품질을 중시한다.
③ 사람들이 무의식적으로 선호하는 브랜드는 없다.
④ 브랜드 자체로 막대한 가치를 창출해 낼 수 있다.

정답 ④ 브랜드는 그 자체로 엄청나고 막대한 가치를 창출해 낼 수 있는 고부가가치 산업이다.

오답 ① 제품의 성공은 훌륭한 디자인에 달려 있다.
② 소비자들은 브랜드 자체보다 품질을 중시한다.
③ 사람들이 무의식적으로 선호하는 브랜드는 없다.

35.		**36.**	
급수	5급(상)	급수	5급(상)
유형	화자의 목적 고르기	유형	일치하는 내용 고르기
Key	공식적인 인사말을 듣고 담화의 목적을 추론하는 문항이다. 5급 수준의 문제가 출제되며 공식적인 인사말을 통해 남자의 목적이나 의도를 찾아야 한다.	Key	공식적인 인사말을 듣고 세부 내용을 파악하는 문항이다. 5급 수준의 문제가 출제되며 공식적인 인사말을 통해 들은 내용과 일치하는 답을 찾아야 한다.
지문	축사, 공식인사말		
주제	숲속 도서관		
어휘	여유롭다(relaxed) 바삐 살다(live a busy life) 책을 펴다(open a book) 넘나들다(drift in and out) 공유하다(share) 다채롭다(colorful) 빡빡하다(tight)		

남자 : 35. 우리 숲속 도서관을 찾아 주신 여러분들께 진심으로 감사드립니다. 우리 도서관은 자연 속에서 여유롭게 책과 함께 할 수 있도록 만들어진 공간입니다. 현대 생활 속에서 바삐 살다 보면, 한 달에 한 권 책을 읽기도 힘들 겁니다. 하지만 여러분, 책을 펴는 순간 여러 가지 기쁨을 얻을 수 있습니다. 36. 시간과 공간을 넘나들며, 직접 그곳에 가지 않아도 36. 간접적으로 여러 가지를 경험할 수 있습니다. 시나 소설을 통해서 다른 사람들의 생각을 공유할 수도 있습니다. 그런 다채로운 경험을 빡빡한 도시가 아닌 이 숲속에서 새와 바람의 소리를 들으며 즐기시기를 기대합니다.

35. 남자가 무엇을 하고 있는지 고르십시오.

① 도서관의 개관 목적을 설명하고 있다.
② 도서관의 성과에 대해 보고하고 있다.
③ 도서관에 대한 의견을 조사하고 있다.
④ 도서관에 관련된 자료를 분석하고 있다.

정답 ① 도서관의 개관 행사에 참석한 사람들에게 왜 도서관을 열었는지에 대해 설명하고 있다.

오답 ② 도서관의 성과가 아니라 기대 효과와 목적에 대해 이야기하고 있다.
③ 도서관에 대한 의견을 물어보는 것이 아니다.
④ 도서관에 관련된 자료에 대해서는 나오지 않는다.

36. 들은 내용과 같은 것을 고르십시오.

① 이 도서관은 도시의 한 가운데에 위치해 있다.
② 한 달에 한 권 이상의 책을 읽는 사람들이 많다.
③ 책을 통해 시간과 공간을 초월한 경험을 할 수 있다.
④ 도서관은 여러 사람들과 함께 하는 활동을 제공한다.

정답 ③ 도서관에서 책을 읽으며 시간과 공간을 넘나들며 간접적으로 여러 가지를 경험할 수 있다.

오답 ① 이 도서관은 도시의 한 가운데에 위치해 있다.
② 한 달에 한 권 이상의 책을 읽는 사람들이 많다.
④ 도서관은 여러 사람들과 함께 하는 활동을 제공한다.

37.		**38.**	
급수	5급(상)	급수	6급(하)
유형	중심 생각 고르기	유형	일치하는 내용 고르기
Key	교양 프로그램을 듣고 중심 생각을 추론하는 문항이다. 5급 수준의 문제가 출제되며 프로그램을 통해 남자의 중심 생각을 찾아야 한다.	Key	교양 프로그램을 듣고 세부 내용을 파악하는 문항이다. 6급 수준의 문제가 출제되며 교양 프로그램을 통해 들은 내용과 일치하는 답을 찾아야 한다.
지문	교양 프로그램		
주제	생활 속 기호학		
어휘	기호학(semiotics) 기호(sign) 영유하다(possess) 신호등(traffic light) 표시(mark) 터득하다(learn) 급격히(rapidly) 차지하다(occupy)		

남자 : 이번에 펴내신 '생활 속 기호학'에 대해 소개 좀 해 주시지요, 박사님.

여자 : 우리는 날마다 기호들의 세계 속에서 삶을 영유하고 있으면서도 기호학이란 단어 자체를 어렵게 생각하고 있습니다. 거리의 신호등에서부터 화장실의 표시까지, 우리의 눈이 이해하는 모든 것들이 기호입니다. 우리는 기호를 터득하여 세계를 이해하며 다른 사람들과 의사소통을 하게 되지요. 특히 매스 미디어 시대에서 대중문화가 급격히 증가하면서 **37. 기호는 의사소통에서 매우 중요한 역할을 담당하고 있습니다.** 이 책에서는 기호가 생활 속에 얼마나 많은 부분을 차지하고 있는지, **38. 얼마나 중요한 역할을 하는지 알기 쉽게 만화로 풀어냈습니다.**

37. 여자의 중심 생각으로 가장 알맞은 것을 고르십시오.

① 기호의 의미를 이해하려면 사회를 이해해야 한다.

② 기호는 생활 속 의사소통에서 중요한 역할을 한다.

③ 현대 사회에서는 기호학을 어렵게 생각하면 안 된다.

④ 대중문화에 등장하는 기호는 일상생활에 영향을 미친다.

정답　② 여자는 기호가 생활 속에서 얼마나 많은 부분을 차지하고 중요한 역할을 하는지를 주로 이야기하고 있다.

오답　① 기호의 의미를 이해하려면 사회를 이해해야 한다는 내용은 구체적으로 나오지 않는다.

　　③ 기호학을 어렵게 생각하는 사람들도 있지만 그것이 중심 생각은 아니다.

　　④ 대중문화에 등장하는 기호가 의사소통에 영향을 미치는 것이며, 이 역시 중심 생각은 아니다.

38. 들은 내용과 같은 것을 고르십시오.

① 이 책은 이해를 돕기 위해 만화로 만들어졌다.

② 이 여자는 기호학을 비판적인 시각으로 보고 있다.

③ 대중문화에 대한 사람들의 관심이 점점 줄어들고 있다.

④ 신호등과 화장실의 표시에는 기호학이 적용되지 않는다.

정답　① 이 책은 알기 쉽게 만화로 풀어 만들어졌다.

오답　② 이 여자는 기호학을 ~~비판적인 시각~~으로 보고 있다.

　　③ 대중문화에 대한 사람들의 관심이 ~~점점 줄어들고 있다.~~

　　④ 신호등과 화장실의 표시에는 기호학이 ~~적용되지 않는다.~~

	39.			**40.**	
급수	6급(하)		급수	6급(하)	
유형	담화 앞의 내용 고르기		유형	일치하는 내용 고르기	
Key	대담을 듣고 앞에 올 내용을 추론하는 문항이다. 6급 수준의 문제가 출제되며 대담을 통해 앞뒤 상황을 추론하여 답을 찾아야 한다.		Key	대담을 듣고 세부 내용을 파악하는 문항이다. 6급 수준의 문제가 출제되며 대담을 통해 들은 내용과 일치하는 답을 찾아야 한다.	
지문	대담				
주제	예술을 통한 심리 치료				
어휘	실질적이다(substantial) 입장(position) 범위(range) 영역(area) 분노(rage) 되찾다(get back) 자기 통제력(self-regulation) 무언(unspoken) 억압되다(be suppressed) 분출시키다(erupt)				

여자 : **39.** 이렇게 예술 치료의 실질적인 효과에 대해 의문을 가지는 입장들도 있는데요. 구체적으로 어떻게 예술을 활용해 심리적인 문제를 치료할 수 있나요?

남자 : 그 예술적 범위는 미술이나 음악뿐만 아니라, 연극, 무용 등의 영역까지 활용 가능합니다. 큰 사고로 가족을 잃은 환자는 직접 그림을 그려 보고 그림에 대해 전문가와 이야기를 나누는 과정에서 우울, 분노 등의 감정을 적절하게 해소함으로써 정신 건강을 되찾을 수 있었습니다. 또한 자기 통제력이 약한 아이들은 무용을 통한 무언의 표현 방식을 배우면서 자신의 생각과 감정을 효과적으로 표현하고 조절하는 방법을 배웠습니다. 이와 같이 **40.** 예술 치료는 억압된 정서를 예술적 감동과 소통을 통해 분출시켜 상처를 치유할 수 있도록 도와줍니다.

39. 이 대화 전의 내용으로 가장 알맞은 것을 고르십시오.

① 심리적인 문제를 치유하는 것은 쉬운 일이 아니다.
② 예술 치료의 효과에 대해 부정적인 견해가 존재한다.
③ 의학적으로 새로운 심리치료 방법들이 개발되어야 한다.
④ 다양한 분야에서 예술 치료를 위한 지원이 확대되고 있다.

정답 ② 이렇게 예술 치료의 실질적인 효과에 대해 의문을 가지는 입장이 있다고 했으므로 담화 앞에는 예술 치료에 대한 부정적인 견해가 나와야 한다.

오답 ① 남자는 심리적인 문제를 치유하는 데 예술 치료가 도움이 된다고 말했다.
③ 의학적으로 새로운 심리치료 방법들이 개발되어야 한다는 내용은 여자의 첫 번째 발화와 관계가 적다.
④ 다양한 분야에서 예술 치료를 하지만 지원이 확대되고 있다는 내용은 아니다.

40. 들은 내용과 같은 것을 고르십시오.

① 예술 치료는 전문성 부족이라는 문제점을 남겼다.
② 예술 치료는 어린이들을 대상으로 해야 효과가 있다.
③ 예술 치료는 예술적인 재능을 키워 주는 역할을 한다.
④ 예술 치료는 억압된 감정을 분출하는 데에 도움이 된다.

정답 ④ 예술 치료는 억압된 정서를 예술적 감동과 소통을 통해 분출시켜 상처를 치유할 수 있게 도와준다고 했다.

오답 ① 예술 치료는 전문성 부족이라는 문제점을 남겼다.
② 예술 치료는 어린이들을 대상으로 해야 효과가 있다.
③ 예술 치료는 예술적인 재능을 키워 주는 역할을 한다.

※ [41~42] 다음을 듣고 물음에 답하십시오. (각 2점)

41.		42.	
급수	6급(하)	급수	6급(중)
유형	중심 내용 고르기	유형	일치하는 내용 고르기
Key	강연을 듣고 중심 내용을 추론하는 문항이다. 6급 수준의 문제가 출제되며 강연을 통해 중심 생각이나 핵심 내용을 찾아야 한다.	Key	강연을 듣고 세부 내용을 파악하는 문항이다. 6급 수준의 문제가 출제되며 강연을 통해 들은 내용과 일치하는 답을 찾아야 한다.
지문	강연		
주제	제비집과 삶		
어휘	제비(swallow) 처마(eaves) 진흙(mud) 무너지다(collapse) 갈라지다(crack) 지푸라기(straw) 간간이(sometimes) 빈틈을 채우다(fill in the gaps) 허물어지다(fall apart) 차곡차곡(step by step)		

여자 : 여러분은 제비가 처마 밑에 집을 짓고 산다는 것을 다들 알고 계실 겁니다. 그렇다면 제비는 어떻게 튼튼하고 안전한 집을 지을까요? 42. 제비는 진흙으로 집을 짓는데 이때 진흙 쌓는 속도를 조절합니다. 진흙이 채 마르기 전에 계속 붙이기만 하면 무너지기 쉬우므로, 진흙이 마르기를 기다렸다가 진흙을 붙입니다. 그리고 진흙이 갈라지지 않도록 진흙 사이에 지푸라기를 간간이 섞어 넣습니다. 이처럼 제비는 속도를 조절하고 빈틈을 채우며 쉽게 허물어지지 않는 집을 짓습니다. 여러분은 인생의 집은 어떻습니까? 41. 튼튼하고 안전한 인생의 집을 서두르지 않고 차곡차곡 채워가는 것이 무엇보다 중요합니다.

41. 이 강연의 중심 내용으로 가장 알맞은 것을 고르십시오.

① 쉽게 허물어지지 않는 삶을 살아야 한다.
② 계획적인 생활보다 여유로운 생활이 좋다.
③ 행복감을 느끼며 사는 것이 가장 중요하다.
④ 안전한 미래를 위해 힘든 일을 극복해야 한다.

정답 ① 제비가 빈틈을 채우며 쉽게 허물어지지 않는 집을 짓는 것처럼 인생도 서두르지 않고 차곡차곡 채워 튼튼하고 안전한 집을 지어야 한다.

오답 ② 계획적인 생활, 여유로운 생활보다 빈틈을 채워가는 허물어지지 않는 생활을 해야 한다는 내용이다.
③ 행복감에 대한 내용보다 안전하고 탄탄한 생활에 대해 이야기하고 있다.
④ 안전한 미래가 아닌 삶을 위해 살아가는 것에 대해 이야기하고 있다.

42. 들은 내용과 같은 것을 고르십시오.

① 진흙 사이에 지푸라기를 넣으면 빈틈이 생긴다.
② 제비는 진흙 쌓는 속도를 조절하며 집을 짓는다.
③ 처마 밑에 집을 짓고 사는 제비가 줄어들고 있다.
④ 안전한 집을 짓기 위해 제비는 진흙을 계속 붙인다.

정답 ② 제비는 진흙 쌓는 속도를 조절하며 집을 짓는다.

오답 ① 진흙 사이에 지푸라기를 넣으면 빈틈이 생긴다.
③ 처마 밑에 집을 짓고 사는 제비가 줄어들고 있다.
④ 안전한 집을 짓기 위해 제비는 진흙을 계속 붙인다.

※ **[43~44] 다음을 듣고 물음에 답하십시오. (각 2점)**

43.		44.	
급수	6급(중)	급수	6급(중)
유형	중심 내용 고르기	유형	일치하는 내용 고르기
Key	다큐멘터리를 듣고 중심 내용을 추론하는 문항이다. 6급 수준의 문제가 출제되며 다큐멘터리를 통해 중심 생각이나 핵심 내용을 찾아야 한다.	Key	다큐멘터리를 듣고 세부 내용을 파악하는 문항이다. 6급 수준의 문제가 출제되며 다큐멘터리를 통해 들은 내용과 일치하는 답을 찾아야 한다.
지문	다큐멘터리		
주제	달팽이놀이(전통놀이)		
어휘	삼삼오오(twos and threes) 나선형(spiral) 놀이판(board) 가위바위보(rock-paper-scissors) 동시에(at the same time) 진영(camp) 도달하다(reach) 묘미(zest) 어지럼증(dizziness) 체력을 단련하다(exercise one's strength) 협동심(cooperative room)		

남자 : 점심시간이 되자, 아이들이 운동장에 삼삼오오 모여든다. 이들은 달팽이놀이를 하기 위해 막대기로 달팽이집 모양의 나선형 놀이판을 그린다. 달팽이놀이는 편을 나눈 후에, 가위바위보를 해서 이긴 편은 달팽이집 놀이판 바깥에서 안으로, 진 편은 안에서 바깥으로 동시에 달려 나가는 전통 놀이이다. 상대편 진영에 먼저 도달하는 편이 이기게 된다. 달팽이놀이의 묘미는 빙글빙글 돌아가는 달팽이 놀이판에 있다. **44. 달팽이집을 따라 달릴 때 느껴지는 어지럼증**에서 아이들은 재미를 느낀다. 뿐만 아니라, **43. 가위바위보를 해서 이길 때 즐거움이 있으며 놀이 방법 또한 간단하다.** 무엇보다 아이들은 이 놀이를 통해 **43. 체력을 단련하고 친구들과 자연스럽게 어울리는 과정에서 협동심을 기를 수 있다.**

43. 무엇에 대한 내용인지 알맞은 것을 고르십시오.
① 달팽이놀이의 규칙을 알면 더 재미있다.
② 달팽이놀이는 장점이 많은 단체놀이이다.
③ 아이들은 밖에서 많이 뛰어 놀아야 한다.
④ 아이들이 즐길 수 있는 놀이가 늘고 있다.

정답 ② 달팽이놀이는 장점(가위바위보를 해서 이길 때 즐겁다, 놀이 방법이 간단하다, 체력을 단련하다, 협동심을 기를 수 있다 등)이 많은 단체놀이이다.

오답 ① 달팽이놀이의 규칙을 말하지만 이 글의 중심 내용은 아니다.
③ 밖에서 하는 달팽이놀이의 장점을 말하고 있으나 아이들이 밖에서 많이 뛰어 놀아야 한다는 것이 중심 생각은 아니다.
④ 달팽이놀이에 대해서 말하고 있다. 아이들이 즐길 수 있는 놀이가 늘고 있다는 내용은 찾을 수 없다.

44. 아이들이 놀이를 할 때 어지럼증을 느끼는 이유로 맞는 것을 고르십시오.
① 오랫동안 빠른 속도로 뛰어서
② 바닥에 막대기로 그림을 그려서
③ 나선형의 달팽이집을 따라 달려서
④ 체력을 단련하기 위해 많이 움직여서

정답 ③ 나선형의 달팽이집을 따라 달려서

오답 ① 빠른 속도로 오랫동안 뛰는 것은 아니다.
② 바닥에 막대기로 그림을 그려서 어지러운 것이 아니다.
④ 체력을 단련하기 위해 많이 움직이는 것은 아니다.

45.		46.	
급수	6급(중)	급수	6급(중)
유형	일치하는 내용 고르기	유형	화자의 태도 고르기
Key	강연을 듣고 세부 내용을 파악하는 문항이다. 6급 수준의 문제가 출제되며 강연을 통해 들은 내용과 일치하는 답을 찾아야 한다.	Key	강연을 듣고 화자의 태도나 심정을 파악하는 문항이다. 6급 수준의 문제가 출제되며 강연을 통해 여자의 태도나 심정으로 알맞은 답을 찾아야 한다.
지문	강연		
주제	숯의 부활		
어휘	숯(charcoal) 항균 작용(antibacterial activity) 습도 조절(humidity control) 식생활(diet) 주원료(main ingredient) 발효제(fermentation starter) 조미료(condiment) 미생물(microorganism)		서식처(habitat) 녹아들다(melt into) 근래(lately) 되살아나다(revive) 전자파(electromagnetic waves) 흡수하다(absorb) 정화시키다(purify) 효능(efficacy)

> 여자 : 46. 숯은 항균 작용, 습도 조절 작용과 더불어, 우리 식생활에서도 많이 이용되고 있습니다. 예를 들어 된장의 주원료는 메주, 물, 소금이지만 숯도 들어가야 합니다. 왜 된장에 숯을 넣을까요? 숯은 발효제인 동시에 조미료이기 때문입니다. 된장에는 발효를 도와주는 미생물이 필요한데, 숯에 있는 수많은 구멍이 바로 미생물의 서식처가 되지요. 또한 숯에 포함된 미네랄이 된장에 녹아들면서 된장의 맛과 영양을 높이는 조미료 역할을 합니다. 뿐만 아니라, 한동안 쓰이지 않던 숯이 근래에는 46. 다양한 상품으로 되살아나고 있습니다. 전자파를 흡수한다거나, 머리를 맑게 한다거나, 45. 공기를 정화시킨다거나 하는 다양한 효능을 앞세우고 있습니다.

45. 들은 내용과 같은 것을 고르십시오.

① 된장의 구멍을 막으면 발효제가 된다.
② 최근 숯의 상품 가치가 떨어지고 있다.
③ 공기를 정화시키기 위해 숯을 사용한다.
④ 미생물이 번식하면 된장의 맛이 없어진다.

정답　③ 공기를 정화시키기 위해 숯을 사용한다.

오답　① 된장의 구멍을 ~~막으면~~ 발효제가 된다.
　　　② 최근 숯의 상품 가치가 ~~떨어지고 있다.~~
　　　④ 미생물이 번식하면 된장의 맛이 ~~없어진다.~~

46. 여자가 말하는 방식으로 알맞은 것을 고르십시오.

① 된장의 유래에 대해 설명하고 있다.
② 된장의 우수성에 대해 주장하고 있다.
③ 숯의 상품화 방식에 대해 제안하고 있다.
④ 숯의 다양한 쓰임새에 대해 소개하고 있다.

정답　④ 숯의 다양한 쓰임새(항균 작용과 습도 조절 작용을 한다, 식생활에 이용된다, 전자파를 흡수한다, 머리를 맑게 한다, 공기를 정화시킨다 등)에 대해 소개하고 있다.

오답　① 된장의 유래에 대해 구체적으로 나오지 않는다.
　　　② 된장의 우수성이 나오기는 하지만 우수성을 주장하는 것은 아니다.
　　　③ 숯을 활용한 상품으로 되살아나고 있기는 하지만 숯의 상품화 방식에 대해 제안하는 것이 아니다.

※ [47~48] 다음을 듣고 물음에 답하십시오. (각 2점)

47.		**48.**	
급수	6급(상)	급수	6급(상)
유형	일치하는 내용 고르기	유형	화자의 태도 고르기
Key	대담을 듣고 세부 내용을 파악하는 문항이다. 6급 수준의 문제가 출제되며 대담을 통해 들은 내용과 일치하는 답을 찾아야 한다.	Key	대담을 듣고 화자의 태도나 심정을 파악하는 문항이다. 6급 수준의 문제가 출제되며 대담을 통해 남자의 태도나 심정으로 알맞은 답을 찾아야 한다.
지문	대담		
주제	중고 거래와 소비 트렌드		
어휘	중고 거래(a second-hand transaction) 규모(scale) 물품(products, goods) 선호하다(prefer) 경제 불황(economic depression) 심화되다(intensify) 악화되다(get worse) 알뜰하다(frugal)		추구하다(pursue) 소유(possession) 공유(share) 발굴하다(excavate) 일종의(sort of) 제도적인 보완(systematic complement) 마련되다(be arranged) 풀이되다(solve)

여자 : 중고 거래 시장의 규모가 점점 확대되고 있는데요. 그 원인이 뭐라고 보십니까?

남자 : 중고 물품을 선호하는 현상은 경제 불황이 심화될 때 나타나는데요. 경제 성장이 악화되는 가운데 소비자들이 알뜰한 소비를 통해 행복을 추구하는 병법이지요. 48. 그런데 이제 중고 거래는 단순히 경제적인 소비만이 아니라 소유 보다는 공유가 익숙한 젊은층의 트렌드로도 자리잡아가고 있습니다. '남이 쓰던 낡은 물건'이 아니라 오래된 혹은 흔하지 않은 상품을 발굴하는 일종의 취미 같은 거지요. 안전한 중고 거래를 위한 제도적인 보완도 마련되고 있고요. 여기에 환경보호와 47. 자원 재활용에 대한 사회적 가치 추구까지 반영된 새로운 소비 트렌드로 풀이할 수 있겠습니다.

47. 들은 내용과 같은 것을 고르십시오.

① 중고 거래 시장의 규모가 축소되고 있다.
② 젊은층은 새 상품을 선호하는 경향이 있다.
③ 중고 거래를 통해 자원 재활용이 가능하다.
④ 경제 성장이 지속될 때 중고 물품을 선호한다.

정답 ③ 중고 상품을 많이 사용하면 자원 재활용이 가능하다.

오답 ① 중고 거래 시장의 규모가 ~~축소되고 있다~~.
② 젊은층은 ~~새~~ 상품을 선호하는 경향이 있다.
④ 경제 성장이 ~~지속될~~ 때 중고 물품을 선호한다.

48. 남자의 태도로 알맞은 것을 고르십시오.

① 미래의 중고 거래 시장의 방향을 제시하고 있다.
② 기존의 중고 거래 시장의 문제점을 진단하고 있다.
③ 안전한 중고 거래를 위한 법 제정을 촉구하고 있다.
④ 중고 거래 시장의 새로운 경향에 대해 낙관하고 있다.

정답 ④ 중고 거래 시장의 새로운 경향(소유보다 공유가 익숙한 젊은층의 트렌드이며, 환경보호와 자원 재활용에 대한 사회적 가치 추구 등)에 대해 긍정적으로 보고 있다.

오답 ① 현재의 중고 거래 시장의 새로운 트렌드에 대해 이야기하고 있는 것이므로 중고 거래 시장의 미래의 방향을 제시하는 것은 아니다.
② 기존의 중고 거래 시장의 문제점에 대한 제도적인 보완이 마련된다는 내용은 있지만 진단하는 것은 아니다.
③ 안전한 중고 거래를 위한 법 제정이나 제도적인 보완이 마련되고 있다.

49.		50.	
급수	6급(상)	급수	6급(상)
유형	일치하는 내용 고르기	유형	화자의 태도 고르기
Key	강연을 듣고 세부 내용을 파악하는 문항이다. 6급 수준의 문제가 출제되며 강연을 통해 들은 내용과 일치하는 답을 찾아야 한다.	Key	강연을 듣고 화자의 태도나 심정을 파악하는 문항이다. 6급 수준의 문제가 출제되며 강연을 통해 여자의 태도나 심정으로 알맞은 답을 찾아야 한다.
지문	강연		
주제	조선 천문도		
어휘	별자리(constellation) 조선(the Joseon Dynasty) 건국하다(found a state) 받들다(look up to) 다스리다(govern) 의지(will) 내세우다(put forward) 정통성을 확립하다(establish legitimacy) 산물(product)		정교하다(elaborate) 새기다(carve) 간략하다(brief) 하단부(lower part) 당시(at that time) 우주관(a vision of the universe) 관리(officials) 명단(list) 학술적(academic)

남자 : 여기 보이시는 천문도, 즉 별자리 지도의 이름은 '천상열차분야지도'입니다. 이 지도는 조선을 건국한 태조가 조선의 건국이 하늘의 뜻에 따른 것이며, 하늘의 뜻을 받들어 나라를 다스리겠다는 의지로 만들었습니다. 천문학을 내세워 새로 세운 국가의 정통성을 확립하고자 하는 태조의 노력의 산물이지요. 이 지도에는 종이가 아닌 돌에 1,467개의 별과 295개의 별자리를 정교하게 새겨 넣었습니다. 별자리 그림을 중심으로 주변에 해와 달, 사방신에 대한 간략한 설명이 있으며 하단부에는 당시의 우주관이나 49. 제작에 참여한 관리들의 명단 등이 기록되어 있습니다. 조선 시대에 만들어졌음에도 50. 지도에 담긴 내용들이 거의 완전한 정보를 담고 있어서 그 학술적 가치는 매우 크다고 할 수 있습니다.

49. 들은 내용과 같은 것을 고르십시오.

① 이 지도에 담긴 정보는 정확하지 않은 것이 많다.
② 이 지도는 조선 시대의 전국 지리를 기록한 지도이다.
③ 이 지도는 당시의 지도 제작 방식인 종이로 제작되었다.
④ 이 지도에는 제작에 참여한 관리들의 명단이 새겨져 있다.

정답 ④ 이 지도에는 제작에 참여한 관리들의 명단이 기록되어 있다.

오답 ① 이 지도에 담긴 정보는 정확하지 않은 것이 많다.
② 이 지도는 조선 시대의 전국 지리를 기록한 지도이다.
③ 이 지도는 당시의 지도 제작 방식인 종이로 제작되었다.

50. 남자의 태도로 알맞은 것을 고르십시오.

① 천문도의 활용 방안을 강구하고 있다.
② 천문도의 우수성을 높이 평가하고 있다.
③ 천문도 보존의 중요성을 강조하고 있다.
④ 천문도 제작의 정통성을 역설하고 있다.

정답 ② 천문도에 담긴 내용들이 조선시대에 만들어졌음에도 거의 완전한 정보를 담고 있기 때문에 우수성을 높이 평가하고 있다.

오답 ① 천문도의 활용 방안에 대해 구체적으로 나오지 않는다.
③ 천문도 보존의 중요성에 대해 나오지 않는다.
④ 조선 건국의 정통성을 확립하기 위해 천문도를 제작했으나 이것은 남자의 태도가 아니다.

※ [51~52] 다음 글의 ㉠과 ㉡에 알맞은 말을 각각 쓰시오. (각 10점)

51.

급수	3급
유형	들어갈 말을 문장으로 쓰기
지문	문자 메시지
주제	도서 대출 부탁 요청
Key	친구에게 도서관에서 책을 빌려 달라는 부탁을 하는 문자 메시지이다. 사정을 설명하고 부탁하는 표현을 구어체로 제시해야 한다.
어휘	급하게(urgently) 예정(schedule) 대출(loan)

㉠	Key	• 책을 빌리기 위해 도서관에 가야 하는데 사정이 생겨서 못 간다고 설명하는 상황이다.
	문형	–못 –지 못하다
	정답	1) 못 갈 것 같아 2) 가지 못할 것 같아
	오답	가 줄 수 있어? → 괄호 뒤에 마침표가 있으므로 평서문으로 문장을 종결해야 한다.

㉡	Key	• 자기 대신에 책을 빌려 달라고 부탁하는 상황이다. • 부탁하는 표현을 쓴다.
	문형	–(으)ㄹ 수 있어 –아/어 줄래
	정답	1) 빌려 줄 수 있어 / 빌려 줄래 2) 대출해 줄 수 있어
	오답	빌려줘 → 의문문으로 문장을 종결해야 한다.

52.

급수	4급
유형	들어갈 말을 문장으로 쓰기
지문	설명문
주제	동물이 감정을 표현하는 방법
Key	동물은 신체의 움직임으로 감정을 표현한다는 주제의 글이다. 괄호 전후의 내용을 잘 이해하여야 한다.
어휘	신체(body) 이빨(teeth) 주의(caution)

동물은 행동과 신체의 움직임으로 (㉠). 예를 들어 개가 52-㉠. 꼬리를 힘차게 흔드는 것은 기쁜 감정을 보여주는 행동의 한 예이다. 그리고 52-㉠. 몸을 낮추고 이빨을 보이는 움직임은 화가 나거나 상대에 대한 주의의 표현이라고 할 수 있다. 이러한 52-㉡. 행동을 알고 있다면 동물을 (㉡).

	Key	· 첫 문장에 괄호가 있으므로 이어지는 문장에서 답의 근거를 찾는다. · 문어적 표현
㉠	문형	-(느)ㄴ다 -(느)ㄴ다고 한다
	정답	1) 감정을 표현한다 2) 감정을 표현한다고 한다
	오답	보여준다 → 무엇을 표현하는지 서술하여야 한다.

	Key	· 감정과 동물의 습성을 알면 동물을 더 잘 이해할 수 있다.
㉡	문형	-(으)ㄹ 수 있다
	정답	1) 이해하는 데 도움이 될 수 있다 2) 잘 이해할 수 있다
	오답	좋아할 것이다 → 동물에 대한 긍정적 감정보다는 객관적인 이해에 도움이 된다고 서술하는 게 좋다.

53. 다음은 '남성 육아 휴직'에 대한 자료이다. 이 내용을 200~300자의 글로 쓰시오. 단, 글의 제목은 쓰지 마시오. (각 30점)

53.

급수	4급
유형	표/그래프 보고 단락 쓰기
지문	표_그래프
주제	육아 휴직자 중 남성 육아 휴직의 비율
Key	'육아 휴직'의 의미를 이해한다. 전체 육아 휴직자 중에 남성 휴직자의 비율이 적은 이유를 도표에서 제시한 내용을 바탕으로 서술한다.
어휘	대체 인력(substitute workers) 소득 감소(decrease in income) 업무 가중(heavy workload) 대기업(conglomerate) 중소기업 (small and medium-sized business)

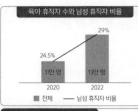
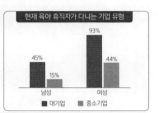

그래프 1	육아 휴직자 수와 남성 휴직자 비율의 그래프 읽기 -전체 육아 휴직자 수가 증가하였고 남성 휴직자의 비율도 증가하였다.
그래프 2	육아 휴직자의 남녀 비율을 기업의 유형에 따라 제시한 그래프 읽기 -대기업과 중소기업 모두 여성 휴직자의 비율이 더 높고 남성 휴직자의 비율은 적다.
그래프 3	남성의 육아 휴직 신청이 적은 이유에 대한 그래프 읽기 -대체 인력을 찾기 어렵고 육아 휴직을 하면 그 기간 동안 소득이 감소하기 때문에 신청을 적게 한다.

[그래프1] 육아 휴직자 수를 살펴보면 2020년에 11만 명에서 2022년에 13만 명으로 증가하였다. 남성 육아 휴직자의 비율도 2020년 24.5%에서 2022년 29%로 약 5%가 증가하였다. [그래프2] 남녀 육아 휴직 비율을 기업의 유형에 따라 살펴보면 남성은 대기업에서 45%, 중소기업에서 15%인 반면 여성은 대기업에서 93%, 중소기업에서 44%의 결과를 보였다. [그래프3] 이처럼 남성 육아 휴직 신청이 적은 이유는 대체 인력의 채용이 어려워 동료들의 업무가 가중되고, 휴직 기간 중 소득 감소로 인한 경제적 부담이 높기 때문인 것으로 나타났다.

54. 다음을 참고하여 600~700자로 글을 쓰시오. 단, 문제를 그대로 옮겨 쓰지 마시오. (각 50점)

54.

급수	6급
유형	주제에 대해 글쓰기
주제	노후 대비
Key	전체 주제인 노후대비의 세부 과제 세 개를 잘 연결하여 쓴다.
어휘	지출(expenditure) 독립(independent) 추세(trends) 연금(pension)

　　일반적으로 노후 대비는 자녀가 독립한 이후부터 준비하는 경우가 많다. 그러나 요즘은 자녀들의 독립이 늦어지고 있어서 조금 더 일찍부터 계획을 세우는 것이 바람직하다. 그러나 노후 대비는 생각보다 준비가 쉽지 않다.
　　아래의 내용을 중심으로 '노후 대비의 필요성과 방법'에 대해 자신의 의견을 쓰라.

과제 1	노후 대비가 왜 필요한가?
과제 2	노후 대비가 잘 이루어지지 않는 이유는 무엇인가?
과제 3	효과적인 노후 대비의 방법으로 어떤 것들이 있는가?

과제 1	노후 대비의 정의 노후 대비의 필요성 -노년에 경제 활동이 어려움 -병원비 등의 큰 돈이 필요함
과제 2	노후 대비가 이루어지지 않는 이유 -주택 마련 등 큰 지출을 함 -자녀의 독립이 늦어짐
과제 3	효과적인 노후 대비의 방법 -연금 제도 활용 -보험 가입

[과제1] '노후 대비'란 노년기를 준비하는 것을 말한다. 일반적으로 다니던 직장을 은퇴하고 경제 활동이 줄어드는 시기이기 때문에 생활비를 미리 준비해야 하며 갑자기 병원비 등의 큰돈이 필요할 경우도 잘 생각해 보아야 한다. 이러한 준비는 시간이 오래 걸리고 큰돈이 필요하기 때문에 노인이 되기 전에 준비해야 한다. 노후를 미리 계획하지 않고 지내다가는 큰 어려움을 맞닥뜨릴 수 있다.

[과제2] 그러나 그 중요성에 비해 노후 대비는 잘 이루어지지 않는 편이다. 부모의 경제 활동이 가장 활발할 때에는 주택 마련 등으로 큰 지출을 하다가 자녀가 독립하고 나서야 부모 자신의 노후를 준비하는 경우가 많기 때문이다. 그러나 요즘은 자녀들의 독립이 늦어지고 있는 추세이다. 자녀들이 독립을 한 이후에는 노후 준비를 할 시간이 부족하다. 또한 부모 자신이 이미 은퇴를 했을 수도 있다.

[과제3] 따라서 노후 대비는 일찍부터 계획을 세우고 실천하는 것이 중요하다. 효과적인 노후 대비의 방법으로는 먼저 연금 제도를 들 수 있다. 연금이란 젊었을 때는 매달 일정 금액을 내고 노인이 되면 매달 일정 금액을 받는 것이다. 국가에서 하는 연금 제도 외에도 개인 연금을 들어서 노년의 생활비를 준비할 수 있다. 둘째로 보험이 있다. 보험은 병에 걸렸을 때 병원비를 지원받을 수 있는 방법이다. 노인이 되면 몸도 약해지는 시기이기 때문에 건강에 관해서 준비가 필요하다.

※ [1~2] (　　　)에 들어갈 말로 가장 알맞은 것을 고르십시오. (각 2점)

1.

급수	3급 (하)
유형	어휘나 표현의 의미 고르기
지문	짧은 서술문
주제	나는 주말에 보통 친구를 만나거나 집에서 쉰다.
Key	문맥에 맞는 알맞은 문법을 고르는 문항이다. 기본 문법 사용 능력을 측정하는 문항으로 3급 수준의 문법이 출제되며 기출문제를 중심으로 문법을 정리해 두면 좋다.
어휘	

> 나는 주말에 보통 친구를 (　　　) 집에서 쉰다.

① 만나지만 　　　② 만나거나
③ 만나려고 　　　④ 만나더니

정답 　② -거나 : 앞에 오는 말과 뒤에 오는 말 중에서 하나가 선택될 수 있음을 나타내는 연결 어미이다.
　　　예 여유 있는 주말에는 주로 텔레비전을 보거나 밀린 집안일을 한다.

오답 　① -지만 : 앞에 오는 말을 인정하면서 그와 반대되거나 다른 사실을 덧붙일 때 쓰는 연결 어미이다.
　　　예 한국어 공부가 재미있지만 어렵다.
　　　③ -려고 : 어떤 행동을 할 의도나 욕망을 가지고 있음을 나타내는 연결 어미이다.
　　　예 아침에 일찍 일어나려고 일찍 잤다.
　　　④ -더니 : 과거의 어떤 사실에 대하여 그와 관련된 또 다른 사실이 있음을 나타내는 연결 어미이다.
　　　예 친구가 능력을 인정받더니 결국 승진했다.

2.

급수	3급 (중)
유형	어휘나 표현의 의미 고르기
지문	짧은 서술문
주제	꽃에 물을 주지 않으니까 꽃이 점점 시들어 간다.
Key	문맥에 맞는 알맞은 문법을 고르는 문항이다. 기본 문법 능력을 측정하는 문항으로 3급 수준의 문법이 출제되며 기출문제를 중심으로 문법을 정리해 두면 좋다.
어휘	

> 꽃에 물을 주지 않으니까 꽃이 점점 (　　　).

① 시들어 간다 　　　② 시들기도 한다
③ 시들었나 보다 　　　④ 시든 적이 없다

정답 　① -아/어 가다 : 앞의 말이 나타내는 행동이나 상태가 계속 진행됨을 나타내는 표현이다.
　　　예 가을 들판에는 곡식들이 익어 간다.

오답 　② -기도 하다 : 앞 말의 행동을 하는 일도 있다는 것을 나타내는 말이다.
　　　예 주말이면 우리는 산책을 가기도 한다.
　　　③ -나 보다: 앞의 말이 나타내는 사실을 추측함을 나타내는 표현이다.
　　　예 전화를 안 받는 걸 보니까 자나 보다.
　　　④ -은 적이 없다 : 앞의 말이 나타내는 동작이 일어나거나 그 상태가 나타낸 때가 없음을 나타내는 표현이다.
　　　예 나는 한순간도 가족을 잊은 적이 없다.

※ [3~4] 다음 밑줄 친 부분과 의미가 가장 비슷한 것을 고르십시오. (각 2점)

3.

급수	4급 (하)
유형	어휘나 표현의 의미 고르기
지문	짧은 서술문
주제	-고자 = -기 위해
Key	같은 의미의 문법이나 표현을 고르는 문항이다. 유의 표현 능력을 측정하는 문항으로 4급 수준의 문항이 출제되며 기출문제를 중심으로 문법을 정리해 두면 도움이 된다.
어휘	

> 한국어를 공부하고자 한국에 유학을 왔다.

① 공부하자마자   ② 공부하더라도
③ 공부하는 대신에   ④ 공부하기 위해

정답 ④ -고자 : 말하는 사람이 어떤 목적이나 의도, 희망 등을 가지고 있음을 나타내는 연결 어미이다.
> 예 민준이는 친구에게 어려움이 생겼을 때마다 해결해 주고자 애를 쓴다.

-기 위해 : 어떠한 생각이나 목적을 이루려고 한다.
> 예 그는 성공하기 위해 하루도 쉬지 않고 도서관에서 열심히 공부했다.

오답 ① -자마자 : 앞의 말이 나타내는 사건이나 상황이 일어나고 곧바로 뒤의 말이 나타내는 사건이나 상황이 일어남을 나타내는 연결 어미이다.
> 예 나는 너무 피곤해서 침대에 눕자마자 잠이 들었다.

② -더라도 : 앞에 오는 말을 가정하거나 인정하지만 뒤에 오는 말에는 관계가 없거나 영향을 끼치지 않음을 나타내는 연결 어미이다.
> 예 다소 어렵더라도 도움이 되는 책이니 읽어 보길 추천한다.

③ -는 대신에: 앞에 오는 말이 나타내는 행동이나 상태를 비슷하거나 맞먹는 다른 행동이나 상태로 바꾸는 것을 나타내는 표현이다.
> 예 나는 부모님을 자주 찾아뵙지 못하는 대신에 전화를 자주 드린다.

4.

급수	4급 (중)
유형	어휘나 표현의 의미 고르기
지문	짧은 서술문
주제	-인 셈이다 = (이)나 마찬가지이다
Key	같은 의미의 문법이나 표현을 고르는 문항이다. 유의 표현 능력을 측정하는 문항으로 4급 수준의 문항이 출제되며 고급 수준의 문법이 출제되는 경우도 있어 기출문제를 중심으로 문법을 정리해 두면 도움이 된다.
어휘	

> 서울에서 20년 이상 살았으니까 서울 사람인 셈이다.

① 서울 사람일 뿐이다   ② 서울 사람이면 좋겠다
③ 서울 사람일 리가 없다   ④ 서울 사람이나 마찬가지이다

정답 ④ -인 셈이다 : 어떤 형편이나 결과를 나타내는 말이다.
> 예 그래도 우승 후보를 상대로 이 정도면 잘한 셈이야.

-(이)나 마찬가지이다 : 둘 이상의 사물의 모양이나 일의 형편이 서로 같음을 나타내는 말이다.
> 예 너나 나나 마찬가지이다.

오답 ① -일 뿐이다 : 다만 그것만이고 그 이상은 아님을 나타내는 말이다.
> 예 나는 단지 그가 좋아서 선물을 한 것일 뿐 다른 의도는 없었다.

② -이면 좋겠다: 말하는 사람의 소망이나 바람을 나타내거나 현실과 다르게 되기를 바라는 것을 나타내는 표현이다.
> 예 시원한 주스라도 한 잔 마시면 좋겠다.

③ -일 리가 없다 : 앞의 말이 나타내는 내용에 대해 그럴 이유나 가능성이 없다고 말하는 사람의 확신을 나타내는 표현이다.
> 예 진심이 담기지 않은 사과가 마음을 움직일 리가 없다.

※ [5~8] 다음은 무엇에 대한 글인지 고르십시오. (각 2점)

5.

급수	3급 (하)
유형	무엇에 대한 글인지 고르기
지문	광고
주제	연필
Key	핵심 내용이 무엇인지 파악해 주제를 고르는 문항이다. 주로 표어, 광고지, 포스터, 전단지, 플랜카드 등이 제시되는 문항으로 3급 수준의 문항이 출제된다. 주제별로 관련 어휘를 정리해 두면 도움이 된다.
어휘	사각사각(crunch)

'사각사각' 마음이 편해집니다.
쉽게 쓰고 지워 보세요!

① 연필　　② 주스　　③ 침대　　④ 치약

정답　① 사각사각 / 쓰다 / 지우다

오답　② 하루에 필요한 야채 / 한 병에
　　　③ 눕다 / 잠이 솔솔 / 아침까지 편안하게
　　　④ 입 안 / 상쾌하다

6.

급수	3급 (하)
유형	무엇에 대한 글인지 고르기
지문	광고
주제	병원
Key	핵심 내용이 무엇인지 파악해 주제를 고르는 문항이다. 주로 표어, 광고지, 포스터, 전단지, 플랜카드 등이 제시되는 문항으로 3급 수준의 문항이 출제된다. 주제별로 관련 어휘를 정리해 두면 도움이 된다.
어휘	믿음(trust) 책임지다(be in charge)

환자와 가족에게 믿음을 주는 서비스
여러분의 건강은 우리가 책임집니다.

① 병원　　② 시장　　③ 세탁소　　④ 영화관

정답　① 환자 / 믿음 / 건강 / 책임지다

오답　② 물건 / 싸다 / 색다르다
　　　③ 옷 / 빨다 / 운동화 / 배달하다
　　　④ 좌석 / 화면 / 감동도 두 배

7.

급수	3급 (중)
유형	무엇에 대한 글인지 고르기
지문	광고
주제	전기 절약
Key	핵심 내용이 무엇인지 파악해 주제를 고르는 문항이다. 주로 표어, 광고지, 포스터, 전단지, 플랜카드 등이 제시되는 문항으로 3급 수준의 문항이 출제된다. 주제별로 관련 어휘를 정리해 두면 도움이 된다.
어휘	에너지(energy)

에너지도 과식하셨나요?
사용하지 않을 때는 꼭 꺼 두세요.

① 체육 활동   ② 교통 안전
③ 자리 양보   ④ 전기 절약

정답 ④ 에너지 / 끄다

오답 ① 운동 / 에너지 / 소모하다
　　　　② 우리 아이 / 학교 다니는 길 / 지켜 주다
　　　　③ 경로석 / 배려하다 / 앉다

8.

급수	3급 (중)
유형	무엇에 대한 글인지 고르기
지문	광고
주제	사원 모집
Key	핵심 내용이 무엇인지 파악해 주제를 고르는 문항이다. 주로 표어, 광고지, 포스터, 전단지, 플랜카드 등이 제시되는 문항으로 3급 수준의 문항이 출제된다. 주제별로 관련 어휘를 정리해 두면 도움이 된다.
어휘	무대(stage) 인재(man of ability)

대한전자와 함께 더 큰 무대로!
세계 최고에 도전할 인재를 기다립니다.

① 판매 안내   ② 사원 모집
③ 제품 설명   ④ 여행 소개

정답 ② 대한전자(회사 이름) / 더 큰 무대로 / 도전하다 / 인재 / 기다리다

오답 ① 상품 / 할인 / 환불 / 교환 / 반품
　　　　③ 상품 / 사용 방법
　　　　④ 예약 / 예매 / 관광지

※ [9~12] 다음 글 또는 그래프의 내용과 같은 것을 고르십시오. (각 2점)

9.

급수	3급 (중)
유형	내용이 같은 것 고르기
지문	안내문
주제	2023년 동아리 지원금 신청 안내
Key	내용과 일치하는 내용을 고르는 문항이다. 주로 안내지, 도표, 설명문 등이 제시되는 문항으로 3급 수준의 문항이 출제된다. 먼저 보기를 읽고 그 내용이 맞는지 도표에서 확인하며 풀면 문제 푸는 시간을 절약할 수 있다.
어휘	지원금(support fund)

2023 동아리 지원금 신청 안내

◇ 신청 대상 : 재학생 5명 이상의 동아리
◇ 지원 금액 : 최대 150만 원
◇ 신청 기간 : 2023년 9월 4일(월) ~ 9월 8일(금) (5일간), 18시까지
◇ 신청 방법 : 신청서를 작성해 이메일로 제출하세요.

※ 문의 : 02) 3012-6780

---

① 전화로 지원금을 신청할 수 있다.
② 지원금 신청은 9월 한 달 동안 받는다.
③ 동아리 지원금은 백오십만 원까지 받을 수 있다.
④ 동아리 인원이 서너 명인 경우에도 신청할 수 있다.

정답 ③ 최대 150만 원

오답 ① 전화로 지원금을 신청할 수 있다.
② 지원금 신청은 9월 한 달 동안 받는다.
④ 동아리 인원이 서너 명인 경우에도 신청할 수 있다.

10.

급수	3급 (중)
유형	내용이 같은 것 고르기
지문	도표
주제	직장인이 좋아하는 스트레스 해소 방법
Key	내용과 일치하는 내용을 고르는 문항이다. 주로 안내지, 도표, 설명문 등이 제시되는 문항으로 3급 수준의 문항이 출제된다. 먼저 보기를 읽고 그 내용이 맞는지 도표에서 확인하며 풀면 문제 푸는 시간을 절약할 수 있다.
어휘	해소(dissolution)

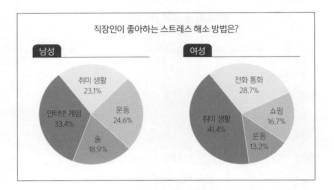

직장인이 좋아하는 스트레스 해소 방법은?

남성: 취미 생활 23.1%, 운동 24.6%, 술 18.9%, 인터넷 게임 33.4%
여성: 전화 통화 28.7%, 쇼핑 16.7%, 운동 13.2%, 취미 생활 41.4%

① 여성은 남성보다 운동으로 스트레스를 더 많이 푼다.
② 남성은 스트레스를 받았을 때 인터넷 게임을 가장 많이 한다.
③ 취미 생활로 스트레스를 푸는 사람은 여성보다 남성이 더 많다.
④ 여성은 스트레스를 받았을 때 전화 통화보다 쇼핑을 더 많이 한다.

정답 ② 인터넷 게임이 33.4%로 가장 높은 수치를 보인다.

오답 ① 여성은 남성보다 운동으로 스트레스를 더 많이 푼다.
③ 취미 생활로 스트레스를 푸는 사람은 여성보다 남성이 더 많다.
④ 여성은 스트레스를 받았을 때 전화 통화보다 쇼핑을 더 많이 한다.

11.

급수	3급 (상)
유형	내용이 같은 것 고르기
지문	기사문
주제	서울식물원
Key	내용과 일치하는 내용을 고르는 문항이다. 주로 안내지, 도표, 설명문 등이 제시되는 문항으로 3급 수준의 문항이 출제된다. 먼저 보기를 읽고 그 내용이 맞는지 도표에서 확인하며 풀면 문제 푸는 시간을 절약할 수 있다.
어휘	실시간(real time) 검색어(search word) 녹지체계(green area system) 구축하다(establish) 문화행사(cultural event) 동절기(winter season) 온실(greenhouse) 정원(garden) 마감(closing)

서울식물원이 실시간 검색어에 오르며 화제가 되고 있다. 11. 녹지체계를 구축해 시민들이 자연을 가깝게 느낄 수 있도록 만들어 놓았기 때문이다. 이곳은 11. 휴식의 공간이면서 교육, 문화행사 등 시민들의 폭넓은 참여 기회를 제공한다. 서울식물원의 동절기 온실과 정원 관람 시간은 오전 9시부터 오후 5시까지이며 입장 마감은 오후 4시까지다.

① 서울식물원은 겨울에 관람을 할 수 없다.
② 서울식물원은 오후 내내 관람이 가능하다.
③ 서울식물원은 시민들의 휴식 공간으로 조성되었다.
④ 서울식물원은 문화행사 때문에 사람들에게 알려졌다.

정답 ③ 휴식 공간으로 시민들이 자연을 느낄 수 있게 만들어 놓았다.

오답 ① 서울식물원은 겨울에 관람을 할 수 없다.
② 서울식물원은 오후 내내 관람이 가능하다.
④ 서울식물원은 문화행사 때문에 사람들에게 알려졌다.

12.

급수	3급 (상)
유형	내용이 같은 것 고르기
지문	기사문
주제	종이신문과 인터넷신문
Key	내용과 일치하는 내용을 고르는 문항이다. 주로 안내지, 도표, 설명문 등이 제시되는 문항으로 3급 수준의 문항이 출제된다. 먼저 보기를 읽고 그 내용이 맞는지 도표에서 확인하며 풀면 문제 푸는 시간을 절약할 수 있다.
어휘	감소하다(diminish) 구독자(subscriber) 신문 산업(newspaper industry) 비중(proportion) 차지하다(account for)

최근 종이 신문을 읽는 가구는 감소하고 인터넷뉴스 구독자는 늘면서 신문산업에서 인터넷신문의 비중이 75.7%를 차지하고 있는 것으로 나타났다. 인터넷으로 언제든지 뉴스를 볼 수 있게 되면서 종이 신문을 보는 사람이 감소한 것이다. 종이 신문은 지난해보다 5% 정도 감소하였으며 배달도 다섯 집 중 한 집으로 준 것으로 나타났다. 12. 이번 조사는 지난해에 조사에 참여한 신문 구독자에게 전화를 거는 방식으로 진행되었다.

① 이번 해와 지난해에 참여한 조사 대상은 동일하다.
② 이번 조사는 신문 구독자를 직접 만나서 조사하였다.
③ 조사된 가구의 50%는 집으로 신문을 배달해 읽고 있다.
④ 인터넷의 사용이 늘면서 종이 신문을 읽는 사람이 늘었다.

정답 ① 지난해에 조사에 참여한 신문 구독자를 대상으로 조사를 실시하였다.

오답 ② 이번 조사는 신문 구독자를 직접 만나서 조사하였다.
③ 조사된 가구의 50%는 집으로 신문을 배달해 읽고 있다.
④ 인터넷의 사용이 늘면서 종이 신문을 읽는 사람이 늘었다.

13.

급수	3급 (상)
유형	순서대로 맞게 나열한 것 고르기
지문	기사문
주제	성우
Key	내용의 순서를 파악하는 문항이다. 맥락의 이해 능력을 측정하는 문항으로 3급 수준의 문항이 출제된다. 보기 4개 중 2개가 고정되어 제시되며 두 개 중 첫 번째로 오는 문장을 찾으면 쉽게 답을 찾을 수 있다. 또한 접속사, 지시어, 조사를 잘 확인해야 한다.
어휘	기준(standard) 성우(voice actor)

(가) **13.** 그렇지만 요즘은 **13.** 그 기준이 조금 바뀌었다.
(나) 성우가 되려면 무엇보다 **13.** 목소리가 좋아야 한다.
(다) **13.** 목소리도 좋아야 하지만 연기도 잘해야 멋진 성우가 될 수 있다.
(라) **13.** 성우는 라디오 드라마나 만화 영화 등에서 **13.** 목소리로 연기하는 배우를 말한다.

① (나)-(가)-(라)-(다)   ② (나)-(다)-(라)-(가)
③ (라)-(나)-(가)-(다)   ④ (라)-(다)-(나)-(가)

정답 ③ 성우의 정의가 먼저 기술되고 성우가 되기 위한 기준이 목소리인데 그 기준이 변경되었으며 추가된 기준이 그 다음에 기술되어야 한다.

오답 ①, ②, ④
(나)와 (라)가 첫 문장으로 올 수 있는데 (라)의 내용을 (나)가 부연 설명하고 있기 때문에 (라) 다음에 (나)가 와야 한다. 좋은 성우의 기준이 달라졌다는 부분이 다음에 연결되어야 하는데 (나) 다음에는 (가)가, (다)는 가장 마지막에 와야 한다.

14.

급수	3급 (상)
유형	순서대로 맞게 나열한 것 고르기
지문	설명문
주제	원근법
Key	내용의 순서를 파악하는 문항이다. 맥락의 이해 능력을 측정하는 문항으로 3급 수준의 문항이 출제된다. 보기 4개 중 2개가 고정되어 제시되며 두 개 중 첫 번째로 오는 문장을 찾으면 쉽게 답을 찾을 수 있다. 또한 접속사, 지시어, 조사를 잘 확인해야 한다.
어휘	깊이(depth) 거리(distance) 원근법(perspective) 기초하다(be based on)

(가) **14.** 화가는 그림의 깊이와 거리를 표현할 때 **14.** 원근법을 이용한다.
(나) 비록 **14.** 평면에 그려졌어도 **14.** 우리 눈에는 입체적으로 보이는 것이다.
(다) **14.** 원근법은 대상이 멀리 있으면 더 작게 보인다는 사실에 **14.** 기초한다.
(라) **14.** 종이 위에 하나는 크게, 하나는 작게 그린다면 **14.** 후자가 전자보다 더 먼 곳에 있는 것처럼 보인다.

① (가)-(다)-(라)-(나)   ② (가)-(라)-(다)-(나)
③ (라)-(나)-(다)-(가)   ④ (라)-(다)-(나)-(가)

정답 ① 화가가 사용하는 원근법이 무엇인지 예를 들어 설명하고 있는데 깊이와 거리와 대상을 크게 그리는 것과 작게 그리는 것으로 설명하고 있으며 평면인 종이에 그려도 입체적으로 보이는 효과에 대해 설명하고 있다.

오답 ②, ③, ④
(가)와 (라)가 첫 문장으로 올 수 있으나 화가가 사용하는 원근법이 어떤 원리인지 설명하는 부분이 (가) 다음에 와야 한다. 종이 위와 평면이라는 부분이 연결되므로 (나)가 가장 마지막에 와야 한다.

15.

급수	4급 (하)
유형	순서대로 맞게 나열한 것 고르기
지문	논설문
주제	유아의 비언어적 소통
Key	내용의 순서를 파악하는 문항이다. 맥락의 이해 능력을 측정하는 문항으로 4급 수준의 문항이 출제된다. 보기 4개 중 2개가 고정되어 제시되며 두 개 중 첫 번째로 오는 문장을 찾으면 쉽게 답을 찾을 수 있다. 또한 접속사, 지시어, 조사를 잘 확인해야 한다.
어휘	유아(toddler) 비언어적(nonverbal) 소통하다(communicate) 잡아당기다(pull) 흔들다(shake) 동작(motion) 의사전달(communication)

(가) 유아는 두 살이 되기까지 15. 비언어적인 방식으로 세상과 소통한다.
(나) 옷을 잡아당겨 원하는 15. 물건을 가리키고, 손을 흔들어 인사를 한다.
(다) 자신의 목적을 이루기 위해 15. 동작을 사용하는 방법을 이해하고 있는 것이다.
(라) 이러한 15. 동작은 의사전달의 방식을 유아가 어떻게 15. 이해하는지 15. 정보를 제공한다.

① (가)-(나)-(다)-(라) ② (가)-(나)-(라)-(다)
③ (나)-(가)-(다)-(라) ④ (나)-(다)-(가)-(라)

정답 ② 유아의 소통방식에 대한 내용을 담은 키워드로 연결해 볼 수 있다. 비언어적인 방식 – 물건을 가리키고 손을 흔드는 것 – 동작 – 의사전달의 방식 – 유아가 동작을 사용하는 방법을 이해하고 있다.

오답 ①, ③, ④
첫 문장으로 올 수 있는 것은 (가)로, 그 다음에는 비언어적 방식의 예인 (나)가 기술되어야 한다. 그리고 (라)의 '이러한 동작'이 가리키는 것이 무엇인지 찾아야 한다. 그리고 유아가 하는 행동을 통해 그 의도를 파악할 수 있다는 내용의 (다)가 마지막에 와야 한다.

※ [16~18] (   )에 들어갈 말로 가장 알맞은 것을 고르십시오. (각 2점)

16.

급수	4급 (하)
유형	빈칸에 알맞은 것 고르기
지문	수필
주제	체온 유지 방법
Key	빈칸에 알맞은 내용을 고르는 문항이다. 문장 안에서 필요한 표현을 찾는 능력을 측정하는 문항으로 4급 수준의 문항이 출제된다. 괄호의 앞과 뒤를 집중해 읽고, 접속사나 담화 표지를 신경 써 문장 간의 관계를 파악해야 한다.
어휘	겹(layer) 공기(air) 맞닿다(contact with) 피부(skin) 면적(area) 체감 온도(sensory temperature) 노출되다(expose)

사람들은 날씨가 추워지면 얇은 옷을 여러 겹 입거나 양말을 여러 개 신을 때가 많다. 찬 공기와 직접 맞닿는 피부 면적을 최소화하면 체감 온도가 올라가기 때문이다. 그런데 이때 빼놓아서는 안 되는 것 중의 하나가 바로 16. 모자다. 16. 몸의 열은 주로 옷 밖으로 노출된 16. 목 위쪽으로 빠져나간다. 따라서 몸의 16. 열이 쉽게 빠져나가지 않게 하려면 (   ) 한다.

① 땀을 제대로 흘려야   ② 몸속에서 열이 나야
③ 머리를 따뜻하게 해야   ④ 두꺼운 양말을 신어야

정답 ③ 몸을 따뜻하게 하려면 열이 빠져나가지 않게 해야 한다. 목 위쪽으로 열이 빠져나가지 않게 하려면 모자를 써야 한다. 따라서 모자를 씌우는 머리를 따뜻하게 해야 한다는 결과를 도출할 수 있다.

오답 ① 찬 공기가 닿는 피부의 면적이 중요하다. 땀을 흘리는 것과는 관련이 없다.
② 열이 밖으로 나가지 못하도록 하는 방법에 대해 기술되어야 하기 때문에 몸속에 열이 나야 한다는 것은 적절하지 않다.
④ 열이 빠져 나가는 곳은 신체의 위쪽이기 때문에 두꺼운 양말을 신어야 한다는 점은 앞선 내용과 연결이 되지 않는다.

17.

급수	4급 (하)
유형	빈칸에 알맞은 것 고르기
지문	설명문
주제	MZ세대 가치관
Key	빈칸에 알맞은 내용을 고르는 문항이다. 문장 안에서 필요한 표현을 찾는 능력을 측정하는 문항으로 4급 수준의 문항이 출제된다. 괄호의 앞과 뒤를 집중해 읽고, 접속사나 담화 표지를 신경 써 문장 간의 관계를 파악해야 한다.
어휘	MZ세대(MZ Generation) 가치관(values)　　비중(importance) 약화되다(weaken)　우선순위(priority) 공동체(community)　기여(contribution) 인정(recognition)　지향(orientation) 부합하다(match)

최근 MZ세대를 중심으로 직업에 대한 가치관이 달라지고 있다. 평생 한 직장에 다녀야 한다든지 개인 생활보다 직장 생활에 더 비중을 둔다든지 하는 이전 세대의 전통적 사고가 약화되고 있다. 직업 선택에 있어서도 몸과 마음의 여유에 가치를 두고 있다. 그 직업에 대한 **17. 사회적 평가보다는** (　　　) 우선순위에 두는 경우가 많다. 공동체에 대한 기여 및 인정보다는 **17. 개인의 만족과 지향에 부합하는 직업을 더 선호하는 방향으로 인식이 변화하고 있는 것이다.**

① 평생 근무할 직장인지를　② 자신의 적성에 맞는지를
③ 사회적 위치가 어떤지를　④ 타인의 평가가 어떤지를

정답　② MZ세대를 중심으로 직업 가치관이 이전 세대의 전통적인 사고와 다른 방향으로 변하고 있다. 몸과 마음의 여유에 가치를 두고 개인의 만족과 지향에 부합하는 직업을 선호하는 방향으로 인식이 변화하고 있다.

오답　① 개인의 만족과 지향에 부합하는 직업을 더 선호하는 방향으로 인식이 변화하고 있으므로 평생 근무할 직장인지는 적절하지 않다.
③ 개인의 만족과 지향에 부합하는 직업을 더 선호하는 방향으로 인식이 변화하고 있으므로 사회적 위치는 적절하지 않다.
④ 개인의 만족과 지향에 부합하는 직업을 더 선호하는 방향으로 인식이 변화하고 있으므로 타인의 평가는 적절하지 않다.

18.

급수	4급 (중)
유형	빈칸에 알맞은 것 고르기
지문	설명문
주제	손동작과 언어
Key	빈칸에 알맞은 내용을 고르는 문항이다. 문장 안에서 필요한 표현을 찾는 능력을 측정하는 문항으로 4급 수준의 문항이 출제된다. 괄호의 앞과 뒤를 집중해 읽고, 접속사나 담화 표지를 신경 써 문장 간의 관계를 파악해야 한다.
어휘	행위(act)　　　　　밀접하다(close) 단순하다(simple)　-에 불과하다(only, just) 자극(stimulation)　장치(device) 떠올리다(recall)　조언하다(advise)

18. 손을 쓰는 **행위는 18. 언어를 사용하는 능력과 밀접한** 관련성이 있다. 특히 손가락을 움직이는 동작은 단순한 행동에 불과한 것이 아닌 **18. 어휘를 기억하게** 하는 자극을 주는 장치로 문을 열 수 있는 열쇠와 같은 역할을 한다. 그러한 이유로 손가락이 불편한 사람들은 평소보다 필요한 단어를 떠올리는 시간이 길어진다. **18. 말을 잘하기 위해서** (　　　) 조언하는 것도 이런 이유 때문이다.

① 손동작을 많이 사용하라고
② 손가락을 먼저 떠올리라고
③ 적절한 단어를 잘 선택하라고
④ 어휘의 의미를 잘 연결하라고

정답　① 손을 쓰는 행위가 언어를 사용하는 능력과 밀접한데 특히 어휘 기억에 도움을 준다. 손가락이 불편한 경우, 단어를 떠올리는 데 시간이 걸린다. 따라서 말을 잘하려면 손을 사용하는 것이 좋다.

오답　② 손을 사용하는 것과 언어를 사용하는 뇌가 연결되어 있으므로 손가락을 먼저 떠올리는 것은 적절하지 않다.
③ 손을 쓰는 행위와 기억 간의 관련성을 이야기하고 있다. 따라서 적절한 단어를 잘 선택하는 것은 정답에 적절하지 않다.
④ 손을 쓰는 행위와 기억 간의 관련성을 이야기하고 있다. 어휘의 의미를 잘 연결하는 것과 관련성이 떨어진다.

19.				**20.**		
급수	4급 (중)			급수	4급 (중)	
유형	빈칸에 알맞은 어휘나 표현 고르기			유형	주제 고르기	
Key	빈칸에 알맞은 어휘를 고르는 문항이다. 문장 안에서 필요한 어휘를 찾는 능력을 측정하는 문항으로 4급 수준의 문항이 출제된다. 괄호의 앞과 뒤를 집중해 읽고, 기출문제에 제시된 접속사를 정리해 두면 도움이 된다.			Key	중심 생각을 파악하는 문항이다. 중심 내용의 이해 능력을 측정하는 문항으로 4급 수준의 문항이 출제된다. 중심생각은 '-어야 하다, -는 게 좋다, 그래서' 등의 표현과 함께 사용되니 이런 표현이 있는지 확인하며 문제를 풀면 도움이 된다.	
지문	설명문					
주제	부엌의 역할					
어휘	방식(method) 중심(center) 나누다(divide) 기회(opportunity) 한자리(one place) 맡다(play a role) 기능(function) 공간(space) 점차(gradually)					

거실 중심이었던 가족의 생활 방식이 부엌 중심으로 변화하고 있다. 모두가 바쁘게 살다 보니 **19. 가족들이 집에서 서로 얼굴을 보며 대화를 나눌 기회가 많지 않다.** (   ) **19. 다 같이 한자리에 모여 앉아 식사를 하는 부엌에서 가족의 대화가 이루어진다.** 부엌은 이전에 거실이 맡고 있었던 기능까지 더하게 되었다. 요즘에는 이러한 변화에 맞춰 부엌을 열린 공간으로 만든 아파트들이 인기를 끌고 있다. **20. 부엌은 식사를 위한 공간에서 대화를 위한 공간으로 점차 바뀌어 가고 있다.**

19. (   )에 들어갈 말로 가장 알맞은 것을 고르십시오.

① 그래서　　② 그러나　　③ 그리고　　④ 그러면

정답　① 그래서 : 앞의 내용이 뒤의 내용의 원인이나 근거, 조건 등이 될 때 쓰는 말이다.

　　　　예 학교 가는 길에 차가 많이 막혔다. 그래서 지수는 제시간에 도착할 수가 없었다.

오답　② 그러나 : 앞의 내용과 뒤의 내용이 서로 반대될 때 쓰이는 말이다.

　　　　예 여행을 가고 싶다. 그러나 시간이 없어서 갈 수 없다.

　　　③ 그리고 : 앞의 내용에 이어 뒤의 내용을 단순히 나열할 때쓰는 말이다.

　　　　예 나는 집에 돌아왔다. 그리고 곧 잠이 들었다.

　　　④ 그러면 : 앞의 내용이 뒤의 내용의 조건이 될 때 쓰는 말이다.

　　　　예 한국에 오세요. 그러면 제가 안내해 드릴게요.

20. 윗글의 주제로 가장 알맞은 것을 고르십시오.

① 요즘 아파트는 부엌을 가장 크게 만든다.

② 과거 거실 중심의 생활 방식을 유지해야 한다.

③ 부엌이 가족 간에 대화를 나누는 장소로 바뀌고 있다.

④ 가족이 모두 한자리에 모일 수 있는 공간이 부족하다.

정답　③ 부엌이 처음에는 식사만 하는 공간이었으나 가족의 대화가 식사를 할 때만 가능해져 부엌이 거실의 기능을 함께 하게 되었다.

오답　① 부엌은 가족 간에 대화를 나누는 장소로 사용되는 공간으로 변하면서 요즘 부엌을 크게 만들고 있으나 부엌을 크게 만든다는 사실은 이 글의 주제가 아니다.

　　　② 과거 거실 중심의 생활 방식을 유지해야 한다는 것을 주장하는 글은 아니다. 거실 중심에서 부엌 중심으로 생활 방식이 바뀌고 있다.

　　　④ 가족이 모두 한자리에 모일 수 있는 공간이 부족한 것이 아닌 시간이 부족하니 이는 이 글의 주제가 아니다.

21.		22.	
급수	4급 (중)	급수	4급 (상)
유형	빈칸에 알맞은 어휘나 표현 고르기	유형	내용과 같은 것 고르기
Key	빈칸에 알맞은 어휘를 고르는 문항이다. 문장 안에서 필요한 어휘를 찾는 능력을 측정하는 문항으로 4급 수준의 문항이 출제된다. 괄호의 앞과 뒤를 집중해 읽고, 기출문제에 제시된 관용어를 정리해 두면 도움이 된다.	Key	내용과 일치하는 내용을 고르는 문항이다. 세부 내용의 이해 능력을 측정하는 문항으로 4급 수준의 문항이 출제된다. 먼저 보기를 읽고 그 내용이 맞는지 내용을 확인하며 풀면 문제 푸는 시간을 절약할 수 있다.
지문	논설문		
주제	수질 오염		
어휘	사망하다(die) 지속(persistence) 위협하다(threaten) 생존(survival) 직결된다(be directly connected) 우려를 표하다(express concern)		막다(block) 미비하다(incomplete) 방지하다(prevent) 실천하다(practice) 안심하다(feel relieved)

22. 환경오염으로 인해 2019년에만 전 세계 900만 명이 조기 사망했다는 연구 결과가 나왔다. 환경오염이 인간과 지구의 건강뿐만 아니라 현대 사회의 지속 가능성을 위협하고 있다는 것이다. 그중에서도 22. 수질 오염은 우리의 생존과 직결된 중요한 문제로 많은 사람들이 이에 대해 우려를 표하고 있다. 그러나 오염을 막기 위한 22. 구체적인 노력은 미비해 보인다. 수질 오염을 방지하기 위해서는 (   ) 라는 말처럼 우리가 21. 생활 속에서 할 수 있는 작은 것부터 하는 것이 중요하다. 이러한 실천이 21. 하나씩 쌓일 때 깨끗한 물을 안심하고 마실 수 있는 사회가 될 것이다.

21. (   )에 들어갈 말로 가장 알맞은 것을 고르십시오.
① 하나를 보면 열을 안다   ② 소 잃고 외양간 고친다
③ 한 길 사람 속은 모른다   ④ 천 리 길도 한 걸음부터

정답 ④ 천 리 길도 한 걸음부터 : 아무리 큰 일도 처음에는 작은 일부터 시작되듯이 무슨 일이든지 그 일의 시작이 중요하다는 말.
　　　예 천 리 길도 한 걸음부터라고 했듯이 일단 시작부터 하고 보자.

오답 ① 하나를 보면 열을 안다 : 일부만 보고도 이를 미루어 전체를 알 수 있다는 말.
　　　예 하나를 보면 열을 안다고 걔 친구만 봐도 착한 것 같아.
　　② 소 잃고 외양간 고친다 : 일이 이미 잘못된 뒤에는 바로잡으려고 애써도 소용이 없다.
　　　예 진작에 허술한 자물쇠를 바꿨어야지, 소 잃고 외양간 고친다는 말이 딱 맞네.
　　③ 한 길 사람 속은 모른다: 사람의 속마음은 알기가 매우 어렵다.
　　　예 지수는 갑자기 친구가 변하자 열 길 물속은 알아도 한 길 사람 속은 모른다며 화를 냈다.

22. 윗글의 내용과 같은 것을 고르십시오.
① 환경오염 때문에 많은 사람들이 죽었다.
② 사람들의 노력으로 깨끗한 물을 마시고 있다.
③ 수질 오염은 사람의 생존에 영향을 주지 않는다.
④ 2019년부터 수질 오염을 막기 위한 노력을 했다.

정답 ① 환경오염으로 조기 사망자가 늘었으며 수질 오염은 생존과 직결되어 있다.

오답 ② 사람들의 노력으로 ~~깨끗한 물을 마시고 있다.~~
　　③ 수질 오염은 사람의 생존에 영향을 ~~주지 않는다.~~
　　④ ~~2019년부터~~ 수질 오염을 막기 위한 노력을 했다.

23.		**24.**	
급수	5급 (하)	급수	5급 (하)
유형	주인공의 태도/심정 고르기	유형	내용과 같은 것 고르기
Key	개인적인 글을 읽고 등장인물의 태도나 심정을 고르는 문항이다. 글쓴이의 태도를 파악하는 능력을 측정하는 문항으로 5급 수준의 문항이 출제된다. 등장인물의 행동이나 표정 변화가 어떤 감정을 드러내는지를 먼저 파악하는 것이 중요하다.	Key	개인적인 글을 읽고 내용과 일치하는 내용을 고르는 문항이다. 세부 내용의 이해 능력을 측정하는 문항으로 5급 수준의 문항이 출제된다. 먼저 보기를 읽고 그 내용이 맞는지 내용을 확인하며 풀면 문제 푸는 시간을 절약할 수 있다.
지문	수필		
주제	어머니의 화초		
어휘	화초(flower) 정성 들이다(put one's heart into) 남기다(leave) 대문(main door)		편협하다(be narrow-minded) 봉지(bag) 빙그레(with a smile)

　　며칠 전 퇴근해 집에 들어왔는데 어머니가 집에 있는 화초들을 나눔하고 싶다며 사과 마켓에 글을 올려달라고 부탁하셨다. 정성 들여 키우던 화초들이라서 좀 아까웠지만 예쁘게 키우실 분 가져가라고 글을 남기고 대문 앞에 화분을 놓아두었다. 며칠 되지 않아 어머니의 화초들은 하나둘씩 사라졌는데 어머니는 자기 화초에 관심이 있다는 생각에 기뻐하셨다. 하지만 나는 고맙다는 말 한마디 없는 사람들 때문에 좀 속상했다. 얼마 후 내 생각이 얼마나 편협했는지 알게 되었다. **24.** 화분을 가져간 어떤 아주머니는 자신이 키운 **24.** 채소를 봉지 하나 가득 담아 **24.** 대문 앞에 걸어 두셨고 **24.** 초등학생은 꽃이 피었다며 사진을 찍어 보내 주었다. **23.** 어머니 덕분에 행복하다는 동네 사람들의 이야기를 들으니 어머니를 보고 있는 나도 빙그레 미소가 지어졌다.

23. 밑줄 친 부분에 나타난 '나'의 심정으로 가장 알맞은 것을 고르십시오.

① 그립다　　　　　② 부럽다
③ 부담스럽다　　　④ 자랑스럽다

정답　④ 자랑스럽다 : 자랑할 만한 데가 있다.
　　　예 나는 공부를 열심히 하는 아들이 자랑스럽고 고마웠다.
　　　└ 이 사람은 어머니가 나눔한 화초가 아깝다고 생각했고 고맙다는 말도 듣지 못해 속상했지만 나중에 고마움을 표현하는 사람들도 생기고 동네 사람들이 어머니 덕분에 행복하다는 말을 듣고 나서 어머니를 더 자랑스럽게 생각하고 있다.

오답　① 그립다 : 매우 보고 싶고 만나고 싶다.
　　　　예 유학을 오니 고국의 음식이 매우 그립다.
　　② 부럽다 : 다른 사람의 일이나 물건이 좋아 보여 자기도 그런 일을 이루거나 물건을 갖기를 바라는 마음이 있다.
　　　　예 외아들인 나는 친척이 많은 친구가 그렇게 부러울 수가 없었다.

③ 부담스럽다 : 어떤 일이나 상황이 감당하기 어려운 느낌이 있다.
　　예 나는 그에게 선물로 받은 고가의 시계가 부담스럽게 느껴진다.

24. 윗글의 내용과 같은 것을 고르십시오.

① 어머니는 채소를 동네 사람들에게 나눠 주었다.
② 어머니는 화초를 이웃에게 주게 되어 속상했다.
③ 화초를 가져간 사람들은 고마운 마음을 표시했다.
④ 동네 사람들과 내가 키우던 화초를 나누기로 했다.

정답　③ 화초를 가져갔던 사람들이 채소를 주며 감사함을 표현하고 초등학생 하나는 사진을 공유해 고마움을 표현하고 있다.

오답　① 어머니는 채소를 동네 사람들에게 나눠 주었다.
　　② 어머니는 화초를 이웃에게 주게 되어 속상했다.
　　④ 동네 사람들과 내가 키우던 화초를 나누기로 했다.

※ [25~27] 다음 신문 기사의 제목을 가장 잘 설명한 것을 고르십시오. (각 2점)

25.

급수	4급 (상)
유형	기사 제목 설명 고르기
지문	신문 기사(제목)
주제	점심값 고공 행진, 편의점 도시락 '불티'
Key	신문 기사 제목을 읽고 가장 잘 설명한 것을 고르는 문항이다. 머리글을 이해하는 능력을 측정하는 문항으로 4급 수준의 문항이 출제된다. 두 가지 맥락 사이의 관계를 파악하는 것이 중요하다.
어휘	고공 행진(high march) 불티(sell like hot cakes)

점심값 **25. 고공 행진**, 편의점 도시락 **25. '불티'**

① 점심값 상승으로 편의점 도시락이 많이 팔렸다.
② 점심값 상승으로 편의점 도시락 매출이 떨어졌다.
③ 점심값 부담에 편의점 도시락을 판매하게 되었다.
④ 점심값 부담에 편의점 도시락 개발에 힘쓰고 있다.

정답 ① 고공 행진: 기름값, 점심값처럼 물가가 계속 오를 때 사용하는 표현
불티 : 보통 '불티나다'로 사용되는데 '물건이 내놓자마자 빨리 팔리거나 없어지다'의 의미로 사용된다.
ㄴ 점심값 상승으로 편의점 도시락이 많이 팔렸다.

오답 ② 점심값 상승으로 편의점 도시락 매출이 떨어진 것이 아닌 상승하고 있다.
③ 점심값 부담에 편의점 도시락의 판매가 증가했다는 것이지 판매하게 된 것을 표현한 것은 아니다.
④ 점심값 부담에 편의점 도시락 개발에 힘쓰고 있음을 나타내지는 않는다. 매출 증가와 관련이 있다.

26.

급수	4급 (상)
유형	기사 제목 설명 고르기
지문	신문 기사(제목)
주제	인터넷 품질 꼼수, 이용자들 뿔났다.
Key	신문 기사 제목을 읽고 가장 잘 설명한 것을 고르는 문항이다. 머리글을 이해하는 능력을 측정하는 문항으로 4급 수준의 문항이 출제된다. 두 가지 맥락 사이의 관계를 파악하는 것이 중요하다.
어휘	꼼수(trick) 뿔나다(get angry)

인터넷 품질 **26. 꼼수**, 이용자들 **26. 뿔났다**.

① 인터넷 품질 문제로 이용자들의 불만이 커졌다.
② 인터넷 품질을 속여 이용자들의 혜택을 늘렸다.
③ 인터넷 품질 개선으로 이용자들이 크게 늘어났다.
④ 인터넷 품질 저하로 이용자들이 서비스를 요구했다.

정답 ① 꼼수: 쩨쩨한 수단이나 방법
뿔나다 : 화가 나다
ㄴ 인터넷 품질이 나빠져서 생긴 문제 때문에 이용자들이 화가 많이 났다.

오답 ② 인터넷 품질을 속인 것이 아니다. 품질 문제를 지적하고 있다. 이용자들의 혜택을 늘린 것이 아닌 불만이 많아졌다.
③ 인터넷 품질 개선이 아닌 품질 문제를 지적하고 있다. 문제가 있는데 이용자들이 크게 늘어났다는 것은 호응이 맞지 않는다.
④ 인터넷 품질 저하라는 문제가 있어 이용자들의 불만이 많아졌으나 서비스를 요구했다는 내용은 없다.

27.

급수	4급 (상)
유형	기사 제목 설명 고르기
지문	신문 기사(제목)
주제	늦더위에 단풍 특수 지연… 여행업계 '발동동'
Key	신문 기사 제목을 읽고 가장 잘 설명한 것을 고르는 문항이다. 머리글을 이해하는 능력을 측정하는 문항으로 4급 수준의 문항이 출제된다. 두 가지 맥락 사이의 관계를 파악하는 것이 중요하다.
어휘	특수(special) 지연(delay) 여행업계(travel industry)

> 늦더위에 **27. 단풍 특수 지연**… 여행업계 **27. '발동동'**

① 늦더위로 단풍철의 시기가 늦어졌다.
② 여행사는 날씨 변화에 따라 수익이 달라진다.
③ 계속되는 더위로 단풍 여행 상품이 안 팔린다.
④ 단풍철 여행에 여행사들이 수익을 기대하고 있다.

정답 ③ 특수 : 특별한 상황에서 발생하는 수요.
　　　여행업계 : 여행업에 종사하는 사람들의 활동 분야.
　　　발동동 : 매우 안타까워서 발을 자꾸 구르다.
　　　└ 더위가 계속되면서 단풍철의 시기가 늦어져 단풍 여행 상품이 안 팔린다.

오답 ① 늦더위로 단풍철이 늦게 왔고 단풍 여행 상품에 문제가 생겼다는 것을 의미하므로 단순히 계절이 늦어졌다는 것을 의미하지 않는다.
　　② 여행사는 날씨 변화에 따라 수익에 영향이 있으나 이 기사 제목에서는 단풍철 여행 상품의 지연 때문에 수익에 영향이 있다는 정보를 제시하고 있지 않다.
　　④ 단풍철 여행에 여행사들이 수익을 기대하고 있지 않다. '발동동'은 문제가 생겼다는 의미를 나타내기 때문이다.

※ [28~31] ( )에 들어갈 내용을 가장 알맞은 것을 고르십시오. (각 2점)

28.

급수	5급 (하)
유형	빈칸에 알맞은 것 고르기
지문	설명문
주제	아이스크림의 부드러움
Key	빈칸에 알맞은 내용을 고르는 문항이다. 문장 안에서 필요한 표현을 찾는 능력을 측정하는 문항으로 5급 수준의 문항이 출제된다. [16~18]번 문제 유형과 동일하나 어휘와 문법의 난이도가 높다
어휘	결정짓다(decide)　　향료(spices) 균질하다(homogeneous) 숙성되다(ripen)　　원료(raw material) 주입하다(inject)　　부피(volume) 조직(group)　　비율(ratio)

> 아이스크림을 만들 때 **28. 부드러움을 결정짓는 것은 바로 28. 공기**이다. 우유나 향료가 균질하게 섞여 숙성된 아이스크림 원료에 공기를 주입하면 **28. 부피가 점점 늘어나면서** 조직이 **28. 부드러워지는** 것이다. 즉, 공기 주입 비율을 높일수록 입에 닿자마자 녹아내리는 부드러운 아이스크림을 만들 수 있고 아이스크림을 동그랗게 뜰 수도 있다. **28. 그런데 한번 녹은 아이스크림**은 다시 얼리더라도 이전처럼 부드러워지지는 않는다. 원료에 숨어 있던 ( ) 딱딱한 **28. 얼음 결정이 생기게 되어** 부드러운 맛이 사라지는 것이다.

① 공기가 빠져나가면서　　② 공기의 부피가 커져서
③ 공기의 비율을 낮춰서　　④ 공기가 원료를 섞어서

정답 ① 아이스크림에 공기를 넣어 부피를 늘렸는데 얼었던 아이스크림이 녹으면 공기가 빠져나가 부피가 줄게 되어 다시 얼리면 얼음 결정이 생겨 부드러운 맛이 사라진다.

오답 ② 아이스크림이 녹으면서 공기가 빠져나가 부피가 줄게 되는 것을 이야기하므로 공기의 부피가 커져서는 적절하지 않다.
　　③ 아이스크림이 녹으면서 공기가 빠져나가 부피가 줄게 되는 것을 이야기하므로 직접적으로 공기의 비율을 낮추는 것은 적절한 답이 아니다.
　　④ 아이스크림이 녹으면서 공기가 빠져나가 부피가 줄게 되는 것을 이야기하고 있다. 따라서 공기가 원료를 섞는 것은 적절한 답이 아니다.

29.

급수	5급 (하)
유형	빈칸에 알맞은 것 고르기
지문	설명문
주제	동양화의 여백
Key	빈칸에 알맞은 내용을 고르는 문항이다. 문장 안에서 필요한 표현을 찾는 능력을 측정하는 문항으로 5급 수준의 문항이 출제된다. [16~18]번 문제 유형과 동일하나 어휘와 문법의 난이도가 높다
어휘	동양화(oriental painting) 교감하다(communicate) 화폭(canvas) 상징(symbol) 철학(philosophy) 여백(space)

흔히 동양화를 두고, 29. 보는 이와 함께 교감하고 대화하는 그림이라고 말한다. 이러한 동양화의 성격은 화폭에 그려진 소나무 한 그루에 여러 이야기가 녹아 있다. 29. 산수화에 그려진 소나무 한 그루는 사실 단순한 한 그루가 아니라 무수한 나무의 상징이다. 이는 그림으로 모든 것을 다 보여 줄 수 없다는 그 시대 화가들의 생각과 철학이 담겨 있는 동시에, 29. 감상자에게 소나무 양옆에 있는 29. 여백을 (   )의미가 담겨 있다.

① 수많은 소나무들로 채워 보라는
② 직접 화폭에 그림을 그려 보라는
③ 화가가 살았던 시대를 경험해 보라는
④ 자신의 선과 색으로 채워 상상해 보라는

정답 ④ 동양화는 작가와 감상자가 함께 교감하고 대화하는 그림이다. 한 그루의 소나무에 화가의 생각과 철학이 담겨 있는데 화폭에 있는 여백을 감상자의 상상력으로 채워 보라는 의미가 담겨 있다.

오답 ① 수많은 소나무들로 채워 보라고 하는 것은 직접 그리라는 의미로 파악할 수 있으므로 화가의 상상력과 관련이 적다.
② 직접 화폭에 그림을 그려 보라는 것도 화가의 상상력과 관련이 적다.
③ 화가가 살았던 시대를 경험해 보라는 것도 화가의 상상력과 관련이 적다.

30.

급수	5급 (중)
유형	빈칸에 알맞은 것 고르기
지문	설명문
주제	가위바위보
Key	빈칸에 알맞은 내용을 고르는 문항이다. 문장 안에서 필요한 표현을 찾는 능력을 측정하는 문항으로 5급 수준의 문항이 출제된다. [16~18]번 문제 유형과 동일하나 어휘와 문법의 난이도가 높다
어휘	순서(order) 관찰하다(observe) 본능(instinct) 유리하다(advantageous) 반응하다(react)

사람들은 흔히 '가위바위보'로 어떤 일의 순서를 정한다. 그런데 자세히 관찰해 보면 사람들이 아무 생각 없이 '가위바위보'를 하는 것 같지만 (   ) 발견할 수 있다. 즉, 30. 이기고 있을 경우에는 손을 바꾸지 않으며 지고 있는 경우에는 손을 바꾸는 경향을 보였다. 사람들은 순간적인 행동을 할 때도 30. 이기려는 본능으로 자신에게 유리하게 반응한다는 것이다.

① 다양한 방법을 보임을
② 일정한 경향이 있음을
③ 동일한 빈도를 보임을
④ 필요한 조건이 있음을

정답 ② 관찰을 통해 발견한 것은, 사람들이 가위바위보를 할 때 이기려는 본능 때문에 일정한 경향을 보인다는 것이다.

오답 ① 이기려고 할 때의 사람들의 일정한 경향에 대해 예를 들고 있으므로 다양한 방법을 보인다는 것은 적절한 대답이 아니다.
③ 이기려고 할 때의 사람들의 일정한 경향에 대해 예를 들고 있는데 동일한 빈도를 보인다는 것은 적절한 대답이 아니다.
④ 이기려고 할 때의 사람들의 일정한 경향에 대해 예를 들고 있으므로 승리의 필요한 조건을 말하는 것이 아니다.

31.

급수	5급 (중)
유형	빈칸에 알맞은 것 고르기
지문	기사문
주제	우열의 법칙
Key	빈칸에 알맞은 내용을 고르는 문항이다. 문장 안에서 필요한 표현을 찾는 능력을 측정하는 문항으로 5급 수준의 문항이 출제된다. [16~18]번 문제 유형과 동일하나 어휘와 문법의 난이도가 높다
어휘	우열(superiority)　우성(dominant) 열성(recessive)　유전적(genetic) 형질(characteristics)　적혈구(red blood cells) 낫(sickle)　치명적이다(fatal) 질병(disease)　말라리아(malaria) 유전 법칙(genetic law)

우열의 법칙에 대한 오해 중 하나는 '우성이 열성보다 더 많이 나타날 것'이라는 생각이다. 그러나 그 반대인 경우도 있다. 모든 **31. 유전적 형질은 (　　　) 결과**이기 때문이다. 아프리카에서는 정상 모양의 적혈구에 비해 **31. 열성인 '낫 모양 적혈구'를 가진 사람이 많다**. 이는 '낫 모양 적혈구'를 가진 사람이 **31. 아프리카의 치명적인 질병인 말라리아에 강하기 때문이다**. 이처럼 인간의 유전 법칙을 설명하는 일은 전혀 단순하지 않다.

① 우열의 법칙에 따른
② 인간이 환경에 적응한
③ 우성 유전자를 나타내는
④ 정상적인 모양을 보여 주는

정답　② 치명적인 질병에 강한 열성 유전자도 존재한다. 아프리카의 경우는 말라리아에 강한 열성 유전자를 가진 사람이 많다. 결국 환경에 따라 우성이 열성보다 더 살아남을 수 있다고 말할 수 없다.

오답　① 인간이 환경에 적응했다는 증거를 기술하고 있으므로 우열의 법칙이 깨진 것으로 볼 수 있다.
　　　③ 열성도 환경에 적응에 필요한 유전자이므로 우성 유전자를 나타낸다는 것은 적절한 답이 아니다.
　　　④ 유전자의 정상적인 모양을 보여 주는 것은 논의에서 벗어난 대답이다. 인간이 환경에 적응했다는 근거를 들어 논의를 진행하고 있기 때문이다.

※ [32~34] 다음을 읽고 글의 내용과 같은 것을 고르십시오. (각 2점)

32.

급수	5급 (중)
유형	내용이 같은 것 고르기
지문	기사문
주제	온돌
Key	내용과 일치하는 내용을 고르는 문항이다. 세부 내용의 이해 능력을 측정하는 문항으로 5급 수준의 문항이 출제된다. 먼저 보기를 읽고 그 내용이 맞는지 내용을 확인하며 풀면 문제 푸는 시간을 절약할 수 있다.
어휘	온돌(ondol, Korean floor heating system) 고유(inherence) 난방(heating) 아궁이(furnace, fireplace) 방바닥(floor) 굴뚝(chimney) 원리(principle) 속력(speed)

'온돌'은 한국 고유의 난방 방법으로 아궁이에 불을 때면 따뜻한 공기가 방 아래를 지나면서 방바닥의 온도를 높여주고 마지막에는 굴뚝으로 연기가 나가게 만든 난방 장치이다. 온돌은 구들이라고도 부르는데, **32. 따뜻한 공기는 위로, 차가운 공기는 아래로 간다는 원리와 따뜻한 공기가 32. 좁은 곳을 지날 때 속력이 빨라지고 넓은 곳을 지날 때 속력이 느려진다는 과학적인 원리**를 이용한 한국의 전통적인 주거양식이다.

① 온돌은 열원을 직접 이용하는 방식의 난방장치이다.
② 온돌은 온도 차이를 활용한 과학적인 난방 방법이다.
③ 온돌은 잔류하는 온기로 방을 따뜻하게 데우는 방식이다.
④ 온돌은 따뜻한 난방을 위해 방 아래에 직접 불을 피운다.

정답　② 온돌은 따뜻한 공기와 차가운 공기가 넓은 곳과 좁은 곳을 지나갈 때 그 속도가 달라지는 원리를 활용한 난방 방법이다.

오답　① 온돌은 ~~열원을 직접 이용하는~~ 방식의 난방장치이다.
　　　③ 온돌은 ~~잔류하는 온기로~~ 방을 따뜻하게 데우는 방식이다.
　　　④ 온돌은 따뜻한 난방을 위해 ~~방 아래에 직접 불을 피운~~다.

<table>
<tr><td>**33.**</td><td></td></tr>
</table>

급수	5급 (중)
유형	내용이 같은 것 고르기
지문	기사문
주제	쟁이
Key	내용과 일치하는 내용을 고르는 문항이다. 세부 내용의 이해 능력을 측정하는 문항으로 5급 수준의 문항이 출제된다. 먼저 보기를 읽고 그 내용이 맞는지 내용을 확인하며 풀면 문제 푸는 시간을 절약할 수 있다.
어휘	환쟁이(daubster) 글쟁이(ink slinger) 낮추다(lower) 구실(excuse) 일상어(everyday language) 월급쟁이(salaried employee)

33. 화가를 놀리거나 낮춰 부를 때 환쟁이라고 하고, 33. 글 쓰는 직업을 가진 사람은 글쟁이라 한다. '쟁이'가 낮추는 구실을 하기 때문이다. 당연히 월급쟁이 역시 낮춤말인데도 '월급쟁이'는 때와 장소를 가리지 않고 많이 쓰인다. 마치 월급 받는 사람을 가리키는 일상어가 된 듯하다. 자신을 가리켜 월급쟁이라고 낮추는 것이야 그렇다 치더라도, 33. 상대에게까지 '쟁이'라고 하는 건 기분 상할 일이다.

① 월급쟁이는 월급을 받는 사람이라는 뜻의 일상어이다.
② 놀리거나 낮추어 말하는 표현들이 어디에서나 쓰이고 있다.
③ 환쟁이는 그림을 잘 그리는 사람을 높여 부를 때 사용한다.
④ 자신뿐만 아니라 남에게도 '쟁이'라는 표현을 삼가는 것이 좋다.

정답 ④ '쟁이'는 직업과 관련해 그 사람을 낮춰 부를 때 사용하는 표현으로 자신뿐만 아니라 다른 사람에게도 사용하지 않는 것이 좋다.

오답 ① 월급쟁이는 월급을 받는 사람이라는 뜻의 일상어이다.
② 놀리거나 낮추어 말하는 표현들이 어디에서나 쓰이고 있다.
③ 환쟁이는 그림을 잘 그리는 사람을 높여 부를 때 사용한다.

<table>
<tr><td>**34.**</td><td></td></tr>
</table>

급수	5급 (중)
유형	내용이 같은 것 고르기
지문	설명문
주제	한국의 유과
Key	내용과 일치하는 내용을 고르는 문항이다. 세부 내용의 이해 능력을 측정하는 문항으로 5급 수준의 문항이 출제된다. 먼저 보기를 읽고 그 내용이 맞는지 내용을 확인하며 풀면 문제 푸는 시간을 절약할 수 있다.
어휘	튀기다(fry) 유과(yugwa, deep-fried sweet rice cake) 풍습(custom) 곡류(cereals) 곁들이다(garnish) 제례(ancestral ritual formalities) 혼례(wedding) 네모나다(square) 편평하다(flat) 산자(sanja, fried rice squares) 팥알(a grain of red beans) 뭉치다(unite) 모나다(angulate) 빙사과(bingsagwa, fried rice hexagon) 습기(humidity) 엿(yeot, Korean hard taffy)

한국의 전통 과자는 34. 기름에 튀겨서 만든 것이 많아 유과라는 이름으로 불린다. 불교의 풍습이 유행하여 34. 곡류를 재료로 만든 한과류를 차에 곁들여 먹었고 34. 제례, 혼례 등에 필수적으로 오르는 음식이 되었다. 유과는 크기와 모양에 따라 이름이 다른데 네모나고 편평한 것은 산자, 팥알 크기 정도로 썰어 말려 튀긴 후 엿으로 뭉쳐서 모나게 썬 것은 빙사과라고 부른다. 유과는 여름철에는 덥고 습기가 많아서 엿이 늘어나 설을 앞두고 많이 만들었다.

① 유과는 모양이나 크기와 상관없이 부르는 이름이 같다.
② 유과는 곡류를 재료로 기름에 튀겨 만든 한국 전통 과자이다.
③ 유과는 차와 함께 결혼식에 꼭 올라오는 음식 중에 하나이다.
④ 유과는 엿을 사용하기 때문에 겨울철보다 여름철에 만들기 쉽다.

정답 ② 기름에 튀겨서 만든 것이 많아 유과라는 이름으로 불렸는데 곡류를 재료로 하였다.

오답 ① 유과는 모양이나 크기와 상관없이 부르는 이름이 ~~같다.~~
③ 유과는 ~~차와 함께~~ 결혼식에 꼭 올라오는 음식 중에 하나 이다.
④ 유과는 엿을 사용하기 때문에 겨울철보다 ~~여름철에 만 들기 쉽다.~~

※ [35~38] 다음을 읽고 글의 주제로 가장 알맞은 것을 고르십시오. (각 2점)

35.

급수	5급 (상)
유형	주제 고르기
지문	논설문
주제	식초의 시장성
Key	중심 생각을 파악하는 문항이다. 중심 내용의 이해 능력을 측정하는 문항으로 5급 수준의 문항이 출제 된다. 중심 생각은 '-어야 하다, -는 게 좋다, 그래서' 등의 표현과 함께 사용되니 이런 표현이 있는지 확인 하며 문제를 풀면 도움이 된다.
어휘	발효식품(fermented food) 조미료(condiment) 여기다(be regarded) 피로(fatigue) 회복(recovery) 미용(beauty) 효능(efficacy) 입증되다(prove) 배다(permeate) 생선 비린내(fishy smell) 활용도(utilization) 식초업계(vinegar industry) 일조하다(contribute) 대중화(popularization) 박차를 가하다(spur)

식초는 전 세계적으로 술과 함께 인간이 만든 오래 된 발효식품 중의 하나로 과거에는 단순히 신맛을 내는 조미료 정도로 여겨졌다. 그러나 식초가 피로 회복이나 피부 미용 등에 효능이 있다는 것이 입증되면서 식초를 찾는 사람이 늘었다. 이 외에도 손에 밴 마늘 냄새, 생 선 비린내 냄새 제거 등 35. 일상생활에서의 활용도도 높아져 판매량이 증가해 식초업계 성장에 일조했다. 식 초업계에서는 맛과 향을 다양화하고 선택의 폭을 넓혀 식초의 35. 대중화에 박차를 가하고 있다.

① 식초는 가장 오래된 발효 식품이다.
② 식초 시장의 규모가 성장하고 있다.
③ 식초의 맛과 향이 다양해지고 있다.
④ 식초의 다양한 효능이 주목을 받았다.

정답 ② 식품의 쓰임이 일상생활에서도 활용도가 높아지면 서 판매량이 증가하고 있다. 다양한 식초 제품의 대 중화에 힘쓰고 있다고 설명하고 있다.

오답 ① 식초는 가장 오래된 발효 식품이라는 것은 글의 세부 내 용 중에 하나이지 주제는 아니다.
③ 식초의 맛과 향이 다양해지고 있다는 것도 시장 규모 성 장을 뒷받침해 주는 근거로 볼 수 있다. 따라서 이 글의 주제로 보기 어렵다.
④ 식초의 다양한 효능이 주목을 받았다는 것도 시장 규모 성장을 뒷받침해 주는 근거로 작용한다. 따라서 이 글의 주제로 보기 어렵다.

36.	
급수	5급 (상)
유형	주제 고르기
지문	논설문
주제	시청률 집계조사
Key	중심 생각을 파악하는 문항이다. 중심 내용의 이해 능력을 측정하는 문항으로 5급 수준의 문항이 출제된다. 중심 생각은 '-어야 하다, -는 게 좋다, 그래서' 등의 표현과 함께 사용되니 이런 표현이 있는지 확인하며 문제를 풀면 도움이 된다.
어휘	시청률(rating) 통신(communication) 발 빠르다(rapidly) 집계(total, aggregation)

37.	
급수	5급 (상)
유형	주제 고르기
지문	논설문
주제	신라 유리구슬
Key	중심 생각을 파악하는 문항이다. 중심 내용의 이해 능력을 측정하는 문항으로 5급 수준의 문항이 출제된다. 중심 생각은 '-어야 하다, -는 게 좋다, 그래서' 등의 표현과 함께 사용되니 이런 표현이 있는지 확인하며 문제를 풀면 도움이 된다.
어휘	지배층(ruling class)　유리구슬(glass bead) 이국적이다(exotic)　제작(production) 기법(technique)　전해지다(handed down) 교역(trade)

큰 인기를 끄는 프로그램인데도 예상보다 시청률이 낮게 나오는 경우가 있다. 프로그램을 접하는 방식이 다양해졌는데도 불구하고 36. 여전히 TV만을 대상으로 하는 전통적인 시청률 조사 방법이 고수되고 있기 때문이다. 통신과 기기의 발달로 방송 시청 매체는 휴대 전화, 컴퓨터 등으로 다양화되고 있다. 이처럼 시대는 발 빠르게 변화하고 있는데 36. 시청률 집계 방식만 그대로인 셈이다. 조사의 신뢰도를 높이기 위해서는 36. 다양한 매체를 통한 시청률 집계가 이루어져야 한다.

① 시청률 조사 방식의 변화가 시급하다.
② 다양한 방송 시청 매체 개발에 힘써야 한다.
③ 시청자의 의견을 반영한 방송 제작이 절실하다.
④ 시청률 집계 결과는 매체를 통해 공개해야 한다.

정답　① 다양한 매체를 통한 시청이 이루어지므로 시청률 집계 방식에 대한 변화가 필요하다.

오답　② 시청률 조사 방식에 대해 문제점이 있음을 지적하고 있는 글이다. 따라서 다양한 방송 시청 매체 개발에 힘써야 한다는 것을 이 글의 주제로 볼 수 없다.
　　　③ 시청률 조사 방식에 대해 문제점이 있음을 지적하고 있는 글이다. 따라서 시청자의 의견을 반영한 방송 제작이 절실하다는 주장 또한 적절한 답이 아니다.
　　　④ 시청률 조사 방식에 대해 문제점이 있음을 지적하고 있는 글이다. 시청률 집계 결과는 매체를 통해 공개해야 한다는 의견도 이 글의 주제로 볼 수 없다.

신라 시대의 지배층이 사용한 목걸이에는 유리구슬이 달려 있다. 자세히 살펴보면 지름 1.8센티미터의 작은 유리구슬 안에는 신라인의 얼굴이 아닌 이국적인 얼굴이 새겨져 있다. 그 당시 37. 신라에는 유리 제작 기술이 발달하지 않았다. 37. 동남아시아의 한 섬에서 찾을 수 있었던 이 구슬은 모두 신라에서 발견된 유리구슬과 같았다. 37. 구슬 안의 얼굴과 제작 기법이 동일한 이 구슬은 1500년 전 이곳 신라에 전해졌던 것이다. 우리는 이 작은 유리구슬에서 그 옛날 신라가 5300km나 떨어진 나라와 37. 교역을 했다는 증거를 발견할 수 있었다.

① 신라시대에는 다양한 계급이 존재했다.
② 신라 시대에는 다른 문화권과 교류가 있었다.
③ 신라 시대에는 문화를 중시하는 사상이 있었다.
④ 신라 시대에는 유리 제작 기술이 크게 발달하였다.

정답　② 신라 시대에는 유리 제작 기술이 없었으나 동남아시아에서 제작된 유리구슬이 동일한 제작 기법이 사용되었고 1500년 전 신라에 전해진 것으로 다른 문화권과의 교역이 있었다는 걸 발견하였다.

오답　① 신라 시대에는 다양한 계급이 존재했다는 것은 추론이 가능하나 다른 문화와의 교류를 하고 있었다는 내용과 관련이 없다.
　　　③ 신라 시대에는 문화를 중시하는 사상이 있었으나 다른 문화와의 교류에 대한 내용을 파악할 수 없다.
　　　④ 신라 시대에는 유리 제작 기술이 크게 발달하였는데 이는 다른 문화의 기술이 신라에 전파되었다는 것을 설명하는 근거이므로 적절한 답이 아니다.

38.

급수	5급 (상)
유형	주제 고르기
지문	기사문
주제	제품 소유권
Key	중심 생각을 파악하는 문항이다. 중심 내용의 이해 능력을 측정하는 문항으로 5급 수준의 문항이 출제된다. 중심 생각은 '-어야 하다, -는 게 좋다, 그래서' 등의 표현과 함께 사용되니 이런 표현이 있는지 확인하며 문제를 풀면 도움이 된다.
어휘	획기적이다(groundbreaking) 소유권(ownership) 권리(right) 갈등(conflict) 사용권(license) 수익(revenue) 보장하다(guarantee)

> 기업 내에서 직원에 의해 획기적인 **38.** 제품이 개발되었을 때 이것의 **38.** 소유권은 누구에게 있는 것일까? 직원은 자신에게 소유 권리가 있다고 생각하지만 **38.** 기업에서는 **38.** 업무의 결과물이므로 회사 측에 소유권이 있다고 주장한다. 그러나 갈등 해결을 위해서는 기업과 직원 **38.** 모두의 소유물로 보는 자세가 필요하다. **38.** 기업이 제품에 대한 사용권을 가지되, 개발자인 직원에게는 수익의 일부를 제공하는 방법으로 서로의 이익을 보장해야 하는 것이다.

① 제품 소유권에 대한 서로의 권리를 인정하다.
② 수익성에 대한 분석 후 제품 소유권을 결정하다.
③ 업무 분야와의 관련성에 따라 소유권을 부여하자.
④ 전문가의 도움으로 제품 소유권 갈등을 해결하자.

정답 ① 기업, 개인에게 모두 소유권이 있으며 서로의 권리를 보장해 줘야 한다고 주장하고 있다.

오답 ② 기업, 개인에게 모두 소유권이 있다는 것을 주장하고 있는 글이다. 따라서 수익성에 대한 분석 후 제품 소유권을 결정하자는 것이 주요 논의는 아니다.
③ 기업, 개인에게 모두 소유권이 있다는 것을 주장하고 있는 글이다. '업무 분야와의 관련성에 따라' 소유권을 부여하는 것에 초점을 두고 있지 않다.
④ 기업, 개인에게 모두 소유권이 있다는 것을 주장하고 있는 글이다. '전문가의 도움으로' 제품 소유권 갈등을 해결하자는 논의는 적절하지 않다.

※ [39~41] 주어진 문장이 들어갈 곳으로 가장 알맞은 것을 고르십시오. (각 2점)

39.

급수	6급 (하)
유형	문장이 들어갈 곳 고르기
지문	설명문
주제	우주생활
Key	내용의 순서를 파악하는 문항이다. 문맥의 이해 능력을 측정하는 문항으로 6급 수준의 문항이 출제된다. 접속사, 지시어, 조사를 활용하여 알맞은 순서에 문장을 넣으면 된다.
어휘	지구(earth) 벗어나다(escape) 뼈(bone) 벌어지다(spread) 무중력(zero gravity) 튼튼하다(strong) 칼슘(calcium) 중력(gravity) 근육(muscle) 우주인(astronaut)

> **39.** 얼핏 들으면 귀가 **39.** 솔깃해지지 않을 수 없다.

> 인간의 신체는 지구에서 살기에 가장 적합하도록 이루어져 있기 때문에 지구를 벗어나게 되면 우리 몸에는 다양한 변화가 나타난다. (㉠) 뼈와 뼈 사이에 있는 공간이 벌어져 **39.** 키가 5~8cm 정도 **39.** 더 커지게 된다.(㉡) **39.** 하지만 무중력 상태에서는 뼈를 튼튼하게 하는 **39.** 칼슘이 빠져 나온다. (㉢) 그뿐만 아니라 중력을 이겨야 할 필요가 없어지기 때문에 근육도 약해져서 **39.** 근육의 힘이 떨어진다. (㉣) 그래서 우주인들은 좁은 우주선 안에서라도 규칙적인 운동을 하고 칼슘이 포함되어 있는 식품을 섭취한다.

① ㉠   ② ㉡   ③ ㉢   ④ ㉣

정답 ② 뼈와 뼈 사이에 있는 공간이 벌어져 키가 5~8cm 정도 더 커지게 된다는 점은 호기심을 자극한다. 이러한 것은 귀를 솔깃하게 한다. 이 상황 후에는 문제가 있는 부분에 대한 내용이 기술되어야 한다.

오답 ① ㉠
③ ㉢
④ ㉣

40.

급수	6급 (하)
유형	문장이 들어갈 곳 고르기
지문	기사문
주제	엔젤지수
Key	내용의 순서를 파악하는 문항이다. 문맥의 이해 능력을 측정하는 문항으로 6급 수준의 문항이 출제된다. 접속사, 지시어, 조사를 활용하여 알맞은 순서에 문장을 넣으면 된다.
어휘	가늠하다(measure) 척도(measurement) 엔젤지수(Engel's index) 엔젤지수(Angel coefficient) 비중(importance) 불투명하다(opaque) 투자하다(invest)

> **40.** 그런데 특이한 점은 한국의 경우 **40.** 소득 수준의 격차에 비해 **40.** 엔젤지수의 격차는 상대적으로 크지 않은 것으로 나타났다.

> 세계적인 불경기 속에 서민들의 팍팍해지는 생활을 가늠하는 척도로 엔겔지수와 함께 거론되고 있는 것이 또 하나 있는데 바로 엔젤지수이다. (㉠) 엔젤지수는 소득 대비 교육비 지출이 차지하는 비중을 분석한 것이다. (㉡)본래 가계 소득이 적으면 엔젤지수가 높지 않고, 가계 **40.** 소득이 증가할수록 엔젤지수도 함께 증가하는 것이 일반적이다. (㉢) 이는 교육열이 높은 한국의 부모들이 경제적 어려움으로 인해 불투명한 미래에 대한 **40.** 불안감이 커질수록 오히려 자녀에게 더 많은 교육비를 투자하려는 경향을 보인다는 것을 의미한다. (㉣)

① ㉠　　② ㉡　　③ ㉢　　④ ㉣

정답　③ 엔젤지수는 가계 소득의 증가와 함께 증가하는 것이 일반적인데 한국의 경우는 소득의 침체에도 불구하고 미래에 대한 불안감 때문에 자녀에게 더 많은 교육비를 투자하는 경향을 보이고 있다.

오답　① ㉠
　　　② ㉡
　　　④ ㉣

41.

급수	6급 (하)
유형	문장이 들어갈 곳 고르기
지문	서평
주제	이름의 힘
Key	내용의 순서를 파악하는 문항이다. 문맥의 이해 능력을 측정하는 문항으로 6급 수준의 문항이 출제된다. 접속사, 지시어, 조사를 활용하여 알맞은 순서에 문장을 넣으면 된다.
어휘	삭막하다(desolate) 등장인물(characters) 기호(sign) 개성(individuality) 집단화되다(collectivize) 쓸쓸하다(lonely) 암울하다(gloomy) 명예롭다(honorable) 이름을 걸다(bet one's name)

> **41.** 사람에게 이름이 있다는 것은 말 그대로 살아 있음을, **41.** 자신의 이름을 걸고 세상을 살아 간다는 것을 의미한다.

> 삭막한 미래가 배경인 영화나 소설을 보면 등장인물의 이름이 없는 경우가 많다. (㉠) 이름 대신 기호나 숫자 같은 것으로 불리면서 개성이 없이 집단화된 모습을 보여 준다. (㉡) **41.** 사람이 이름이 아니라 번호로 불릴 때 얼마나 쓸쓸하고 암울한지를 그러한 모습을 보면서 알게 된다. (㉢) **41.** 그래서 우리가 기억하는 역사 속 인물들도 **41.** 이름을 명예롭게 지키고자 때로는 목숨까지 던지지 않았을까? (㉣)

① ㉠　　② ㉡　　③ ㉢　　④ ㉣

정답　③ 이름이 아닌 번호로 불리는 경우 암울한 모습을 보여 주는데 이름이 있다는 것은 자신이 살아 있고 세상을 살아 가는 데 가치가 있음을 의미한다.

오답　① ㉠
　　　② ㉡
　　　④ ㉣

42.		**43.**	
급수	6급 (하)	급수	6급 (중)
유형	주인공의 태도/심정 고르기	유형	내용이 같은 것 고르기
Key	소설을 읽고 등장인물의 태도나 심정을 고르는 문항이다. 등장인물의 태도를 파악하는 능력을 측정하는 문항으로 6급 수준의 문항이 출제된다. 등장인물의 행동이나 표정 변화가 어떤 감정을 드러내는지를 먼저 파악하는 것이 중요하다.	Key	소설을 읽고 내용과 일치하는 내용을 고르는 문항이다. 세부 내용이해 능력을 측정하는 문항으로 6급 수준의 문항이 출제된다. 먼저 보기를 읽고 그 내용이 맞는지 내용을 확인하며 풀면 문제 푸는 시간을 절약할 수 있다.
지문	수필		
주제	할머니의 상경		
어휘	급기야(at last) 위생 상태(hygiene) 점검하다(inspect)	켜켜이(over and over) 무능력하다(incompetent) 멍해지다(be dazed)	바지런하다(diligent) 고스란히(with nothing damaged) 병실(ward)

할머니를 두고 서울로 올라온 지 반년이 되었다. 할머니는 거의 날마다 밥은 먹었느냐며 전화를 걸어오더니 급기야 어느 날 서울의 구석으로 손자의 건강 및 위생 상태를 점검하러 올라오고야 말았다. 할머니는 켜켜이 쌓인 고집을 앞세우고서 집 안 청소며 반찬 정리를 시작했다. 말려도 말려지지 않는 일이었다.

나는 무능력한 남자가 되어 잠시 멍해졌다. 멍한 남자의 둘레에 바지런한 노인의 몸이 이리저리 움직인다. **42. 몇 주 동안 낯선 동네에 친구까지 만들어 버린 43. 할머니는 친구를 따라서 지하철역 근처까지 갔다가 에스컬레이터에서 넘어지고 말았다.** 연락받고 급하게 달려간 동네 병원에서 할머니는 **43. 다리에 깁스를 하고 있었다.**

할머니는 나를 안심시키려 별로 아프지 않다는 말을 건네며 희미하게 웃으신다. 의사 선생님과 이야기하는 중에도 별로 아프지 않다며 퇴원하겠다고 말씀하신다. 내 주머니 사정을 알고 부담을 주고 싶어 하지 않는 할머니의 마음이 고스란히 느껴진다. 나는 작아진 할머니를 업고 6인실의 병실로 올라갔다. 그리고는 할머니에게 필요한 물건을 가지러 집에 다녀오겠다고 말을 하고 나왔다.

홀로 계실 할머니가 걱정되어 서둘러 병원에 왔다. 할머니는 **42. 처음 보는 6인실 사람들과 이야기를 나누고 있었다.** 이유는 알 수 없지만 **42. 모두 할머니를 좋아했다.** 나는 잠시 문 뒤에서 할머니의 모습을 지켜보았다. **42. 과하지 않은 친절을 담백하게 주고받는 할머니의 모습을 보면서 할머니의 말은 특별한 힘이 있다는 생각이 들었다.**

42. 밑줄 친 부분에 나타난 '나'의 심정으로 가장 알맞은 것을 고르십시오.

① 질투하고 있다
② 의심하고 있다
③ 감탄하고 있다
④ 당황하고 있다

정답　③ 감탄하다 : 마음속 깊이 크게 느끼다.
　　　예 청중들은 피아니스트의 화려한 연주에 감탄했다.
　　　└ 고집스러운 할머니이지만 낯선 동네에서 친구를 사귀거나 몇 시간이 채 되지 않은 병원에서도 할머니를 좋아하게 만드는 매력은 할머니의 말에 있다. 나는 할머니의 친화력에 감탄하고 있다.

오답　① 질투하다 : 다른 사람이 잘되거나 좋은 처지에 있는 것을 괜히 미워하고 싫어하다.
　　　예 그 가수가 성공하면 할수록 질투하는 사람들도 끊임없이 생겨났다.
　　　② 의심하다 : 불확실하게 여기거나 믿지 못하다.
　　　예 경찰은 남자의 수상한 행동을 보고 도둑인지를 의심하기 시작했다.

④ 당황하다 : 놀라거나 매우 급하여 어떻게 해야 할지를 모르다.
　　　예 아이가 크게 다쳤다니까 깜짝 놀라서 뭘 해야 할지 모르겠더라. 너무 당황해서 무슨 말을 했는지 기억도 나지 않는다.

43. 윗글의 내용으로 알 수 있는 것을 고르십시오.

① 할머니는 나를 두고 서울에 올라갔다.
② 나는 할머니를 업어 집에 모셔다 드렸다.
③ 나는 할머니께 자주 안부 전화를 드렸다.
④ 할머니는 지하철역 근처에서 다리를 다쳤다.

정답　④ 할머니는 친구를 따라 지하철역 근처까지 갔다가 에스컬레이터에서 넘어져 다리에 깁스를 했다.

오답　① 할머니는 나를 두고 서울에 올라갔다.
　　　② 나는 할머니를 업어 집에 모셔다 드렸다.
　　　③ 나는 할머니께 자주 안부 전화를 드렸다.

※ [44~45] 다음을 읽고 물음에 답하십시오. (각 2점)

44.		45.	
급수	6급 (중)	급수	6급 (중)
유형	빈칸에 알맞은 것 고르기	유형	주제 고르기
Key	글을 읽고 빈칸에 알맞은 내용을 고르는 문항이다. 문장 안에서 필요한 표현을 찾는 능력을 측정하는 문항으로 6급 수준의 문항이 출제된다.	Key	글을 읽고 중심 생각을 고르는 문항이다. 주제를 찾는 능력을 측정하는 문항으로 6급 수준의 문항이 출제된다. 중심 생각은 '-어야 하다, -는 게 좋다, 그래서' 등의 표현과 함께 사용되니 이런 표현이 있는지 확인하며 문제를 풀면 도움이 된다.
지문	기사문		
주제	선거 후보자 자료		
어휘	성향(tendency) 유사하다(similar) 지역 중심(regional centered) 선거 운동(election campaign) 주류(mainstream) 후보자(candidate)		진영(camp) 유권자(voter) 관심사(interest) 구미에 맞다(suit one's taste) 공약(electoral commitment) 박탈당하다(be deprived)

> 과거에는 같은 지역에 살면 정치적 성향이 유사할 거라고 생각해 지역 중심의 선거 운동이 주류를 이루었다. 그러나 한 지역에 살더라도 개인의 정치적 성향이 다를 수 있다는 것이 밝혀진 최근에는 45. 개인별 특성을 반영하는 방향으로 선거 운동이 변화하고 있다. 그래서 요즘은 후보자 진영에서 선거 운동용 이메일을 작성할 때도 44. 다른 내용으로 여러 개를 만든다. 44. 그리고 유권자의 성별이나 직업, 관심사 등을 고려하여 그에 맞는 이메일을 보낸다. 이렇게 되면 44. 유권자는 구미에 맞는 공약만을 전달받게 되어 (   ) 가능성이 커진다. 이로 인해 유권자는 45. 후보자를 객관적으로 평가할 수 있는 기회 자체를 박탈당할 수밖에 없다. 이런 상황에서 과연 45. 유권자는 올바른 선택을 할 수 있을까?

44. (   )에 들어갈 말로 가장 알맞은 것을 고르십시오.

① 다양한 정보를 접할
② 선거의 결과를 알 수 있는
③ 한쪽으로 치우친 정보에 노출될
④ 최근에 제공된 정보를 볼 수 있는

정답 ③ 개인 맞춤형 정보를 주는 방식이기 때문에 유권자는 자신의 구미에 맞는 정보만 얻게 된다. 따라서 한쪽으로 치우쳐진 정보에만 노출되는 것이다.

오답 ① '구미에 맞는 공약'에 문제에 대해 다루고 있으므로 다양한 정보를 접한다는 내용은 (   )에 어울리지 않는다.
② '구미에 맞는 공약'과 '후보자를 객관적으로 평가할 수 있는 기회 박탈'이라는 문제를 지적하고 있으므로 '선거의 결과'를 아는 것과는 거리가 멀다.
④ 최근에 제공된 정보를 볼 수 있는 가능성에 대한 논의를 하는 것이 아니라 정보들이 한쪽으로 치우쳐져 있다는 것이 문제이다.

45. 윗글의 주제로 가장 알맞은 것을 고르십시오

① 후보자를 평가할 수 있는 기회를 다방면으로 늘려야 한다.
② 선거 운동은 개인의 성향을 반영하는 방향으로 변해야 한다.
③ 유권자는 후보자의 정보를 다각적으로 받아 볼 수 있어야 한다.
④ 같은 지역 사람들에게 정치 성향을 반영한 자료를 제공해야 한다.

정답 ③ 한쪽으로 치우쳐진 정보는 올바른 선택을 방해한다. 따라서 정보가 다각적으로 제공되어야 한다.

오답 ① 유권자가 제한된 정보로 정치 후보자를 선택하게 하지 말라는 것이 이 글의 주제이다. 따라서 후보자를 평가할 수 있는 기회를 다방면으로 늘려야 한다는 것은 주제에서 벗어나 있다.
② 선거 운동에 개인의 성향을 반영하는 방향으로 변해야 한다는 것이 아니라 유권자 개인의 취향을 반영하지 말고 다각적으로 선거 자료를 제공해 줘야 한다.
④ 같은 지역 사람들에게 정치 성향을 반영한 자료를 제공해야 한다는 것이 아닌 지역, 취향 등을 고려하지 않는 자료를 제공해야 한다.

46.		47.	
급수	6급 (중)	급수	6급 (중)
유형	필자의 태도 고르기	유형	내용이 같은 것 고르기
Key	글을 읽고 필자의 태도나 심정을 고르는 문항이다. 필자의 태도를 파악하는 능력을 측정하는 문항으로 6급 수준의 문항이 출제된다.	Key	글을 읽고 내용과 일치하는 내용을 고르는 문항이다. 세부 내용의 이해 능력을 측정하는 문항으로 6급 수준의 문항이 출제된다. 먼저 보기를 읽고 그 내용이 맞는지 내용을 확인하며 풀면 문제 푸는 시간을 절약할 수 있다.
지문	기사문		
주제	화재 대피 공간 화장실		
어휘	대피(evacuation) 구비되다(be furnished with) 연구진(research team) 문틈(crack in the door) 냉각되다(cool down) 설비(facility) 마련하다(prepare)		환기(ventilation) 제어하다(control) 적용하다(apply) 피난 구역(evacuation area) 확보하다(secure) 대체하다(replace)

화재 시 대피 공간으로 건물 내 화장실을 활용하기 위한 여러 가지 기술이 개발되었다. 화장실은 출입문을 제외하고는 모두 불에 타지 않는 재료로 되어 있다. 무엇보다 쉽게 물을 공급받을 수 있고 환기 시설도 구비되어 있다. 연구진은 문에 불이 붙지 않게 화장실 문과 문틈에 물을 뿌리면 냉각되는 **47. 설비를 마련하였다.** 또한 **47. 환기 시설도** 화재 시에는 공기 공급을 제어할 수 있도록 하여 **47. 연기가 화장실로 들어오는 것을** 방지하였다. 이렇게 **47. 보완한 화장실은** 화재가 난다고 해도 30분에서 최대 3시간까지 안전하게 대피할 수 있는 공간으로 활용된다. **46/47. 이 기술은 초고층 건물에 적용한다면 경제적 효과도 기대할 만하다.** 현재 초고층 건물은 30층마다 한 개 층을 피난 구역으로 확보하고 있는데 이를 화장실로 대체할 수 있기 때문이다.

46. 윗글에 나타난 필자의 태도로 가장 알맞은 것을 고르십시오.

① 화재 방지 기술이 중요함을 강조하고 있다.
② 초고층 건물 화재 발생에 대해 우려하고 있다.
③ 건물 안 화장실의 환기 시설에 감탄하고 있다.
④ 화재 시 공기 공급을 제어하는 방법을 찾고 있다.

정답 ① 화재 방지 기술로 인해 화재 예방과 동시에 경제적 효과도 누릴 수 있음을 강조하고 있다.

오답 ② 초고층 건물에서 화재가 발생하더라도 화재 방지 기술이 있기에 화재에 대해 우려는 없다.
③ 건물 안 화장실의 환기 시설을 통해 화재 방지 기술을 도입한 것이기 때문에 화장실 환기 시설에 대해 감탄하고 있지 않다.
④ 화재 시 공기 공급의 제어가 가능하다. 따라서 공기 공급 제어 기술을 찾고 있는 것이 아니다.

47. 윗글의 내용과 같은 것을 고르십시오.

① 초고층 건물의 30층에 화장실 대피 공간을 마련했다.
② 화재가 발생하는 경우 화장실 문을 통해 공기를 공급받는다.
③ 화장실을 이용한 대피 공간 개발은 경제적으로 큰 도움이 된다.
④ 초고층 건물의 화장실은 모두 불에 타지 않는 재료로 되어 있다.

정답 ③ 화장실에 대피 공간을 마련하는 것은 경제적 효과를 기대할 수 있다.

오답 ① 초고층 건물의 30층에 화장실 대피 공간을 마련했다.
② 화재가 발생하는 경우 화장실 문을 통해 공기를 공급받는다.
④ 초고층 건물의 화장실은 모두 불에 타지 않는 재료로 되어 있다.

48.		**49.**		**50.**	
급수	6급 (상)	급수	6급 (상)	급수	6급 (상)
유형	글을 쓴 목적 고르기	유형	빈칸에 알맞은 것 고르기	유형	내용이 같은 것 고르기
Key	글을 읽고 글의 목적을 파악하는 문항이다. 글의 목적이나 이유, 근거를 파악하는 능력을 측정하는 문항으로 6급 수준의 문항이 출제된다.	Key	글을 읽고 빈칸에 알맞은 내용을 고르는 문항이다. 문장 안에서 필요한 표현을 찾는 능력을 측정하는 문항으로 6급 수준의 문항이 출제된다.	Key	글을 읽고 내용과 일치하는 내용을 고르는 문항이다. 세부 내용의 이해 능력을 측정하는 문항으로 6급 수준의 문항이 출제된다. 먼저 보기를 읽고 그 내용이 맞는지 내용을 확인하며 풀면 문제 푸는 시간을 절약할 수 있다.
지문	논설문				
주제	금연정책				
어휘	파괴자(destroyer) 발암물질(carcinogen) 간접흡연(second-hand smoking) 위험성(risks) 독성 성분(toxic ingredients) 보건복지부(Ministry of Health and Welfare) 흡연자(smoker) 독성 물질(toxic substances) 축적되다(accumulate) 니코틴(nicotine) 수치(level, figure)		평균치(average) 면적(area) 시행(enforcement) 초기(early stage) 반발(resistance) 강력하다(powerful) 제재(sanctions) 환산하다(convert) 경각심(alarm bells) 불러일으키다(arouse)		

'소리 없는 파괴자'인 **50.** 담배에는 무려 30여 가지의 발암물질이 있어 다양한 암을 발생시키는 원인이 된다. 또한 **48.** 간접흡연의 위험성도 간과할 수 없다. 특히 담배가 타면서 **49.** 비흡연자가 마시게 되는 연기에 독성 성분이 2배에서 최고 70배 이상에 이르기 때문이다. 보건복지부 조사에 따르면 우리나라 **49.** 직장인 중 49.2%는 직장에서, **49.** 청소년 중 39.6%는 가정에서 (   ). 이뿐만 아니라 최근에는 **49.** 3차 간접흡연을 우려하는 목소리도 높다. 즉, **49.** 흡연자의 옷이나 주변 환경에 함유된 독성 물질이 신체 접촉을 통해 다른 사람에게 전달된다. **48.** 흡연자 부모를 둔 영유아의 모발에는 축적된 니코틴 수치가 영유아 평균치의 2배 이상이었다.

50. 현재는 면적 150m² 이상의 식당, 커피점, 음식점 등에서 실내 흡연이 금지되었다. 시행 초기에는 흡연자들의 반발도 있었으나 많은 이들이 금연법에 대해 대체로 환영한다는 입장이다. 그러나 한편으로는 더욱 강력한 제재가 필요하다는 의견도 적지 않다. 노르웨이, 영국 등의 담배 가격은 원화로 환산했을 때 1만 원 이상인 반면, **50.** 한국의 담배 가격은 턱없이 쌀 뿐만 아니라 미국, 호주, 캐나다 등에서는 담뱃갑에 폐암 환자의 사진과 눈에 띄는 경고 문구로 경각심을 불러 일으킨다. 이에 반해 **50.** 한국 담배는 감각적이고 세련된 디자인으로 오히려 젊은층의 관심을 끈다. 외국에 비해 **48.** 관대한 우리 정부의 금연 정책, 다시 한번 생각해 봐야 할 것이다.

48. 윗글을 쓴 목적으로 가장 알맞은 것을 고르십시오.

① 흡연의 심각성을 알리기 위해
② 간접흡연의 피해를 조사하기 위해
③ 비흡연자들의 불편을 줄이기 위해
④ 흡연자들의 흡연 욕구를 감소시키기 위해

정답 ① 흡연이 여러 암의 원인이 되기도 하고 흡연 부모의
　　　　영유아 자녀들은 평균치보다 2배 이상의 니코틴 수
　　　　치를 보인다. 담배 값이 싼 것도 포장지도 감각적이
　　　　라 흡연의 심각성을 자각하지 못하고 있다.

오답 ② 간접흡연의 피해를 조사한 내용은 흡연의 심각성에 대한
　　　　근거로 제시하고 있다.
　　　　③ 비흡연자들의 불편함 또는 금연 정책에 영향을 주는 요
　　　　소나 비흡연자의 불편함을 줄이기 위해 금연 정책을
　　　　바꿔야 한다고 주장하는 것은 아니다.
　　　　④ 금연이 가장 좋은 해결책이겠지만 흡연자들의 흡연 욕
　　　　구를 감소시키는 것이 이 글의 목적은 아니다.

49. (   )에 들어갈 말로 가장 알맞은 것을 고르십시오.

① 담배를 처음 경험한다
② 흡연을 제지하고 있다
③ 흡연율이 증가하고 있다
④ 간접흡연에 노출되어 있다

정답 ④ (   )앞뒤로 간접흡연에 대해 이야기하고 있다.

오답 ① 담배의 첫 경험에 대한 이야기는 (   ) 앞뒤로 나오지
　　　　않아 적절한 답이 아니다.
　　　　② 흡연을 제지하는 것에 대한 논의가 아닌 간접흡연의 위
　　　　험성에 대한 이야기이다.
　　　　③ 흡연율 증가가 아닌 간접흡연의 증가에 대한 이야기이
　　　　다.

50. 윗글의 내용과 같은 것을 고르십시오.

① 한국 담배가 해외 담배보다 훨씬 저렴하다.
② 아주 작은 식당에서도 실내 흡연을 금지하였다.
③ 담배 연기에 함유된 물질은 질병의 원인이 아니다.
④ 해외의 담배는 세련된 디자인으로 인기를 끌고 있다.

정답 ① 해외 담배 가격은 1만원 이상인데 반해 한국 담배
　　　　가격은 턱없이 싸다.

오답 ② 아주 작은 식당에서도 실내 흡연을 금지하였다.
　　　　③ 담배 연기에 함유된 물질은 질병의 원인이 아니다.
　　　　④ 해외의 담배는 세련된 디자인으로 인기를 끌고 있다.

어휘 색인

한국어	영어	회차	영역	문항번호
ㄱ 가게	store	1	듣기	5
가난하다	poor	2	듣기	33-34
가늠하다	measure	3	읽기	40
가능하다	available	1	듣기	10
가능하다	possible	3	듣기	2
가상공간	virtual space	1	듣기	35-36
가열되다	be heated	1	듣기	41-42
가위바위보	rock-paper-scissors	3	듣기	43-44
가입하다	join	2	듣기	18
가치	value	3	듣기	33-34
가치관	values	3	읽기	17
각오를 다지다	strengthen resolution	1	읽기	39
간간이	sometimes	3	듣기	41-42
간결성	brevity	2	읽기	48-50
간략하다	brief	3	듣기	49-50
간을 맞추다	balance of flavors	1	읽기	14
간접흡연	second-hand smoking	3	읽기	48-50
간판	sign	2	듣기	19
간편하다	easy	2	듣기	29-30
간편하다	simple	2	읽기	48-50
갈등	conflict	3	읽기	38
갈라지다	crack	3	듣기	41-42
감소하다	diminish	3	읽기	12
감수하다	endure	1	듣기	27-28
감싸다	cover	2	읽기	28
갑작스럽다	sudden	2	듣기	14
강당	auditorium	3	듣기	23-24
강력하다	powerful	3	읽기	48-50
강풍 주의보	strong wind warning	2	듣기	14
강화하다	reinforce	2	읽기	48-50
개막식	opening ceremony	2	읽기	9
개성	individuality	3	읽기	41
개운하다	feel refreshed	2	듣기	37-38
개최하다	be held	1	읽기	12
개최하다	be held	2	읽기	11
거리	distance	2	읽기	14

한국어	영어	회차	영역	문항번호
거리	distance	3	읽기	14
거슬리다	annoying	2	읽기	23-24
거주하다	reside, dwell	1	듣기	23-24
거치다	go through	1	읽기	39
거품	bubble	1	읽기	30
건강 검진	health medical examination	2	읽기	10
건강을 잃다	lose health	2	읽기	36
건국하다	found a state	3	듣기	49-50
건물	building	1	듣기	9
건설 공사	construction work	1	읽기	48-50
건조	dry	2	듣기	29-30
건지다	take A out of	2	읽기	17
걸다	hang out	2	듣기	29-30
걸림돌	obstacle	1	읽기	48-50
검색어	search word	3	읽기	11
검색하다	search	2	듣기	9
검토하다	go over	1	읽기	11
검토하다	look over	2	듣기	12
검토하다	go over	3	듣기	8
검토하다	go over	3	듣기	31-32
격차	gap	2	쓰기	53
격차	gap	2	읽기	27
겪다	experience	2	읽기	34
견고하다	sturdy	2	읽기	40
견디다	endure	2	듣기	43-44
결정짓다	decide	3	읽기	28
결정하다	decide	1	읽기	18
결정하다	decide	2	읽기	35
결함	flaw	1	듣기	49-50
겹	layer	3	읽기	16
경각심	alarm bells	3	읽기	48-50
경고등	warning light	2	읽기	15
경기	game	1	읽기	18
경제 불황	economic depression	3	듣기	47-48
곁들이다	garnish	3	듣기	27-28
곁들이다	garnish	3	읽기	34
계단	stairs	2	읽기	18
계열	series	2	읽기	16

한국어	영어	회차	영역	문항번호
계획을 세우다	make a plan	3	듣기	19
고개를 끄덕이다	nod	2	읽기	21-22
고객	customer	1	읽기	6
고객	customer	3	듣기	1
고객센터	customer service center	2	읽기	8
고공행진	high march	3	읽기	25
고공행진	skyrocket	1	읽기	25
고단하다	stressful, exhausting	1	읽기	33
고령화	aging	3	듣기	31-32
고르다	choose	1	듣기	31-32
고부가가치 산업	high value-added industry	3	듣기	33-34
고사리	bracken	2	읽기	42-43
고스란히	with nothing damaged	3	읽기	42-43
고양하다	boost	1	듣기	49-50
고유	inherence	3	읽기	32
고장나다	break down	1	듣기	11
고집하다	insist on	2	읽기	13
고향	hometown	3	듣기	6
곡류	cereals	3	읽기	34
공간	space	3	읽기	19-20
공공장소	public space	1	읽기	16
공기	air	3	읽기	16
공동 작업	joint task	1	읽기	34
공동체	community	3	읽기	17
공부가 잘되다	study well	3	듣기	7
공사하다	under construction	2	듣기	6
공약	electoral commitment	3	읽기	44-45
공연	performance, show	1	듣기	18
공유	share	3	듣기	47-48
공유하다	share	3	듣기	35-36
공장	factory	3	듣기	15
공존하다	coexist	2	듣기	41-42
공지하다	announce	2	읽기	11
과감하다	courageous	2	듣기	41-42
과대광고	overadvertising	2	읽기	37
과도하다	excessive	3	듣기	27-28
과목	subject	1	듣기	47-48
과속	speeding	2	듣기	47-48

한국어	영어	회차	영역	문항번호
과장광고	overadvertising	2	듣기	21-22
과제	assignment	3	듣기	21-22
관람	see, watch	3	듣기	18
관람하다	see, watch	1	읽기	36
관련성	relation	1	읽기	37
관리	officials	3	듣기	49-50
관심사	interest	3	읽기	44-45
관심을 끌다	attract attention	2	듣기	19
관찰하다	observe	3	읽기	30
교감하다	communicate	3	읽기	29
교역	trade	3	읽기	37
구독자	subscriber	3	읽기	12
구매	purchase	1	쓰기	53
구미에 맞다	suit one's taste	3	읽기	44-45
구비하다	be furnished with	3	읽기	46-47
구석구석	every corner	2	읽기	5
구실	excuse	3	읽기	33
구역	district	1	읽기	11
구입하다	buy	1	듣기	21-22
구체화하다	give shape to	3	듣기	20
구축하다	establish	3	읽기	11
구현하다	give shape to	3	듣기	29-30
국제기구	international organization	2	읽기	41
굴뚝	chimney	3	읽기	32
궁궐	palace	1	읽기	39
궁금하다	curious	2	듣기	19
궁중 잔치	royal court feast	2	듣기	33-34
권리	right	3	읽기	38
귀하다	precious	2	듣기	33-34
규모	scale	3	듣기	47-48
규제	regulation	1	읽기	48-50
균질하다	homogeneous	3	읽기	28
균형	balance	2	쓰기	54
균형이 잡히다	balance	2	읽기	30
그대로	as it is	2	듣기	6
그때 그때	every time	3	듣기	19
극대화시키다	maximize	2	듣기	41-42
극복	overcoming	1	쓰기	52
극한의	extreme	2	듣기	45-46
근거	reason	1	쓰기	54
근래	lately	3	듣기	45-46
근육	muscle	3	읽기	39

한국어	영어	회차	영역	문항번호
근육위축증	muscular dystrophy	1	읽기	46-47
근처	nearby, around	3	듣기	5
글쟁이	ink slinger	3	읽기	33
금지되다	be forbidden	2	듣기	23-24
급격히	rapidly	3	듣기	37-38
급기야	at last	3	읽기	42-43
급하게	urgently	3	쓰기	51
기기	equipment	1	읽기	40
기능	function	3	읽기	19-20
기능적이다	functional	2	읽기	31
기대수명	life expectancy	2	읽기	27
기록하다	record	2	읽기	12
기법	technique	3	읽기	37
기본 소득	basic income	1	듣기	39-40
기부 행사	donation event	1	듣기	16
기부하다	donate	1	읽기	33
기숙사	dormitory	3	듣기	5
기술력	the power of technology	2	읽기	40
기술력을 높이다	to improve technical capabilities	1	읽기	32
기어코	by all means	2	읽기	42-43
기여	contribution	3	읽기	17
기여하다	contribute	1	읽기	46-47
기존	previous	3	듣기	25-26
기준	standard	3	읽기	13
기초하다	be based on	3	읽기	14
기침	cough	1	읽기	15
기호	sign	3	듣기	37-38
기호	sign	3	읽기	41
기호학	semiotics	3	듣기	37-38
기회	opportunity	3	듣기	14
기회	opportunity	3	읽기	19-20
기획안	project proposal	3	듣기	8
기획하다	plan	1	듣기	25-26
기획하다	plan	2	듣기	20
깊숙하다	deep	2	듣기	37-38
깊이	depth	3	읽기	14
깜빡이다	flicker	1	읽기	46-47
깜빡이다	flicker	2	읽기	15
깜짝 놀라다	be surprised	1	듣기	6
깨우치다	realize	1	듣기	31-32

한국어	영어	회차	영역	문항번호
꺼리다	hesitate	2	듣기	41-42
꼼수	trick	3	읽기	26
꼽히다	be pointed out	2	읽기	46-47
꿀벌	honeybee	2	읽기	14
꿈나무	dreamer	2	듣기	35-36
나누다	divide	3	읽기	19-20
나무라다	scold	2	읽기	23-24
나선형	spiral	3	듣기	43-44
낚시성 기사	clickbait	2	읽기	44-45
난무하다	run rampant	2	읽기	44-45
난방	heating	3	읽기	32
난방 장치	heating device	1	듣기	41-42
날아오다	fly	1	읽기	18
날아오다	fly in	2	읽기	18
남극	Antarctica	2	듣기	43-44
남기다	leave	3	읽기	23-24
낫	sickle	3	읽기	31
낮추다	lower	3	읽기	33
(책을) 내놓다	publish	1	읽기	41
내리다	get off	1	듣기	9
내세우다	put forward	3	듣기	49-50
내용	content	1	듣기	23-24
냉각하다	cool down	3	읽기	46-47
넘나들다	drift in and out	3	듣기	35-36
네모나다	square	3	읽기	34
네트워크	network	2	읽기	40
노릇	play one's role as	2	읽기	23-24
노출	exposure	2	읽기	44-45
노출하다	expose	3	읽기	16
노폐물	waste	2	읽기	19-20
노후	old age, senior years	2	듣기	25-26
녹아들다	melt into	3	듣기	45-46
녹지체계	green area system	3	읽기	11
놀이 시설	amusement facilities	1	읽기	9
놀이판	board	3	듣기	43-44
농도	density	1	듣기	45-46
농산물	agricultural products	2	읽기	33
농약	pesticide	2	읽기	33
누누이	many times	2	읽기	42-43
눈동자	pupil	1	읽기	46-47

한국어	영어	회차	영역	문항번호
눈에 띠다	stand out	2	읽기	46-47
눈을 마주치다	make eye contact	1	읽기	28
니코틴	nicotine	3	읽기	48-50
다듬다	trim	2	읽기	42-43
다소	a bit	3	듣기	3
다스리다	govern	3	듣기	49-50
다양하다	vary	1	듣기	18
다채롭다	colorful	3	듣기	35-36
단기적	short-term	1	읽기	32
단단해지다	firm	1	읽기	14
단백질	protein	3	듣기	27-28
단속	crackdown	2	듣기	21-22
단속하다	crackdown	2	듣기	47-48
단순하다	simple	3	읽기	18
단시간	short time	1	읽기	18
단절시키다	cut off	2	읽기	48-50
단체	a group	1	읽기	9
단체	organization	2	듣기	3
달하다	reach, record	1	읽기	21-22
담그다	soak	2	읽기	17
담기다	to be included	1	읽기	31
답답하다	feel stuffy	1	듣기	19
당국	authorities	2	읽기	15
당시	at that time	3	듣기	49-50
당장	right now	2	읽기	23-24
당직	on duty	2	읽기	42-43
대거	a large number of	1	듣기	33-34
대기업	conglomerate	3	쓰기	53
대문	main door	3	읽기	23-24
대비	prepare	2	듣기	25-26
대비하다	prepare	2	읽기	34
대신	instead	3	듣기	10
대신하다	replace	2	읽기	11
대안	alternatives	3	듣기	31-32
대중화	popularization	3	읽기	35
대지진	a big earthquake	2	읽기	34
대책	measures	1	읽기	25
대체 인력	substitute workers	3	쓰기	53
대체하다	replace	3	읽기	46-47
대출	loan	3	쓰기	51
대피	evacuation	3	읽기	46-47
더디다	slow	1	듣기	31-32

한국어	영어	회차	영역	문항번호
던지다	throw	1	읽기	18
덜다	relieve	2	읽기	16
덮다	cover	2	읽기	28
도달하다	reach	3	듣기	43-44
도둑질	theft	2	읽기	39
도서정가제	the fixed book price system	2	읽기	26
도시락	lunch box	1	쓰기	53
도입되다	be introduced	2	듣기	41-42
도입하다	introduce	1	읽기	11
도입하다	introduce	2	읽기	15
도출하다	derive	2	듣기	49-50
독립	independent	3	쓰기	54
독립성	independence	2	읽기	32
독성 물질	toxic substances	3	읽기	48-50
독성 성분	toxic ingredients	3	읽기	48-50
돌다리	stone bridge	1	읽기	39
동물 실험	animal testing	1	쓰기	54
동시에	at the same time	3	듣기	43-44
동아시아	East Asia	2	읽기	40
동양화	oriental painting	3	읽기	29
동원하다	mobilize	1	듣기	31-32
동작	motion	3	읽기	15
동절기	winter season	3	읽기	11
동질감	sense of kinship	1	읽기	36
동호회	club	2	듣기	18
돼지풀	ragweed	1	읽기	44-45
되살아나다	revive	3	듣기	45-46
되찾다	get back	3	듣기	39-40
두드리다	knock	1	읽기	43
두툼하다	thick	2	듣기	37-38
둘레	round	2	읽기	28
둥글다	round	1	읽기	19-20
뒤따라오다	follow	1	읽기	43
등장인물	characters	3	읽기	41
따지다	consider	1	읽기	31
떠올리다	recall	3	읽기	18
러그	rug	2	읽기	31
롤모델	role model	2	읽기	13
마감	closing	3	읽기	11
마련되다	be arranged	3	듣기	47-48
마련하다	prepare	1	읽기	13
마련하다	make provisions	1	읽기	25

한국어	영어	회차	영역	문항번호
마련하다	prepare	3	듣기	25-26
마련하다	prepare	3	읽기	46-47
마무리되다	finish	1	듣기	14
마무리하다	finish	2	듣기	9
마주치다	encounter	2	읽기	38
마찰	friction	2	읽기	37
마치다	complete	1	듣기	16
막다	cover	1	읽기	15
막다	block	2	읽기	31
막다	block	3	읽기	21-22
막막하다	feel overwhelmed	2	듣기	25-26
만족감	feeling of satisfaction	2	읽기	12
만족감	satisfaction	2	읽기	32
만족도	satisfaction	2	듣기	27-28
만족도	satisfaction	2	읽기	12
말년	in one's old age	1	읽기	34
말라리아	malaria	3	읽기	31
말리다	keep from –ing	2	읽기	42-43
망치	hammer	3	듣기	11
맞닿다	contact with	3	읽기	16
맞이하다	greet	3	듣기	14
맡다	play a role	3	읽기	19-20
매개체	medium	2	듣기	39-40
매력	attractiveness	3	듣기	19
매출	sales	1	쓰기	53
매출	sales	1	읽기	21-22
먹거리	food	2	읽기	33
먹이	food	2	읽기	14
먹이다	feed	2	듣기	17
멀리 내다보다	to take a long-term view	1	읽기	32
멈추다	stop	1	읽기	7
멍해지다	be dazed	3	읽기	42-43
면	cotton	2	읽기	31
면역력	immunity	2	듣기	15
면역력	immunity	2	읽기	30
면적	area	3	읽기	16
면적	area	3	읽기	48-50
면치 못하다	inevitably	1	읽기	48-50
멸종 위기 동물	endangered animals	1	읽기	33
멸종위기	endangered	1	듣기	25-26

한국어	영어	회차	영역	문항번호
명단	list	3	듣기	49-50
명예	honor	2	읽기	23-24
명예롭다	honorable	3	읽기	41
명확하다	clarify	2	읽기	48-50
모나다	angulate	3	읽기	34
모니터	monitor	2	읽기	15
모방	copy	2	읽기	39
모범이 되다	set a good example	2	듣기	35-36
모성애	maternal love	1	듣기	43-44
목적	purpose	1	듣기	16
목적	purpose	1	읽기	13
목적	purpose	3	듣기	3
몰아쉬다	drive away	1	읽기	43
몰입하다	immerse oneself in	3	듣기	29-30
몸살	sick	2	읽기	25
몸을 맞대다	huddle	2	듣기	43-44
못	nail	3	듣기	11
묘미	zest	3	듣기	43-44
무게	weight	1	읽기	40
무관심	indifference	2	읽기	32
무너지다	collapse	3	듣기	41-42
무능력하다	incompetent	3	읽기	42-43
무대	stage	2	듣기	23-24
무대	stage	3	읽기	8
무료	free	3	듣기	23-24
무료	free	3	듣기	31-32
무리	group, crowd	2	듣기	43-44
무분별하다	indiscreet	2	읽기	48-50
무언	unspoken	3	듣기	39-40
무역권	trading blocs	2	읽기	40
무의식	unconscious	3	듣기	33-34
무인	unmanned	2	듣기	47-48
무절제하다	intemperate	2	읽기	48-50
무조건	unconditional	1	듣기	17
무조건	unconditional	2	듣기	17
무중력	zero gravity	3	읽기	39
무중력 상태	weightlessness	2	듣기	45-46
문의하다	inquire	3	듣기	13
문장부호	punctuation marks	2	쓰기	52
문틈	crack in the door	3	읽기	46-47

한국어	영어	회차	영역	문항번호
문화재	cultural heritage	1	읽기	48-50
문화재청	Cultural Heritage Administration	1	읽기	48-50
문화행사	cultural event	3	읽기	11
묻히다	smear	2	듣기	37-38
물가	price	1	읽기	25
물기	some water	2	읽기	17
물길	waterway	2	읽기	40
물론	of course	3	듣기	17
물을 뿜다	spray water	1	듣기	43-44
물적	material	2	듣기	47-48
물품	products, goods	3	듣기	47-48
뭉치다	unite	3	읽기	34
미디어	media	2	쓰기	53
미비하다	incomplete	3	읽기	21-22
미생물	microbe	2	듣기	45-46
미생물	microorganism	3	듣기	45-46
미세하다	fine	2	읽기	30
미소를 띠다	smile	2	읽기	21-22
미술관	art gallery	3	듣기	2
미용	beauty	3	읽기	35
미용실	beauty salon	2	듣기	13
미치다	crazy	2	듣기	33-34
민주주의	democracy	2	듣기	49-50
믿음	trust	3	읽기	6
밀리다	be left undone	1	읽기	48-50
밀접하다	close	3	읽기	18
바삐 살다	live a busy life	3	듣기	35-36
바자회	bazaars	1	읽기	16
바지런하다	diligent	3	읽기	42-43
박차를 가하다	spur	3	읽기	35
박탈당하다	be deprived	3	읽기	44-45
반려동물	pet	1	읽기	28
반면에	on the other side	2	쓰기	53
반발	resistance	3	읽기	48-50
반복적이다	repetitive	2	읽기	14
반사	reflection	1	읽기	46-47
반성	regret	1	듣기	49-50
반응	response	1	읽기	21-22
반응하다	react	2	읽기	28
반응하다	react	3	읽기	30
반추하다	ruminate	1	듣기	47-48

한국어	영어	회차	영역	문항번호
받들다	look up to	3	듣기	49-50
발 빠르다	rapidly	3	읽기	36
발견하다	discover	3	듣기	20
발굴하다	excavate	3	듣기	47-48
발명	invent	3	듣기	20
발명품	invention	3	듣기	20
발생하다	occur	3	듣기	15
발암물질	carcinogen	3	읽기	48-50
발열 내의	thermal underwear	2	읽기	37
발품을 팔다	tireless effort	1	읽기	41
발효식품	fermented food	3	읽기	35
발효제	fermentation starter	3	듣기	45-46
발휘하다	demonstrate	1	읽기	44-45
밥그릇	rice bowl	2	읽기	25
방대하다	extensive	1	읽기	41
방바닥	floor	3	읽기	32
방식	method	1	듣기	47-48
방식	method	3	읽기	19-20
방안	options	1	읽기	11
방지하다	prevent	2	듣기	47-48
방지하다	prevent	3	읽기	21-22
방해가 되다	get in the way	3	듣기	18
방향	direction	2	읽기	14
배다	permeate	3	읽기	35
배려심	thoughtfulness	1	읽기	34
배송되다	be shipped	2	듣기	8
배척당하다	be rejected	2	듣기	49-50
배출하다	emit	1	듣기	45-46
백성	the people	2	듣기	33-34
버튼을 누르다	push the button	1	읽기	40
버티다	withstand	2	듣기	16
버티다	withstand	2	듣기	43-44
번거롭다	cumbersome	1	듣기	27-28
번역하다	translate	3	듣기	12
벌금을 내다	pay a fine	2	듣기	47-48
벌어지다	spread	3	읽기	39
범위	range	3	듣기	39-40
범죄 발생률	crime rate	1	읽기	11
벗어나다	escape from	1	읽기	33
벗어나다	get out, break away	2	읽기	32

한국어	영어	회차	영역	문항번호
벗어나다	escape	3	읽기	39
벽화	mural, fresco	2	듣기	20
별자리	constellation	3	듣기	49-50
병들다	get sick	1	듣기	20
병신	asshole	2	읽기	23-24
병실	ward	3	읽기	42-43
보건복지부	Ministry of Health and Welfare	3	읽기	48-50
보고서	report	2	듣기	9
보고하다	make a report	3	듣기	12
보람을 느끼다	feel worthwhile	2	듣기	20
보물	treasure	3	듣기	16
보살피다	take care of	1	듣기	43-44
보안 강화	enhanced security	1	듣기	27-28
보장	guarantee	2	쓰기	54
보장되다	guaranteed	1	듣기	39-40
보장하다	guarantee	2	읽기	44-45
보장하다	guarantee	3	읽기	38
보전하다	preserve	2	읽기	33
보존성	preservation	2	듣기	45-46
보존하다	preserve	1	읽기	48-50
복구	restoration	1	읽기	40
복원하다	restore	1	듣기	45-46
복지	welfare	2	읽기	12
본능	instinct	3	읽기	30
본업	main job	2	읽기	29
볼록	plump	1	읽기	21-22
봉지	bag	3	읽기	23-24
부근	vicinity	2	읽기	28
부드럽다	soft	1	읽기	5
부문	sector	2	읽기	12
부서지다	break apart	1	읽기	14
부작용	side effect	2	듣기	21-22
부치다	send	2	듣기	1
부피	volume	3	읽기	28
부합하다	match	3	읽기	17
부화하다	hatch	1	듣기	43-44
분노	rage	3	듣기	39-40
분노하다	get angry	3	듣기	29-30
분석하다	analyze	3	듣기	29-30
분야	fields	1	읽기	16
분야	field	2	읽기	41

한국어	영어	회차	영역	문항번호
분출시키다	erupt	3	듣기	39-40
분해하다	disassemble	2	읽기	28
불가능하다	impossible	1	듣기	14
불균형	unbalance	2	읽기	30
불러일으키다	arouse	3	읽기	48-50
불을 때다	make a fire	1	듣기	41-42
불투명하다	opaque	3	읽기	40
불티	sell like hot cakes	3	읽기	25
불확실성	uncertainty	2	읽기	46-47
비누	soap	1	읽기	30
비롯되다	come from	1	듣기	25-26
비상약	emergency medicine	2	듣기	11
비언어적	nonverbal	3	읽기	15
비율	ratio	3	읽기	28
비인기 종목	unpopular sports	1	읽기	27
비중	proportion	3	읽기	12
비중	importance	3	읽기	17
비중	importance	3	읽기	40
비쳐지다	reflect	2	읽기	18
비타민	vitamin	1	읽기	38
비협조적이다	unhelpful, uncooperative	1	읽기	34
빈손	empty-handed	2	듣기	7
빈틈을 채우다	fill in the gaps	3	듣기	41-42
빌려주다	lend	2	듣기	2
빙그레	with a smile	3	읽기	23-24
빙사과	bingsagwa, fried rice hexagon	3	읽기	34
빠듯하다	tight	2	듣기	12
빡빡하다	tight	3	듣기	35-36
뻗다	stretch, extend	1	읽기	40
뼈	bone	3	읽기	39
뾰족하다	sharp	1	읽기	19-20
뿌리다	sprinkle	1	읽기	14
뿔나다	get angry	3	읽기	26
사각사각	crunch	3	읽기	5
사각형	square	1	읽기	19-20
사고방식	way of thinking	1	읽기	29
사로잡다	capture	1	읽기	21-22
사료첨가제	feed additive	2	읽기	33
사망하다	die	3	읽기	21-22
사물	object	2	읽기	18

한국어	영어	회차	영역	문항번호
사방	all around	1	읽기	40
사용권	license	3	읽기	38
사은품	gifts	3	듣기	14
사춘기	adolescence	2	읽기	32
사회	society	1	읽기	16
사회 복지 차원	social assistance	3	듣기	31-32
사회사업	social project	1	읽기	16
사회적 약자	social underprivileged	1	듣기	37-38
삭막하다	desolate	3	읽기	41
삭제하다	delete	1	듣기	21-22
산란	spawning	1	듣기	43-44
산물	product	3	듣기	49-50
산성화하다	acidify	1	읽기	44-45
산소 분자	oxygen molecule	2	읽기	28
산자	sanja, fried rice squares	3	읽기	34
살리다	revive	2	읽기	17
삼삼오오	twos and threes	3	듣기	43-44
상금	prize money	1	읽기	12
상업성	commerciality	2	듣기	31-32
상영되다	be screened	1	듣기	33-34
상징	symbol	3	읽기	29
상표	brand	1	쓰기	53
상품평	product review	1	읽기	35
새겨지다	engrave	1	읽기	31
새기다	carve	3	듣기	49-50
색상	color	2	듣기	8
색소	pigment	1	읽기	30
색을 내다	add color	1	읽기	30
생계 부담	livelihood burden	1	듣기	39-40
생명체	organism	2	읽기	48-50
생산성	productivity	2	쓰기	54
생선 비린내	fishy smell	3	읽기	35
생전	before he/she was alive	2	읽기	44-45
생존	survival	3	읽기	21-22
생활비	living expenses	1	듣기	39-40
생활비를 벌다	earn living expenses	1	읽기	13
생활용품	household items	1	읽기	10
서구화하다	westernize	2	읽기	19-20
서류	document	2	듣기	10

한국어	영어	회차	영역	문항번호
서류	document	3	듣기	10
서비스	service	2	듣기	13
서식처	habitat	3	듣기	45-46
선거 운동	election campaign	3	읽기	44-45
선명하다	clear	1	읽기	17
선물	gift, present	1	듣기	2
선정	selection	2	읽기	11
선정되다	be selected	2	듣기	35-36
선정하다	select	1	듣기	29-30
선호하다	prefer	1	읽기	29
선호하다	prefer	3	듣기	33-34
선호하다	prefer	3	듣기	47-48
설계하다	design	1	듣기	47-48
설령	even if	2	읽기	44-45
설비	facility	1	듣기	45-46
설비	facility	3	읽기	46-47
설정하다	set up	1	듣기	27-28
설정하다	set up	1	듣기	35-36
설치하다	install	1	듣기	15
설치하다	install	3	듣기	23-24
섭외하다	cast	1	듣기	29-30
섭취	intake	2	읽기	10
섭취하다	intake	2	듣기	45-46
섭취하다	intake	3	듣기	27-28
성격 검사	personality test	1	읽기	34
성공을 거두다	succeed	2	듣기	16
성대하다	magestic	2	듣기	33-34
성분	ingredient	2	듣기	37-38
성분	ingredient	3	듣기	27-28
성우	voice actor	3	읽기	13
성장	growth	2	읽기	19-20
성장하다	grow up	1	듣기	47-48
성취	achievement	2	읽기	29
성취도	achievement	2	듣기	27-28
성향	tendency	2	읽기	32
성향	tendency	3	읽기	44-45
세간의 관심	public attention	2	읽기	44-45
세균 번식	bacterial growth	2	듣기	37-38
세균 번식	bacterial growth	2	듣기	45-46
세대	generation	2	읽기	25
세탁물 상태	laundry condition	1	듣기	11

한국어	영어	회차	영역	문항번호
소감	impression	1	듣기	16
소득 감소	decrease in income	3	쓰기	53
소득이 없다	have no gain	1	읽기	23-24
소방 당국	fire authorities	3	듣기	15
소비성향	propensity to consume	2	읽기	46-47
소외되다	be marginalize	1	읽기	34
소외된 계층	the underprivileged	1	듣기	37-38
소위	so-called	2	읽기	44-45
소유	possession	3	듣기	47-48
소유권	ownership	3	읽기	38
소유자	owner	1	듣기	29-30
소재	material	2	읽기	31
소재	material	2	읽기	37
소중하다	precious	1	읽기	6
소통하다	communicate	1	듣기	35-36
소통하다	communicate	2	듣기	27-28
소통하다	communicate	3	듣기	3
소통하다	communicate	3	읽기	15
소화제	digestive medicine	2	읽기	3
속도	speed	1	읽기	7
속력	speed	3	읽기	32
속이 안 좋다	feel sick	1	읽기	3
속이 안 좋다	feel sick	3	읽기	3
손길이 닿다	to be touched by	2	듣기	20
수관	water tube	1	듣기	43-44
수록하다	contain	1	읽기	41
수리 센터	repair shop	1	듣기	11
수면	sleep	2	읽기	10
수상하다	be awarded	1	듣기	33-34
수월하다	easy	2	읽기	32
수월해지다	get easier	1	읽기	46-47
수익	revenue	3	읽기	38
수집하다	collect	3	듣기	16
수차례	several times	2	읽기	13
수치	level, figure	3	읽기	48-50
숙박하다	stay	3	듣기	19
숙성하다	ripen	3	읽기	28
순서	order	3	읽기	30
순위	ranking	2	읽기	12
순조롭다	go well	1	듣기	49-50

한국어	영어	회차	영역	문항번호
숨 가쁘다	breathless	1	읽기	43
숨차다	out of breath	1	읽기	43
숨통	breathing space	1	읽기	48-50
숯	charcoal	3	듣기	45-46
숲	forest	2	읽기	7
쉬는 날	day off	2	듣기	7
스스로	by oneself	2	듣기	17
습기	humidity	3	읽기	34
습도 조절	humidity control	3	듣기	45-46
승객	passenger	2	읽기	15
승부를 걸다	take the bet	1	읽기	32
시각적	visual	2	쓰기	52
시너지 효과	synergy	3	듣기	33-34
시늉	pretense	2	읽기	44-45
시도하다	attempt	2	읽기	34
시들다	wither	2	읽기	17
시설	facility	2	듣기	3
시식회	tasting party	1	읽기	12
시청률	rating	3	읽기	36
시청하다	watch	2	듣기	39-40
시행	enforcement	3	읽기	48-50
식단	diet	2	읽기	10
식료품	groceries	1	읽기	10
식생활	diet	3	듣기	45-46
식습관	eating habits	2	읽기	19-20
식초업계	vinegar industry	3	읽기	35
신고	report	1	읽기	40
신기하다	amazing	2	듣기	19
신념	belief	1	읽기	29
신라인	Silla people	2	읽기	40
신뢰성	reliability	3	듣기	33-34
신문 산업	newspaper industry	3	읽기	12
신상품 발표회	new product presentation	1	듣기	12
신속하다	swift, speedy	1	읽기	40
신입사원	new employee	2	듣기	12
신제품	new product	3	듣기	12
신청하다	apply	1	듣기	1
신청하다	apply	1	듣기	13
신청하다	register	1	듣기	23-24
신청하다	apply	1	읽기	12
신청하다	apply	2	듣기	27-28

한국어	영어	회차	영역	문항번호
신청하다	apply	3	듣기	13
신체	body	3	쓰기	52
신하	courtier	1	읽기	39
신호등	traffic light	3	듣기	37-38
실력 향상	improve skills	2	듣기	16
실시간	real time	2	읽기	48-50
실시간	real time	3	읽기	11
실시하다	conduct	1	읽기	13
실시하다	enforce	2	읽기	26
실외	outdoors	2	듣기	15
실질적이다	substantial	1	듣기	45-46
실질적이다	substantial	3	듣기	39-40
실천에 옮기다	put into practice	2	읽기	38
실천하다	practice	1	듣기	45-46
실천하다	practice	3	읽기	21-22
실험	study, test	1	읽기	28
실험	experiment	2	읽기	21-22
심각성	seriousness	2	읽기	48-50
심각하다	serious	2	듣기	21-22
심리	psychology	1	읽기	21-22
심리 상담	psychological counseling	3	듣기	13
심리학자	psychologist	2	읽기	21-22
심사	judge	2	읽기	11
심화되다	intensify	3	듣기	47-48
싹싹	scrub scrub	1	읽기	5
쓸모없다	useless	1	읽기	44-45
쓸쓸하다	lonely	3	읽기	41
아궁이	furnace, fireplace	3	읽기	32
아끼다	save	3	듣기	21-22
아늑하다	cozy	2	읽기	31
아무거나	anything	2	듣기	2
아무래도	maybe	3	듣기	9
아예	at all	2	읽기	42-43
아이템	item	2	읽기	31
악화되다	get worse	3	듣기	47-48
안구	eyeball	1	읽기	46-47
안내 말씀	announcement	3	듣기	14
안내 사항	notification	3	듣기	23-24
안내 표지판	sign	1	읽기	23-24
안부를 묻다	say hello to	2	읽기	38
안심하다	feel relieved	3	읽기	21-22

한국어	영어	회차	영역	문항번호
안전띠	seat belt	2	읽기	15
안전하다	safe	1	읽기	6
안정감	security	2	읽기	32
안타깝다	regretful	1	듣기	25-26
알뜰하다	frugal	3	듣기	47-48
알레르기	allergy	2	읽기	30
암막	blackout	2	읽기	31
암울하다	gloomy	3	읽기	41
암컷	female	1	듣기	43-44
앞다투다	compete	2	읽기	44-45
애꾸	one-eyed person	2	읽기	23-24
액체	liquid	2	듣기	45-46
야근	night overtime	1	읽기	43
야외	outdoor	1	듣기	8
약하다	weak	1	읽기	17
약화시키다	weaken	3	읽기	17
양면적	bilateral	2	듣기	41-42
양반	Yangban, nobleman	2	듣기	33-34
양심	conscience	2	듣기	21-22
어긋나다	out of sync	2	읽기	48-50
어루만지다	fondle	1	듣기	43-44
어색하다	awkward	1	듣기	6
어울리다	match	1	읽기	42
어지럼증	dizziness	3	듣기	43-44
억압되다	be suppressed	3	듣기	39-40
언론	Press	2	읽기	44-45
얻다	gain	1	읽기	21-22
얻다	gain	2	읽기	32
엄밀하다	strict	2	읽기	39
엄청나다	tremendous	3	듣기	33-34
업무	work, job	1	읽기	33
업무 가중	heavy workload	3	쓰기	53
업무 효율	work efficiency	2	듣기	27-28
업무적이다	businesslike	2	읽기	29
업체	company	1	듣기	21-22
에너지	energy	3	읽기	7
에너지 효율	energy efficiency	1	듣기	41-42
~에 불과하다	only, just	3	읽기	18
엔젤지수	Angel coefficient	3	읽기	40
MZ세대	MZ Generation	3	읽기	17
엥겔지수	Engel's index	3	읽기	40

한국어	영어	회차	영역	문항번호
여가	leisure	2	읽기	12
여건	conditions	1	읽기	48-50
여과 없이	without filtration	2	읽기	44-45
여기다	be regarded	3	읽기	35
여백	space	3	읽기	29
여유	spare	2	듣기	5
여유롭다	relaxed	3	듣기	35-36
여전히	still	1	듣기	37-38
여행 경비	travel expense	1	읽기	33
여행업계	travel industry	3	읽기	27
역대	all time	2	읽기	27
역대 최다	record-breaking	1	읽기	27
연결하다	connect	1	읽기	37
연구소	laboratory	2	읽기	12
연구진	research team	3	읽기	46-47
연구하다	research	1	쓰기	54
연구하다	study	1	읽기	23-24
연금	pension	3	쓰기	54
연락처	contact number	1	듣기	1
연이어	one after another	1	듣기	33-34
연일	persistntly, continuously	1	읽기	26
연주자	musician	3	듣기	8
연주회	concert	3	듣기	8
연하다	tender	1	읽기	14
연하다	light color	1	읽기	30
열광하다	go crazy	1	읽기	36
열렬하다	passionate	1	읽기	41
열성	recessive	3	읽기	31
엿	yeot, Korean hard taffy	3	읽기	34
영감을 얻다	get inspired	2	읽기	29
영사기	projector	3	듣기	16
영상	video	3	듣기	16
영양	nutrition	2	읽기	30
영양제	nutritional supplement	2	읽기	10
영역	area	2	듣기	31-32
영역	area	3	듣기	39-40
영유하다	possess	3	듣기	37-38
영향력	influence	2	듣기	39-40
영향을 미치다	affect	1	듣기	20
영향을 미치다	have a impact on	1	읽기	31

한국어	영어	회차	영역	문항번호
예민하다	sensitive	2	읽기	30
예약이 차다	be all booked	2	듣기	5
예전	previous	1	듣기	27-28
예정	schedule	3	쓰기	51
예측하다	to predict	1	읽기	34
오락	entertainment	2	듣기	31-32
오히려	rather	1	쓰기	52
온기	warmth	1	듣기	41-42
온돌	ondol, Korean floor heating system	3	읽기	32
온실	greenhouse	3	읽기	11
올리다	upload	1	쓰기	51
완전히	completely	3	듣기	18
완화하다	relax	1	읽기	48-50
외부	external	1	읽기	19-20
외부 침입자	outside intruder	1	듣기	43-44
외투	coat	2	듣기	11
외풍	draught	2	읽기	31
요구	request	2	듣기	29-30
요약하다	summarize	1	듣기	45-46
요청하다	request	2	듣기	12
욕실	bathroom	2	듣기	11
욕심	greed	1	읽기	39
용기	courage	1	읽기	43
우려를 표하다	express concern	3	읽기	21-22
우선순위	priority	3	읽기	17
우성	dominant	3	읽기	31
우승하다	win	2	듣기	16
우열	superiority	3	읽기	31
우울감	depression	1	읽기	28
우주관	a vision of the universe	3	듣기	49-50
우주인	astronaut	3	읽기	39
우편물	mail	2	듣기	1
우편물	mail	3	듣기	10
우호적이다	friendly	3	듣기	33-34
운영하다	operate	2	읽기	8
운영하다	operate	3	듣기	13
운영하다	operate	3	듣기	16
운행	operation	2	듣기	14
움직이다	move	2	읽기	14
원근법	perspective	3	읽기	14

한국어	영어	회차	영역	문항번호
일상어	everyday language	3	읽기	33
일상충동	daily impulses	2	읽기	46-47
일으키다	generate	2	읽기	37
일이 생기다	something happens	1	듣기	13
1인 가구	one-person households	2	듣기	29-30
일정	schedule	3	듣기	8
일정하다	constant	1	듣기	12
일정하다	constant	1	읽기	48-50
일정하다	constant	2	읽기	28
일조하다	contribute	3	읽기	35
일종의	sort of	3	듣기	47-48
일회용품	disposable	1	듣기	25-26
잃어버리다	lose	2	듣기	4
입사하다	join the company	1	듣기	7
입시	entrance exam	1	듣기	47-48
입양	adopt	2	읽기	13
입이 떨어지다	mouth fell	1	읽기	43
입장	admission	2	듣기	39-40
입장	position	3	듣기	39-40
입장료	admission fee	1	읽기	9
입증하다	prove	1	읽기	34
입증하다	prove	3	읽기	35
입체적이다	three-dimensional	2	읽기	18
입학하다	enroll	3	듣기	17
자극	stimulation	3	읽기	18
자극하다	stimulate	1	읽기	21-22
자기 통제력	self-regulation	3	듣기	39-40
자세하다	detailed	1	듣기	23-24
자세하다	detail	1	읽기	19-20
자연스럽다	natural	1	읽기	43
자원봉사	volunteer work	1	읽기	34
자원봉사	volunteer	2	쓰기	51
자원봉사	volunteer	2	읽기	41
자유롭다	free	1	듣기	35-36
자유롭다	free	1	읽기	46-47
자유자재	freely	1	읽기	46-47
자율성	autonomy	2	읽기	32
자재	material	2	읽기	33
자전거	bicycle	1	듣기	3
자제하다	restrain	2	읽기	48-50

한국어	영어	회차	영역	문항번호
자체	itself	3	듣기	33-34
작성하다	write	1	듣기	29-30
잔손질	meticulous grooming	1	듣기	41-42
잔잔하다	calm, still	3	듣기	7
잡아당기다	pull	3	읽기	15
잡초	weed	1	읽기	44-45
장바구니	shopping basket	2	읽기	6
장보고	Jangbogo	2	읽기	40
장비	equipment	2	듣기	39-40
장비	equipment	3	듣기	15
장착하다	install	1	읽기	40
장치	device	3	읽기	18
장학금	scholarship	2	듣기	35-36
잦아지다	become frequent	2	읽기	30
재능	talent	1	읽기	16
재택근무	remote work	2	듣기	27-28
재학생	current students	3	듣기	25-26
저렴하다	inexpensive, cheap	1	듣기	17
저렴하다	cheap	2	듣기	13
저중력	low gravity	2	듣기	45-46
저지르다	commit	2	읽기	23-24
저평가	undervalued	1	읽기	32
적도	equator	2	읽기	28
적용이 되다	apply	1	듣기	23-24
적용하다	apply	2	듣기	49-50
적용하다	apply	3	읽기	46-47
적응	adaptation	2	듣기	16
적자	deficit, loss	3	듣기	31-32
적합하다	suitable	1	듣기	19
적혈구	red blood cells	3	읽기	31
전달하다	deliver	3	듣기	21-22
전망	view	2	듣기	47-48
전원이 켜지다	power on	3	듣기	1
전자제품	electronics	1	읽기	10
전자파	electromagnetic waves	3	듣기	45-46
전투	combat	2	듣기	45-46
전하다	convey	2	듣기	20
전해지다	spread	1	읽기	15
전해지다	handed down	3	읽기	37
점검하다	inspect	1	듣기	14
점검하다	inspect	3	읽기	42-43

한국어	영어	회차	영역	문항번호
점차	gradually	3	읽기	19-20
접근하다	approach	3	듣기	31-32
접속하다	access	1	듣기	35-36
접수하다	receive	1	읽기	40
정교하다	elaborate	3	듣기	49-50
정년퇴직	mandatory retirement	2	듣기	25-26
정당하다	justify	1	읽기	29
정도	degree	1	쓰기	52
정도	degree	3	듣기	19
정리하다	organize	3	듣기	20
정보력	the power of information	2	읽기	40
정성 들이다	put one's heart into	3	읽기	23-24
정성을 쏟다	put one's heart into	2	읽기	29
정원	garden	3	읽기	11
정정 기사	correction	2	읽기	44-45
정치	politics	1	읽기	39
정통성을 확립하다	establish legitimacy	3	듣기	49-50
정화시키다	purify	3	듣기	45-46
제거하다	remove	2	읽기	17
제공하다	provide	3	듣기	29-30
제대로	properly	1	듣기	19
제도적인 보완	systematic complement	3	듣기	47-48
제례	ancestral ritual formalities	3	읽기	34
제비	swallow	3	듣기	41-42
제어하다	control	3	읽기	46-47
제외하다	except	3	듣기	29-30
제작	production	3	읽기	37
제작사	producer	2	듣기	31-32
제재	sanctions	3	읽기	48-50
제출	submit	2	쓰기	51
제품	product	1	듣기	10
제한 속도	speed limit	2	듣기	47-48
조미료	condiment	3	듣기	45-46
조미료	condiment	3	읽기	35
조사하다	investigate	3	듣기	15
조선	the Joseon Dynasty	3	듣기	49-50
조선 시대	the Joseon Dynasty period	1	읽기	39

한국어	영어	회차	영역	문항번호
조언하다	advise	2	듣기	25-26
조언하다	advise	3	듣기	25-26
조언하다	advise	3	읽기	18
조작하다	modify	1	읽기	46-47
조정	adjustment	2	듣기	12
조직	group	2	읽기	40
조직	group	3	읽기	28
존재	existence	1	듣기	49-50
존중하다	respect	2	듣기	49-50
존중하다	respect	2	읽기	32
종목	category	2	듣기	35-36
죄송하다	feel sorry	1	듣기	4
주 4일제	four-day workweek	2	쓰기	54
주거환경	residential environment	2	읽기	12
주류	mainstream	3	읽기	44-45
주문하다	order	2	듣기	8
주요하다	major	1	듣기	20
주원료	main ingredient	3	듣기	45-46
주의	caution	3	쓰기	52
주입하다	inject	3	읽기	28
주차	parking	2	듣기	23-24
주행	driving	2	읽기	9
준수하다	obey	2	듣기	47-48
줄어들다	decrease	1	읽기	11
줄이다	slow down	1	읽기	7
중고	used, second handed	1	쓰기	51
중고 거래	a second-hand transaction	3	듣기	47-48
중년	middle age	1	읽기	38
중량	weight	1	읽기	46-47
중력	gravity	3	읽기	39
중소기업	small and medium-sized business	3	쓰기	53
중시하다	value highly	1	듣기	47-48
중심	center	3	읽기	19-20
중얼거리다	mumble	2	읽기	42-43
중화시키다	neutralize	1	읽기	44-45
즉각적	immediate	2	듣기	39-40
즐기다	enjoy	1	듣기	18
즐기다	enjoy	3	듣기	17

한국어	영어	회차	영역	문항번호
즐길 거리	entertainment	2	듣기	39-40
즙	juice	1	읽기	14
증진시키다	promote	1	듣기	49-50
지갑	wallet	1	읽기	6
지갑	wallet	2	듣기	4
지구	earth	3	읽기	39
지급하다	pay	1	듣기	39-40
지도자	leader	2	듣기	35-36
지배층	ruling class	3	읽기	37
지속	persistence	3	읽기	21-22
지시하다	instruct	2	읽기	21-22
지역 중심	regional centered	3	읽기	44-45
지연	delay	3	읽기	27
지원금	support fund	3	읽기	9
지정하다	designated	1	읽기	11
지지다	fry	3	읽기	34
지진	earthquake	2	읽기	34
지진학	seismology	2	읽기	34
지출	expenditure	3	쓰기	54
지푸라기	straw	3	듣기	41-42
지하철	subway	3	듣기	4
지하철역	subway station	1	듣기	9
지향	orientation	3	읽기	17
직결하다	be directly connected	3	읽기	21-22
직선거리	straight distance	1	읽기	48-50
직업 체험	job experience	1	듣기	13
직장 생활	life at work	1	듣기	7
직접	directly	3	듣기	23-24
직후	right after	2	읽기	19-20
진료	diagnosis	2	듣기	10
진심으로	sincerely	2	듣기	35-36
진영	camp	3	듣기	43-44
진영	camp	3	읽기	44-45
진정한	genuine	3	듣기	25-26
진하다	deep color	1	읽기	30
진해지다	deep	1	읽기	17
진행하다	progress	1	듣기	25-26
진흙	mud	3	듣기	41-42
질	quality	1	읽기	31
질병	disease	3	읽기	31
질투	jealousy	2	읽기	23-24

한국어	영어	회차	영역	문항번호
집계	total, aggregation	3	읽기	36
집단	group	2	읽기	40
집단화하다	collectivize	3	읽기	41
집중	concentration	1	듣기	19
집중되다	concentrate	1	읽기	19-20
집중력	concentration	1	읽기	37
집중하다	concentrate on	2	읽기	21-22
짝을 짓다	pair up	3	듣기	25-26
찌꺼기	leftover	2	듣기	37-38
찌푸리다	frown	2	읽기	42-43
차곡차곡	step by step	3	듣기	41-42
차량	vehicle	1	읽기	40
차량	vehicle	2	듣기	47-48
차지하다	rank	1	읽기	13
차지하다	occupy	2	읽기	12
차지하다	occupy	3	듣기	37-38
차지하다	account for	3	읽기	12
착용	wearing	2	읽기	15
참가	attend	2	읽기	11
참가하다	participate	1	읽기	12
참고하다	refer to	1	듣기	21-22
참석 여부	attendance	1	듣기	12
참여하다	take part in	1	읽기	16
참여하다	participate	3	듣기	14
창고	storage	3	듣기	11
창의력	creativity	1	듣기	31-32
창조적이다	creative	3	듣기	29-30
창출하다	create	3	듣기	33-34
책을 내다	publish	1	듣기	20
책을 내다	publish	2	듣기	25-26
책을 펴다	open a book	3	듣기	35-36
책임지다	be in charge	3	읽기	6
챙기다	take	2	듣기	11
처마	eaves	3	듣기	41-42
처방하다	prescribe	2	듣기	10
척도	measurement	3	읽기	40
척척	efficiently	2	읽기	5
천	cloth	2	읽기	31
철학	philosophy	3	읽기	29
청소기	vacuum cleaner	3	듣기	1
청소년	youth, teenager	1	읽기	38

한국어	영어	회차	영역	문항번호
체감 온도	sensory temperature	3	읽기	16
체계적이다	systematic	2	읽기	41
체력을 단련하다	exercise one's strength	3	듣기	43~44
체온	temperature	2	듣기	43~44
체형	body shape	1	읽기	21~22
초기	early stage	3	읽기	48~50
초점을 맞추다	focus	2	듣기	31~32
촉진되다	be promoted	1	듣기	39~40
촬영	filming	2	듣기	23~24
촬영	filming	3	듣기	2
최선	the best	2	듣기	49~50
최선을 다하다	do one's best	2	읽기	35
추구하다	pursue	3	듣기	47~48
추상적이다	abstract	3	듣기	29~30
추세	trends	3	쓰기	54
추세이다	trend	2	읽기	41
축산물	livestock products	2	읽기	33
축음기	gramophone	3	듣기	16
축적하다	accumulate	3	읽기	48~50
출간되다	be published	2	읽기	41
출력	print out	3	듣기	21~22
출장 중	on business trip	1	듣기	12
충격	impact	1	읽기	19~20
충격	shock	2	읽기	23~24
충동구매	impulse buying	2	읽기	46~47
충동적	impulsive	2	읽기	46~47
충분하다	enough	1	읽기	17
충성도	loyalty	3	듣기	33~34
취급하다	deal with	2	듣기	45~46
취급하다	deal with	2	읽기	23~24
취소하다	cancel	3	듣기	9
측면	side	2	듣기	31~32
치르다	pay	2	읽기	23~24
치명적이다	fatal	3	읽기	31
치수	size	2	듣기	8
치약을 짜다	squeeze toothpaste	2	듣기	37~38
치우치다	biased	3	듣기	27~28
치중하다	focus on	1	듣기	31~32
친환경	eco-friendly	2	읽기	33
침	saliva	1	읽기	15

	한국어	영어	회차	영역	문항번호
ㅋ	칼슘	calcium	3	읽기	39
	커서	cursor	1	읽기	46~47
	커튼	curtain	2	읽기	31
	켜켜이	over and over	3	읽기	42~43
	코점막	nasal mucosa	2	읽기	30
	쿠폰	coupon	1	읽기	8
ㅌ	타다	ride	3	듣기	4
	타당성	validity	1	읽기	29
	타자	batter	1	읽기	18
	타자를 치다	type	2	읽기	48~50
	탄생	birth	2	읽기	34
	탄소중립	carbon neutral	1	듣기	45~46
	탄탄하다	solid	1	듣기	33~34
	탈모	hair loss	2	읽기	19~20
	탐구하다	explore	1	듣기	49~50
	탑승	take the subway	3	듣기	31~32
	태권도	Taekwondo	1	듣기	1
	태도	attitude	2	읽기	21~22
	택시	taxi	3	듣기	4
	터득하다	learn	3	듣기	37~38
	토대	foundation	2	읽기	41
	통로	passage	1	듣기	41~42
	통신	communication	3	읽기	36
	퇴직	retirement	2	듣기	25~26
	투수	pitcher	1	읽기	18
	투입하다	put into	3	듣기	15
	투자하다	invest	2	듣기	3
	투자하다	invest	2	읽기	29
	투자하다	invest	3	읽기	40
	퉁명스럽다	blunt	1	읽기	43
	튀어나오다	pop up	1	읽기	43
	특수	special	3	읽기	27
	특수문자	special characters	1	듣기	27~28
	튼튼하다	strong	3	읽기	39
ㅍ	파괴자	destroyer	3	읽기	48~50
	파손	breakage	1	읽기	40
	파악하다	figure out	1	읽기	35
	파악하다	figure out	2	읽기	14
	파일	file	3	듣기	21~22
	판매	sales	1	쓰기	51
	팥알	a grain of red beans	3	읽기	34
	패러디	parody	2	읽기	39

한국어	영어	회차	영역	문항번호
팽개치다	throw away	2	읽기	42-43
편리하다	convenient	1	듣기	37-38
편의점	convenience store	1	쓰기	53
편평하다	flat	3	읽기	34
편하다	comfortable	1	듣기	17
편향적이다	biased	1	듣기	49-50
편협하다	be narrow-minded	3	읽기	23-24
평균적이다	average	2	읽기	29
평균치	average	3	읽기	48-50
평등하다	equal	2	듣기	49-50
평소	everyday life	1	읽기	41
폐지	discarded paper	1	읽기	31
포함하다	include	1	듣기	27-28
포함하다	include	2	읽기	40
폭발적이다	explosive	1	읽기	21-22
표시	mark	3	듣기	37-38
표절	plagiarism	2	읽기	39
풀이하다	solve	3	듣기	47-48
품다	incubate	3	듣기	33-34
품질	quality	2	읽기	6
풍습	custom	3	읽기	34
풍요롭다	rich	1	듣기	37-38
풍자	satire	2	읽기	39
피난 구역	evacuation area	3	읽기	46-47
피로	fatigue	2	읽기	16
피로	fatigue	3	읽기	35
피로감	fatigue	1	읽기	46-47
피로를 느끼다	feel tired	2	읽기	36
피부	skin	3	읽기	16
피하다	avoid	2	듣기	15
피하다	avoid	2	읽기	30
피해	damage	1	읽기	40
피해를 입다	suffer damage	1	읽기	48-50
피험자	participant	1	읽기	34
필수불가결하다	indispensable	1	듣기	47-48
필요성	necessity	1	쓰기	54
하단부	lower part	3	듣기	49-50
학기	semester	3	듣기	13
학문	study, learning	1	듣기	49-50
학비	tuition	1	읽기	13
학술적	academic	3	듣기	49-50

한국어	영어	회차	영역	문항번호
한 바퀴	one lap	2	읽기	36
한바탕	a gust of	2	읽기	23-24
한자리	one place	3	읽기	19-20
한층	even	1	읽기	46-47
한층	even more	2	듣기	47-48
한파	cold wave	2	읽기	26
할인 행사	discount event	2	듣기	13
함선	ship	2	읽기	40
합리적이다	reasonable	1	읽기	32
합리적이다	reasonable	2	듣기	49-50
합치다	combine	2	읽기	18
항균 작용	antibacterial activity	3	듣기	45-46
항변	protest, plea	2	읽기	23-24
항아리	jar	2	읽기	42-43
해결하다	solve	1	듣기	15
해롭다	harmful	3	듣기	27-28
해상	sea	2	읽기	40
해석	interpretation	2	읽기	34
해소	dissolution	3	읽기	10
해제되다	be released	2	듣기	14
해치다	harm	1	읽기	33
행동	action	2	읽기	21-22
행사	event	3	듣기	23-24
행사 준비	preparing for the event	1	듣기	8
행위	act	3	읽기	18
행태	behavior	2	읽기	46-47
향료	spices	3	읽기	28
향상시키다	improve	1	읽기	46-47
허가	permission	1	듣기	29-30
허락	allow	2	읽기	39
허물어지다	fall apart	3	듣기	41-42
허탈하다	despondent	1	읽기	23-24
헌옷	old clothes	1	듣기	16
헛다리를 짚다	guess wrong	1	읽기	43
헤매다	wander	1	읽기	23-24
현관문	main door	2	읽기	42-43
현지	local	1	읽기	33
협동실	cooperative room	3	듣기	43-44
협업	cooperation	2	듣기	27-28
협의하다	confer	1	듣기	29-30
형성하다	form	1	읽기	36

ㅎ

성 명 (Name)	한국어 (Korean)	
	영 어 (English)	

수 험 번 호

8

문제지 유형(Type)

| 홀수형 (Odd number type) | ○ |
| 짝수형 (Even number type) | ○ |

※ 결 시 결시자의 영어 성명 및
확인란 수험번호 기재 후 표기

○

※ 위 사항을 지키지 않아 발생하는 불이익은 응시자에게 있습니다.

※ 감독관 본인 및 수험번호 표기가
확 인 정확한지 확인

(인)

번호	답란			
1	①	②	③	④
2	①	②	③	④
3	①	②	③	④
4	①	②	③	④
5	①	②	③	④
6	①	②	③	④
7	①	②	③	④
8	①	②	③	④
9	①	②	③	④
10	①	②	③	④
11	①	②	③	④
12	①	②	③	④
13	①	②	③	④
14	①	②	③	④
15	①	②	③	④
16	①	②	③	④
17	①	②	③	④
18	①	②	③	④
19	①	②	③	④
20	①	②	③	④

번호	답란			
21	①	②	③	④
22	①	②	③	④
23	①	②	③	④
24	①	②	③	④
25	①	②	③	④
26	①	②	③	④
27	①	②	③	④
28	①	②	③	④
29	①	②	③	④
30	①	②	③	④
31	①	②	③	④
32	①	②	③	④
33	①	②	③	④
34	①	②	③	④
35	①	②	③	④
36	①	②	③	④
37	①	②	③	④
38	①	②	③	④
39	①	②	③	④
40	①	②	③	④

번호	답란			
41	①	②	③	④
42	①	②	③	④
43	①	②	③	④
44	①	②	③	④
45	①	②	③	④
46	①	②	③	④
47	①	②	③	④
48	①	②	③	④
49	①	②	③	④
50	①	②	③	④

제1회 실전모의고사
TOPIK II
2교시(읽기)

성명 (Name)	한국어 (Korean)	
	영 어 (English)	

수 험 번 호

| 8 |

문제지 유형(Type)

| 홀수형 (Odd number type) | ○ |
| 짝수형 (Even number type) | ○ |

※ 결 시 | 결시자의 영어 성명 및 | ○
확인란 | 수험번호 기재 후 표기 |

※ 위 사항을 지키지 않아 발생하는 불이익은 응시자에게 있습니다.

※ 감독관 | 본인 및 수험번호 표기가 | (인)
확 인 | 정확한지 확인 |

번호	답란	번호	답란	번호	답란
1	① ② ③ ④	21	① ② ③ ④	41	① ② ③ ④
2	① ② ③ ④	22	① ② ③ ④	42	① ② ③ ④
3	① ② ③ ④	23	① ② ③ ④	43	① ② ③ ④
4	① ② ③ ④	24	① ② ③ ④	44	① ② ③ ④
5	① ② ③ ④	25	① ② ③ ④	45	① ② ③ ④
6	① ② ③ ④	26	① ② ③ ④	46	① ② ③ ④
7	① ② ③ ④	27	① ② ③ ④	47	① ② ③ ④
8	① ② ③ ④	28	① ② ③ ④	48	① ② ③ ④
9	① ② ③ ④	29	① ② ③ ④	49	① ② ③ ④
10	① ② ③ ④	30	① ② ③ ④	50	① ② ③ ④
11	① ② ③ ④	31	① ② ③ ④		
12	① ② ③ ④	32	① ② ③ ④		
13	① ② ③ ④	33	① ② ③ ④		
14	① ② ③ ④	34	① ② ③ ④		
15	① ② ③ ④	35	① ② ③ ④		
16	① ② ③ ④	36	① ② ③ ④		
17	① ② ③ ④	37	① ② ③ ④		
18	① ② ③ ④	38	① ② ③ ④		
19	① ② ③ ④	39	① ② ③ ④		
20	① ② ③ ④	40	① ② ③ ④		

제1회 실전모의고사
TOPIK II
1교시(쓰기)

성 명 (Name)	한국어 (Korean)	
	영 어 (English)	

수 험 번 호											
					8						
⓪ ① ② ③ ④ ⑤ ⑥ ⑦ ⑧ ⑨	⓪ ① ② ③ ④ ⑤ ⑥ ⑦ ⑧ ⑨	⓪ ① ② ③ ④ ⑤ ⑥ ⑦ ⑧ ⑨	⓪ ① ② ③ ④ ⑤ ⑥ ⑦ ⑧ ⑨	⓪ ① ② ③ ④ ⑤ ⑥ ⑦ ⑧ ⑨	●	⓪ ① ② ③ ④ ⑤ ⑥ ⑦ ⑧ ⑨	⓪ ① ② ③ ④ ⑤ ⑥ ⑦ ⑧ ⑨	⓪ ① ② ③ ④ ⑤ ⑥ ⑦ ⑧ ⑨	⓪ ① ② ③ ④ ⑤ ⑥ ⑦ ⑧ ⑨	⓪ ① ② ③ ④ ⑤ ⑥ ⑦ ⑧ ⑨	⓪ ① ② ③ ④ ⑤ ⑥ ⑦ ⑧ ⑨

문제지 유형(Type)	
홀수형 (Odd number type)	○
짝수형 (Even number type)	○

※ 결 시 확인란	결시자의 영어 성명 및 수험번호 기재 후 표기	○

※ 위 사항을 지키지 않아 발생하는 불이익은 응시자에게 있습니다.

※ 감독관 확 인	본인 및 수험번호 표기가 정확한지 확인	(인)

주관식 답안은 정해진 답란을 벗어나거나 답란을 바꿔서 쓸 경우 점수를 받을 수 없습니다.
(Answers written outside the box or in the wrong box will not be graded.)

51	㉠	
	㉡	
52	㉠	
	㉡	
53	아래 빈칸에 200자에서 300자 이내로 작문하십시오 (띄어쓰기 포함). (Please write your answer below; your answer must be between 200 and 300 letters including spaces.)	

50
100
150
200
250
300

※ 54번은 뒷면에 작성하십시오. (Please write your answer for question number 54 at the back.)

주관식 답란 (Answer sheet for composition)

아래 빈칸에 600자에서 700자 이내로 작문하십시오 (띄어쓰기 포함).
(Please write your answer below; your answer must be between 600 and 700 letters including spaces.)

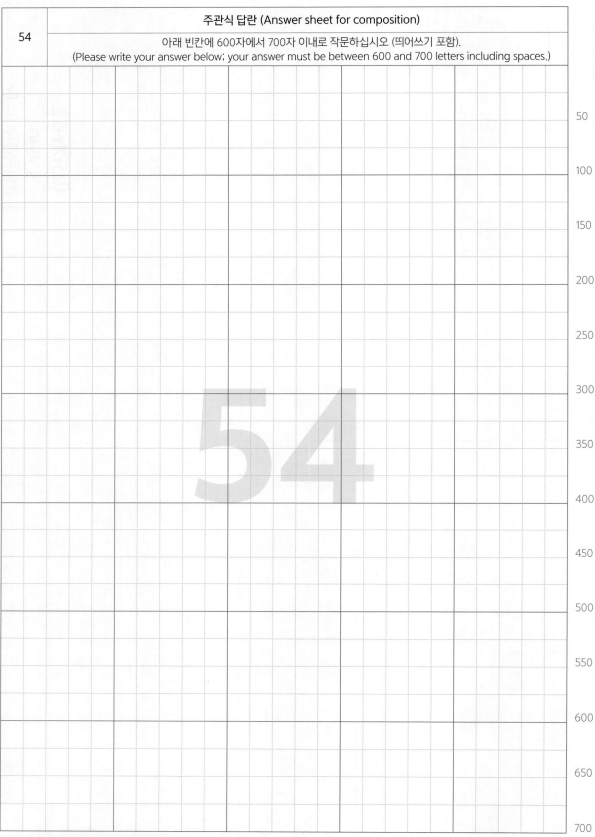

50

100

150

200

250

300

350

400

450

500

550

600

650

700

※ 주어진 답란의 방향을 바꿔서 답안을 쓰면 0점 처리됩니다.
(Please do not turn the answer sheet horizontally. No points will be given.)

성 명 (Name)
한국어 (Korean)
영 어 (English)

수 험 번 호

8

문제지 유형(Type)	
홀수형 (Odd number type)	◯
짝수형 (Even number type)	◯

※ 결 시 결시자의 영어 성명 및
확인란 수험번호 기재 후 표기

※ 위 사항을 지키지 않아 발생하는 불이익은 응시자에게 있습니다.

※ 감독관 본인 및 수험번호 표기가
확 인 정확한지 확인   (인)

번호	답란
1	① ② ③ ④
2	① ② ③ ④
3	① ② ③ ④
4	① ② ③ ④
5	① ② ③ ④
6	① ② ③ ④
7	① ② ③ ④
8	① ② ③ ④
9	① ② ③ ④
10	① ② ③ ④
11	① ② ③ ④
12	① ② ③ ④
13	① ② ③ ④
14	① ② ③ ④
15	① ② ③ ④
16	① ② ③ ④
17	① ② ③ ④
18	① ② ③ ④
19	① ② ③ ④
20	① ② ③ ④

번호	답란
21	① ② ③ ④
22	① ② ③ ④
23	① ② ③ ④
24	① ② ③ ④
25	① ② ③ ④
26	① ② ③ ④
27	① ② ③ ④
28	① ② ③ ④
29	① ② ③ ④
30	① ② ③ ④
31	① ② ③ ④
32	① ② ③ ④
33	① ② ③ ④
34	① ② ③ ④
35	① ② ③ ④
36	① ② ③ ④
37	① ② ③ ④
38	① ② ③ ④
39	① ② ③ ④
40	① ② ③ ④

번호	답란
41	① ② ③ ④
42	① ② ③ ④
43	① ② ③ ④
44	① ② ③ ④
45	① ② ③ ④
46	① ② ③ ④
47	① ② ③ ④
48	① ② ③ ④
49	① ② ③ ④
50	① ② ③ ④

번호	답란
1	① ② ③ ④
2	① ② ③ ④
3	① ② ③ ④
4	① ② ③ ④
5	① ② ③ ④
6	① ② ③ ④
7	① ② ③ ④
8	① ② ③ ④
9	① ② ③ ④
10	① ② ③ ④
11	① ② ③ ④
12	① ② ③ ④
13	① ② ③ ④
14	① ② ③ ④
15	① ② ③ ④
16	① ② ③ ④
17	① ② ③ ④
18	① ② ③ ④
19	① ② ③ ④
20	① ② ③ ④

번호	답란
21	① ② ③ ④
22	① ② ③ ④
23	① ② ③ ④
24	① ② ③ ④
25	① ② ③ ④
26	① ② ③ ④
27	① ② ③ ④
28	① ② ③ ④
29	① ② ③ ④
30	① ② ③ ④
31	① ② ③ ④
32	① ② ③ ④
33	① ② ③ ④
34	① ② ③ ④
35	① ② ③ ④
36	① ② ③ ④
37	① ② ③ ④
38	① ② ③ ④
39	① ② ③ ④
40	① ② ③ ④

번호	답란
41	① ② ③ ④
42	① ② ③ ④
43	① ② ③ ④
44	① ② ③ ④
45	① ② ③ ④
46	① ② ③ ④
47	① ② ③ ④
48	① ② ③ ④
49	① ② ③ ④
50	① ② ③ ④

제2회 실전모의고사
TOPIK II
1교시(쓰기)

성 명 (Name)	한국어 (Korean)	
	영어 (English)	

수험번호

8

문제지 유형(Type)	
홀수형 (Odd number type)	○
짝수형 (Even number type)	○

※ 결 시자의 영어 성명 및
확인란 수험번호 기재 후 표기 ○

※ 위 사항을 지키지 않아 발생하는 불이익은 응시자에게 있습니다.

※ 감독관	본인 및 수험번호 표기가
확 인	정확한지 확인 (인)

주관식 답안은 정해진 답란을 벗어나거나 답란을 바꿔서 쓸 경우 점수를 받을 수 없습니다.
(Answers written outside the box or in the wrong box will not be graded.)

51	㉠
	㉡

52	㉠
	㉡

53 아래 빈칸에 200자에서 300자 이내로 작문하십시오 (띄어쓰기 포함).
(Please write your answer below; your answer must be between 200 and 300 letters including spaces.)

50
100
150
200
250
300

※ 54번은 뒷면에 작성하십시오. (Please write your answer for question number 54 at the back.)

	주관식 답란 (Answer sheet for composition)
54	아래 빈칸에 600자에서 700자 이내로 작문하십시오 (띄어쓰기 포함). (Please write your answer below; your answer must be between 600 and 700 letters including spaces.)

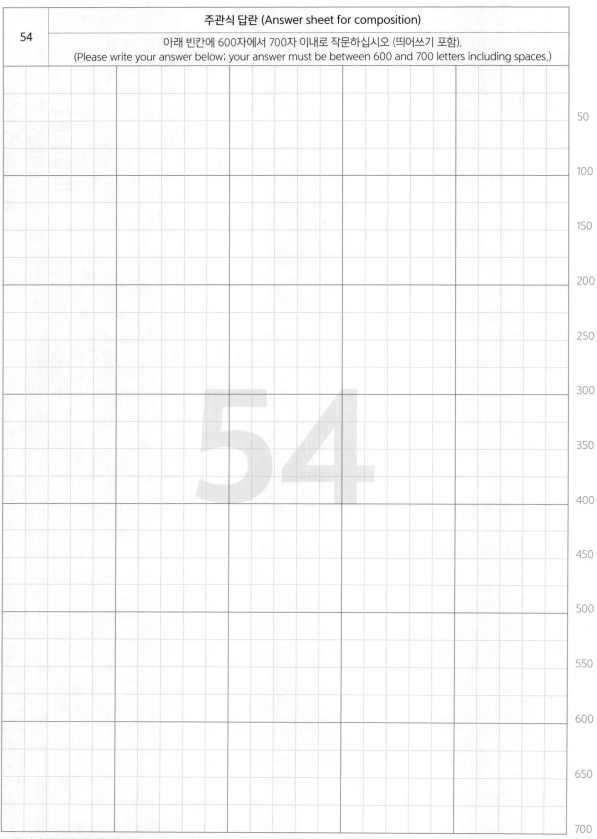

50

100

150

200

250

300

350

400

450

500

550

600

650

700

※ 주어진 답란의 방향을 바꿔서 답안을 쓰면 0점 처리됩니다.
(Please do not turn the answer sheet horizontally. No points will be given.)

번호	답란			
1	①	②	③	④
2	①	②	③	④
3	①	②	③	④
4	①	②	③	④
5	①	②	③	④
6	①	②	③	④
7	①	②	③	④
8	①	②	③	④
9	①	②	③	④
10	①	②	③	④
11	①	②	③	④
12	①	②	③	④
13	①	②	③	④
14	①	②	③	④
15	①	②	③	④
16	①	②	③	④
17	①	②	③	④
18	①	②	③	④
19	①	②	③	④
20	①	②	③	④

번호	답란			
21	①	②	③	④
22	①	②	③	④
23	①	②	③	④
24	①	②	③	④
25	①	②	③	④
26	①	②	③	④
27	①	②	③	④
28	①	②	③	④
29	①	②	③	④
30	①	②	③	④
31	①	②	③	④
32	①	②	③	④
33	①	②	③	④
34	①	②	③	④
35	①	②	③	④
36	①	②	③	④
37	①	②	③	④
38	①	②	③	④
39	①	②	③	④
40	①	②	③	④

번호	답란			
41	①	②	③	④
42	①	②	③	④
43	①	②	③	④
44	①	②	③	④
45	①	②	③	④
46	①	②	③	④
47	①	②	③	④
48	①	②	③	④
49	①	②	③	④
50	①	②	③	④

제3회 실전모의고사
TOPIK II
2교시(읽기)

| 성 명 (Name) | 한국어 (Korean) | |
| | 영 어 (English) | |

수 험 번 호

8						●					

문제지 유형(Type)

| 홀수형 (Odd number type) | ○ |
| 짝수형 (Even number type) | ○ |

※ 결 시 결시자의 영어 성명 및
   확인란 수험번호 기재 후 표기   ○

※ 위 사항을 지키지 않아 발생하는 불이익은 응시자에게 있습니다.

| 감독관 본인 및 수험번호 표기가 | (인) |
| 확 인 정확한지 확인 | |

번호	답란			
1	①	②	③	④
2	①	②	③	④
3	①	②	③	④
4	①	②	③	④
5	①	②	③	④
6	①	②	③	④
7	①	②	③	④
8	①	②	③	④
9	①	②	③	④
10	①	②	③	④
11	①	②	③	④
12	①	②	③	④
13	①	②	③	④
14	①	②	③	④
15	①	②	③	④
16	①	②	③	④
17	①	②	③	④
18	①	②	③	④
19	①	②	③	④
20	①	②	③	④

번호	답란			
21	①	②	③	④
22	①	②	③	④
23	①	②	③	④
24	①	②	③	④
25	①	②	③	④
26	①	②	③	④
27	①	②	③	④
28	①	②	③	④
29	①	②	③	④
30	①	②	③	④
31	①	②	③	④
32	①	②	③	④
33	①	②	③	④
34	①	②	③	④
35	①	②	③	④
36	①	②	③	④
37	①	②	③	④
38	①	②	③	④
39	①	②	③	④
40	①	②	③	④

번호	답란			
41	①	②	③	④
42	①	②	③	④
43	①	②	③	④
44	①	②	③	④
45	①	②	③	④
46	①	②	③	④
47	①	②	③	④
48	①	②	③	④
49	①	②	③	④
50	①	②	③	④

제3회 실전모의고사
TOPIK II
1교시(쓰기)

성 명 (Name)	한국어 (Korean)	
	영 어 (English)	

수 험 번 호

					8						
⓪	⓪	⓪	⓪	⓪		⓪	⓪	⓪	⓪	⓪	⓪
①	①	①	①	①		①	①	①	①	①	①
②	②	②	②	②		②	②	②	②	②	②
③	③	③	③	③		③	③	③	③	③	③
④	④	④	④	④		④	④	④	④	④	④
⑤	⑤	⑤	⑤	⑤		⑤	⑤	⑤	⑤	⑤	⑤
⑥	⑥	⑥	⑥	⑥		⑥	⑥	⑥	⑥	⑥	⑥
⑦	⑦	⑦	⑦	⑦		⑦	⑦	⑦	⑦	⑦	⑦
⑧	⑧	⑧	⑧	⑧	●	⑧	⑧	⑧	⑧	⑧	⑧
⑨	⑨	⑨	⑨	⑨		⑨	⑨	⑨	⑨	⑨	⑨

문제지 유형(Type)	
홀수형 (Odd number type)	○
짝수형 (Even number type)	○

※ 결 시 확인란	결시자의 영어 성명 및 수험번호 기재 후 표기	○

※ 위 사항을 지키지 않아 발생하는 불이익은 응시자에게 있습니다.

※ 감독관 확 인	본인 및 수험번호 표기가 정확한지 확인	(인)

주관식 답안은 정해진 답란을 벗어나거나 답란을 바꿔서 쓸 경우 점수를 받을 수 없습니다.
(Answers written outside the box or in the wrong box will not be graded.)

51	㉠	
	㉡	
52	㉠	
	㉡	
53	아래 빈칸에 200자에서 300자 이내로 작문하십시오 (띄어쓰기 포함). (Please write your answer below; your answer must be between 200 and 300 letters including spaces.)	

50
100
150
200
250
300

※ 54번은 뒷면에 작성하십시오. (Please write your answer for question number 54 at the back.)

	주관식 답란 (Answer sheet for composition)
54	아래 빈칸에 600자에서 700자 이내로 작문하십시오 (띄어쓰기 포함). (Please write your answer below; your answer must be between 600 and 700 letters including spaces.)

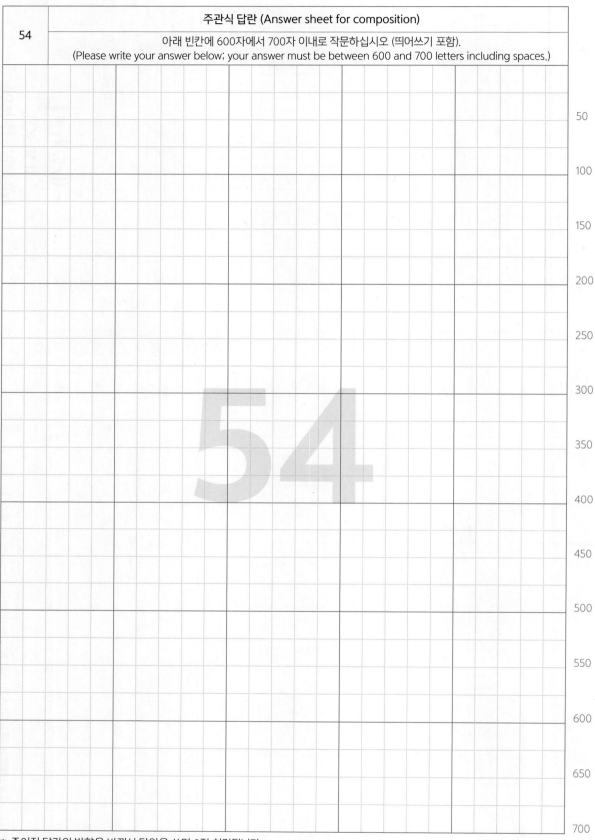

50
100
150
200
250
300
350
400
450
500
550
600
650
700

※ 주어진 답란의 방향을 바꿔서 답안을 쓰면 0점 처리됩니다.
   (Please do not turn the answer sheet horizontally. No points will be given.)